Dietrich Jung · Klaus Schlichte · Jens Siegelberg

Kriege in der Weltgesellschaft

Dietrich Jung · Klaus Schlichte
Jens Siegelberg

Kriege in der Weltgesellschaft

Strukturgeschichtliche Erklärung
kriegerischer Gewalt (1945–2002)

Westdeutscher Verlag

Bibliografische Information Der Deutschen Bibliothek
Die Deutsche Bibliothek verzeichnet diese Publikation in der Deutschen
Nationalbibliografie; detaillierte bibliografische Daten sind im Internet über
<http://dnb.ddb.de> abrufbar.

1. Auflage April 2003

Der Westdeutsche Verlag ist ein Unternehmen der
Fachverlagsgruppe BertelsmannSpringer.
www.westdeutscher-verlag.de

Umschlaggestaltung: Horst Dieter Bürkle, Darmstadt
Gedruckt auf säurefreiem und chlorfrei gebleichtem Papier

ISBN 978-3-531-14046-9   ISBN 978-3-322-90373-0 (eBook)
DOI 10.1007/978-3-322-90373-0

Inhaltsverzeichnis

Einleitendes Vorwort

Der vorliegende Band hat eine lange Geschichte. Er ist das späte Resultat eines diskontinuierlichen Arbeits- und Diskussionszusammenhanges, in dem die Autoren seit Beginn der 90er Jahre stehen. Die „Forschungsstelle Kriege, Rüstung und Entwicklung" der Universität Hamburg und die dort von Klaus Jürgen Gantzel als kombinierte Lehr- und Forschungsveranstaltung angelegte "Arbeitsgemeinschaft Kriegsursachenforschung" (AKUF) bildeten den institutionellen Rahmen für die hier vorgelegten Forschungsergebnisse. Insbesondere der von der AKUF erstellte umfangreiche Datenbestand über das Kriegsgeschehen nach 1945 war eine ihrer notwendigen Grundlagen.[1] Eine nicht weniger wichtige Rolle spielte die solidarische und kritische Atmosphäre der AKUF und des Kollegenkreises der „Forschungsstelle". Die Forschungen, die in diesem Band vorgestellt werden, haben sehr davon profitiert, daß alle maßgeblichen Thesen und Ergebnisse im Verlauf der Jahre in diesem Arbeitszusammenhang diskutiert und kritisch kommentiert worden sind.

Im Forschungsprogramm der AKUF war von jeher die Gleichzeitigkeit von empirischer Forschung und theoretischer Arbeit angelegt. Neben der datenmäßigen Erfassung des globalen Kriegsgeschehens und Feldforschungen zu zahlreichen Konflikten trat in den 1990er Jahren verstärkt das Bemühen, eine zusammenhängende und gleichwohl hinreichend differenzierungsfähige Theorie zu entwickeln, um das Vorkommen und die ursächlichen Prozesse kriegerischer Konflikte zu erklären. Die Beiträge dieses Bandes sollen nun eine theoretisch geleitete und empirisch informierte Darstellung und Interpretation der ursächlichen Prozesse der Kriege nach 1945 leisten.

Ausgangspunkt für diesen Anspruch ist unsere Überzeugung, daß Kriegsursachentheorie nur aus einer übergeordneten gesellschaftstheoretischen Perspektive möglich ist. Die Theorie der bürgerlichen Gesellschaft und die Geschichte ihrer globalen Entfaltung zur Weltgesellschaft sind nach unserem Verständnis die einzig angemessenen theoretischen Ausgangspunkte, von denen aus eine zusammenhängende Erklärung des Kriegsgeschehens nach 1945 möglich wird. Die Verknüpfung zuvor weitgehend getrennter ökonomischer Reproduktionssysteme über

---

1 Alle empirischen Daten zum Kriegsgeschehen seit 1945 sowie die hier zugrunde gelegte Kriegstypologie und -definition basieren auf den Arbeiten der AKUF. Eine nach Regionen gegliederte Liste der Kriege zwischen 1945 und 2002 und die AKUF-Kriegsdefinition finden sich im Anhang zu diesem Band. Eine ausführliche Diskussion der Definitions- und Erfassungskriterien der AKUF findet sich in Gantzel/Schwinghammer 1995: 31-48. Zum aktuellen Kriegsgeschehen und zur Statistik der Kriege vgl. das seit 1997 von der AKUF herausgegebene Jahrbuch „Das Kriegsgeschehen" (zuletzt 2002) sowie die AKUF-Website unter www.akuf.de.

den Weltmarkt, der Prozeß der Verstaatlichung der Welt und schließlich dessen
Kulmination in einem die Staaten übergreifenden internationalen System sind die
jeden Einzelfall transzendierenden allgemeinen Momente, die auch für die kriegsursächlichen Entwicklungen nach 1945 von konstitutiver Bedeutung sind.

Diese theoretische Perspektive, die wir mit dem vorliegenden Band vervoll-
ständigen wollen, hat unter dem Namen „Hamburger Ansatz" in der Kriegsursachenforschung zu kontroversen Diskussionen[2] geführt, aber auch viel Zustimmung
erfahren. Seit seiner Grundlegung durch Jens Siegelberg (1990, 1994) steht in
diesem Ansatz der Versuch im Mittelpunkt, ausgehend von der Strukturgeschichte
kapitalistischer Vergesellschaftung das Vorkommen und die ursächlichen Prozesse kriegerischer Konflikte zu erklären. Als eine Ausdifferenzierung dieses Ansatzes verstehen sich die Arbeiten in dem vorliegenden Band.

Er gliedert sich in fünf Teile. Das erste Kapitel ist eine komprimierte Fassung
des gesellschaftstheoretischen Erklärungsrahmens, in dessen Mittelpunkt der innere Zusammenhang von kriegerischer Gewalt und globaler Vergesellschaftung
steht. Ausgehend von den zentralen Anforderungen an eine Theorie kriegerischer
Gewalt in der Moderne werden dabei zunächst die zentralen kategorialen Voraussetzungen, methodischen Überlegungen, theoretischen Grundgedanken und
Kernthesen des Ansatzes vorgestellt. Daß es sich dabei nicht um aparte Gedan-
kenspiele, sondern um eine wirklichkeitsnahe gesellschaftstheoretische Rekonstruktion des Forschungsgegenstandes handelt, sollen die strukturgeschichtliche
Darstellung des Formwandels der Gewalt in der europäischen Geschichte und die
sich daraus ergebende Interpretation des Kriegsgeschehens in der Dritten Welt
nach 1945 belegen, mit denen das erste Kapitel endet. Vor dem Hintergrund dieser historisch und global übergreifenden Interpretation wenden sich die dann folgenden vier Kapitel dem Kriegsgeschehen in Lateinamerika, Afrika, Asien und
dem Mittleren Osten zu und vertiefen die Untersuchung für die einzelnen Weltregionen. Die Darstellungen zu den regionalen Kriegsentwicklungen thematisieren
dabei sowohl die besonderen strukturgeschichtlichen Voraussetzungen als auch
die empirischen Befunde kriegerischer Gewalt zwischen 1945 und 2002 und gehen in Kurzanalysen auch auf einzelne Kriege ein. Daß die Gewichtung dieser
Elemente in den vier Regionalbeiträgen unterschiedlich ausfallen, ist nicht nur
von der Sache her begründet, sondern auch durch die unterschiedliche Arbeits-

---

[2] Eine kritische Außenbeurteilung hat die AKUF im September 1996 als Symposium selbst orga-
nisiert. Eine kritische Kommentierung von Kernpunkten des Ansatzes findet sich auch in den
Reaktionen auf einen Beitrag von Klaus Jürgen Gantzel im Heft Nr. 3/1997 der Zeitschrift
„Ethik und Sozialwissenschaften".

und Darstellungsweise der Autoren[3] bedingt. Die Regionalbeiträge zeigen damit zugleich die individuelle Umsetzung eines gemeinsamen Theorieverständnisses.

Es ist selbstverständlich, daß die Analysen des regionalen Kriegsgeschehens nicht beanspruchen, eine umfassende Geschichte der Kriege vorzulegen oder die Vielschichtigkeit des historischen Geschehens vollständig zu erfassen. Dies wäre angesichts der über 200 Kriege zwischen 1945 und 2002 und der Komplexität der ursächlichen Faktoren jedes einzelnen Krieges mehr als vermessen. In jedem Krieg werden eine Vielzahl von singulären Bedingungen und Handlungskomplexen wirksam, die nicht allein auf strukturelle Gegebenheiten zurückgeführt oder auf einfache Formeln reduziert werden können. Wir haben uns gleichwohl bemüht, die wichtigsten Besonderheiten in der Darstellung und Erklärung zu berücksichtigen und verweisen zudem in den Einzelbeiträgen auf weiter führende Literatur.

Der Anspruch, an dem wir gemessen werden wollen, ist, einen theoretisch kohärenten und empirisch gehaltvollen Erklärungsrahmen der kriegsursächlichen Prozesse zu liefern, die sich im Kontext globaler Vergesellschaftung nach 1945 vollzogen haben. Insofern zeigen die Beiträge zu Lateinamerika, Afrika, Asien und dem Mittleren Osten nicht nur die regionale Umsetzung und Ausdifferenzierung eines globalen Theorieansatzes, sie dienen zugleich der Illustration und empirischen Untermauerung der theoretischen Kernaussagen des Hamburger Ansatzes. Darüber hinaus liefern sie eine Übersicht zum globalen Kriegsgeschehen, wie sie in der deutschsprachigen Literatur so nicht vorliegt. Mit der Zielsetzung dieses Buches sind bestimmte andere Themenbereiche der wissenschaftlichen Beschäftigung mit dem Thema Krieg notwendigerweise ausgeklammert. So z.B. die gesamte friedenspolitische Diskussion. Obwohl die Einsichten über kriegsursächliche Prozesse, die wir in diesem Band vorlegen, auch für Fragen nach der Einhegung, Beendigung und Prävention gewaltsamer Konflikte von Bedeutung sein dürften, verstehen wir diesen Band nicht als einen expliziten Beitrag zu dieser Diskussion.

Ganz im Gefolge der für die theoretische Erklärung kriegerischer Gewalt richtungsweisenden Klassiker Karl Marx, Max Weber und Norbert Elias verzich-

---

3   Die Autoren verstehen das vorliegende Buch als Gemeinschaftsproduktion. Es basiert auf gemeinsam entwickelten Einsichten und Positionen, die sich in einem übereinstimmenden wissenschaftlichen Grundverständnis in bezug auf das hier behandelte Thema niederschlagen. Dennoch wurden die fünf großen Kapitel dieses Buches aus praktischen Erwägungen arbeitsteilig erstellt. Für den theoretischen Erklärungsrahmen „Kriegerische Gewalt im Kontext globaler Vergesellschaftung" sowie für das Kapitel „Kriege in Lateinamerika" zeichnet Jens Siegelberg verantwortlich. Dietrich Jung hat die Bearbeitung der Kapitel „Kriege im Nahen und Mittleren Osten" und „Kriege in Asien" übernommen. Klaus Schlichte ist für das Kapitel „Kriege in Afrika" verantwortlich.

ten wir auf eine formalisierte Logik der Erklärung und versuchen statt dessen, uns an der Logik der Sache selbst zu orientieren. Denn unserer Überzeugung nach erschließen sich die Zusammenhänge kriegerischer Gewalt und die Erklärung der großen Vielfalt ihrer Phänomene nicht aus den Gesetzten der formalen Logik, sondern aus der Strukturentwicklung der zunehmend globalen Geschichte des Kapitalismus. Die schärfste Kritik an unseren Ergebnissen wäre, wenn es gelänge, aus einer anderen theoretischen Perspektive den gleichen Umfang von Material im Rahmen einer Erklärung zu plausibilisieren.

Unser Grundverständnis und der hier präsentierte theoretische Zugang zu den Ursachen und Problemen kriegerischer Gewalt grenzt sich auch in anderer Weise von etablierten, den gleichen Gegenstand gewidmeten Forschungsrichtungen ab. Im Gegensatz zu fast allen quantitativen Forschungsprogrammen der Kriegsursachenforschung geht der Hamburger Ansatz davon aus, daß es nicht möglich ist, auf rein induktivem Wege und über die Analyse großer Datenmengen die kausalen Zusammenhänge des Kriegsgeschehens zu erschließen. Der Formalismus und die bisweilen unreflektierten Methoden der makroquantitativen Forschungsprogramme haben sich als ungeeignet erwiesen, die Vielfalt des Kriegsgeschehens nach 1945 – oder irgendeiner anderen Periode – einer theoretisch zusammenhängenden Erklärung zuzuführen.[4] Der Beitrag makroquantitativer Methoden muß sich unserer Ansicht nach auf die Untersuchung und Feststellung allgemeiner Entwicklungslinien beschränken, schon deshalb, weil Umfang und Qualität der zur Verfügung stehenden Daten keine weiterreichenden Ambitionen zulassen.

Ähnlich grenzt sich der Hamburger Ansatz vom wenigstens in Deutschland prominenten „regionalwissenschaftlichen" Ansatz ab. Es ist ein zentrales Anliegen unserer Arbeit zu zeigen, daß nicht die räumliche Nähe, sondern die Strukturähnlichkeit der gesellschaftlichen Grundlagen, der historischen Verläufe und sozialen Prozesse hinter der Vergleichbarkeit der Geschichte und Geschichten des Krieges steht. Dieses Anliegen erfordert aber die konsequente Überschreitung regional begrenzter Forschungsprogramme. Worin der spezifische methodische und theoretische Eigenbeitrag einer regionalwissenschaftlichen Herangehensweise gegenüber tendenziell universalgeschichtlicher Perspektiven bestehen soll, ist unserer Ansicht nach weder hinreichend ausgeführt noch durch konkrete Forschungen belegt. Die fast immer nach Kontinenten getrennt untersuchende Forschung zu

---

4   An den Arbeiten von Geller/Singer (1998) und Vasquez (1993, 2000) kann man dies z.B. erkennen. Auch erscheint es fraglich, ob die Einführung geographischer (Buhaug/Gates 2002) oder ökonomischer Variablen (Collier 2000) in die Datensätze zu besseren Ergebnissen führen wird. Zu näherer Kritik dieser in den Internationalen Beziehungen dominierenden Forschungsrichtung vgl. auch Schlichte (2002).

Gewaltkonflikten hat die von ihr beanspruchte größere Nähe zu den Vorgängen bisher nicht mit entsprechenden Forschungsergebnissen belegen können.

Eine größere Nähe hat unsere Perspektive zu jenen Forschungen, die die Zusammenführung der in wissenschaftlichen Einzeldisziplinen geschiedenen Beschäftigungen mit dem Gegenstand Krieg zum Ziel haben. Zu nennen sind hier etwa die Versuche, die Geschichte des internationalen Systems und seine aktuelle Probleme in einen Zusammenhang zu bringen.[5] Gleiches gilt für diejenigen Beiträge, die über die gegenstandsfremden Grenzen zwischen Internationalen Beziehungen und Vergleichender Politikwissenschaft hinweg die Dynamiken von politischen Konflikten außerhalb Europas in den Blick nehmen.[6] Auch jene Beiträge aus der Politischen Soziologie, die eher an einer Phänomenologie der Gewalt orientiert sind, ihre globalen Verbindungen jedoch mit berücksichtigen,[7] sind unserer Ansicht nach mit dem von uns eingenommenen theoretischen Standpunkt kompatibel. Hinzu kommen auch einige der theoretisch geleiteten fallvergleichenden Forschungen.[8]

An diesen jüngeren Beiträgen läßt sich auch erkennen, worauf es bei der Bearbeitung des Gegenstands Krieg in Zukunft vor allem ankommen wird: Die Kriegsforschung sollte die fest etablierten Trennungen zwischen akademischen Disziplinen nicht zu ernst nehmen und nicht ohne Not in den Gegenstand hineintragen. Weitaus ertragreicher als der quantitative Formalismus, der vor allem in den Internationalen Beziehungen dominant ist, sind jene Bemühungen, die soziologische Konzepte und Begrifflichkeiten für die Analyse anwenden und auf dieser Grundlage systematische Fallvergleiche vornehmen. Eine ähnlich fruchtbare Erweiterung ist von der Ausdehnung des Forschungsgegenstands in historischer Hinsicht zu erwarten. Viele Kriege und Konflikte der jüngeren Vergangenheit und Gegenwart zeigen, daß sich hier Problemstellungen und Konstellationen wiederholen, die sich in anderen Weltgegenden zu anderen historischen Zeiten bereits in ähnlicher Weise ergeben hatten. Die Theoreme und Begrifflichkeiten, die die geschichtswissenschaftliche Forschung hierzu entwickelt hat, können für die Analyse gegenwärtiger Konflikte fruchtbar gemacht werden.

Mit dem Anspruch dieses Bandes verbindet sich so auch die Einsicht in die Begrenztheit der hier vorgelegten Arbeiten. Denn jenseits des allgemeinen theoretischen Erklärungsrahmens und der Leistung der Synthese sind zahlreiche ande-

---

5   Vgl. dazu z.B. die Beiträge in Siegelberg/Schlichte (2000) und Duchhardt/Knipping (1997ff.).
6   Vgl. Ayoob (1995); Clapham (1996); Daase (2000); Duffield (2001); Holsti (1996); Migdal (1988); Neuman (1999); Tilly (1990). ;
7   Zu denken ist hier an die Arbeiten von Trutz von Trotha (1994, 2000) und die Beiträge in Nekkel/Schwab-Trapp (1999).
8   Z.B. Bayart u.a. (1997); Haliday (1995); Marchal/Messiant (1997); Reyno (1998)

re Dimensionen des Kriegsgeschehens nach 1945 und erst recht anderer historischer Perioden bisher nicht hinreichend bearbeitet. Das gilt auch für die Dynamik
einzelner Konflikte und für den kritischen Anschluß unserer Forschungsergebnisse an die aktuellen Debatten in den Internationalen Beziehungen. Um diesen notwendigen Anschluß nicht aus den Augen zu verlieren, haben wir uns entschieden,
die Verbindung zu Themen wie „demokratischer Friede", „neue Kriege", „Normen und Ideen in den Internationalen Beziehungen" im ersten Kapitel in etwas
ausführlicheren Fußnoten zu behandeln. Dort wird auch in notwendigerweise beschränktem Maße auf die einschlägige Literatur dieser Debatten hingewiesen. Ihre
ausführliche Diskussion im Lichte des Hamburger Ansatzes muß aber zukünftigen
Forschungsbemühungen überlassen bleiben. Dies gilt in ähnlicher Weise für den
qualitativen Vergleich regionaler Kriegsentwicklungen. Diesen wollten wir hier
nicht durch eine nur oberflächliche Zusammenschau am Ende des Bandes ersetzen. Mehr aber wäre im Rahmen unseres gegenwärtigen Arbeitszusammenhanges
nicht möglich gewesen. Allerdings gehen wir davon aus, daß ein solcher Vergleich die Dominanz der strukturellen Ähnlichkeiten von Konfliktkonstellationen
und sozialen Mechanismen in den verschiedenen Weltregionen gegenüber den
Besonderheiten regionaler Kriegsentwicklungen unterstreichen würde. Als regionenübergreifende Phänomene des weltweiten Kriegsgeschehens erweisen sich
beispielsweise das hohe Gewaltpotential personalistischer Herrschaftsformen oder
das Gewalt erzeugende Zusammentreffen von ethnischen Dichotomien und ökonomischer Marginalisierung. Es zeigt sich auch, daß die Legitimität gewaltsamen
Konfliktverhaltens dort besonders hoch ist, wo sich ausgeprägte Gewaltkulturen
historisch herausgebildet haben, oder daß die internationale Politik – und das
heißt für den hier behandelten Zeitraum vor allem der Kalte Krieg – überall als
Ressource genutzt wird, soziale Konflikte mit physischer Gewalt auszutragen. Es
sind diese und andere regionenübergreifende Aspekte, denen sich die Forschung
zukünftig ohne regionalwissenschaftliche oder fachspezifische Scheuklappen zuwenden sollte, um den Ursachen des globalen Phänomens kriegerischer Gewalt
näher zu kommen.

Langfristige Forschungen zu größeren Themenkomplexen sind an Bedingungen gebunden, die sich in der deutschen Forschungslandschaft nicht automatisch
entwickeln. Die „Arbeitsgemeinschaft Kriegsursachenforschung" hat für das Arbeiten in Gemeinschaft solche Voraussetzungen geboten. Die Autoren, selbst für
viele Jahre Mitglieder der AKUF und zeitweise als Wissenschaftliche Mitarbeiter
an der „Forschungsstelle Kriege, Rüstung und Entwicklung" der Universität
Hamburg beschäftigt, haben ihre Diskussion fortgeführt, soweit Lehr- und Forschungsaufenthalte in anderen Städten und Weltgegenden dies zuließen. Wir danken Klaus Jürgen Gantzel für seine wahrhaft liberale Obacht der Forschungspro

jekte, die in diesen Band gemündet haben. Undenkbar wären die hier vorgelegten Ergebnisse ohne den dauerhaften Diskussionszusammenhang, der sich über die Forschungsstelle und die AKUF ergeben hat. Daher danken wir den Kolleginnen und Kollegen in Hamburg und anderswo für kritische Kommentare und weiterführende Hinweise.

Daß der vorliegende Band, für den wesentliche Forschungsschritte von der „Deutschen Forschungsgemeinschaft" schon vor einigen Jahren finanziert wurden, erst jetzt erscheint, hat auch mit den spezifischen Strukturen zu tun, welche die wissenschaftliche Forschung in Deutschland charakterisieren. Trotz der hohen Relevanz des Themas kriegerische Gewalt erfordert die Organisation längerfristiger arbeitsteiliger Forschungen ein hohes Maß an eigener Initiative und administrativer Arbeit und steht somit oft quer zu den Erfordernissen des Lebens der Beteiligten. Der Erfolg der Bemühungen um den Fortschritt der Wissenschaft ist dabei nicht garantiert. Um so mehr sind wir für kritische Kommentare dankbar.

Kopenhagen, Berlin, Hamburg im August 2002

Literatur

Arbeitsgemeinschaft Kriegsursachenforschung 2002: Das Kriegsgeschehen 2001. Daten und Tendenzen der Kriege und bewaffneten Konflikte, hrsg. von Wolfgang Schreiber, Opladen

Ayoob, Mohammed 1995: The Third World Security Predicament. State-Making, regional conflict, and the International System, Boulder

Bayart, Jean Francois / Ellis, Stephen / Hibou, Béatrice 1997: La criminalisation de l'Etat en Afrique, Paris

Buhaug, Halvard / Gates, Scott 2002: The Geography of Civil War, Journal of Peace Research, 39 (4). 417-433

Clapham, Christopher 1996: Africa and the International System. The politics of state survival, Cambridge

Collier, Paul 2000: Economic Causes of Civil Conflict and Their Implications for Policy, Development Research Group of the World Bank, New York

Daase, Christopher 2000: Kleine Kriege – Große Wirkung. Wie unkonventionelle Kriegführung die internationale Politik verändert, Baden-Baden

Duchhardt, Heinz / Knipping, Franz (Hg.) 1997 ff.: Handbuch der Geschichte der internationalen Beziehungen, 9 Bde., Paderborn, München, Wien, Zürich. (bisher erschienen: Bd. 4 u. 6)

Duffield, Michael 2001: Global Governance & the New Wars. The merging of development and security, London

Gantzel, Klaus Jürgen 1997: Kriegsursachen – Tendenzen und Perspektiven. In: Ethik und Sozial-
    wissenschaften. Streitforum für Erwägungskultur, 8. Jg., Heft 3/1997

Gantzel, Klaus Jürgen / Schwinghammer, Torsten 1995: Die Kriege nach dem Zweiten Weltkrieg
    1945 bis 1992. Daten und Tendenzen. Münster-Hamburg

Geller, Daniel S. / Singer, J. David 1998: Nations at war. A scientific study of international conflict,
    Cambridge

Halliday, Fred 1995: Islam & the Myth of Confrontation. Religion and politics in the Middle East,
    London

Holsti, Kalevi J. 1996: The State, War, and the State of War, Cambridge

Marchal, Roland / Messiant, Christine 1997: Les chemins de la guerre et de la paix. Fin de conflit en
    Afrique orientale et australe, Paris

Migdal, Joel S. 1988: Strong Societies and Weak States. State-society relations and state capabilities
    in the Third World, Princeton, N.J.

Neckel, Sighard / Schwab-Trapp, Michael (Hrsg.) 1999: Ordnungen der Gewalt. Beiträge zu einer
    politischen Soziologie der Gewalt und des Krieges, Opladen

Neuman, Stephanie G. (Hrsg.) 1998 International Relations Theory and the Third World, New York

Reno, William 1998: Warlord Politics and African States, Boulder

Schlichte, Klaus 2002: Neues über den Krieg? Einige Anmerkungen zum Stand der Kriegsforschung
    in den Internationalen Beziehungen, Zeitschrift für Internationale Beziehungen, 9. Jg. Heft 1, S.
    113-138

Siegelberg, Jens 1990: Schritte zu einer Theorie des Krieges. Ein gesellschaftstheoretischer Entwurf
    für die vergleichende Kriegsursachenforschung, Arbeitspapiere der Forschungsstelle Krieg, Rü-
    stung und Entwicklung des Instituts für Politische Wissenschaft der Universität Hamburg, Nr.
    42/1990

Siegelberg, Jens 1994: Kapitalismus und Krieg. Eine Theorie des Krieges in der Weltgesellschaft,
    Münster/Hamburg

Siegelberg, Jens / Schlichte, Klaus (Hrsg.). 2000: Strukturwandel internationaler Beziehungen. Zum
    Verhältnis von Staat und internationalem System seit dem Westfälischen Frieden, Wiesbaden

Tilly, Charles 1990: Coercion, Capital, and European States, AD 990-1990, Oxford

von Trotha, Trutz 1994: Koloniale Herrschaft. Zur soziologischen Theorie der Staatsentstehung am
    Beispiel des "Schutzgebietes Togo". Tübingen

von Trotha, Trutz 2000: Gewaltforschung auf Popitzschen Wegen. Antireduktionismus, Zweckhaf-
    tigkeit und Körperlichkeit der Gewalt, in: Mittelweg 36, 9, 26-36.

Vasquez, John A. 1993: The War Puzzle, Cambridge

Vasquez, John A. (Hrsg.) 2000: What do we know about war? Lanham u.a.

Kriegerische Gewalt im Kontext globaler Vergesellschaftung
Ein theoretischer Erklärungsrahmen

1. Einleitung

Diskussionen über die weltweiten Kriege, ihre Ursachen und die Möglichkeiten zu ihrer Beendigung sind ein ständig wiederkehrendes Thema der Friedensforschung und der Internationalen Beziehungen[9]. Die Konjunkturen, in denen das Thema Krieg in Wissenschaft, Politik und Öffentlichkeit behandelt wird, werden von zwei Faktoren maßgeblich beeinflußt: von der meist nur kurzfristigen Wirkung aktueller politischer Ereignisse und von den langfristigen Zyklen vorherrschender Interpretationsmuster nationaler und internationaler Politik.

Der Übergang ins 21. Jahrhundert hat beides verändert: Das Ende des Ost-West-Konflikts hat den lange vorherrschenden Interpretationsmustern internationaler Beziehungen den Boden entzogen. Seither werden die interpretationsoffenen nationalen und internationalen Entwicklungen meist im Zusammenhang mit dem Schlagwort Globalisierung behandelt. Dies gilt auch für die Thematisierung kriegerischer Konflikte. Zugleich hat eine Reihe aktueller Ereignisse – wie etwa die Rückkehr des Krieges nach Europa oder der monströse Terroranschlag vom 11. September 2001 in den USA – dazu beigetragen, die Beschäftigung mit dem Thema Krieg neu zu beleben.

Aber nur selten haben sich die Versuche, das weltweite Kriegsgeschehen und seine Ursachen neu zu interpretieren, als fruchtbar erwiesen. Allzu oft unterliegen sie den Vereinseitigungen zeitgeschichtlicher Wahrnehmung, sind empirisch nicht haltbar, neigen zur Verallgemeinerung singulärer Ereignisse oder dienen schlicht politischen Interessen. Die Schwierigkeiten, Gewaltkonflikte und ihre Veränderungen angemessen zu interpretieren, gehen auf eklatante Schwächen der Theoriebildung sowohl in den Internationalen Beziehungen wie in der Kriegsursachenforschung zurück. Während die Theoriebildung in den Internationalen Beziehungen lange unter der Erfolgsgeschichte des Realismus gelitten hat, ist die Kriegsursachenforschung immer wieder an einer gesellschaftstheoretischen Erklärung ihres Gegenstandes gescheitert. Erschwerend kommt hinzu, daß beide Disziplinen an einer ahistorischen Behandlung ihres Gegenstandes kranken.

Der hier unternommene Versuch, eine tragfähige Interpretation des weltweiten Kriegsgeschehens seit dem Ende des Zweiten Weltkriegs vorzunehmen, will

---

9   Dem etablierten Sprachgebrauch folgend, unterscheiden wir die politikwissenschaftliche Disziplin „Internationale Beziehungen" durch Großschreibung von ihrem Gegenstand.

diese Schwächen überwinden. Es ist das Ziel dieser Publikation, das Kriegsgeschehen nach 1945 sowohl in seinen globalen Zusammenhängen zu erklären als auch die Besonderheiten regionaler Kriegsentwicklungen in Afrika, Asien, Lateinamerika, dem Mittleren Osten und Europa herauszuarbeiten. Unabdingbare Voraussetzung und Grundlage hierfür ist dreierlei: eine fundierte empirische Beschreibung und Erfassung des Gegenstandes, ein konsistenter gesellschaftstheoretischer Erklärungsrahmen für die Eskalation kriegerischer Gewalt und dessen Einbettung sowohl in seinen historischen als auch in den globalen Kontext. Die Autoren nehmen für sich in Anspruch, mit dem „Hamburger Ansatz" einen tragfähigen theoretischen Erklärungsrahmen für das weltweite Kriegsgeschehen entwickelt zu haben, der sowohl der Historizität des Gegenstandes als auch seinem weltweiten Vorkommen gerecht wird.

Im folgenden sollen zunächst die „Anforderungen an eine Theorie kriegerischer Gewalt" in der Moderne kurz skizziert werden. Anschließend werden mit der „Grammatik des Krieges" (2.1) und der „historischen Logik des Krieges" (2.2) die beiden zentralen Elemente des Hamburger Ansatzes vorgestellt. Während sich die „Grammatik" den methodischen Problemen der Untersuchung kriegsursächlicher Eskalationsprozesse zuwendet, wird unter der Überschrift „Die historische Logik des Krieges" der eigentliche theoretische Erklärungsansatz vorgestellt. Dabei handelt es sich um eine strukturgeschichtlich angelegte, gesellschaftstheoretisch fundierte und empirisch gesättigte Interpretation des weltweiten Kriegsgeschehens. Vor diesem Hintergrund werden schließlich in eigenständigen Beiträgen die regionalen Kriegsentwicklungen in Afrika, Asien, dem Mittleren Osten und Lateinamerika behandelt.

2. Anforderungen an eine Theorie kriegerischer Gewalt

Das Thema Krieg stellt die Sozialwissenschaften vor erhebliche Probleme. Denn Kriege sind äußerst komplexe, alle Gesellschaftsformen, Kulturräume und Epochen übergreifende soziale Phänomene. Dabei ist das Erscheinungsbild kriegerischer Gewalt ebenso vielfältig wie die Meinungen über deren Ursachen. In einem aber ist sich die Forschung einig. Es sind im wesentlichen zwei Problemfelder, die einer wissenschaftlichen Behandlung des Themas im Wege stehen: einerseits die historische und globale Universalität des Krieges und andererseits die Komplexität seiner Ursachen und deren Zurechnung auf unterschiedliche Analyseebenen.

Letzteres ist vor allem ein *methodisches Problem*, das sich bei der Untersuchung und dem Vergleich einzelner Kriege stellt. Es besteht darin, die Vielfalt möglicher Ursachen und den Prozeß ihrer kumulativen Verdichtung zum Krieg analytisch in den Griff zu bekommen, ohne sich auf die Untersuchung einzelner Analyseebenen oder Einflußfaktoren zu beschränken.

Da die Bandbreite der Ursachen kriegerischer Konflikte von individuellen Motiven bis hin zu Einflüssen des internationalen Systems reichen können, haben sich wissenschaftlich die drei Analyseebenen „Individuum", „Staat/Gesellschaft" und „internationales System" eingebürgert, deren Verklammerung jedoch ein bislang ungelöstes methodisches Problem darstellt. Eine hinreichende Erklärung kriegerischer Gewalt – auch als Voraussetzung für effektive Maßnahmen zu ihrer Prävention und Beendigung – erfordert aber einen konsistenten analytischen Zugang zur Gesamtheit kriegsursächlicher Bestimmungsgründe. Die Lösung dieses Problems erscheint der Forschung daher zwar als „zwingende Notwendigkeit", zugleich aber auch als „Quadratur des Kreises" (Mendler/Schwegler-Rohmeis 1989:151). Um die Vielzahl möglicher Kriegsursachen einer systematischen Untersuchung zugänglich zu machen, ist mithin ein Analysekonzept erforderlich, das es ermöglicht, die verschiedenen Analyseebenen zu integrieren, ohne potentielle Ursachen auszuschließen. Da ein solches Analysekonzept bisher nicht vorliegt, gehört es zu den vordringlichen Aufgaben der Forschung, ein einheitliches methodisches Konzept zu entwickeln. Innerhalb des Hamburger Ansatzes ist mit der „Grammatik des Krieges" ein solches methodisches Instrumentarium geschaffen worden.

Dagegen betrifft das Problem der historischen und globalen Universalität des Krieges vor allem die *gesellschaftstheoretische Erklärung* kriegerischer Gewalt. Es besteht, kurz gesagt, darin, daß Krieg ein alle Gesellschaftsformen, Kulturräume und Epochen übergreifendes Phänomen darstellt, ohne daß die Menschheitsgeschichte einem einheitlichen gesellschaftstheoretischen Zugriff offenstünde. Da Krieg aber trotz seiner historischen und globalen Universalität keine anthropologische Konstante, sondern ein gesellschaftliches, d.h. veränderbares Phänomen darstellt, müssen Kriege auch gesellschaftstheoretisch erklärt werden. Ein solcher theoretischer Erklärungsrahmen kann mithin nicht universalgeschichtlich begründet werden, sondern muß die gesellschaftliche Formbestimmtheit kriegerischer Gewalt offenlegen. Er muß also die Zusammenhänge aufdecken können, die zwischen der Veränderung gesellschaftlicher Lebensverhältnisse und dem Formwandel kriegerischer Gewalt bestehen. Dies erfordert eine *soziologisch fundierte* Gesellschaftstheorie, die die konkreten Ursachen und das Verhalten sozialer Akteure ebenso erfaßt wie die strukturellen Rahmenbedingungen, die dem Akteurshandeln in Gestalt gesellschaftlicher Verhältnisse, historischer Entwicklungen und Einflüssen des internationalen Systems immer schon vorausgesetzt sind. Um die sozialen Mechanismen kollektiven Gewalthandelns erfassen zu können, muß der gesellschaftstheoretische Erklärungsrahmen also zugleich akteursbezogen und prozeßorientiert sein, und er muß struktur- und handlungstheoretische Forschungsstränge aufnehmen und miteinander verbinden. Darüber hinaus muß eine Gesellschaftstheorie des Krieges eingebettet sein in einen *strukturgeschichtlichen Ansatz,* der mit dem Formwandel der Gewalt die Historizität des Gegenstandes zum Vorschein bringt und seiner internationalen und globalen Dimension gerecht wird. Erst ein solcher strukturgeschichtlich eingebundener und soziologisch fundierter gesellschaftstheoretischer Ansatz ist in der Lage, sowohl die historische als auch die soziale Logik des Krieges zu entschlüsseln.

Diese Anforderungen an einen theoretischen Erklärungsrahmen bringen weitere methodische Implikationen mit sich. Denn in methodischer Hinsicht lassen sich die komplexen Ursachen kriegerischer Gewalt nur dann angemessen analysieren, wenn die Verknüpfung von strukturellen Bedingungen und subjektiven Gründen kriegerischen Gewalthandelns, also die Verbindung von struktur- und handlungstheoretischen Elementen innerhalb eines einheitlichen methodischen Konzeptes gelingt, und dieses Konzept auch die vergleichende Untersuchung kriegsursächlicher Eskalationsprozesse ermöglicht. Darüber hinaus müssen auch die *kategorialen Voraussetzungen* vorliegen, um das Kriegsgeschehen in seiner historischen und globalen Dimension erfassen und untersuchen zu können.

Es läßt sich also zusammenfassen, daß der analytische Zugang zum Thema Krieg, seinen Ursachen und Entwicklungstendenzen einen *integralen Ansatz* erforderlich macht, der struktur- und handlungstheoretische Elemente in einer akteursbezogenen, soziologisch fundierten Gesellschaftstheorie verbindet. Zugleich muß er die Historizität und die globale Dimension des Gegenstandes über einen strukturgeschichtlichen Ansatz erschließen und für ein solches Vorgehen auch die methodischen und kategorialen Voraussetzungen liefern. Damit sind die theoretischen und methodischen Grundanforderungen an einen wissenschaftlichen Bezugsrahmen für die Untersuchung und Erklärung kriegerischer Konflikte im wesentlichen umrissen. Ein solcher Ansatz lag nach übereinstimmender Einschätzung der Forschung bisher nicht vor. Er läßt sich auch nicht mit dem Instrumentarium einer Wissenschaftsdisziplin entwickeln, sondern macht es erforderlich, Ansätze, Erkenntnisse, Begrifflichkeiten und Methoden unterschiedlicher Fachrichtungen zu einem integralen Ansatz zu verknüpfen.

Die Autoren erheben den Anspruch, mit dem *Hamburger Ansatz* einen solchen theoretisch und methodisch fundierten Zugang zur Untersuchung und Erklärung kriegerischer Gewalt vorgelegt zu haben. Die wesentlichen Elemente dieses Ansatzes gehen vor allem auf zwei große Traditionslinien sozialwissenschaftlicher Theoriebildung zurück: die klassische Soziologie und die politische Ökonomie. Beide liefern sowohl theoretische Erkenntnisse, Anknüpfungspunkte und Differenzierungen, die entscheidend zum Verständnis und zur Erklärung von Gewaltkonflikten beitragen, als auch das methodische und begriffliche Instrumentarium für die Analyse des Gegenstandes. Der hier verfolgte Ansatz steht damit in der Tradition klassischer Modernisierungstheorien von Karl Marx über Ferdinand Tönnies und Max Weber bis zu Norbert Elias. Die Autoren dieses Bandes nehmen für sich in Anspruch, deren Erkenntnisse, Methoden und Begrifflichkeiten für die Analyse und Erklärung kriegerischer Gewalt fruchtbar gemacht und im Hamburger Ansatz zu einem integralen Konzept verbunden zu haben. Für die kausale Rekonstruktion der Ursachen kriegerischer Gewalt sind dabei insbesondere Webers' Herrschaftssoziologie und Idealtypenbildung, Elias' prozeßsoziologische Methode und seine Analyse gesellschaftlicher Elementarfunktionen, Tönnies' Unterscheidung von Gemeinschaft und Gesellschaft sowie Marx' Strukturanalyse der bürgerlichen Gesellschaft von zentraler Bedeutung.

Diese für die Rekonstruktion der „sozialen Logik des Krieges" zentralen Ausgangspunkte legen in bezug auf die Untersuchung der „historischen Logik des Krieges" bereits eine epochen- bzw. strukturgeschichtliche Herangehensweise nahe. Ausgehend von der Abgrenzung eines historisch-sozialen Raumes, innerhalb dessen ein einheitlicher gesellschaftstheoretischer Zugriff auf das weltweite Kriegsgeschehen überhaupt möglich ist, geht es hierbei vor allem darum, Erkenntnisse der Geschichtswissenschaft und der historischen Sozialforschung auf den Aspekt des Formwandels kriegerischer Gewalt im Kontext globaler Vergesellschaftung zuzuspitzen. Dabei gerät insbesondere die Entstehung, Entwicklung und Veränderung moderner Staatlichkeit mit ihrem Anspruch auf das gesellschaftliche Gewaltmonopol in den Mittelpunkt der Betrachtung. Mit der Genese und dem Formwandel des modernen Staates untrennbar verbunden sind die Entstehung und der Wandel des internationalen (Staaten)Systems, die beide aus dem Zerfall der mittelalterlichen europäischen Ordnung hervorgehen. Für das Verständnis und die Interpretation der Gewaltkonflikte seit dem Ende des Zweiten Weltkrieges ist die Rekonstruktion der kriegerischen Geschichte von Staat und internationalem System daher auch unverzichtbar.

Eine Schlüsselstellung für das Verständnis des Hamburger Ansatzes nimmt der Begriff der *Weltgesellschaft* ein.[10] Da dieser Begriff sowohl die globale Totalität des Sozialen als auch den historischen Prozeß globaler Vergesellschaftung umfaßt, fließen der gesellschaftstheoretische Ansatz und der strukturgeschichtliche Ansatz im Begriff der Weltgesellschaft zusammen. Aber der Begriff ermöglicht nicht nur die Konvergenz von gesellschaftstheoretischer und strukturgeschichtlicher Herangehensweise; auch in methodischer Hinsicht kommt ihm eine

---

10   Zum Begriff der Weltgesellschaft als Ausgangspunkt einer Theorie des Krieges sowie als theoretisches Konzept der Internationalen Beziehungen vgl. Jung 1995: 37-75 sowie 1998 und 2001.

wichtige Doppelfunktion zu: einerseits als systematische Kategorie, die in ihrer idealtypischen Gestalt als bürgerlich-kapitalistische Vergesellschaftung die strukturelle Einheit gesellschaftlicher Reproduktion im globalen Maßstab repräsentiert, und andererseits als historischer Prozeßbegriff, der der Beschreibung und Erklärung der schrittweisen und ungleichzeitigen Herausbildung dieser globalen Reproduktionseinheit dient. Innerhalb des Hamburger Ansatzes wird der Begriff der Weltgesellschaft damit zur entscheidenden Schnittstelle, über die sich die gesellschaftstheoretische und strukturgeschichtliche Erklärung kriegerischer Gewalt und das methodische Konzept zu ihrer Untersuchung zu einem integralen Ansatz verbinden lassen.

Um das zentrale Anliegen diese Buches einzulösen, eine Interpretation globaler und regionaler Kriegsentwicklungen in der zweiten Hälfte des 20. Jahrhunderts vorzulegen, ist neben einem theoretischen Erklärungsrahmen für das Kriegsgeschehen und dessen Einbettung in seinen historischen und globalen Kontext auch eine fundierte empirische Erfassung und Beschreibung des Gegenstandes notwendig. Hierfür können die Autoren neben der themenbezogenen Fachliteratur auf langjährige eigene empirische Untersuchungen im Rahmen der Hamburger „Arbeitsgemeinschaft Kriegsursachenforschung" (AKUF)[11] zurückgreifen. Sie bilden das breite empirische Fundament für den Hamburger Ansatz wie für die folgende Untersuchung und Interpretation regionaler Kriegsentwicklungen.

Die Elemente dieses Ansatzes wurden in den vergangenen zehn Jahren entwickelt und an verschiedenen Stellen publiziert. Sie sollen hier nicht noch einmal im Detail, sondern in ihrem Zusammenhang dargestellt werden. Unter Verweis auf detaillierte Ausführungen an anderer Stelle soll im folgenden eine auf die theoretischen Grundgedanken und ihre methodischen Implikationen sowie die zentralen Thesen und inhaltlichen Aussagen reduzierte Darstellung des Hamburger Ansatzes vorgenommen werden. Sie dient in erster Linie dazu, den Erklärungshintergrund für die anschließenden Interpretation des weltweiten Kriegsgeschehens sowie der regionalen Kriegsentwicklungen in Afrika, Asien, Lateinamerika, Europa und dem Nahen und Mittleren Osten offenzulegen.

---

11 Die „Arbeitsgemeinschaft Kriegsursachenforschung" (AKUF), der die Autoren seit vielen Jahren angehören, wurde 1978 von Prof. Dr. Klaus Jürgen Gantzel an der Universität Hamburg gegründet. Zentrale Arbeitsgebiete der AKUF sind die fortlaufende empirische Erfassung und Analyse des weltweiten Kriegsgeschehens sowie die gesellschaftstheoretische Erklärung kriegerischer Gewalt. Zur fortlaufenden Berichterstattung über das Kriegsgeschehen seit 1945 vgl. u.a. die AKUF-Website unter www.akuf.de sowie das seit 1988 erscheinende Jahrbuch „Das Kriegsgeschehen".

3. Der Hamburger Ansatz

Um die beiden zentralen Problemfelder und Desiderate einer gesellschaftstheoretischen Erklärung kriegerischer Gewalt in der Moderne – das Problem der Komplexität der Ursachen und das Problem der Historizität und globalen Universalität des Krieges – zu bewältigen, werden vom Hamburger Ansatz zwei Wege beschritten: Zur Lösung des methodischen Problems, die Komplexität kriegsursächlicher Bestimmungsgründe und ihre kumulative Verdichtung zu kriegerischem Konfliktaustrag analytisch in den Griff zu bekommen, wurde mit der „Grammatik des Krieges" ein methodisches Konzept entwickelt, das es ermöglicht, die vielfältigen Kriegsursachen mit den Eskalationsstufen zu verbinden, die zu kriegerischem Konfliktaustrag führen. Mit Hilfe dieses Konzeptes lassen sich die unterschiedlichen Analyseebenen in ein einheitliches Untersuchungsverfahren integrieren, das auch die erklärungsnotwendige Verknüpfung von strukturellen Ursachen und subjektiven Gründen von Gewalthandeln ermöglicht.

Dieses für die Analyse und den Vergleich der gewaltsamen Eskalation gesellschaftlicher Konflikte entwickelte Untersuchungsverfahren kann zwar die Ursachen und die mit ihnen verbundene Eskalationslogik gesellschaftlicher Konflikte systematisch rekonstruieren, diese aber nicht in ihren historischen und globalen Kontext einordnen. Eine solche Einbettung einzelner Konflikte läßt sich nur vor dem Hintergrund eines Erklärungsrahmens vornehmen, der die strukturellen Konfliktlinien, -konstellationen und -mechanismen, die dem Kriegsgeschehen unserer Epoche unterliegen, aus zugleich theoretischer, historischer und globaler Perspektive rekonstruiert. Um das Problem der Historizität und globalen Universalität kriegerischer Gewalt zu lösen und einen gesellschaftstheoretisch begründeten Erklärungsrahmen für das weltweite Kriegsgeschehen zu erarbeiten, bedient sich der Hamburger Ansatz eines strukturgeschichtlichen Zugangs, in dessen Mittelpunkt der Formwandel der Gewaltverhältnisse steht, der in der Neuzeit eng mit der Genese der kapitalistischen Gesellschaft, der Entstehung des modernen Staates und des internationalen Systems verknüpft ist. Dabei werden Strukturen sichtbar, die eine „historische Logik" kriegerischer Gewalt erkennen lassen und die Einordnung der Kriege der Gegenwart in einen gesellschaftstheoretischen Erklärungsrahmen ermöglichen.

Die kausale Rekonstruktion der Ursachen kriegerischer Konflikte und deren Einordnung in einen gesellschaftstheoretischen Erklärungsrahmen bilden also die beiden Säulen des Hamburger Ansatzes. Je nach dem, ob es in der konkreten wissenschaftlichen Arbeit stärker um die Untersuchung und den Vergleich der Ursachen einzelner Kriege oder um historische und globale Entwicklungstendenzen und die Interpretation des weltweiten Kriegsgeschehens geht, stehen dann das methodische Konzept der „Grammatik des Krieges" oder eben mit der „historischen Logik des Krieges" der theoretische Erklärungsrahmen stärker im Mittelpunkt.

Da es in dieser Publikation in erster Linie um die Interpretation des weltweiten Kriegsgeschehens und der regionalen Kriegsentwicklungen von 1945 bis 2002 geht, wird im folgenden zuerst das methodische Konzept der „Grammatik des Krieges" (2.1) in der hier gebotenen Kürze und anschließend, unter der Überschrift „Die historische Logik des Krieges" (2.2), der gesellschaftstheoretische Erklärungsrahmen des Hamburger Ansatzes relativ ausführlich dargestellt. Dabei werden zunächst einige „Grundüberlegungen und Thesen" (2.2.1) des theoretischen Erklärungsrahmens vorgestellt. Daß es sich hierbei nicht nur um normative Vorstellungen oder wirklichkeitsfremde Konstruktionen, sondern um die theoriegeleitete Interpretation historischer Entwicklungen handelt, sollen die anschließenden Ausführungen zum „Formwandel der Gewalt in der europäischen Geschichte" (2.2.2) und über „Krieg und Entwicklung in der Dritten Welt" (2.2.3) belegen. Diese strukturgeschichtlichen Abschnitte bilden zugleich den Erklärungshintergrund für die Interpretation des weltweiten Kriegsgeschehens und für die dann folgenden Kapitel zu den regionalen Kriegsentwicklungen in der zweiten Hälfte des 20. Jahrhunderts.

3.1 Die Grammatik des Krieges

Unabhängig davon, in welchem historischen oder kulturellen Kontext es zu kriegerischer Gewalt kommt – die Untersuchung kriegerischer Konflikte muß mit dem Problem der Komplexität ihrer Ursachen zurecht kommen. Diese Komplexität besteht nicht allein darin, daß es politische und ökonomische, kulturelle und religiöse, nationale und internationale, kollektive und individuelle, historische und situative Einflüsse und Faktoren gibt, die zur gewaltsamen Eskalation beitragen können. Es gehört auch zur Komplexität des Ursächlichen und den damit verbundenen methodischen Problemen, daß dem Handeln konfliktbeteiligter Akteure gleichermaßen strukturelle Bedingungen und subjektive Gründe unterliegen, die analytisch erfaßt werden müssen. Um die Ursachen von Kriegen zu erklären, müssen also nicht nur die unterschiedlichen Faktoren identifiziert und gewichtet werden, es muß auch die Verknüpfung von strukturellen Bedingungen mit den subjektiven Gründen des Akteurshandelns gelingen. Diese Verknüpfung bildet den Kausalnexus, aus dem heraus sich kriegsursächliche Prozesse allein erklären lassen.

Mit der „Grammatik des Krieges" (vgl. hierzu ausführlich Siegelberg 1994: 167-193 sowie Jung 1995: 208-252) wurde im Rahmen der Hamburger Kriegsursachenforschung ein bereits in vielen qualitativ-empirischen Studien erfolgreich erprobtes Analyseverfahren zur vergleichenden Untersuchung kriegsursächlicher Eskalationsprozesse entwickelt, über das die Komplexitätsproblematik einer systematischen Bearbeitung zugänglich gemacht wird.

Das „Trilemma" (Schlichte) der unterschiedlichen Analyseebenen „internationales System", „Staat/Gesellschaft" und „Individuum", in das sich die Vielfalt möglicher Ursachen bislang für gewöhnlich übersetzte, erweist sich bei näherem Hinsehen nicht als Problem des Gegenstandes, sondern als Problem unserer Wissenschaftstradition, in der die fachdisziplinäre Differenzierung zu unintegrierbar nebeneinanderstehenden methodischen Ausgangspunkten führt. Ein Methodenverständnis, das von der Logik des Gegenstandes ausgeht, löst dagegen die strukturelle Blockade zugunsten der Analyseebene „Staat/Gesellschaft". Sie bildet den methodischen und analytischen Ausgangspunkt, der es erlaubt, die anderen Ebenen einzubeziehen, so daß die Gesamtheit potentieller Einflußfaktoren erfaßbar wird (vgl. hierzu Siegelberg 1994: 170-179). Dabei begreift dieses Untersuchungsverfahren die Eskalation zu kriegerischer Gewalt nicht als bloße Addition ursächlicher Faktoren, sondern rekonstruiert sie als kumulativen Verdichtungsprozeß ursächlicher Momente. Weil das systematische Ineinandergreifen und die spezifische Form der Verknüpfung von Ursachen im Mittelpunkt stehen, ist die „Grammatik des Krieges" zugleich ein heuristisches Raster zum Verständnis der Eskalationsdynamik gewaltgeladener sozialer Konflikte.

Auf den vier Untersuchungsebenen der „Grammatik" ist auch die Verknüpfung von strukturellen Ursachen und subjektiven Gründen des Akteurshandelns systematisch verankert. Ausgehend von den gesellschaftlichen Lebensverhältnissen lassen sich die handlungskonstitutiven sozialen Räume der konfliktbeteiligten Akteure erschließen und die „Binnenperspektive" der handelnden Akteure rekonstruieren. Diese Rekonstruktion der in Ideen, Weltbildern und Wertvorstellungen rationalisierten Wahrnehmungs- und Bewertungsmuster der Akteure ist unabdingbar, um den verbreiteten Kurzschluß von den strukturellen Ursachen auf das Gewalthandeln der Akteure zu vermeiden. Methodisch ist für diesen akteursorientierten Zugang das an der Schnittstelle von Individuum und Gesellschaft angesiedelte Konzept des „sozialen Habitus" (vgl. u.a. Bourdieu 1982: 277-354; Elias 1988: 243ff.) von zentraler Bedeutung.

Mit der Möglichkeit der Integration der drei gebräuchlichen Analyseebenen und der systematischen Verknüpfung von struktur- und handlungstheoretischen Elementen ist aber noch kein Weg beschrieben, wie die Komplexität kriegsursächlicher Faktoren der Analyse zugänglich gemacht werden kann. Mit der

„Grammatik des Krieges" liegt ein methodisch einheitlicher Analyseweg als vergleichsweise einfaches Vier-Schritt-Schema vor. Die kausale Erklärung von Krieg wird hier als inhaltslogische Stufenfolge qualitativ unterschiedlicher Schritte zum Krieg rekonstruiert. Dabei repräsentieren die vier Untersuchungsebenen „Widerspruch", „Krise", „Konflikt" und „Kriege" die Stufenfolge auseinander hervorgehender systematischer Ebenen, die notwendig durchlaufen werden müssen, wenn es zu kriegerischem Konfliktaustrag kommt. Dieses Vier-Schritt-Schema soll im folgenden nicht im Detail, sondern nur seinem Grundgedanken nach vorgestellt werden.

1. Analyseebene (Widerspruch): Ausgangspunkt des vierstufigen Untersuchungsverfahrens sind gesellschaftliche Widersprüche und Problemlagen, die als Resultat historischer und aktueller Entwicklungen den strukturellen Hintergrund jedes gesellschaftlichen Konfliktes bilden. Dabei ist es gleichgültig, ob es sich um religiöse, ökonomische, ethnische, politische, kulturelle oder andere Widersprüche und Gegensätze handelt, oder ob die Probleme endogenen oder exogenen Ursprungs sind. Diesen Bereichen gilt zunächst die Aufmerksamkeit, da sie potentiell konfliktive Momente darstellen und sich unter bestimmten Umständen zu Gewaltursachen entwickeln können. Die Frage aber, ob und inwieweit diese potentiell konfliktiven Momente auch tatsächlich zu Bestimmungsgründen gewaltsamen Handelns werden, erschließt sich auf dieser ersten Analyseebene nicht.

2. Analyseebene (Krise): Um die nur potentiellen von den tatsächlich im Eskalationsprozeß wirksam werdenden Einflußgrößen zu trennen, ist es entscheidend, ob und wie die objektiv zu konstatierenden Widersprüche und Gegensätze subjektiv wahrgenommen werden und welche Bedeutung sie für die beteiligten Akteure haben. Es sind also die Wahrnehmungs- und Bewertungsmuster der beteiligten Akteure, die darüber entscheiden, wie gesellschaftliche Widersprüche und Problemlagen aufgefaßt und interpretiert werden. Für die Analyse und die Bearbeitung sozialer Konflikte ist dies von entscheidender Bedeutung. Denn die Akteure handeln nicht aufgrund objektiver Widersprüche, sondern aufgrund der von ihnen subjektiv wahrgenommenen Wirklichkeit. Die Wahrnehmungs- und Bewertungsmuster der Beteiligten, die auf dieser zweiten Analyseebene untersucht werden, filtern also gewissermaßen die wirksam werdenden von den unwirksamen Einflußgrößen und verleihen dem Entstehungs- und Erzeugungsprozeß des Ursächlichen durch ihre Interpretationsleistung eine neue Qualität.

3. Analyseebene (Konflikt): Mit den Analyseebenen „Widerspruch" und „Krise" werden also die objektiven wie die subjektiven Bestimmungsgründe des Akteurshandelns erfaßt. Konfliktrelevant aber wird erst das tatsächliche Verhalten zu den krisenhaft wahrgenommenen Lebensumständen. Beim Übergang zur Analyseebene „Konflikt" geht es daher um den Übergang zur eigentlichen Handlungsebe-

ne. Auf dieser Ebene kann der doppelte Umschlag der gesellschaftlichen Verhältnisse in Verhalten der Akteure beobachtet werden: von passivem Wahrnehmen zu
aktivem Handeln und von friedlichem zu kriegerischem Konfliktaustrag. Erst
wenn sich die latenten Konfliktpotentiale in manifestes Verhalten umsetzen und
sich die Konfliktbereitschaft der Akteure nicht länger in friedlichen Formen äußert, setzt sich der Verdichtungsprozeß des Ursächlichen zu gewaltsamem Konfliktaustrag fort. Im wechselseitigen Verhalten der Konfliktparteien vollzieht sich
nun das, was gewöhnlich als Eskalationsprozeß bezeichnet wird. Auf dieser Ebene
der Untersuchung werden das Verhalten der Konfliktparteien sowie die Schaffung
der materiellen, organisatorischen und mentalen Voraussetzungen der Kriegführung untersucht. Hierzu gehören u. a. die Mobilisierung und der Aufbau konfliktfähiger Gruppen, die Beschaffung von Waffen und materiellen Ressourcen, der
Aufbau organisatorischer Strukturen, die ideologische Mobilisierung und schließlich die Rekrutierung kampfbereiter Anhänger. In dieser Phase der Eskalation findet auch der Umschlag von latenter in manifeste Gewalt statt. Mit dem Griff zur
Gewalt findet ein Dammbruch statt, der die Überwindung von zivilisatorischen
Barrieren zur Voraussetzung hat und die physische Gewalt zu einer entscheidenden Machtressource erhebt. Damit ist der Übergang zur vierten systematischen
Analyseebene geebnet.

4. Analyseebene (Krieg): Auf der Analyseebene „Krieg" fassen sich in der
kollektiven Anwendung physischer Gewalt nicht nur alle eskalationswirksamen
Momente der vorangegangenen Entwicklungen zusammen; in der neuen Qualität
des Konfliktaustrags sind von vornherein Tendenzen zur Verselbständigung der
Gewalt von ihren ursprünglichen Ursachen und Zielen angelegt. Jedes Drehen der
Spirale aus Gewalt und Krieg erzeugt die weitere Eskalation und Perpetuierung
von Gewalt, so daß der Krieg selbst schließlich immer stärker zur Ursache des
Krieges und letztlich sogar zum Selbstzweck werden kann. In Kriegsökonomien
etwa wird die Gewalt zur Lebensgrundlage ganzer Bevölkerungsschichten, was
zur Persistenz der Gewalt und zur Minderung der Chancen einer Kriegsbeendigung führt.

Innerhalb dieses Analyseschemas wird die Komplexität der Ursachen kriegerischer Gewalt in eine inhaltslogische Stufenfolge auseinander hervorgehender,
qualitativ unterschiedlicher Schritte zum Krieg übersetzt, so daß sich der reale
Prozeß der Eskalation kriegerischer Gewalt analytisch als kausale Logik eines
kumulativen Verdichtungsprozesses ursächlicher Faktoren darstellt. Dabei liefert
die „Grammatik des Krieges" durch die systematische Verknüpfung von strukturellen Ursachen, subjektiven Gründen und eskalationswirksamen Faktoren nicht
nur eine wirklichkeitsnahe Erklärung von Gewaltprozessen; gewissermaßen im

Umkehrschluß verweist sie auf allen Untersuchungsebenen auch auf die Möglichkeiten zur Unterbrechung des Eskalationsprozesses.

Im Rahmen des Hamburger Ansatzes wurde dieses Konzept für die vergleichende Untersuchung kriegerischer Konflikte entwickelt. Auch über Fallstudien hinaus trägt dieses aktursbezogene Analyseschema erheblich zum Verständnis der Eskalationslogik gewaltsamer Konflikte bei. Deren Einordnung in einen den Einzelfall übergreifenden Erklärungsrahmen aber leistet dieses Analysekonzept nicht. Ein solcher gesellschaftstheoretischer Erklärungs- und Interpretationsrahmen für das weltweite Kriegsgeschehen soll im folgenden umrissen werden.

3.2   Die historische Logik des Krieges

3.2.1   Grundüberlegungen und Thesen

Die Möglichkeit, Krieg zum Gegenstand theoretischer Überlegungen zu machen, ist selbst historisches Resultat. Denn solange Gewalt und Krieg gleichsam als Naturkatastrophen oder als göttlich verfügtes Schicksal und nicht als gesellschaftliches Phänomen verstanden wurden, und Krieg und Frieden noch nicht klar voneinander unterscheidbar waren, solange war auch eine vom allgemeinen Denken abhebbare Theorie kriegerischer Gewalt undenkbar. Erst mit dem Übergang von mittelalterlich-feudalen Verhältnissen zu staatlich verfaßten Gesellschaften entwickelte sich allmählich die Trennung von Krieg und Frieden (vgl. Münkler 1992: 210) und mit ihr die Denkmöglichkeit der Überwindung chronischer Gewalt, die noch die mittelalterliche Gesellschaft gekennzeichnet hatte. Historische Grundlage dieser Entwicklung war die Ausschaltung und Entmachtung der feudalen und ständischen Gewalten und die Monopolisierung der Mittel physischer Gewalt durch den neuzeitlichen Staat. Dieser Prozeß der politischen Enteignung physischer Gewalt führte zu einem Formwandel, in dessen Verlauf die zuvor noch allgegenwärtige Gewalt aus der Gesellschaft absorbiert wurde und sich räumlich wie zeitlich begrenzte Kriege zur dominanten Form von Gewalt entwickelten. Krieg und Frieden wurden nun deutlich unterscheidbare gesellschaftliche Zustände und konnten so als selbständige Phänomene auch zu Gegenständen theoretischer Reflexion werden. Der Ausgangspunkt für einen theoriegeleiteten Zugang zum Gegenstand Krieg ist also keine Konstruktion a priori, sondern historisch begründet. Denn erst in der Frühen Neuzeit, mit der Herausbildung moderner Staatlichkeit, setzte der säkulare Prozeß dieses Formwandels der Gewalt ein. Hier muß auch eine strukturgeschichtliche Untersuchung kriegerischer Gewalt ihren Anfang nehmen.

An diesem historischen Ausgangspunkt für eine Theorie des Krieges steht auch die Wiege des Kapitalismus und damit der Beginn der Entwicklung des Kapitalismus zur Weltgesellschaft.[12] Diese Entwicklung des Kapitalismus zu einem globalen Vergesellschaftungszusammenhang kann als Tendenz zur Schaffung eines einheitlichen Raumes für den gesellschaftstheoretischen Zugriff auf das weltweite Kriegsgeschehen angesehen werden. Denn erst durch den neuen Vergesellschaftungsmodus wurden die zuvor noch weitgehend von einander unabhängigen und nach eigenen Gesetzen organisierten Welten in einen globalen Zusammenhang eingebunden, in dem die traditionalen Verhältnisse nach und nach dem Rhythmus kapitalistischen Fortschritts und bürgerlichen Herrschaftsansprüchen unterworfen wurden. Mit der Ausbreitung des europäischen Modells zum globalen Maßstab gesellschaftlicher Entwicklung weitet sich auch der geographisch-soziale Raum für eine methodisch und begrifflich einheitliche Erfassung des Gegenstandes und damit der Geltungsbereich und die Aussagekraft einer Theorie kriegerischer Gewalt in der Moderne aus. Die historische Entwicklung läßt den Krieg also nicht nur zum Erkenntnisobjekt werden, sie schafft mit der globalen Verallgemeinerung kapitalistischer Verhältnisse auch die Voraussetzungen für seine wissenschaftliche Erfassung und theoretische Durchdringung. Die dem Hamburger Ansatz zugrunde liegende These lautet daher: *Erst die Entwicklung des Kapitalismus zur Weltgesellschaft schafft die Möglichkeit zu einer Theorie des Krieges – in dieser Entwicklung liegt auch der Schlüssel zum Verständnis der Kriege der Gegenwart.*

Mit dem Epochenwechsel vom Mittelalter zur Neuzeit begann also ein säkularer Prozeß, in dessen Verlauf die mittelalterlich-feudale Ordnung Europas durch das Syntheseprinzip bürgerlich-kapitalistischer Vergesellschaftung abgelöst wurde. Ausgehend von Nordwesteuropa griff dieser Formationswechsel, der alle Lebensbereiche in einer bis dahin beispiellosen Breite, Tiefe und Radikalität umwälzte, im Zuge der europäischen Weltexpansion nach und nach auch auf andere Weltregionen über und führte dort ebenfalls zur Auflösung und Transformation traditionaler Lebensverhältnisse.

Der neue Vergesellschaftungsmodus umfaßt dabei von Anfang an zwei Dimensionen, die nur analytisch auseinandergehalten werden können: seine innergesellschaftliche Durchsetzung und seine weltweite Ausbreitung. Im Innern der Gesellschaften war die Durchsetzung des Kapitalismus gegen die alte Ordnung und

---

12 Wenn hier und im folgenden von „Kapitalismus" die Rede ist, wird darunter nicht eine bestimmte Form des Wirtschaftens oder ein ökonomisches System verstanden. Kapitalismus wird hier in einem umfassenden Sinne als gesellschaftlicher Gesamtzusammenhang von materieller, politischer und ideeller Reproduktion und damit als eine historisch spezifische Gesellschaftsformation begriffen.

seine Ausformung zur bürgerlichen Gesellschaft ein langer, konfliktiver Prozeß, der erst in der zweiten Hälfte des 20. Jahrhunderts als spätes historisches Resultat in die pazifizierten Strukturen westlicher Gesellschaften einmündete. In ihrer globalen Dimension führte die Ausbreitung des Kapitalismus zunächst in Gestalt kolonialer Expansion zur gewaltsamen Unterwerfung der außereuropäischen Gesellschaften, wo die schrittweise Zurückdrängung und konfliktive Auflösung traditionaler Vergesellschaftungsformen in den meisten Fällen bis heute unabgeschlossen geblieben ist. Insgesamt kann man sagen, daß die Geschichte der innergesellschaftlichen Durchsetzung und globalen Ausbreitung kapitalistischer Vergesellschaftung von Anfang an ein von Aufständen, Gewalt und Krieg begleiteter Prozeß war. Aus diesem Zusammenhang leitet sich eine weitere grundlegende These des Hamburger Ansatzes ab: *Der bis heute unabgeschlossene kapitalistische Transformationsprozeß traditionaler Vergesellschaftungsformen bildet die zentrale, dem Kriegsgeschehen in der Moderne unterliegende strukturelle Konfliktlinie.* Die Verdichtungsräume gesellschaftlicher Konfliktpotentiale lassen sich dabei entlang den innergesellschaftlich wie global verlaufenden Ausbreitungsmustern kapitalistischer Vergesellschaftung nachweisen. Über diese These verschränken sich also kapitalistische Entwicklung und Kriegsentwicklung zu einem die Geschichte der Moderne grundlegend prägenden Zusammenhang.

Aus epochengeschichtlicher Perspektive werden außerdem zwei weitere strukturelle Konfliktlinien sichtbar: Sie betreffen einerseits Konflikte, die aus traditionalen bzw. nicht-kapitalistischen Lebensverhältnissen mitgeschleppt werden und im Kontext aktueller, vor allem modernisierungsinduzierter gesellschaftlicher Krisen wieder aufleben. Andererseits Konflikte, die sich aus den immanenten Widersprüchen kapitalistischer Vergesellschaftung selbst ergeben und als Konflikte zwischen den neu entstandenen Klassen, Gruppen und Schichten ausgetragen werden. Die wesentlichen Ursachen der Kriege der Gegenwart lassen sich als Kombination aus diesen drei Strukturelementen rekonstruieren. Theoretisches Kernstück des Hamburger Ansatzes für die Erklärung kriegerischer Konflikte aber sind die gewaltsamen sozialen Prozesse, die sich aus den fortwährenden Spannungen zwischen traditionaler und bürgerlich-kapitalistischer Vergesellschaftung ergeben. Die Grenzziehung zwischen traditionalen und bürgerlich-kapitalistischen Vergesellschaftungsformen oder, kurz gesagt, die Unterscheidung von Tradition und Moderne, bildet also die *Leitdifferenz* des Ansatzes.

Die Kernthese des Hamburger Ansatzes läßt sich aber nicht nur theoretisch konstatieren, auch *historisch* läßt sich die Verschränkung von kapitalistischer Entwicklung und weltweitem Kriegsgeschehen und Kriegsentwicklung zu einem die Geschichte der Moderne grundlegend prägenden Zusammenhang nachweisen: Historisch betrachtet, generiert der kapitalistische Modernisierungs- und Transformationsprozeß ein sich wiederholendes Prozeßmuster kriegerischer Konflikte, das sich in der europäischen Geschichte ebenso zeigen läßt wie in den gegenwärtigen Gewaltkonflikten in anderen Teilen der Welt. Dies darf allerdings nicht als historischer Universalismus mißverstanden werden. Denn es geht hierbei nicht um die Wiederholung von Geschichte, sondern um die strukturelle Ähnlichkeit von Konfliktkonstellationen und sozialen Mechanismen, die sich als Begleiterscheinung des kapitalistischen Modernisierungs- und Transformationsprozesses ergeben. Denn der kapitalistischen Entwicklung wohnt die Tendenz inne, alle unterhalb der Schwelle nationaler Integration liegenden sozialen, ethnischen oder religiösen Integrationsebenen einzureißen, ohne daß die Zerstörung der angestammten Formen der Gemeinschaftlichkeit unmittelbar durch neue vergesellschaftende Potenzen aufgefangen würden. In dieser langwierigen Übergangsphase erodieren die verbindlichen Muster gesellschaftlicher Ordnung, heterogene und instabile Sozialstrukturen und Vakua gesellschaftlicher Regulierung entstehen, in denen weder alte noch neue Mechanismen zur Konfliktregulierung greifen, kein Ausgleich zwischen den Weltbildern oder Interessen stattfindet und kein Konsens über die zukünftige Entwicklung zu erzielen ist. Hier artikuliert sich der Widerstand gegen die kapitalistische Auflösung traditionaler Lebensverhältnisse am stärksten, ist der Graben zwischen Tradition und Moderne am tiefsten. Meist äußert sich der Widerstand gegen das Neue unter Rückgriff auf religiös, ethnisch, sprachlich oder regional vermittelte Identitäten. Traditionalismus, Fundamentalismus, Rassismus und eine generelle Tendenz zur Diffusion und Privatisierung gesellschaftlicher Gewaltpotentiale werden zu konstitutiven Momenten des Übergangs. Entsprechend sind es häufig ethnische, religiöse oder regionale Gegensätze, die die Gewaltkonflikte im Kontext kapitalistischer Modernisierung prägen. Als universelle Begleiterscheinung der Moderne verweisen sie auf den konfliktiven Grundmechanismus kapitalistischer Modernisierung, der sich von den Handels- und Kolonialkriegen über die innereuropäischen „Religionskriege" des 17. Und 18. Jahrhunderts, die antikolonialen Befreiungskriege bis zu den heute vorherrschenden innerstaatlichen Kriegen in der Zweiten und Dritten Welt nachweisen läßt. Die theoretische Grundunterscheidung zwischen Tradition und Moderne findet ihren Niederschlag also auch in realhistorischen Prozessen. Insgesamt läßt sich das weltweite Kriegsgeschehen seit dem 16. Jahrhundert entlang den innergesellschaftlich wie international verlaufenden Ausbreitungsmustern kapitalistischer Vergesellschaftung verfolgen (vgl. hierzu Siegelberg 1994: 50-166).

Die den ganzen Ansatz begründende Leitdifferenz ist auch *methodisch und begrifflich* von entscheidender Bedeutung. Methodisch wird der die gesamte Neuzeit grundlegend charakterisierende Prozeß kapitalistischer Transformation traditionaler Gesellschaften durch die idealtypische Unterscheidung von Tradition und

Moderne aufgegriffen. Dieses Vorgehen kann sich auf eine breite wissenschaftliche Akzeptanz stützen. Hierfür stehen u.a. die Stammväter der Soziologie von Tönnies über Weber bis Elias Pate. Die idealtypische Konstruktion und Begrifflichkeit hat dabei vor allem heuristische und klassifizierende Funktion, ist also Hilfsmittel wissenschaftlicher Erkenntnis, kann aber die historischen Prozesse nicht abbilden. Methodisch gesehen, bilden Tradition und Moderne also nur zwei Pole, zwischen denen sich die historische Entwicklung vollzieht. Das methodische Konzept muß daher um die temporale Perspektive erweitert werden.

Diese Aufgabe übernimmt der Begriff der *Ungleichzeitigkeit.* Dieser theoretische Ausdruck speist sich aus zwei eng zusammenhängenden Grunderfahrungen der Moderne, die auf die Entwicklung des Kapitalismus zu einem globalen Vergesellschaftungszusammenhang zurückgehen: nämlich aus der Beschleunigung der Geschichte durch die Dynamisierung der Lebensverhältnisse und aus dem Kontakt zwischen Völkern unterschiedlicher Entwicklungsstufen infolge der europäischen Weltexpansion. Ungleichzeitigkeit kann also als „Ausdruck und Effekt der universellen Durchsetzung kapitalistischer Entwicklung" (Dietschy 1988: 18) bezeichnet werden. Dabei bricht sich die in den Begriffen Fortschritt und Entwicklung erfaßte Dynamik des Kapitalismus an den zirkulären Rhythmen traditionaler Lebensverhältnisse, macht diese zum Adressaten kapitalistischen Fortschritts und verwandelt die „Gattung in gleichzeitig lebende Völker unterschiedlicher Kulturstufen" (Koselleck 1975: 397). Das Aufeinandertreffen und die Überlagerung unterschiedlicher historischer Zeiten führt so zur Unterscheidung von fortschrittlichen und rückständigen Teilen der Menschheit und wird als kulturelle Differenz erfahren. Dies führt nicht zwangsläufig zu Konflikten. Es liegt aber in der Logik fortschreitender globaler Vergesellschaftung, daß sich aus modernen und traditionalen Elementen heterogen zusammengesetzte gesellschaftliche Strukturen und hybride Sozialformen entwickeln. Wo sich diese mit konkurrierenden Herrschafts- und Gestaltungsansprüchen verbinden, sind soziale Konflikte vorprogrammiert.

Die Entwicklung des Kapitalismus zur Weltgesellschaft vollzieht sich von daher auch nicht als linearer Prozeß, sondern als ein von Brüchen, Diskontinuitäten und Asymmetrien geprägter konfliktiver Prozeß, der zugleich Integration und Desintegration, Universalisierung und Fragmentierung hervorruft und in allen Übergangsgesellschaften zu heterogenen und hybriden sozialen Strukturen führt. Methodisch können diese als Ausdruck der Ungleichzeitigkeit gefaßt und der Analyse zugänglich gemacht werden. Ob auf gesellschaftlicher oder auf globaler Ebene: Das zeitgleiche Dasein von traditionalen und modernen Elementen stellt sich methodisch als „Gleichzeitigkeit des Ungleichzeitigen" (Bloch 1985) dar. Als Kennzeichen dieser disparaten Einheit unterschiedlicher Vergesellschaftungsformen kann sich Ungleichzeitigkeit jedoch nicht selbst zum Ausdruck bringen:

„Immer wird die temporale Perspektive geographisch verortet und dann religiös, ethnisch, rassisch usw. angereichert" (Koselleck 1975: 397). Es sind daher die religiösen, ethnischen usw. Unterschiede, in denen die Menschen sich die verschiedenen Tempora der Entwicklung vergegenwärtigen. Und entsprechend sind es auch religiöse, ethnische, sprachliche und andere kulturelle Formen, in denen die Gegensätze zum Ausdruck gebracht werden und die den Charakter der aus ihnen erwachsenden Konflikte und Kriege prägen.

Mit Blick auf die Ursachen kriegerischer Gewalt lassen sich – analog zur weltweiten Ausbreitung und innergesellschaftlichen Durchsetzung des Kapitalismus – zwei nur analytisch zu trennende Aspekte von Ungleichzeitigkeit unterscheiden: Auf globaler Ebene zeigt sie sich als regional und zeitlich disparat einsetzende kapitalistische Modernisierung, im Innern der Gesellschaften als asymmetrische Entwicklung der verschiedenen gesellschaftlichen Bereiche. In seiner weltgeschichtlichen Dimension breitet sich der Kapitalismus immer weiter aus und unterwirft immer größere Teile der Weltbevölkerung seinen Produktions- und Austauschverhältnissen. Die konfliktive Seite dieses von Kolonialismus, Imperialismus und moderneren Formen globaler Vergesellschaftung getragenen Prozesses ist deutlich erkennbar und bedarf keiner weiteren Erläuterung. Im Innern der Gesellschaften dagegen ist die konfliktive Verschränkung und das widersprüchliche Nebeneinander unterschiedlicher Vergesellschaftungsformen komplizierter. Hier kommt es nicht nur zur Umwälzung der ökonomischen Grundlagen, sondern zur Transformation aller sozialen, politischen, kulturellen und geistigen Lebensbedingungen. Dabei zeigt sich eine ungleichzeitige Entwicklung von Ökonomie, Politik und symbolischer Reproduktion. Vor allem die Veränderung des Denkens, der Wertvorstellungen und Gefühle ist der Transformation der materiellen und politisch-institutionellen Verhältnisse zeitlich nachgeordnet. Die unter dem Imperativ formaler Rationalität vollzogene und über Macht und Geld gesteuerte Transformation von Politik und Ökonomie steht damit dem großen Beharrungsvermögen der sinnvermittelnden symbolischen Ordnung gegenüber. Zugleich aber ist politische Herrschaft über die Notwendigkeit zu ihrer Legitimation unmittelbar an die symbolische Ordnung rückgebunden. Die Legitimität politischen Handelns bleibt so noch lange auf ihre Anerkennung durch traditional geprägte Vorstellungen und Handlungsmuster verwiesen. In Übergangsgesellschaften muß kapitalistische Modernisierung daher meist im Kontext traditionaler Weltbilder und Verhaltensmuster gerechtfertigt werden (vgl. Jung 1998: 262-267; Schlichte 2000a). Die daraus erwachsenden strukturellen Legitimationsdefizite politischer Herrschaft aber sind nur ein Aspekt der konfliktiven Potentiale, die sich aus der ungleichzeitigen Entwicklung der verschiedenen gesellschaftlichen Bereiche ergeben. Der Grundkonflikt zwischen Tradition und Moderne artikuliert sich also auf ganz unterschiedlichen Ebenen. Dabei verweist die Kategorie der Ungleichzeitigkeit zugleich darauf, daß sich im Zuge der kapitalistischen Modernisierung Inhalte, Formen und das Terrain sozialer Konflikte verschieben.

Im Rahmen der Grundunterscheidung von Tradition und Moderne ermöglicht die Kategorie der Ungleichzeitigkeit also eine Verzeitlichung der Perspektive und verbindet damit Webers Methode der Idealtypenbildung mit der prozeßsoziologischen Methode von Norbert Elias. Denn Elias begreift globale Vergesellschaftung als langfristigen, ungleichzeitig verlaufenden und ungeplanten Wandlungsprozeß von Gesellschafts- und Persönlichkeitsstrukturen. An dieser Stelle wird auch die zentrale Bedeutung der Kategorie Weltgesellschaft für diesen Ansatz deutlich. Denn diesem Schlüsselbegriff kommt an der Schnittstelle beider Methoden eine wichtige Doppelfunktion zu: Innerhalb der Grundunterscheidung von Tradition und Moderne repräsentiert er den Idealtypus bürgerlich-kapitalistischer Vergesellschaftung; als historischer Prozeßbegriff dient er zugleich der Beschreibung der ungleichzeitigen Entwicklung dieser globalen Reproduktionseinheit. Auf diese Weise kann globale Vergesellschaftung als fortschreitende, aber ungleichzeitig verlaufende Transformation sozialer und personaler Strukturen verstanden werden, die nach und nach alle Weltregionen und die unterschiedlichen Bereiche innerhalb der Staaten und Gesellschaften erfaßt.[13]

Um die analytische Reichweite und Aussagekraft des Ansatzes zu erhöhen und die spezifischen Verläufe des kapitalistischen Modernisierungsprozesses besser nachvollziehen und analysieren zu können, ist es jedoch erforderlich, die starre Polarität der idealtypischen Gegenüberstellung von Tradition und Moderne zu überwinden, die Idealtypen auszudifferenzieren und begrifflich zu präzisieren. Der Hamburger Ansatz greift dazu auf die von Norbert Elias (1983: 32f.) eingeführte Unterscheidung gesellschaftlicher Elementarfunktionen zurück, die invariante Merkmale jeder Form von Vergesellschaftung bilden: die Sicherung *materieller Reproduktion*, die *Gewaltkontrolle* und die Gewährleistung einer über Ideen und Weltbilder vermittelten *symbolischen Ordnung*. Der Gesamtzusammenhang gesellschaftlicher Reproduktion realisiert sich in der konkreten wechselseitigen Beziehung dieser drei Elementarfunktionen. Dabei stellt nur die gleichzeitige und aufeinander bezogene Gewährleistung und Entwicklung dieser Funk-

---

13 Hiermit verbindet sich kein blinder Fortschrittsglaube und keine inhaltsleere Geschichtsteleologie. Wo die vergesellschaftenden Potenzen globaler, kapitalistischer Entwicklung – sei es aufgrund eigener Schwäche oder des Beharrungsvermögens traditionaler Vergesellschaftung – nicht durchgreifen, können sich hybride Strukturen verstetigen und schließlich zu eigenen Formationstypen verfestigen. Die Dynamik kapitalistischer Vergesellschaftung und die ihr innewohnende Tendenz, alle nicht-kapitalistischen Verhältnisse den eigenen Gesetzen zu unterwerfen, aber bleibt auch für sie eine stetig wirkende Kraft, Herausforderung und Bedrohung.

tionen die Einheit von materieller und ideeller, gesellschaftlicher und individueller Reproduktion sicher. Jede Ungleichzeitigkeit ihrer Entwicklung dagegen ruft soziale Spannungen und Konflikte hervor.

Um die Theorie in eine operationalisierbare Beobachtungssprache zu übersetzen, die eine differenzierte Darstellung und Überprüfung der theoretischen Annahmen und Thesen am historischen und empirischen Material ermöglicht, ist es erforderlich, daß beide Idealtypen entlang der drei Elementarfunktionen unterschieden, einander gegenübergestellt und begrifflich präzisiert werden. Auf der Grundlage eines so differenzierten methodischen und begrifflichen Apparates ist es dann möglich, die Entwicklung des Kapitalismus zur Weltgesellschaft mit Blick auf den Formwandel der Gewaltverhältnisse und die strukturellen Ursachen kriegerischer Konflikte weiter zu verfolgen. Diese methodischen und begrifflichen Voraussetzungen sind bereits in einer ausführlichen Studie dargelegt worden (vgl. hierzu Jung 1995: 76-147), sie sind daher an dieser Stelle verzichtbar. Für unsere Zwecke ist es ausreichend, den fundamentalen Wandlungsprozeß auf den Ebenen der materiellen Reproduktion (Ökonomie), der Gewaltkontrolle (Politik/Staat) und der symbolischen Ordnung (Weltbilder/Denkmuster) kurz zu skizzieren.

Ökonomisch bedeutet Modernisierung die Transformation von einer sozial eingebetteten materiellen Reproduktion, wie sie traditionale Gesellschaften kennzeichnet, zu konkurrenzbestimmter kapitalistischer Warenproduktion. Dieser Wandlungsprozeß, dessen Kern die Herauslösung einer eigengesetzlichen Ökonomie aus dem Umkreis ihrer sozialen Bestimmtheit ist, ist kein ökonomischer Akt, sondern Teil eines fundamentalen sozialen Wandels, dessen ökonomische Seite hier nur angedeutet werden kann: Privates tritt an die Stelle gemeinschaftlichen Eigentums. Produkte, Boden und Arbeit werden zu käuflichen Waren. Reziproke Austauschbeziehungen werden durch Warentausch und durch das Konkurrenzprinzip abgelöst, das zur Verwirklichungsbedingung der neuen gesellschaftlichen Verhältnisse wird und sämtliche Lebensbereiche zu durchdringen beginnt. Die selbstgenügsame Produktion für den Eigenbedarf wird durch die kapitalistische Warenproduktion ersetzt, deren Zweck die Produktion von Mehrwert ist. Und schließlich werden Geld und Kapital selbst zum Subjekt der Vergesellschaftung und zum „realen Gemeinwesen" (Marx). Historisch vollzieht sich dies in einem langwierigen, konflikt- und widerspruchsreichen Prozeß. Dabei zeigen sich die marktförmigen Tausch- und Handelsbeziehungen zunächst nicht innerhalb, sondern am Rande und zwischen den Gemeinwesen, ohne über Jahrhunderte hinweg die Reproduktion in ihrem Innern nachhaltig zu verändern. Erst die feudale und frühneuzeitliche Entwicklung in Europa schuf die sozialen Voraussetzungen für die Rückwirkung dieses marktförmigen Tausches auf die innergesellschaftlichen Verhältnisse, die schließlich zur Auflösung der traditionalen Ordnung und zu kapitalistischer Vergesellschaftung führen sollten. Aber erst die industrielle Revolution beendete die lange Vorgeschichte des Kapitalismus durch die radikale Umwälzung der sozialen und technologischen Grundlagen der materiellen Produktion und deren Unterordnung unter die Gesetze der Warenproduktion, die von nun an zum Motor kapitalistischen Fortschritts wurden und die die Dynamik und Richtung kapitalistischer Entwicklung im Weltmaßstab seither bestimmen.

Politisch werden diese Prozesse begleitet von der Entstehung des modernen Staates und bürgerlicher Herrschaftsverhältnisse. Dabei treten der territorial verankerte moderne Staat und versachlichte Formen legaler Herrschaft an die Stelle traditionaler politischer Ordnungen, deren Hauptmerkmal personale Herrschafts- und Abhängigkeitsverhältnisse sowie ihr segmentierter oder stratifizierter Charakter sind. Kern moderner Staatlichkeit ist das Gewaltmonopol, das die Souveränität des Staates nach innen und außen sichert. In traditionalen Gesellschaften dagegen ist die Kontrolle physischer Gewaltsamkeit meist nicht nur lokal und personal gebunden, sondern verteilt sich auf verschiedene und oft genug rivalisierende Herrschaftsträger oder konkurrierende Ebenen sozialer Organisation. Dabei stützt sich traditionale Herrschaft auf die Heiligkeit althergebrachter Ordnung und Herrengewalt sowie auf ein reziprokes Verhältnis zwischen Herrscher und Beherrschten, nicht aber auf die Geltung einer durch abstrakte Normen und formales, gesatztes Recht gewährleisteten unpersönlichen Ordnung. Auch bindet das Recht dort Herrscher und Beherrschte nicht gleichermaßen, sondern ist durch das Nebeneinander von streng traditionsgebundenen Elementen und solchen herrschaftlicher Willkür gekennzeichnet. Idealtypisch abstrahiert, stehen den versachlichten und verrechtlichten sozialen Beziehungen moderner Staaten damit die personalisierten und vermachteten Herrschafts- und Abhängigkeitsverhältnisse traditionaler Gesellschaften gegenüber. Historisch haben sich bürgerliche Herrschaftsverhältnisse und demokratischer Staat in engem Zusammenhang mit der Durchsetzung des Kapitalismus entwickelt. Formale Rationalität und Betriebscharakter sind daher auch gemeinsame Kennzeichen staatlicher Herrschaft und kapitalistischer Ökonomie, und die ökonomische Konkurrenz hat in der Konkurrenz um die politische Macht ihre Entsprechung gefunden.

Diesen ökonomischen und politischen Veränderungen entspricht eine Umwälzung der *symbolischen Ordnung*, die die materielle und soziale Welt umgibt und ihr Sinn und Bedeutung verleiht. Erst diese symbolische Beschichtung verwandelt die Welt in einen sinnhaften Kosmos, in dem die spezifische Form der Gesellschaftlichkeit zum Ausdruck kommt und aus der heraus sich soziales Handeln erklärt. Auf dieser Ebene symbolischer Reproduktion werden im Zuge kapitalistischer Modernisierung die von Mythos und Religion bestimmten Weltbilder traditionaler Gesellschaften durch abstrakte, interessengeleitete und von Rationalität und formalen Regeln bestimmte Formen der Wirklichkeitsbewältigung abgelöst. Parallel zur Vergesellschaftung über den Tausch und die Versachlichung und Entpersonalisierung der sozialen Beziehungen vollzieht sich auf der Ebene der Denk- und Bewußtseinsformen die „Entzauberung der Welt" (Weber). Formale Rationalität, Rechenhaftigkeit und abstraktes Denken verdrängen die geschlossenen Weltbilder und Deutungsmuster mythisch-religiösen Ursprungs und lassen die natürliche und soziale Welt nun veränderbar und beherrschbar erscheinen. Ich-Identitäten zersetzen das Gemeinschaftsgefühl des sozialen Verbandes, zweckrationales und interessengeleitetes Denken und Handeln untergraben die wertrationale Orientierung an den bedeutungsgeladenen Inhalten überlieferter Ordnung. Historisch hat sich der „Geist des Kapitalismus" gemeinsam und im Wechselspiel mit den ökonomischen, politischen und sozialen Komponenten des neuen Vergesellschaftungszusammenhangs herausgebildet.

Durch diesen grundlegenden Wandel der drei Elementarfunktionen menschlicher Gesellschaften realisiert sich also der Prozeß der kapitalistischen Transformation traditionaler Gesellschaften, wie er sich in Europa seit der frühen Neuzeit vollzogen hat. Dabei ist die kapitalistische Modernisierung begleitet von weiteren fundamentalen Veränderungen traditionaler Vergesellschaftung wie der Herauslösung des Einzelnen aus der Gemeinschaft, der Verselbständigung der zuvor untrennbar verwobenen Bereiche von Politik und Ökonomie, der funktionalen Differenzierung aller Lebensbereiche, der Monetarisierung der Austauschbeziehungen, der Rationalisierung von Normen und Werten, der Bürokratisierung von Herrschaft, der Durchsetzung formalisierter gegen sozial integrative Handlungsmuster etc. Auf der globalen Ebene werden diese innergesellschaftlichen Prozesse begleitet von den nicht weniger ungleichzeitig verlaufenden Entwicklungen der kapitalistischen Warenproduktion zum Weltmarkt, des internationalen Systems zum Weltstaatensystem sowie bürgerlich-kapitalistischer Ideale und Wertvorstellungen zum allgemeinen Maßstab gesellschaftlicher Entwicklung.

Jeder dieser Wandlungsprozesse ruft nicht nur für sich genommen große soziale Verwerfungen hervor; auch die Ungleichzeitigkeit zwischen den verschiedenen Bereichen führt national wie international zu Konflikten, die sich, wie die Geschichte der Neuzeit zeigt, in unterschiedlichen Formen von Gewalt artikulieren können. Die Geschichte der Entwicklung des Kapitalismus zur Weltgesellschaft kann daher als eine Geschichte von Gewalt und Krieg beschrieben werden. Gleichwohl vollzieht sich unterhalb dieser ereignisgeschichtlich deutlich hervortretenden Dimension ein säkularer *Formwandel der Gewalt*, in dessen Verlauf sich die gewaltdurchsetzte feudale Ordnung Europas nach zwei Seiten hin auflöste: in die Herausbildung eines als legitim angesehen staatlichen Gewaltmonopols und in die selbstdisziplinäre Verinnerlichung gesellschaftlicher Zwänge und Herr-

schaftsverhältnisse auf seiten der Individuen. Zwischen diesen beiden komple-
mentären Entwicklungen, in die sich die Formen direkter, personaler Gewaltverhältnisse aufgelöst haben, konnten sich bürgerliche Freiheiten, Rechtsstaatlichkeit
und Individualitätsentwicklung entfalten. Unmittelbare Gewalt und direkte Herrschaft wurden durch strukturelle Gewalt und die Herrschaft der Verhältnisse abgelöst, Zwang weitgehend durch Konsens erzeugende Verfahren ersetzt. Psychi-
sche Kontrollmechanismen und ein weitgehend zur Ordnungsmacht reduzierter
staatlicher Gewaltapparat charakterisieren schließlich die entwickelten bürgerlichen Gesellschaften nach dem Ende des Zweiten Weltkrieges. Als spätes Resultat
kapitalistischer Entwicklung treten damit verrechtlichte und symbolische Formen
der Auseinandersetzungen um die Ausgestaltung bürgerlicher Lebensverhältnisse
an die Stelle gewaltsamer Konflikte der gesellschaftlichen Klassen und Gruppen.
In ihren zwischenstaatlichen Beziehungen setzen sich verrechtlichte und vertrags-
förmige gegen traditionell vermachtete Strukturen durch. Hierin liegt überhaupt
der Grund, warum uns die Geschichte der Entfaltung und Durchsetzung konkurrenzbestimmter Marktverhältnisse nicht nur als blutiger Entwicklungsprozeß,
sondern zugleich als Prozeß der Zivilisation erscheint.

Dieser idealtypisch verkürzte Verlauf kapitalistischer Modernisierung und des
Formwandels der Gewalt darf jedoch nicht mit der historischen Entwicklung
selbst verwechselt werden. Denn historisch legt sich der säkulare Prozeß globaler
Vergesellschaftung in ganz unterschiedliche Entwicklungswege auseinander. Für
die nachkoloniale Epoche des 20. Jahrhunderts, auf die sich diese Publikation vor
allem bezieht, lassen sich zunächst einmal zwei unterschiedliche Entwicklungen
thesenförmig zusammenfassen: Während die Überwindung des politisch durchset-
zungsfähigen Einflusses vorbürgerlicher Kräfte innerhalb der westlichen Industrienationen zu einer weitgehenden Pazifizierung der innergesellschaftlichen
Konflikte geführt hat, bleibt der Gegensatz zwischen Tradition und Moderne in
den postkolonialen Staaten der „Dritten Welt" bis heute konfliktbestimmend. Seinen empirischen Niederschlag findet dies in zwei Beobachtungen: Seit der Mitte
des 20. Jahrhunderts hat sich das Kriegsgeschehen von Europa vor allem in die
Regionen der Zweiten und Dritten Welt verschoben, wo seither weit über 90 Prozent der weltweiten Kriege stattfinden. Damit einher gehend hat sich auch der
Anteil der zwischenstaatlichen gegenüber den innerstaatlichen Kriegen drastisch
auf 17 Prozent der Kriege verringert (vgl. Schreiber 2001: 16). Hintergrund dieser
Befunde ist der unterschiedliche Grad der Durchsetzung bürgerlich-
kapitalistischer Vergesellschaftung, der zu unterschiedlichen Konfliktkonstellationen und Formen der Gewaltkontrolle geführt hat. Beide Entwicklungen sind also Ausdruck und Effekt ein und desselben disparaten Prozesses globaler Vergesellschaftung.

Hierin zeigt sich, daß das Kriegsgeschehen nur angemessen analysiert und interpretiert werden kann, wenn die widersprüchliche Einheit von gewaltförmigen und zivilisatorisch-pazifizierenden Seiten bürgerlich-kapitalistischer Entwicklung gesehen wird. *Es führt also zu grundlegenden Fehleinschätzungen*, so eine weitere These, *wenn die kriegerische Spur des Kapitalismus als Eigenschaft des Kapitalismus und nicht als Bedingung seiner Entstehung und Durchsetzung gesehen wird.* Anders ausgedrückt: Bevor sich der Kapitalismus in der bürgerlichen Gesellschaft verwirklicht und sich Rechtsstaatlichkeit, Demokratie und Menschenrechte, Wohlstand und eine Pazifizierung gesellschaftlicher Konflikte weitgehend verallgemeinern können, führt die Umwälzung vor- bzw. nicht-kapitalistischer Gesellschaften zu tiefgreifenden Verwerfungen der gesellschaftlichen Ordnung und zu gewaltsamen Konflikten und Kriegen. Das Kriegsgeschehen seit 1945 zeigt beide Seiten einer Medaille. Die Erklärungskraft des Ansatzes weist damit zugleich über die strukturellen Ursachen von Gewaltkonflikten hinaus und kann auch die sozialen Voraussetzungen pazifizierter Lebensverhältnisse benennen.

Im folgenden werden die disparaten Entwicklungen globaler Vergesellschaftung in zwei strukturgeschichtlichen Skizzen dargelegt. Sie sollen zeigen, daß sich die bisherigen Überlegungen und Thesen historisch untermauern lassen. Zunächst die Entwicklung des Kapitalismus zur bürgerlichen Gesellschaft, so wie sie sich in den industrialisierten Staaten des Nordens vollzogen hat. Unter dem Aspekt der Gewalt steht dabei vor allem die Entwicklung moderner Staatlichkeit und des internationalen Systems im Mittelpunkt. In der zweiten Skizze wird es um die strukturellen Ursachen kriegerischer Gewalt in der Dritten Welt gehen, die den Hintergrund für die Gewaltkonflikte in Asien, Afrika, Lateinamerika und dem Mittleren Osten darstellen. Im Rahmen dieser Darstellungen werden auch die bisherigen Grundüberlegungen und Thesen des Hamburger Ansatzes weiter ausdifferenziert.

3.2.2   Formwandel der Gewalt in der europäischen Geschichte[14]

Die historische Spur des Zusammenhangs von kapitalistischer Entwicklung und weltweitem Kriegsgeschehen führt zurück bis in die Frühe Neuzeit, die mit dem Zerfall der mittelalterlichen Gesellschaft beginnt und mit der Französischen Revolution endet. Es war die Konstitutionsphase des frühmodernen Staates und des europäischen Staatensystems, die Zeit der frühkapitalistischen Formierung der Marktgesellschaft und der beginnenden europäischen Weltexpansion. Während dieser langen Vorgeschichte des Kapitalismus, dessen eigentliche Geschichte erst mit der industriellen Revolution beginnt, traten die gewaltförmigen Seiten seiner Entfaltung zu einem globalen Vergesellschaftungszusammenhang in aller Deutlichkeit hervor. In Afrika, Asien und dem damaligen Amerika führte der frühe Raub- und Plünderungskolonialismus zur gewaltsamen Zerstörung und Ausrottung ganzer Kulturen. Nahezu alle europäischen Mächte dieser Epoche waren zudem in Handels- und Kolonialkriege verwickelt, die auch in die innereuropäischen Auseinandersetzungen hinein spielten. Dabei zeigt sich von Anfang an der enge Zusammenhang der Entstehung des frühmodernen Staates und des internationalen Systems, das sich zunächst als europäisches Staatensystem zu etablieren begann. Innerhalb Europas trugen Handel und Kolonialsystem zur beschleunigten Zersetzung der mittelalterlich-feudalen Lebensgrundlagen bei, während die Überwindung der feudalen Zersplitterung der Souveränitätsverhältnisse ihrerseits Voraussetzung äußerer Machtentfaltung und Vorbedingung für den Übergang zu einer bürgerlichen Ordnung war.

Innerhalb und zwischen den europäischen Mächten standen Staatenbildungs- und konfessionelle Konflikte im Mittelpunkt. Im Innern war die Ausschaltung der lokalen und ständischen Gewalten, die schließlich zu absolutistischer Staatsgewalt führte, ein langwieriger und blutiger Machtkampf um angestammte Rechte und Privilegien, die Feudalherren, Geistlichkeit und Stände gegen die fürstlichen Herrschaftsansprüche verteidigten. Mit dem Sieg des Fürstenstaates waren die

---

14 Dieses Kapitel hat eine doppelte Funktion: Es zeigt zum einen die historisch-sozialen Voraussetzungen, die zu einem Formwandel der Gewalt in den entwickelten bürgerlichen Gesellschaften geführt und dort in der zweiten Hälfte des 20. Jahrhunderts eine weitgehende Pazifizierung sozialer Konflikte ermöglicht haben. Idealtypisch gewendet, kann die Entwicklung der sozialen Voraussetzungen pazifizierter Verhältnisse in Europa damit als Maßstab bei der Untersuchung kriegerischer Gewalt in anderen Weltregionen herangezogen werden. Zum anderen zeigt die strukturgeschichtliche Darstellung zugleich auch die Vorgeschichte der Kriege, die zwischen 1945 und 2000 in Europa ausgetragen wurden. Sie werden gegen Ende des Kapitels kurz skizziert und eingeordnet. Dadurch erübrigt sich ein eigenes Kapitel zu den Kriegen in Europa. Teile dieses Kapitels sind eine Zusammenfassung von Siegelberg 2000, S. 11-56.

Widerstände der alten Ordnung zwar noch lange nicht gebrochen, aber der Absolutismus stellte eine wichtige Etappe auf dem Weg zu moderner Staatlichkeit dar. So wurden die mittelalterlichen Personenverbände dem Territorialprinzip unterworfen, das an die Stelle der vertikalen Gliederung der alteuropäischen Ordnung trat und alle Gebietsbewohner zu Untertanen des Landesherren machte. Auch das Entstehen nationaler Wirtschaftsräume trug dazu bei, daß die geographische Geschlossenheit zum Ziel politischen Handelns wurde. Damit wurden konkurrierende Territorialansprüche und die Arrondierung des eigenen, oft zersplitterten Territoriums zum zentralen Konfliktgegenstand zwischen den sich konstituierenden Staaten. Da der Staat durch die Person des Fürsten repräsentiert wurde und die Dynastien die Klammer der Staatsgebilde waren, wurde auch jeder dynastische Erbfall zu einer Bedrohung für die staatliche Einheit, und Erbfolgekriege wurden zu einem Merkmal des Absolutismus (vgl. Kunisch 1979).

In den Glaubenskriegen, die im Gefolge der Reformation den europäischen Kontinent verwüsteten, zeigten sich die Grundkonflikte dieser Zeit nur von einer anderen Seite. Denn mit dem Staatenbildungsprozeß ging die Auflösung des einheitlichen mittelalterlich-religiösen Weltbildes einher, und Rationalismus und Aufklärung leiteten die Trennung von geistlicher und weltlicher Ordnung ein, die im modernen Staat schließlich zur Trennung von Staat und Kirche führen sollte. Die Glaubensspaltung polarisierte die entstandenen Konfliktlinien zusätzlich. Dem absolutistischen Staat aber verhalfen die Religionskriege endgültig zum Durchbruch. Denn die politische Enteignung der feudalen Rechte auf Gewaltausübung zugunsten des absolutistischen Staates wurde zur zentralen Quelle seiner Legitimation, die darin bestand, durch die Monopolisierung der Gewalt die Gesellschaft befrieden zu können. Die Aussicht auf eine Beendigung der Glaubenskämpfe durch die Verwandlung der die religiösen Konflikte bestimmenden „Alternative zwischen Gut und Böse in die politische Alternative zwischen Krieg und Frieden" (Koselleck 1973:20) trug erheblich zum Sieg des Fürstenstaates über das Primat des Religiösen bei. Neben seiner politischen und ökonomischen Macht gewann der Staat so auch Einfluß auf die geistig-religiöse und sittlich-moralische Ordnung der Gesellschaft. Die Staatsraison, der sich nun auch die Kirche zu unterwerfen hatte, wurde zum Schlüssel für die soziale Disziplinierung der Gesellschaft, und die allmähliche Verinnerlichung der gesellschaftlichen Zwänge wurde auf seiten der Individuen das funktionale Äquivalent zum staatlichen Gewaltmonopol.

Die wachsende Souveränität des absolutistischen Staates im Innern wie nach außen war also Resultat wie Voraussetzung für den Westfälischen Frieden, der 1648 die lange Phase konfessionell aufgeladener Kriege beendete und als erster Versuch einer gesamteuropäischen Friedensordnung gewertet werden kann. In bezug auf das internationale System führten die Konstituierung des Staates als Territorialstaat und die Durchsetzung des Souveränitätsprinzips auch zu einer neuen Qualität zwischenstaatlicher Beziehungen. Säkulare Ordnungsvorstellungen und rationale Interessenabwägung verdrängten die alteuropäische Vision von einem übergeordneten christlichen Universalreich und ließen die Idee vom Gleichgewicht der Kräfte zur außenpolitischen Leitvorstellung und zum neuen Prinzip der Machtverteilung zwischen den Staaten werden. Das Ziel, durch ein Mächtegleichgewicht Kriege zu verhindern, erfüllte sich jedoch nicht. Zwar gelang es zeitweilig, die Dynamik gewaltsamer Veränderungen des europäischen Staatensystems abzuschwächen, dafür war es aber nun möglich, im Namen des Gleichgewichts Krieg zu führen. Leidtragende der Gleichgewichtspolitik der europäischen Mächte waren meist kleine und kleinste Herrschaftsgebilde sowie die „Entlastungsräume" (Diner 1999: 30) der europäischen Peripherie, die als Ausgleichs- und Manövriermasse europäischer Mächtepolitik dienten. Entsprechend sank die Zahl staatsförmiger Gebilde zwischen 1500 und 1900 von etwa 500 auf gut 20. (Tilly 1975: 24). Gleichwohl galt das Gleichgewichtsdenken von Anfang an als Stabilitätsbedingung zwischenstaatlicher Beziehungen. Souveränität, Territorialität und Mächtegleichgewicht gehören damit zu den ursprünglichen Gliederungs- und Ordnungsprinzipien des internationalen Systems, die sich als äußerst dauerhafte und lebensfähige Muster internationaler Politik und Beziehungen erweisen sollten.

Der Sieg des absolutistischen Fürstenstaates war dagegen nur ein erster Schritt auf dem Weg zu moderner Staatlichkeit. Zwar hatte der Staat eine gewisse Selbständigkeit gegenüber den gesellschaftlichen Einflüssen und Begehrlichkeiten erreicht: Ein stehendes Heer und öffentliche Verwaltung wurden Merkmale seiner inneren und äußeren Souveränität, Steuereinnahmen garantierten deren Finanzierung und die Monopolisierung der Gewalt sowie die Zentralisierung der Herrschaft waren weit vorangeschritten. Aber Macht und Einheit des Staates blieben an die Person des Herrschers gebunden, die Trennung von öffentlichen und privaten Belangen fehlte, und der Widerstand der alten Ordnung war noch längst nicht gebrochen. Kurz, der absolutistische Staat war ein hybrides Gebilde zwischen Patrimonialreich und modernem Staat. Auch der Formwandel der Gewalt von einer die ganze Gesellschaft als direkte personale Gewalt durchziehenden Struktur zur „subjektlosen Gewalt" (Gerstenberger 1990) der bürgerlichen Gesellschaft hatte sich erst ein Stück weit vollzogen. So blieb auch der unmittelbare Zusammenhang von Politik, Gewalt und Ökonomie noch lange ein Merkmal innergesellschaftlicher und internationaler Beziehungen.

Diese Unzulänglichkeiten absolutistischer Herrschaft führten schließlich zum Aufstand gegen das Ancien Régime, der in der Französischen Revolution seinen

Höhepunkt und symbolischen Ausdruck fand. Hier beginnt auch die zweite große Entwicklungsphase von Staat und internationalem System, die bis in die zweite Dekade des 20. Jahrhunderts hineinreicht – die Epoche der Industrialisierung und der Entwicklung des Staates zum Nationalstaat. International wurden der Imperialismus und der systematische Ausbau des Weltmarktes zu Kennzeichen des 19. Jahrhunderts, und mit der Durchsetzung territorialer Herrschaft in den Kolonialgebieten deutete sich bereits die spätere Transformation des internationalen Systems zum Weltstaatensystem an. Diese Schritte auf dem Weg zu globaler Vergesellschaftung waren national wie international auch von neuen Konfliktlinien und veränderten Formen der Gewalt geprägt.

In Staat und Gesellschaft waren der aufkommende Nationalismus, der Konstitutionalismus, die Idee der Volkssouveränität und der Trend zur Parlamentarisierung der Monarchien Kernpunkte dieser Entwicklung, die sich in Europa nun vor dem Hintergrund der industriellen Revolution vollzog. Als Antwort auf die Französische Revolution waren in ganz Europa mit Liberalismus, Konservatismus und Sozialismus große politische Strömungen entstanden. Dabei zeigte sich im Liberalismus mit seinen Forderungen nach Gewaltenteilung und Rechtsstaatlichkeit, nach Freiheit und freier wirtschaftlicher Betätigung des Einzelnen, nach Selbstregulierung des Marktes und freiem Welthandel nicht nur der Zusammenhang der politischen und ökonomischen Umwälzungen, er war auch richtungweisend für die kommenden Entwicklungen. Quer zu diesen politischen Grundströmungen entwickelte sich mit der schwindenden Loyalität gegenüber den kirchlichen und dynastischen Bindungen die Idee des Nationalismus, der auch zum Motor einer politisierten Öffentlichkeit wurde. Die Nation wurde zum Zentralbegriff politischer Integration, der durch Interessengruppen, Parteien und schließlich auch durch den Staat selbst instrumentalisiert wurde. Nation und Nationalismus ersetzten zunehmend die alten Loyalitäten und erzeugten eine starke gefühlsmäßige Bindung an „Volk und Vaterland". Auf die territoriale und politische Integration der Bevölkerung folgte nun also deren emotionale Bindung an Staat und Nation, was nicht nur die Legitimität staatlicher Herrschaft erhöhte, sondern auf seiten der Individuen vor allem die Verinnerlichung der entstehenden bürgerlichen Ordnung entscheidend voran brachte. Nach außen dagegen entfaltete der Nationalismus immer stärker seine konflikttreibende Wirkung, die sich auf der Grundlage der entfesselten Kräften der Industrialisierung in imperialistische Expansion und Kriegsneigung umsetzte.

Durch soziale Mobilisierung, Öffentlichkeit und wachsende politische Partizipation, durch Demokratisierung, Parlamentarisierung und Verrechtlichung vollzog sich im Innern nun ein rascher Prozeß der Vergesellschaftung des Staates „von unten". Dieser Entwicklung entsprach als ordnungspolitische Begleiterscheinung des radikalen ökonomischen, sozialen und politischen Wandels und als Reaktion auf Industrialisierung, Bevölkerungsexplosion und Verstädterung eine beschleunigte Verstaatlichung der Gesellschaft „von oben". Neue, mit den herkömmlichen Mitteln des absolutistischen Staates nicht mehr zu bewältigende Aufgaben wie die Überwindung der großen rechtlichen, sozialen und kulturellen Unterschiede zwischen Stadt und Land, der Ausbau der Infrastruktur, des Bildungswesens, der Sozial- und Gesundheitspolitik usw. erzwangen den Umbau des absolutistischen Machtstaates zu einem Rechts- und Verwaltungsstaat, der die ordnungspolitische Ergänzung zur beschleunigten Entfaltung der kapitalistischen Marktgesellschaft bildete. Infolge dieser Entwicklungen veränderte sich das Verhältnis von Politik und Ökonomie, Staat und Gesellschaft grundlegend. Politik und Verwaltung lösten sich zunehmend voneinander, und der Staat gewann infolge der Entpersonalisierung und Versachlichung der Herrschaft durch Bürokratie und Verwaltung erheblich an Autonomie und Legitimität.

Die Durchstaatlichung der Gesellschaft von oben und die Vergesellschaftung des Staates von unten sind also komplementäre Prozesse, die ebenso wie Nationalismus und industrielle Revolution gesamteuropäische Phänomene waren. Aber nirgendwo vollzogen sich diese radikalen Veränderungen des sozialen Lebens widerspruchsfrei. Noch gab es ein zähes Sediment traditionaler Denk- und Verhaltensweisen und einflußreiche monarchistische, klerikale, grundbesitzende bürgerlich-konservative Kreise, die den Veränderungen in Staat und Gesellschaft im Wege standen. Sie übten weiterhin erheblichen wirtschaftlichen und politischen Einfluß aus und konnten ihre Privilegien und Sonderrechte bis zum Ersten Weltkrieg verteidigen. Auf der anderen Seite mußten die lohnabhängigen Bevölkerungsteile noch um soziale Integration und politische Rechte kämpfen, so daß die gesamte Periode von drei großen sozialen Kräften geprägt war: dem alten Herrschaftskartell grundbesitzender, klerikaler und monarchistischer Kreise, die ihre Bastionen vor allem in Militär, Verwaltung und Diplomatie sowie in den ländlichen Regionen und der Agrarwirtschaft hatten, einem ökonomisch bereits dominierenden Bürgertum, das nun auch seinen politischen Einfluß immer stärker geltend machen konnte, und einer noch um politische Selbständigkeit kämpfenden Arbeiterklasse. Diese Konstellation sozialer Kräfte bestimmte auch die innergesellschaftlichen Konflikte im „langen" 19. Jahrhundert. Die politische Macht und die Politik der Mächte aber lag in den Händen des alten Herrschaftskartells und des neuen Bürgertums. Dieser heterogene Block epochebestimmender, politisch hegemonialer Kräfte prägte vor allem auch den zwischenstaatlichen Konflikten des 19. Jahrhunderts seinen Stempel auf. Nur aus dieser sozialen Konstellation heraus sind der Imperialismus und die gesellschaftlichen Konflikte und Kriege dieser Epoche im Innern wie im internationalen System zu verstehen.

In den zwischenstaatlichen Beziehungen war der Bruch gegenüber dem vorrevolutionären Europa weit weniger deutlich als im Innern von Staat und Gesellschaft. Denn die Mächtekonstellationen, Normen und Spielregeln des vorrevolutionären Europa setzten sich auch im 19. Jahrhundert fort. In den Staatenkriegen und inneren Konflikten aber traten die radikalen Veränderungen in Staat und Gesellschaft mit aller Deutlichkeit hervor. Schon die napoleonischen Kriege mit ihrer Mobilisierung der Massen, ihrer revolutionären Begeisterung und ihrem nationalen Pathos zeigten den Unterschied zu den „Kabinettskriegen" des Absolutismus. Die Staatenkriege des 19. Jahrhunderts wurden immer stärker von der Mobilisierung aller wirtschaftlichen, militärischen und weltanschaulichen Ressourcen geprägt. Die industrielle Revolution hatte hierfür die materiellen und kriegstechnischen Mittel und der Nationalismus die geistigen und emotionalen Voraussetzungen geschaffen. Und so endete der „hundertjährige Frieden" nach dem Wiener Kongreß auch nach kaum 40 Jahren mit dem Beginn des Krimkrieges 1854, an den sich bis 1871 eine Reihe weiterer Kriege anschloß, in die fast alle europäischen Mächte verwickelt waren. Verantwortlich hierfür waren vor allem wachsende wirtschaftliche Konkurrenz und weltanschauliche Differenzen, Nationalismen, machtpolitische Rivalitäten und territoriale Streitigkeiten.

Im Innern stand nach dem Sieg der europäischen Monarchien gegen Napoleon, also in der Phase der Restauration nach dem Wiener Kongreß von 1815, der Kampf gegen „revolutionäre Umtriebe" im Vordergrund, während die Revolutionen von 1848 die nicht mehr zu übergehenden Ansprüche des erstarkenden Bürgertums auf angemessene Beteiligung an Staat und Macht dokumentierte, womit auch der Niedergang des Wiener Systems eingeleitet wurde. Damit zerbrach auch die Zusammenarbeit, die die europäischen Mächte angesichts der bedrohlichen gesellschaftlichen Herausforderungen auf dem Gebiet der „inneren Sicherheit" eingegangen waren. Die Phase funktionierenden Mächtegleichgewichts und erzwungener Ruhe im Innern nach 1815 ging nun immer stärker in eine Phase zwischenstaatlicher Konflikte über, die ihren Höhepunkt schließlich im Ersten Weltkrieg fand.

Diese machtpolitischen Rivalitäten wirkten auch über Europa und seine Peripherie hinaus. Unter den Bedingungen beschleunigter Industrialisierung und wachsender Staatenkonkurrenz wandelte sich der Nationalismus zum Imperialismus, der seinen Höhepunkt zwischen 1870 und 1914 erreichte. Diese Phase war keineswegs „das höchste Stadium des Kapitalismus" (Lenin 1976), sondern zeigt im Gegenteil, wie stark diese Phase bürgerlich-kapitalistischer Entwicklung noch von Einflüssen vorkapitalistischer Kräfte geprägt war. Denn die expansive Dynamik des industriellen Kapitals erfaßte den Weltmarkt eingeschnürt in das Korsett traditionaler europäischer Machtpolitik. Dieser Politik waren mit dem überschäumenden Nationalismus noch die Geburtsmale der sich konstituierenden Einheit der Nation, mit der Monopoliserung von Märkten, Einflußsphären und Territorien die Methoden handelskapitalistischer Gewinnsicherung und mit der politischen Macht der Monarchie noch die Einflüsse vorbürgerlicher Kräfte aufgeprägt. Die inneren Widersprüche des heterogenen Blocks epochebestimmender Kräfte aber konnten nur durch eine aggressive Politik nach außen gelöst werden. Aus europäischen Mächten wurden nun solche mit Weltmachtambitionen, und ein überseeisches Kolonialreich galt als Bedingung nationaler Größe. Der Weltmarkt wurde systematisch ausgebaut und die „herrenlosen" Gebiete der späteren Dritten Welt wurden unter den Kolonialmächten aufgeteilt. Daß die Segnungen der Zivilisation und des Fortschritts den neuen Untertanen notfalls auch mit Gewalt beigebracht wurden, entsprach den vorherrschenden nationalistischen und sozialdarwinistischen Vorstellungen der Zeit, und viele der übernommenen Gebiete mußten in kostspieligen und verlustreichen, aber von den Zeitgenossen glorifizierten Kolonialkriegen erobert werden. Entscheidend hierfür war, daß die internationalen Teilungsabkommen der 1880er Jahre die faktische Inbesitznahme und direkte Unterstellung der Kolonien unter die Staatshoheit und Regierungsverantwortung des Mutterlandes zur Bedingung kolonialer Ansprüche machten. Kolonialverwaltungen und -bürokratien wurden so zum institutionellen Ausgangspunkt für den globalen Export westlicher Staatsmodelle und für die „Verstaatlichung der Welt" (Reinhard 1999).

Der Erste Weltkrieg markiert den Höhepunkt dieser innergesellschaftlichen Widerprüche und der Rivalität der europäischen Mächte, zugleich aber auch das Ende der sozialen Konstellation, die die Politik und die Formen der Gewalt im „langen" 19. Jahrhundert geprägt hat. Ihr fehlten die Voraussetzungen, um eine neue Entwicklungsphase des Staates, der internationalen Beziehungen und kapitalistischer Prosperität einzuleiten.

Die dritte Phase der Entwicklung von Staat und internationalem System, also die Zeit vom Ersten Weltkrieg bis zum Ende des Jahrhunderts, brachte einen tiefgreifenden Formwandel der Gewalt- und Herrschaftsverhältnisse mit sich. Dieser sollte aber erst in der zweiten Hälfte des Jahrhunderts deutlich werden. Die erste Hälfte dagegen war von gewaltigen Umwälzungen und Katastrophen geprägt. Das überkommene europäische Staatensystem war im Ersten Weltkrieg zerbrochen, und die europäischen Mächte mußten ihre weltpolitische Führungsrolle an die USA abtreten. In den europäischen Staaten lieferten sich Konservative, Demokraten, Sozialisten und Kommunisten erbitterte Kämpfe um die zukünftige Ordnung der neu entstehenden Staaten. Aus diesen inneren Konflikten erhob sich der Nationalsozialismus, der Europa und die Welt in den Zweiten Weltkrieg stürzte. In Rußland hatte sich die Revolution als Sowjetmacht konsolidiert, die von nun an als Sowjetunion einen ideologischen und machtpolitischen Gegenpol zur kapitalistischen Staatenwelt darstellte. Die Weltwirtschaftskrise von 1929 tat ein übriges, die nationalen und internationalen Instabilitäten zu verstärken. Kurzum, die Welt der ersten Jahrhunderthälfte war von inneren Konflikten, Weltkriegen, machtpolitischen und ideologischen Gegensätzen zerrissen. Eine neue internationale Ordnung hatte sich unter der Gewalt dieser Verhältnisse ebenso wenig durchsetzten können wie ein stabiles und zukunftsweisendes Staatsmodell.

Erst die zweite Hälfte des Jahrhunderts brachte radikale Veränderungen der internationalen und staatlichen Ordnung mit sich. Die Auflösung der Kolonialreiche und die staatliche Unabhängigkeit der ehemaligen Kolonien wurde zum Schlüssel für die Neugestaltung des internationalen Systems. Dessen koloniale Gliederung war zum Hindernis für die weitere Durchsetzung kapitalistischer Weltmarktstrukturen geworden, weil sie wie ein weltumspannendes Protektionssystem funktionierte, das dem Zugriff des internationalen Kapitals entzogen war. Nun aber wurden aus abhängigen Gebieten formal gleichgestellte Staaten, ohne daß dies allerdings die ökonomischen und machtpolitischen Ungleichgewichte zwischen den Staaten in Frage gestellt hätte. Zugleich war 1944 in Bretton Woods eine neue, liberale Weltwirtschaftsordnung ausgehandelt worden, die die internationalen Rahmenbedingungen für eine neue Phase kapitalistischer Prosperität schuf. Durch die Auflösung der Kolonialreiche und die neue Weltwirtschaftsordnung nahm das internationale System nun die Gestalt einer sich als Weltwirtschaftsordnung hierarchisch gliedernden Weltstaatenordnung an.

Überlagert wurden diese Entwicklungen vom Ost-West-Konflikt, der im Anschluß an den Zweiten Weltkrieg von Europa aus auf die übrige Welt ausgriff und sich zu einem System globaler Bipolarität entwickelte. Damit wurden zugleich die in Liberalismus und Sozialismus verankerten Forderungen der Französischen Revolution nach Freiheit und Gleichheit zu einem globalen Gegensatz zwischen den Supermächten polarisiert. Bis zum Zerfall der sozialistischen Staatenwelt bildete der Ost-West-Konflikt den allgemeinen Ordnungs- und Interpretationsrahmen für das internationale Geschehen, der auch tief in das Innenleben der Staaten hinein wirkte. Ob es politische Konflikte in den westlichen Staaten waren oder Kriege, die von nun an vor allem in der Dritten Welt stattfanden, alles wurde in das stereotype Bild einer bipolaren Weltordnung eingepaßt und in die Sprache des Systemgegensatzes übersetzt. Die Tiefenwirkung und die umfassende Ausrichtung von Denken und Handeln am Ost-West-Konflikt erklärt sich daraus, daß in diesem Konflikt die Systemfrage unmittelbar mit der Frage von Krieg und Frieden verknüpft wurde. Zu einer direkten Konfrontation zwischen den Supermächten und ihren Verbündeten kam es zwar nie, die Welt aber war in den Zustand eines

„imaginären Krieges" (Kaldor 1992) versetzt, und das Verhältnis der Blöcke war zu einem Kalten Krieg eingefroren.

Unter diesen internationalen Rahmenbedingungen vollzog sich der weitere Formwandel der Gewalt- und Herrschaftsverhältnisse innerhalb der Staaten der Welt. Dabei können in grober Verallgemeinerung drei unterschiedliche Entwicklungswege unterschieden werden: der der westlichen Staaten, der der postkolonialen Staaten der Dritten Welt und der der sozialistische Staatenwelt. Die Entwicklung in den westlichen Staaten ist eng verbunden mit dem Aufstieg der Vereinigten Staaten von Amerika zur kapitalistischen Hegemonialmacht des 20. Jahrhunderts, die England als Führungsmacht des 19. Jahrhunderts aus dieser Position verdrängte.

In den Vereinigten Staaten, die schon vor der Jahrhundertwende ökonomisch zu den europäischen Mächten aufgeschlossen hatten und zu einem neuen Machtfaktor in den internationalen Beziehungen geworden waren, fehlten die traditionalen, vorkapitalistischen Elemente, an deren Widerstand die Fortentwicklung von Staat, internationalem System und Gewaltordnung in Europa gescheitert war. Die USA übernahmen die Vorreiterrolle einer von den genuinen sozialen Kräften des Kapitalismus, von Bürgertum und Lohnabhängigen, gestalteten Weiterentwicklung bürgerlich-kapitalistischer Lebensverhältnisse. Dort hatte sich bereits in den 20er und 30er Jahren mit dem „Fordismus" (vgl. Hirsch/Roth 1986) eine neue Form von Produktionsrationalität und Lebensweise herausgebildet, die bald zur allgemeinen Grundlage einer neuen Periode kapitalistischer Prosperität wurde.

Doch erst die Einbeziehung der lohnabhängigen Bevölkerung in den politischen, ökonomischen, sozialen und kulturellen Gestaltungsprozeß und das korporatistische Arrangement zwischen Gewerkschaften, Unternehmen, Staat und Parteien schuf in den westlichen Demokratien die soziale Grundlage, auf der eine neue, Konjunkturzyklen übergreifende Phase beschleunigten Wachstums und eine weitgehende Pazifizierung gesellschaftlicher Konflikte möglich wurde. Das grundlegend Neue an der Entwicklung von Staat und Gesellschaft in den kapitalistischen Metropolen war also die Überwindung vorbürgerlicher Kräfte und Einflüsse und das Durchbrechen der sozialen Schranke, die die Lohnabhängigen bislang weitgehend von der aktiven Gestaltung politischer und ökonomischer Entwicklungen ausgeschlossen hatte.

Ökonomisch wurden der Wiederaufschwung der Weltwirtschaft nach dem Ende des Zweiten Weltkrieges, vor allem aber das binnenwirtschaftliche Wachstum auf der Grundlage der Absorption der nicht-kapitalistischen durch die expandierenden industriell-marktwirtschaftlichen Sektoren zu entscheidenden Motoren des beispiellosen Nachkriegsbooms. Vorkapitalistische Produktions- und Reproduktionsformen wurden mehr und mehr zurückgedrängt. Damit lösten sich zugleich die traditionellen sozialen Zusammenhänge, Milieus und Lebensformen auf zugunsten einer umfassenden Ausgestaltung und Differenzierung bürgerlicher Lebensverhältnisse. Der Auf- und Ausbau eines umfangreichen Systems sozialstaatlicher Umverteilung und Transferleistungen führten zudem zu deutlichen Verbesserungen der materiellen Lebensverhältnisse aller Bevölkerungsteile. Anhaltendes Wirtschaftswachstum und wohlfahrtsstaatliche Entwicklung wurden zur materiellen Basis des breiten sozialen Konsenses, auf dem die pazifizierten Verhältnisse in den westlichen Demokratien bis heute ruhen. Nach der territorialen und politischen Einheit und der emotionalen Bindung der Bevölkerung an Staat und Nation durch deren Verschmelzung im 19. Jahrhundert vollzog der Wohlfahrtsstaat nun auch die soziale Integration der Staatsbürger. Erst diese Entwicklungen rechtfertigen es, überhaupt von einer entwickelten bürgerlichen Gesellschaft zu sprechen.

Auf dieser Grundlage konnten sich die zivilisatorischen Seiten kapitalistischer Entwicklung in einer bis dahin weltgeschichtlich einzigartigen Weise entfalten, und es gelang, einen selbst in ökonomischen oder politischen Krisensituationen ungefährdeten demokratischen Konsens über die gesellschaftlichen Grundlagen zu etablieren. Im Zentrum der Auseinandersetzungen stehen seither nicht mehr die Durchsetzung, Abwehr oder Überwindung bürgerlich-kapitalistischer Lebensverhältnisse oder der gewaltsame Sturz gewählter Regierungen; Inhalte, Formen und Terrains der Auseinandersetzungen haben sich verschoben, und die gewaltförmige Regelung gesellschaftlicher Konflikte hat nahezu jede Legitimität verloren. Im ökonomischen Bereich haben sich verrechtlichte Formen des Arbeitskampfes durchgesetzt, auf der kulturellen und politischen Ebene werden gesellschaftliche Konflikte als Auseinandersetzungen um konkurrierende Wertorientierungen, kulturelle Standards und Lebensweisen geführt. Die Konfliktpotentiale werden über ein komplexes Regelwerk juristischer und institutioneller Formen eingebunden, kanalisiert und pazifiziert. Insgesamt ist es den sozialen Kräften damit gelungen, die zivilisatorischen Seiten kapitalistischer Vergesellschaftung teilweise freizulegen und das systemimmanente Potential für eine Pazifizierung gesellschaftlicher Konflikte in konkrete Geschichte umzusetzen.

Empirisch bestätigt sich dieser Befund eindrucksvoll: Während sich die weltpolitisch wichtigen Kriege des 19. und der ersten Hälfte des 20. Jahrhunderts vor allem zwischen den europäischen Mächten abspielten, haben seit 1945 weder zwischen noch innerhalb der entwickelten bürgerlich-demokratischen Staaten Nordamerikas und Westeuropas kriegerische Konflikte stattgefunden. Dies ist der Grund, weshalb Nordamerika ganz und Europa verglichen mit anderen Weltregionen weitgehend kriegsfrei geblieben sind. Und so sind die insgesamt 15 Kriege[15], die zwischen 1945 und 2002 in Europa stattgefunden haben, auch nicht auf die immanenten Widersprüche bürgerlicher Gesellschaften zurückführen. Ihnen liegen andere Konfliktkonstellationen zugrunde.

Um die strukturellen Ursachen der europäischen Kriege dieses Zeitraums benennen zu können, ist aufgrund historischer Differenzen und der politischen Teilung des Kontinents infolge des Ost-West-Konfliktes die Unterscheidung von West- und Osteuropa notwendig.[16] Denn anders als in der bisher skizzierten strukturgeschichtlichen Entwicklung Westeuropas hat der osteuropäische Entwicklungsweg die Konservierung traditionaler Vergesellschaftungsformen und vorkapitalistischer Produktionsweisen begünstigt. Die politischen, ökonomischen und sozialen Umwälzungen infolge der Französischen und der industriellen Revolution haben zwar auch auf Osteuropa ausgestrahlt und dort gesellschaftliche Modernisierungsprozesse angestoßen. Sie waren aber weitgehend von außen induziert, und die Auflösung der traditionalen Sozialordnung ging hier nicht mit einer entsprechenden Formierung bürgerlich-kapitalistischer Verhältnisse einher. Vielmehr verstetigten sich soziale Strukturen und Praktiken, deren Kennzeichen die Verschränkung traditionaler und moderner Denk-, Handlungs- und Herrschaftsmuster war (vgl. Sundhaussen 1997).

Der hybride Charakter dieser Sozialformen überlebte auch die regionalen Staatenbildungsprozesse nach dem Ersten Weltkrieg und blieb bis zur hegemonialen Integration Osteuropas in den sowjetischen Herrschaftsbereich nach Ende des Zweiten Weltkrieges lebendig. Deren Unterordnung unter das sozialistische Staats- und Entwicklungsmodell sowjetischer Prägung gelang vor allem aufgrund der Strukturähnlichkeit zum Sowjetmodell, das auf der Grundlage der ebenfalls rückständigen russischen Gesellschaft errichtet worden war. Zwar konnte das Sowjetmodell zum Teil erhebliche Industrialisierungserfolge verzeichnen. Der Versuch der Konstruktion einer sozialistischen Gesellschaft unter der Kommandogewalt der Partei aber führte überall zu einer Oligarchisierung der Macht. Nomen-

---

15 Acht der 15 europäischen Kriege haben in Westeuropa stattgefunden, sieben in Ost- bzw. Südosteuropa, das mit Ausnahmen des Ungarn-Aufstandes (1956) bis 1989 kriegsfrei blieb. Insgesamt handelt es sich um folgende Kriege: Griechischer Bürgerkrieg (1.Phase) 1944-45, Spanien 1945-50, Griechischer Bürgerkrieg (2.Phase) 1946-49, Zypern 1956, Ungarn-Aufstand 1956, Zypern 1963-64, Spanien (Baskenland) 1968-79, Nordirland 1969-94, Zypern 1974, Rumänien 1989, Slowenien 1991, Kroatien – Serbien 1991-95, Moldawien1992, Bosnien-Herzegowina 199-95, Jugoslawien (Kosovo) 1998-99. Quelle: AKUF-Kriedatenbank.

16 Die Unterscheidung in West- und Osteuropa ist keine exakte geographische Unterscheidung. Sie dient vielmehr der Unterscheidung zweier Strukturtypen gesellschaftlicher Entwicklung, die aufgrund ihrer unterschiedlichen historischen Entwicklung und sozialökonomischen Grundlagen gegeneinander abgegrenzt werden können. „Osteuropa" steht dabei für Ost- und Südost, mit Einschränkung auch für Ostmitteleuropa, „Westeuropa" für West- und Nordeuropa.

klatursystem und Planwirtschaft, Personenkult und Repression führten zur Passivisierung der Gesellschaft und erstickten das politische Leben. Damit fehlten jene funktionalen Äquivalente industrieller Entwicklung wie ein gewaltenteiliger Staat, eine nach rationalen Kriterien funktionierende Verwaltung, Demokratisierung und Partizipation von unten, in die die kapitalistische Modernisierung Westeuropas im 19. und 20. Jahrhundert eingebettet war. Das sozialistische Entwicklungsmodell, das mit „unmittelbarer Repression (erzwang), was ihm an struktureller Unterwerfungsmacht fehlte" (Hoffer 1992: 40), stieß besonders in den ostmitteleuropäischen Übergangszonen zu Westeuropa auf Widerstand, wo die Gesellschaften bereits stärker durch eine bürgerlich-kapitalistische Entwicklung hindurchgegangen waren. Hier formierte sich nach Stalins Tod auch zuerst der Widerstand etwa im Volksaufstand der DDR, in der antisowjetischen Bewegung in Polen, im Ungarn-Aufstand oder später im Prager Frühling. Allerdings blieb der Volksaufstand in Ungarn (1956) bis 1989 der einzige, der im Machtbereich der Sowjetunion zu einem Krieg eskalierte.

Als das verkrustete sowjetische System schließlich beim Versuch seiner Modernisierung unter Gorbatschow zerbrach und sich die politische, militärische und wirtschaftliche Einheit des „Ostblocks" auflöste, vollzogen sich die „nachholenden Revolutionen" (Habermas 1990) in den meisten Staaten, ohne daß die Regierungen zum letzten Mittel des Machterhalts griffen. Nur in Rumänien brach sich die Welle des friedlichen Aufbruchs an dem zu jedem Wandel unfähig gewordenen Regime des Ceauçescu-Clans. In einem kurzen Bürgerkrieg im Dezember 1989 gelang es den Streitkräften und der städtischen Bevölkerung, den Diktator und seine Securitate-Sicherheitskräfte zu besiegen. Es sagt viel über den Herrschaftscharakter des Regimes, daß der Widerstand der auf Ceauçescu persönlich vereidigten (und bestens gerüsteten) Securitate-Kämpfer unmittelbar nach dessen Gefangennahme und Hinrichtung zusammenbrach. Auch in der ehemaligen Sowjetrepublik Moldawien, die 1991 ihre Unabhängigkeit erklärte, kam es zu einem kurzen, allerdings erfolglosen Sezessionskrieg um die Dnjestr-Region, der unter russischer Vermittlung beigelegt werden konnte. In diesem Konflikt zeigen sich viele der Folgeprobleme, die mit dem Zerfall der Sowjetunion in 15 selbständige Staaten einher gingen, in ihrer Mehrzahl aber in den nicht-europäischen Nachfolgestaaten der UdSSR zu Kriegen eskalierten.[17] Innerhalb Europas haben die kriegerischen Staatenbildungsprozesse auf dem Gebiet des ehemaligen Jugoslawien das weitere Konfliktgeschehen maßgeblich bestimmt. Dort sind zwischen 1991

---

17 In den außereuropäischen Gebieten der früheren Sowjetunion haben seit 1990 insgesamt neun Kriege stattgefunden. Vgl. hierzu auch Fußnote 26.

und 2001 allein fünf Kriege[18] geführt worden. Deren gemeinsame Ursachen liegen ebenfalls in den erwähnten sozialen Strukturen osteuropäischer Gesellschaften sowie in den Besonderheiten der Staatsgründung Jugoslawiens und den Eigenheiten des jugoslawischen Weges sozialistischer Modernisierung.[19]

Der aus dem Zusammenbruch der Habsburger Monarchie und den Wirren zweier Weltkriege hervorgegangene Vielvölkerstaat beschritt unter Tito einen eigenen Entwicklungsweg zwischen sozialistischer Marktwirtschaft, Arbeiterselbstverwaltung, friedlicher Koexistenz, Blockfreiheit und Föderalismus, mit dessen Hilfe regionale Unterschiede berücksichtigt und die tradierten Nationalitätenkonflikte eingedämmt werden sollten. Vor dem Hintergrund der Weltwirtschaftskrise zu Beginn der 70er Jahre, die als Verschuldungskrise auf Jugoslawien durchschlug, wurde der Ausgleich regionaler Entwicklungsunterschiede immer stärker durch nationalistisch gefärbte Eigeninteressen vor allem der wirtschaftlich starken Republiken konterkariert. An die Stelle staatlicher Umverteilung trat schließlich die Umverteilung von Staatlichkeit zugunsten der Republiken, die immer mehr zu Zentren des politischen und wirtschaftlichen Lebens wurden. Für die lokalen Eliten, die sich in erster Linie aus Kadern der Kommunistischen Partei rekrutierten, verband sich mit dieser Dezentralisierung und Schwächung zentralstaatlichen Einflusses eine erhebliche Erweiterung ihrer ökonomischen und politischen Machtposition, die sie nach innen über ein System klientelistischer Integration der Bevölkerung abzusichern suchten. Mit dem Tod Titos beschleunigte sich die Erosion des Gesamtstaates, in dem die Jugoslawische Volksarmee schließlich die einzig noch funktionierende Bundesinstitution darstellte. Ethnische Selbst- und Fremdzuschreibungen wurden immer stärker zum Bestandteil der Interpretation der Krise Jugoslawiens, die sich jetzt in wachsenden ethnischen Spannungen innerhalb und zwischen den Republiken artikulierte, und nationalistische Ideologien dienten den Republiken nun auch zur Rechtfertigung ihrer Forderungen nach Unabhängigkeit. Einzig Serbien hielt an der Einheit des Landes fest, verfolgte aber seinerseits das Modell einer serbisch-national geprägten Erneuerung des Landes. Als die Föderation zu Beginn der 90er Jahre immer deutlichere Auflösungserscheinungen zeigte, wurden die Jugoslawische Volksarmee und Serbien zu Verbündeten zur Rettung der Einheit des Landes. Aus dieser Grundkonstellation heraus entwickelten sich die jugoslawischen Auflösungskriege. Als Slowenien im Juni 1991 seine Unabhängigkeit erklärte, griff die Jugoslawische Volksarmee ein. Es war der kriegerische Beginn des Zerfalls Jugoslawiens in fünf selbständige Staa-

---

18 Es handelt sich um die Kriege in Slowenien 1991, Kroatien-Serbien 1991-95, Bosnien-Herzegowina 1992-95, Jugoslawien (Kosovo) 1998-99 und Mazedonien 2001.

19 Zu den Kriegen im ehemaligen Jugoslawien vgl. vor allem Allcock 2000, Woodward 1995 und Calic 1995, Höpken 2000.

ten. Mit der gewaltsamen Eskalation der Spannungen in Mazedonien 2001 zwischen slawisch-mazedonischen und albanischen Bevölkerungsgruppen haben die Kriege im ehemaligen Jugoslawien ihr vorläufiges Ende gefunden.

In Westeuropa gingen die Kriege auf andere Konfliktkonstellationen zurück. Aber auch hier lassen sich die strukturellen Ursachen nicht auf Grundlagen bürgerlich-kapitalistischer Vergesellschaftung zurückführen. Die Bürgerkriege in Griechenland (1944-45 und 1946-49) und in Spanien (1945-50) haben ihre Wurzeln im Zweiten Weltkrieg und in der Verknüpfung sozialer und politischer Konflikte im Innern mit den ideologischen Auseinandersetzungen der beginnenden Blockkonfrontation. Die drei Zypernkriege wurden um die Unabhängigkeit von Großbritannien (1955-59) sowie (1968-69 und 1974) um die Teilung bzw. den Anschluß der Insel an Griechenland geführt. In diesen sachlich zusammengehörenden Kriegen vermischten sich Dekolonisationsaspekte mit tradierten Gegensätzen zwischen türkisch- und griechisch-zypriotischer Bevölkerung und machtpolitischen Aspekten der historisch verfeindeten Staaten Griechenland und Türkei.

Auch die beiden bis in die jüngste Vergangenheit unterhalb der Kriegsschwelle virulenten Konflikte in Nordirland (1969-94) und dem spanischen Baskenland (1968-79) haben sich an der europäischen Peripherie abgespielt und lassen sich nicht aus den inneren Widersprüchen bürgerlich-demokratischer Staaten ableiten. Im Gegenteil: In Spanien gelang es erst der nach dem Ende der Franco-Diktatur 1977 demokratisch gewählten Regierung, durch die Gewährung eines weitgehenden Autonomiestatuts für das Baskenland der ETA die Legitimation für den bewaffneten Kampf zu entziehen. Seither ist der zuvor unverbrüchliche Konsens zwischen baskischer Bevölkerung und ihren „Freiheitskämpfern" verschwunden und die ETA zu einer nurmehr sporadisch und terroristisch agierenden Gruppierung ohne breiten Rückhalt in der Bevölkerung geworden. Auch in Nordirland hat sich das Gewaltniveau seit der Aufnahme von Friedensgesprächen 1994 deutlich unterhalb der Kriegsschwelle stabilisiert. Dieser Krieg geht auf den jahrhundertealten irisch-britischen Konflikt um die Herrschaft auf der irischen Insel zurück. Die immer wieder von Aufständen begleitete Politik der Kolonisierung und Anglikanisierungversuche besonders Nordirlands durch die britische Krone dauerte bis ins 20. Jahrhundert. Der Unabhängigkeitskrieg Anfang der 20er Jahre führte schließlich zur Teilung der Insel in die Republik Irland und die innenpolitisch weitgehend autonome britische Provinz Nordirland, wo die katholische Minderheitsbevölkerung seither in allen Lebensbereichen benachteiligt wird. Die politische Privilegierung der Protestanten ist mit einem System konfessioneller Patronage verbunden, das die Katholiken zu Bürgern zweiter Klasse macht und von dem vor allem die protestantische Ober- und Mittelschicht profitiert. Die nur in wechselseitiger Belagerungsmentalität und Haß verbundenen unterprivilegierten Schichten beider Konfessionen dagegen leben in benachbarten, territorial streng segregierten Arbeitervierteln von Belfast und Derry, die die Zentren des Konfliktes bilden. Für die Bewertung dieses Konfliktes ist entscheidend, daß die formal demokratischen Verhältnisse Nordirlands durch die historisch zementierte konfessionelle Spaltung der Gesellschaft unterlaufen werden. Die normalen Mechanismen demokratischen Wandels und die materiellen Partizipationschancen der Minderheitsbevölkerung sind durch den konfessionellen Dominanzmechanismus systematisch blockiert.

Insgesamt zeigen die Kriege in Europa zwischen 1945 und 2002, daß sie ausnahmslos in den – sozioökonomisch gesehen – wenig entwickelten und bürgerlich unausgeformten Randregionen des Kontinents stattgefunden haben. In Osteuropa kamen vor allem der einsetzende Systemwechsel und die zentrifugalen Kräfte erodierender Staatlichkeit hinzu. In bezug auf den Zusammenhang zwischen kapitalistischer Epochenentwicklung und weltweitem Kriegsgeschehen kann also festgehalten werden, daß sich die Bedingungen für eine Pazifizierung innergesellschaftlicher und zwischenstaatlicher Kriege bisher lediglich innerhalb der Grenzen eines sehr engen historisch-geographischen Raumes durchgesetzt haben. Die Überwindung politisch durchsetzungsfähiger vorbürgerlicher Kräfte und Einflüsse war hierfür ebenso Voraussetzung wie die politische, nationale und soziale Integration der Bevölkerung in einen demokratischen Staat.

Es sei hier an unsere Kernthesen erinnert, wonach die Entwicklung des Kapitalismus zur bürgerlichen Gesellschaft zwar ein blutiger Prozeß ist, dessen strukturelle Ursachen auf Konflikte zwischen Tradition und Moderne zurückgehen, mit der Überwindung traditionaler Kräfte jedoch ein Formwandel der Gewalt- und Herrschaftsverhältnisse einhergeht, der die zivilisatorischen Seiten des Kapitalismus freilegt und die Möglichkeit zu einer dauerhaften Pazifizierung gesellschaftlicher Konfliktpotentiale mit sich bringt. Auch wenn dies kein selbstläufiger Prozeß und keine zwingende Konsequenz kapitalistischer Entwicklung ist, so ist diese Möglichkeit in den westlichen Demokratien während der zweiten Hälfte des 20. Jahrhunderts doch Wirklichkeit geworden. Nur unter diesen Bedingungen kommt auch zum Tragen, was Dieter Senghaas (1995) in seinem „zivilisatorischen Hexagon" als zentrale und interdependente Bausteine pazifizierter Verhältnisse bezeichnet hat: Rechtsstaatlichkeit, demokratische Partizipation, Gewaltmonopol, soziale Gerechtigkeit, Interdependenzen und Affektkontrolle sowie politische Konfliktkultur. Diese Begriffe markieren nur die Eckpunkte sozialer Verhältnisse, die sich in den entwickelten bürgerlichen Gesellschaften herausgebildet haben. Es braucht kaum darauf hingewiesen zu werden, daß diese zivilisatorischen Errungenschaften und Grundlagen pazifizierter Verhältnisse stets gefährdet bleiben. Denn die bürgerlichen Gehalte der kapitalistischen Moderne sind das Resultat politischer Auseinandersetzungen und nicht das selbstverständliche Ergebnis von „Modernisierung". Entwicklungen wie etwa die Krise des Sozialstaates oder die infolge des neoliberalen Projektes der sogenannten Globalisierung national wie international verschärfte Konkurrenz können zur Erosion der selbst in den westlichen Demokratien noch dünnen Schicht zivilisatorischer Errungenschaften führen und den Frieden gefährden.

Der am Beispiel Europa beschriebene Formwandel der Gewalt- und Herrschaftsverhältnisse ist also kein Automatismus, der sich mit der Entwicklung des Kapitalismus zur Weltgesellschaft einstellt. Der Kapitalismus kann – wie die europäische Geschichte und die Verhältnisse in vielen Staaten der Dritten Welt bezeugen – auch ohne breiten Konsens, ohne allgemeinen Wohlstand und sozialen Ausgleich, ohne Rechtsstaatlichkeit, Demokratie oder Schutz vor Willkür und Gewalt auskommen. Und in der Tat mehren sich die Anzeichen, daß mit der Krise des Fordismus und der Hegemonie des Neoliberalismus seit Anfang der 80er Jahre die immanenten Widersprüche des Kapitalismus und damit seine konfliktiven Seiten wieder stärker hervortreten. Auf der empirischen Ebene des Kriegsgeschehens hat dies gleichwohl noch keinen eindeutig zurechenbaren Niederschlag gefunden.

Die Frage, ob sich der vollzogene Formwandel der Gewalt- und Herrschaftsverhältnisse auch tatsächlich in einer dauerhaften Pazifizierung der gesellschaftlichen Konflikte verstetigt, bleibt also an die Form der Ausgestaltung bürgerlicher Lebensverhältnisse und damit an die konkrete Konstellation sozialer Kräfte rückgebunden. Sie entscheidet, ob die zivilisatorischen Seiten oder aber die immanenten Widersprüche des kapitalistischen Systems stärker hervortreten. Die Bedingungen für eine dauerhafte Pazifizierung können damit zumindest theoretisch klar formuliert werden: Nur wenn das Spannungsverhältnis zwischen dem umfassenden Geltungsanspruch bürgerlicher Wertideale und ihrem kapitalistisch begrenzten Charakter durch die schrittweise Überwindung der kapitalistischen Grundlage der bürgerlichen Gesellschaft abgebaut wird, lassen sich weitere zivilisatorische Fortschritte und eine dauerhafte Pazifizierung realisieren. Und so bleibt die Verwirklichung der bürgerlichen Wertideale auch 200 Jahre nach der Französichen Revolution eine noch ungelöste Aufgabe für das 21. Jahrhundert.

Was für die bürgerlich-demokratischen Gesellschaften gilt, gilt um so mehr für die Weltgesellschaft als ganze. Hier zeigt auch die westliche Welt noch ein anderes Gesicht. Denn der „demokratische Frieden" reicht kaum über die Grenzen dieser Staaten hinaus.[20] Zwar gab es innerhalb und zwischen diesen Staaten seit

---

20 Unter dem Stichwort des demokratischen Friedens wird in den Internationalen Beziehungen die These diskutiert, daß Staaten, die sich gegenseitig als demokratische Ordnungen anerkennen,

1945 keine Kriege mehr, dennoch belegen Großbritannien, die USA und Frankreich Spitzenplätze der am häufigsten an Kriegen beteiligten Staaten (vgl. Schreiber 2001: 23). Der scheinbare Widerspruch zwischen dem zivilisiert-unkriegerischen Verhalten in und zwischen den kapitalistischen Zentren und der hohen „Kriegsneigung" jenseits ihrer Territorien läßt sich jedoch rasch auflösen. Denn mit Großbritannien, Frankreich und den USA, gefolgt von Belgien, den Niederlanden, Spanien und Portugal, sind es die alten kolonialen und imperialistischen Mächte, die die Kriegsbeteiligungen der kapitalistischen Industrienationen unter sich aufteilen. Deren Kriegshandlungen beziehen sich zudem nahezu ohne Ausnahme auf ihre eigenen ehemaligen kolonialen Einflußsphären.[21]

Das nach der Unabhängigkeit der Kolonien fehlende formale Recht zur Einmischung wird durch den Glauben an das historische Recht überlagert, die Geschicke dieser Staaten auch weiterhin direkt und notfalls unter Einsatz kriegerischer Gewalt mitzugestalten. Daher intervenieren die genannten Staaten auch vor allem dort, wo es um die Form der Ausgestaltung politischer Herrschaft geht: in den Antiregime-Kriegen. Das Erbe kolonialer Vergangenheit lastet also nicht nur auf der Dritten Welt, sondern zeigt sich auch im Verhalten der ehemaligen Kolonisatoren. In das historische Gedächtnis der Kolonialmächte sind immer noch die alten kolonialen Karten und kolonialistischen Verhaltensmuster eingeschrieben. Dabei findet die traditionelle Machtpolitik der Ex-Kolonialmächte in den oft autokratischen Verhältnissen von Dritte-Welt-Staaten optimale Anknüpfungspunkte. Der Widerspruch zwischen pazifiziertem Verhalten hier und kriegerischem dort löst sich also nach der Seite einer noch nicht restlos überwundenen kolonialen Vergangenheit auf und zeigt den kriegerischen Nachklang einer 500jährigen gewaltsamen Expansionsgeschichte des sich entwickelnden Kapitalismus.

Die USA zeigen ein hiervon abweichendes Kriegsverhalten. Ihren Kriegsbeteiligungen als Quasi-Kolonialmacht in ihrem mittelamerikanischen „Hinterhof" stehen vor allem diejenigen in Südostasien gegenüber[22], die überwiegend im Zu-

---

nicht gegeneinander Krieg führen. Siehe: Brown *et al.* (1996); Maoz (1997); Risse-Kappen (1995), Russet (1993); Teusch/Kahl (2001);Williams (2001), Hasenclever (2002).

21 Die Ausnahmen betreffen vor allem die Kriegsbeteiligungen der USA (dazu unten) und die Beteiligung an UN-Kampfeinsätzen. Ein Verzeichnis der Kriegsbeteiligungen der ehemaligen Kolonialmächte sowie der USA und der UdSSR/Russischen Föderation findet sich in Gantzel/Schwinghammer 1995: R 239ff.

22 Die US-Kriegsbeteiligungen in Zentralamerika waren: Guatemala 1954, Dominikanische Republik 1965, Grenada 1983 und Panama 1989. In Südostasien haben sich die USA an folgenden Kriegen beteiligt: Korea 1950-53, Quemoy-Krise 1954, Vietnam 1957-75, Indonesien 1958-61, Laos 1963-73 und Kambodscha 1968-75. Hiervon abweichend nur die Kriegsbeteiligung im Kongo 1964-66, wo die USA als Intervenen in einem Antiregime-Krieg Seite an Seite mit der ehemaligen Kolonialmacht Belgien kämpften, sowie die Kampfeinsätze im Zeichen des soge-

sammenhang mit dem Vietnamkrieg und damit im Zusammenhang mit dem auf die Dritte Welt projizierten Ost-West-Konflikt standen. Als kapitalistische Hegemonialmacht haben die USA ihr nationales Eigeninteresse stärker als alle anderen kapitalistischen Staaten mit dem kapitalistischen Gesamtinteresse identifiziert und sich an erster Stelle nicht nur für die weitere Durchsetzung und Entfaltung des kapitalistischen Weltsystems, sondern auch für dessen Absicherung gegen das sich aus ihrer Sicht bedrohlich ausweitende System sozialistischer Staaten in der Verantwortung und in die Pflicht genommen gesehen. In ihrer Rolle als global agierende kapitalistische Ordnungsmacht wurde für sie auch der Systemkonflikt zum Anlaß direkten kriegerischen Engagements. Vor allem aber haben die USA ihrem Anspruch als Führungsmacht auch unterhalb der Schwelle direkten militärischen Eingreifens Geltung verschafft, und zwar durch ihre finanzielle, politische und ideologische Stärke sowie durch klandestine Unterstützung oder Subversion.

Damit bleibt festzuhalten, daß die empirischen Befunde in bezug auf die bürgerlichen Demokratien die zentralen Thesen des Hamburger Ansatzes bestätigen. Hier hat sich mit der Entwicklung des Kapitalismus zur bürgerlichen Gesellschaft und des frühmodernen Staates zum demokratischen Rechtsstaat ein Formwandel der Gewalt- und Herrschaftsverhältnisse vollzogen, als dessen spätes historisches Resultat eine Befriedung gesellschaftlicher Konflikte im Innern wie zwischen den Staaten möglich geworden ist. Die mehr als 200 Kriege, die seit dem Ende des Zweiten Weltkrieges in den Staaten der Zweiten und Dritten Welt geführt worden sind, verweisen darauf, daß die sozialen und institutionellen Voraussetzungen pazifizierter Verhältnisse hier nicht gegeben sind. Den Annahmen des Hamburger Ansatzes zufolge lassen sich die Ursachen hierfür vor allem aus den Widersprüchen globaler Vergesellschaftung und den fortwährenden Konflikten zwischen traditionaler und bürgerlich-kapitalistischer Vergesellschaftung erklären. Der folgende Abschnitt versucht, diese Zusammenhänge zunächst aus globaler Perspektive näher zu erläutern. In den anschließenden Kapiteln über die regionalen Kriegsentwicklungen in Lateinamerika, Asien, Afrika und dem Mittleren Osten werden diese Zusammenhänge weiter vertieft.

---

nannten humanitären Interventionismus unter UN-Mandat im Zweiten Golfkrieg 1991und in den Kriegen in Somalia 1988-00, Bosnien Herzegowina 1992-95 und (ohne UN-Mandat) dem Kosovo 1998-99. Quelle AKUF-Kriegedatenbank.

3.2.3   Krieg und Entwicklung in der Dritten Welt

Die Einbeziehung der Regionen der späteren Dritten Welt in den Prozeß globaler Vergesellschaftung begann mit den frühen, noch planlosen Entdeckungen und Eroberungen, die zuerst im damaligen Amerika durch die Etablierung iberischer Herrschaft einen systematischen Charakter annahmen. In den anderen Weltregionen beschränkte sich der Kolonialismus zu dieser Zeit meist auf kleinere küstennahe Handelsniederlassungen. Diese erste Phase kolonialer Weltexpansion, die nach über 400 Jahren mit der Unabhängigkeit Lateinamerikas zu Beginn des 19. Jahrhunderts zu Ende ging, vollzog sich noch mit den beschränkten Mitteln des vorindustriellen Europa. Es gehörte zu dem frühmodernen Charakter kolonialer Herrschaft, daß militärische Eroberung, christliche Missionierung, staatliche Expansion und private Handelsinteressen Hand in Hand gingen. Auch die Verwaltungsstrukturen, Eigentums- und Rechtsformen usw., die mit der Anbindung an die politischen und ökonomischen Strukturen des alten Kontinents übertragen wurden, waren noch vom absolutistischen Charakter iberischer Herrschaft geprägt. Hieran änderten auch die an den Vorbildern der amerikanischen Unabhängigkeit und der Französischen Revolution orientierten lateinamerikanischen Unabhängigkeitsbewegungen nur wenig. Zwar zerstörten sie die patrimoniale Struktur iberischer Herrschaft über den Subkontinent, deren Erbe aber entging Lateinamerika[23] nicht.

Die Eigenstaatlichkeit und die modernen, an amerikanischen und europäischen Modellen des 19. Jahrhunderts orientierten Verfassungen und politischen Institutionen änderten nichts an den tradierten Sozialstrukturen, Verhaltensmustern und Wertorientierungen, die nach der Unabhängigkeit fortbestanden. Die alten lokalen Eliten und oligarchischen Gruppen machten den Staat zur Arena für ihre konkurrierenden Herrschaftsansprüche und zur Beute ihrer partikularen Interessen. Die modernen staatlichen Strukturen wurden ausgehöhlt und zu Instrumenten traditionaler Herrschaft umfunktioniert. Der soziale Gebrauch der neuen Institutionen nach den alten Spielregeln führte zur Konservierung überlieferter Strukturen und machte den Verfassungsstaat zur demokratischen Fassade für traditionale Herrschaftsansprüche. Die im Gewande moderner Staatlichkeit verborgenen traditionalen Verhältnisse und Verhaltensweisen erwiesen sich als mächtiges Bollwerk gegen jede Form sozialen Wandels und als ein bis heute fortwirkendes Entwicklungshemmnis. In dieser nur partikularen Modernisierung von Staat und Gesellschaft liegt eine zentrale Ursache gewaltförmiger Konflikte und Kriege in Lateinamerika.

---

23 Zum folgenden Absatz vgl. den Beitrag von Siegelberg zu Lateinamerika in diesem Band.

In der Geschichte der iberischen Kolonien, ihrer Unabhängigkeit und post-kolonialen Entwicklung zeigen sich schon früh Grundmuster der späteren Entwicklung peripherer Staatlichkeit in anderen Weltregionen, wobei die meisten dieser Regionen erst unter den Einfluß direkter Kolonialherrschaft gerieten, als Lateinamerika seine formale Unabhängigkeit bereits erreicht hatte. Diese zweite Phase kolonialer Entwicklung der Weltgesellschaft, die mit dem Dekolonisationsprozeß der 40er bis 60er Jahre des 20. Jahrhunderts endete, vollzog sich unter den Voraussetzungen industrieller Entwicklung und wachsender imperialistischer Konkurrenz zwischen den nicht mehr nur europäischen Weltmächten. Auf der Berliner Kongo-Konferenz 1884 (und in nachfolgenden Teilungsabkommen) wurde zwischen zwölf europäischen Mächten, den USA und dem Osmanischen Reich die „effective occupation", also die faktische Inbesitznahmen und Unterstellung unter die Staatshoheit des Mutterlandes, zur Bedingung kolonialer Besitzansprüche gemacht. Dies führte nicht nur zu verstärktem Siedlungskolonialismus als neuer Form der territorialen Absicherung imperialistischer Einflußsphären, was vielerorts kriegerische Konflikte mit der eingeborenen Bevölkerung nach sich zog, sondern erzwang den Aufbau primärer staatlicher Strukturen. Kolonialarmee und Kolonialverwaltung wurden zu institutionellen Ausgangspunkten für die Durchsetzung „zentralisierter Gebietsherrschaft" (von Trotha 1994: IX) und für die Übertragung europäischer Staatsmodelle auch auf diese Teile der späteren Dritten Welt.

Zwar folgte diese Form außereuropäischer Staatsbildung keinem einheitlichen Muster, weil sie in den verschiedenen Weltregionen zu verschiedenen Zeiten von unterschiedlichen Kolonialmächten und autochtonen Modernisierungseliten ins Werk gesetzt wurden; dennoch läßt sich verallgemeinern, daß der Kolonialismus zentralisierte Gebietsherrschaft erzwang, die durch die Anpassung der oktroyierten europäischen Staatsmodelle an die vorgefundenen Formen der Machtausübung und Herrschaftssicherung die Gestalt „hybrider Staatlichkeit" angenommen hat. Der koloniale „Staat" war also ein heterogenes Gebilde aus modernen und traditionalen Elementen, so daß koloniale Herrschaft stets in Konkurrenz zu den vorkolonialen Ordnungsformen stand und bis zu ihrem Ende auf intermediäre Herrschaftsinstanzen lokalen Ursprungs angewiesen blieb.

Als sich die koloniale Epoche weltgesellschaftlicher Entwicklung Mitte des 20. Jahrhunderts ihrem Ende zuneigte, war der territorial definierte hybride Staat überall Ausgangspunkt und Hypothek für die postkoloniale Entwicklung. Der Territorialstaat war die äußere Form, innerhalb derer sich die meist heterogenen, durch vielfältige soziale, ökonomische, religiöse, ethnische, sprachliche, regionale und lokale Integrationsebenen fragmentierten Gesellschaften nach der Dekolonisation zu entwickeln hatten. Anders als in Europa, wo Staat und Gesellschaft in

dem wechselseitigen Prozeß von Verstaatlichung der Gesellschaft und Vergesellschaftung des Staates zum Nationalstaat verschmolzen sind, fallen Staat und Nation in den postkolonialen Staaten nicht zusammen. Bis heute bleiben die Ansätze
zu nationaler Integration in den meisten postkolonialen Staaten schwach. Zwar
hatte die nationale Integration durch die antikolonialen Befreiungskämpfe einen
ersten entscheidenden Schub erhalten, so daß überall nationale Bewegungen entstanden. Mit der Vertreibung der Kolonialherren aber brachen die inneren Gegensätze in den neu entstandenen Staaten auf, und die sozialen Realitäten der heterogenen und vielfach fragmentierten Gesellschaften verschafften sich erneut Geltung. Eine dauerhafte Verbindung von Staat und Nation kam nicht zustande. Politische, soziale und emotionale Integration blieben an andere, meist lokale Bezugspunkte gebunden. Chronische Legitimationsdefizite staatlicher Herrschaft
und entsprechend autoritäre und zu Gewalt neigende Formen staatlicher Herrschaftssicherung waren und sind die Folge. Und wie schon in Lateinamerika wurde das koloniale Erbe politischer Institutionen und Verfassungen auch in den
Ländern des Mittleren Ostens, Asiens und Afrikas zur Fassade exklusiver Herrschaftsansprüche und der Staat selbst zum lohnenden Objekt für den privaten
Zugriff auf Pfründe, Prestige und Privilegien. Hierin ähneln viele postkoloniale
Staaten den frühneuzeitlichen Staaten Europas. Ihrem hybriden Charakter entsprechend bleibt Herrschaft hier meist personal vermittelt und durchdringt die ohnehin nur schwach differenzierten Bereiche von Staat und Gesellschaft, Politik
und Ökonomie gleichermaßen. Dabei blockieren die persönlichen Abhängigkeits-
und Herrschaftsstrukturen durch ihre nur selektive Inklusion von Bevölkerungsgruppen eine breite Partizipation und Demokratisierung von unten. Ansätze zu bürokratisch-versachlichter Herrschaft und gesellschaftlicher Partizipation entwik-
keln sich oft nur punktuell und bleiben auf Extrawelten innerhalb des gesellschaftlichen Ganzen beschränkt.

Im Prozeß der Dekolonisation haben die Staaten der Dritten Welt moderne
Staatlichkeit als „negative Souveränität" erlangt (Jackson 1990). Staatliche Herrschaft wird hierbei von den Normen des internationalen Systems garantiert, ohne
daß die innerstaatlichen politischen Strukturen den Prinzipien moderner Staatlichkeit entsprechen. Der kolonial ererbte und von der Staatengemeinschaft streng be-
hütete territoriale Rahmen politischer Herrschaft in der Dritten Welt hat diese
Staaten zwar weitgehend vor solchen gewaltsamen territorialen Auseinandersetzungen bewahrt, wie sie den europäischen Staatenbildungsprozeß noch maßgeblich geprägt hatten. Dafür hat er aber auch Verhandlungsprozesse zwischen Staat
und Gesellschaft, wie sie Charles Tilly für die europäische Staatenbildung untersucht hat (1990), und damit die Synchronisation von staatlicher Herrschaft und
sozialer Ordnung behindert. Die Garantie negativer Souveränität trägt zur Verhin-

derung einer Identifikation zwischen den Sicherheitsinteressen der staatlichen Eliten und ihrer Bürger bei und verschärft somit die internen Konflikte, die sich im Zuge der Formierung und Konsolidierung staatlicher Herrschaft einstellen. Es kann daher nicht überraschen, daß die im Europa des 19. Jahrhunderts dominante Form des zwischenstaatlichen Krieges in den Staaten der Dritten Welt eine Ausnahme geblieben ist, während der größte Teil der 218 Kriege zwischen 1945 und 2002 als innerstaatliche Gewaltkonflikte geführt wurden (vgl. Schreiber 2001: 15f.).

Sieht man einmal von den Kriegen ab, in denen westliche Staaten als Kriegsparteien gekämpft haben, so waren lediglich 27 der 204 Kriege[24], die in diesem Zeitraum außerhalb Europas geführt wurden, reine zwischenstaatliche Kriege. Allein an 14 dieser Kriege waren die beiden regionalen Großmächte China und Indien sowie Israel beteiligt. Die restlichen 13 verteilen sich ohne nennenswerte Signifikanz auf die verschiedenen Weltregionen. Bedeutsam für die zwischenstaatlichen Kriege in der Dritten Welt aber ist, daß sie nicht in erster Linie über die Leitdifferenz des Hamburger Ansatzes zu erklären sind. Für sie ist nicht die Konfliktlinie zwischen Tradition und Moderne, sondern die Verallgemeinerung staatlicher Handlungslogik in den Außenbeziehungen der peripheren Staaten maßgeblich. Auch wenn sich im Habitus der politischen Klasse oder der Staatsoberhäupter dieser Länder traditionale und moderne Handlungsmodi vermischen und je nach Situation zur Anwendung kommen (vgl. Schlichte 2000a), so dominiert in den Außenbeziehungen doch die Anpassung staatlichen Handelns an die Muster internationaler Politik und Beziehungen. Dies schließt im Konfliktfall den Rückgriff auf staatliche Machtpolitik ein. Hierin ähnelt das Konfliktverhalten peripherer Staaten dem ihrer europäischen Vorgänger im 18. und 19. Jahrhundert. Im Fall zwischenstaatlicher Spannungen gewinnen daher die im Begriff der Staatsräson zusammengefaßten Prinzipien von Souveränität, Territorialität und Machtpolitik an Bedeutung, die mit der Verstaatlichung der Welt auch zum Orientierungsrahmen außenpolitischen Handelns postkolonialer und postsozialistischer Eliten geworden sind. Sozialisationsinstanzen für diese Denk- und Handlungsmuster sind vor allem die „nationalen" Institutionen Militär und Bürokratie und der internationale Austausch ihrer Führungskräfte.

Die Maximen außenpolitischer Handlungslogik[25] zeigen sich auch in den Konfliktgegenständen der Kriege zwischen peripheren Staaten, die nahezu aus-

---

24 Quelle dieser und der folgenden Zahlenangaben: AKUF-Kriegedatenbank, eigene Berechnungen.

25 Zur Genese und Wirkung der klassischen, am militärischen Sicherheitsbegriff orientierten Logik außenpolitischen Handelns vgl. Krippendorff (2000, 2000a), für eine kritische Analyse des Realismus, siehe Guzzini (1998). Ganz offensichtlich findet der „Realismus" als Theorie internatio-

schließlich um territoriale Fragen und regionale Hegemonie geführt werden. Hervorzuheben ist außerdem, daß zwischenstaatliche Kriege verglichen mit innerstaatlichen nicht nur ein relativ seltenes Phänomen darstellen, sondern auch signifikant kürzer sind. Mehr als 70 Prozent konnten innerhalb eines Jahres, über 40 Prozent sogar innerhalb eines Monats beendet werden (vgl. Schreiber 2001: 16). Und sie konnten darüber hinaus in ihrer überwiegenden Mehrzahl durch Vermittlung Dritter, vor allem der UNO, aber auch regionaler Organisationen wie der Organisation der Amerikanischen Staaten, der Organisation für Afrikanische Einheit oder der Arabischen Liga beendet werden. Man kann damit festhalten, daß zwischenstaatliche Kriege weder quantitativ noch hinsichtlich ihrer Dauer oder der Möglichkeit zu ihrer Einhegung das Hauptproblem kriegerischer Gewalt in der Zweiten und Dritten Welt darstellen. Sie erklären sich in erster Linie aus den Prinzipien staatlicher Handlungslogik und lassen sich in der Regel auch mit den diplomatischen Mitteln internationaler Politik vergleichsweise rasch beenden.

Es läßt sich daher allgemein formulieren, daß die sozialen Konflikte, die sich im Zuge der kapitalistischen Modernisierung und Verstaatlichung der Welt ergeben, zu endogenen Konflikten der Dritten Welt und die endogenen Kriege in diesen Staaten zur dominanten Form des weltweiten Kriegsgeschehens geworden sind. Dabei steht der Versuch der Aneignung und Konsolidierung staatlicher Herrschaft im Mittelpunkt der Konflikte, so daß unsere These in bezug auf den Zusammenhang von globaler Entwicklung und Kriegen in der Dritten Welt lautet: *Die nachholende Konsolidierung vorausgesetzter Staatlichkeit ist die allgemeinste Bedingung für die kriegerischen Konflikte in den Staaten der Dritten Welt.* Sie liefert auch die Erklärung für den Übergang zu innerstaatlichen Kriegen als der dominanten Form kriegerischer Gewalt in der zweiten Hälfte des 20. Jahrhunderts. Diese These gilt unbenommen der Tatsache, daß staatliche Strukturen in den vergangenen Jahren – meist infolge anhaltender Gewaltkonflikte – auch verstärkten Zerfallsprozessen ausgesetzt sind. Gerade die Analyse der politischen Ökonomie zeitgenössischer Kriege zeigt, daß eine nur zeitverschobene Realisierung des von Tilly untersuchten westlichen Modells in den peripheren Gesellschaften wenig wahrscheinlich ist (vgl. Berdal/Malon 2000; Jean/Rufin 1996;

---

naler Beziehungen seine Begründung in dieser Handlungslogik und den machtdurchsetzten Mustern internationaler Politik. Der Ansatz verliert jedoch in dem Maße an Plausibilität, in dem die zwischenstaatliche Gewalt zugunsten wachsender internationaler Regelungsdichte abnimmt. Die unterstellte „Anarchie" der Staatenwelt jedenfalls herrscht heute eher innerhalb als zwischen den Staaten (vgl. Holsti 1996). Die weitgehende Ausblendung der Welt jenseits der OECD-Staaten – und damit von mehr als zwei Dritteln der Menschheit, von über 80 Prozent der Staaten und einem wenigstens ebenso hohen Anteil der Gewaltkonflikte – bietet keine „realistische" Grundlage für eine zeitgemäße Theorie internationaler Beziehungen (siehe auch die Kritik in Neumann 1998).

Jung 2003). Trotz dieser gegenläufigen Entwicklungen bleibt jedoch der Versuch, das Monopol physischer Gewaltsamkeit zu erringen oder abzusichern und staatliche Herrschaft durch Souveränität nach innen und außen zu konsolidieren, weiterhin Anspruch und Ziel politisch handelnder Akteure.

Dies alles gilt grundsätzlich auch für die Nachfolgestaaten der früheren Sowjetunion und andere periphere postsozialistische Staaten. Die Konflikte in dieser bis 1990 nahezu kriegsfreien Region, die seither zu einer der Hauptkriegsregionen geworden ist, lassen sich nicht rundweg als Erbe sozialistischer Herrschaft und Kommandowirtschaft abtun. Das Konfliktgeschehen trägt eher Merkmale der staatlichen Neuordnung, wie sie sich infolge der Auflösung der vornationalen, multiethnischen Reiche der Habsburger und Osmanen gezeigt haben. Auch hier waren Prozesse der Modernisierung und Transformation der Gesellschaft und die Versuche der Konsolidierung staatlicher Herrschaft die zentrale Quelle von Desintegration, Gewalt und Krieg. In den insgesamt zehn Kriegen[26], die mehrheitlich erst nach der erstaunlich gewaltarmen Auflösung der UdSSR in 15 selbständige Staaten einsetzten, treten neben der zunächst antisowjetischen und antirussischen Dimension der nationalen Emanzipationsbewegungen vor allem tradierte Konfliktlinien aus vorsowjetischer und sowjetischer Vergangenheit in den Vordergrund. Sie verschränken sich mit Problemen der Grenzziehung oder konkurrierender Territorialansprüche, mit Autonomie- und Sezessionsbestrebungen sowie den Machtansprüchen rivalisierender sozialer Gruppen, die im Zuge der konfliktträchtigen „doppelten Transformation" vom Staatssozialismus zu Marktwirtschaft und Demokratie mit ethnisch-religiösen oder regionalen Ansprüchen aufgeladen werden. Dies geht mit der zunehmenden Verselbständigung gewaltbereiter Gruppen und verschwimmenden Grenzen zwischen politischen und kriminellen Formen der Gewalt einher. Damit zeigt sich auch in den Nachfolgestaaten der früheren Sowjetunion ein Gewaltprofil, das in den Staaten der Dritten Welt seit deren Unabhängigkeit beobachtet werden kann.

Aus globaler und historischer Perspektive läßt sich mit Blick auf das weltweite Kriegsgeschehen also festhalten, daß die Entwicklung des Kapitalismus zur bürgerlichen Gesellschaft innerhalb und zwischen den bürgerlich-demokratischen Staaten mittlerweile zu einer weitgehenden Pazifizierung geführt hat. Dagegen wurden über 90 Prozent aller Kriege des Zeitraums zwischen 1945 und 2002 in den Regionen der Zweiten und Dritten Welt und rund zwei Drittel dieser Kriege

---

26 Dabei handelt es sich um je drei Kriege in Georgien (Südossetien 1990-92; Antiregime-Krieg 1991-93; Abchasien 1992-94) und in der Russischen Föderation (Inguschetien 1992-94, erster Tschetschenienkrieg 1994-96 und zweiter Tschetschenienkrieg seit 1999), Aserbaidschan 1990-94, Moldawien 1992, Tadschikistan 1992-98 sowie Usbekistan seit 1999.

als rein innerstaatliche Gewaltkonflikte ausgetragen.[27] Dies macht deutlich, daß die gewalterzeugenden Konfliktlinien zwischen traditionalen und modernen Vergesellschaftungsformen mittlerweile vor allem den Innenraum der postkolonialen und postkommunistischen Staaten durchziehen. Hier artikuliert sich der Grundkonflikt weltgesellschaftlicher Entwicklung seit Mitte des 20. Jahrhunderts am deutlichsten. Dabei unterscheiden sich die konfliktiven Mechanismen dieser Prozesse kaum von den aus der europäischen Geschichte bekannten Formen. Gleichwohl haben sich im Zuge der weltgesellschaftlichen Veränderungen seit dem Ende des Zweiten Weltkrieges die Formen und Konfliktfelder der sozialen Auseinandersetzungen und Kriege und mit ihnen die Wahrnehmung des Kriegsgeschehens verschoben. Hier werden gewöhnlich drei „Phasen" der Entwicklung kriegerischer Gewalt in den peripheren Gesellschaften unterschieden: die Dekolonisationskriege, die sozialrevolutionären Erhebungen bis Ende der 70er, Anfang der 80er Jahre sowie die Phase sogenannter „ethnischer" Konflikte.

Zunächst mußte der Rückzug der Kolonialmächte in vielen Fällen noch gewaltsam erkämpft werden, was dem Kriegsgeschehen in der Dritten Welt vor allem bis zur Mitte der 60er Jahre seinen Stempel aufdrückte. In insgesamt 16 Kriegen[28] hat der Dekolonisationsprozeß die entscheidende oder eine bedeutende

---

27 Zu den Zahlen vgl. Schreiber 2001 sowie AKUF-Kriegedatenbank, eigene Berechnungen. Diese Veränderung im weltweiten Kriegsgeschehen schlägt sich auch in den jüngeren Diskussionen der Internationale Beziehungen nieder. So haben z.B. Barry Buzan und Richard Little von einer zweigeteilten Weltordnung gesprochen Einerseits sei die internationale Politik durch die kooperativen Strukturen einer „Zone des Friedens" gekennzeichnet. In dieser Welt von hochentwickelten kapitalistisch verfaßten Demokratien hätten die Gesetze des Realismus an Bedeutung verloren. Andererseits existiere aber auch eine von Kriegen gekennzeichnete Welt der peripheren Staaten, in der die Gesetze gewaltförmiger Machtpolitik weiterhin vorherrschen (Buzan/Little 1999: 101). Während die Debatte um den „demokratischen Frieden" die Strukturen der friedlichen Zone reflektiert, finden die konfliktiven Prozesse der Dritten Welt ihren Widerhall in der Literatur über sogenannte „neue" oder „postmoderne" Formen des Krieges (vgl. Creveld 1991; Duffield 1998, 2001; Gray 1997; Kaldor 1999; Reno 1998). So verlockend das gängige Bild einer neuen – abermals dichotom gedachten – Weltordnung auch sein mag, es verschleiert, worauf es ankommt: Denn beide Welten sind untrennbar verbunden, zwei Seiten eines globalen Vergesellschaftungszusammenhangs, dem gleichermaßen pazifizierende wie gewaltförmige Momente innewohnen. Und so sind die Merkmale und das verstärkte Hervortreten innerstaatlicher Gewaltkonflikte in den peripheren Gesellschaften auch weder ein Spezifikum der postkommunistischen Ära, noch weisen diese Konflikte neue oder gar postmoderne Charakteristika auf. Es sind bekannte Begleiterscheinungen der Moderne, die nur als Ausdruck und Effekt des disparaten und ungleichzeitig verlaufenden Prozesses globaler Vergesellschaftung und des Wandels peripherer Staatlichkeit begriffen werden können. Auf den folgenden Seiten sollen die unterschiedlichen Phasen und Formen kriegerischer Gewalt in den postkolonialen und postkommunistischen Staaten aus dieser Perspektive erläutert werden.

28 Hierbei handelt es sich um die Krieg in Indonesien (1945-49), Indochina (1946-54), Madagaskar (1947-48); Malaya (1948-60), Kenia (1952-56), Marokko (1952-56), Algerien (1954-62),

Rolle gespielt. Hintergrund dieser Kriege bildeten drei ineinandergreifende Faktoren: die Veränderungen im internationalen System, der soziale und politische Wandel in den Kolonien und die Veränderungen innerhalb der Kolonialmächte selbst. International war das weltumspannende Protektionssystem des Kolonialismus bereits Anfang des Jahrhunderts zum zentralen Hindernis für die weitere Durchsetzung kapitalistischer Weltmarktstrukturen und die Neuordnung des internationalen Systems geworden. Die Vereinigten Staaten, die Großbritannien als kapitalistische Hegemonialmacht des 19. Jahrhunderts abgelöst hatten, wandten sich gegen den vornehmlich europäischen Kolonialismus, traten für das Prinzip nationaler Selbstbestimmung und ein System weltweiter Handelsfreiheit ein und wurden so zum wichtigsten Motor des Übergangs zu einer nachkolonialen Struktur des internationalen Systems. Zudem proklamierte seit 1917 die UdSSR die Erhebung der Völker gegen den Imperialismus. In den Kolonien reagierten die indigenen Eliten auf die Verwehrung ausreichender Partizipationschancen im Entwicklungsprozeß ihrer Länder nun vermehrt mit Forderungen nach Volkssouveränität und nationaler Selbstbestimmung. Der antikoloniale Kampf um die Eroberung der Staatsmacht wurde also auch von den autochthonen Kräften unter Berufung auf die normativen Leitbilder der „westfälischen Ordnung" und im Namen westlicher Werte geführt. Trotz dieser „großen Koalition" antikolonialer Kräfte gelang es den lokalen Unabhängigkeitsbewegungen bis zum Zweiten Weltkrieg nirgendwo, die Kolonialherrschaft ernsthaft in Frage zu stellen. Während und nach dem Krieg aber nutzten viele Befreiungsbewegungen die Schwäche der europäischen Kolonialmächte zum verstärkten Kampf für nationale Selbstbestimmung. Allerdings konnte kein einziger Dekolonisationskrieg durch den Sieg einer Befreiungsbewegung beendet werden. Voraussetzung für den Erfolg des Dekolonsationsprozesses, der sich nun mit atemberaubender Geschwindigkeit binnen zweier Jahrzehnte vollzog, waren vielmehr Entwicklungen innerhalb der Kolonialmächte selbst. Hier begann sich die öffentliche Meinung zu wandeln und für ein Ende der Kolonialherrschaft einzutreten. Viele Regierungen wandten sich nun ebenfalls – nicht zuletzt auch aus Furcht, die Verweigerung der Unabhängigkeit könne die Kolonien im beginnenden Kalten Krieg in die Arme der Kommunisten treiben – gegen den Kolonialismus und ermöglichten schließlich den Machttransfer an die indigenen Eliten.

Mit der Unabhängigkeit wurde die weitere Entwicklung von Staat und Gesellschaft nun zur inneren Angelegenheit der jungen Staaten. Das Ende der als natio-

---

Kamerun (1955-63), Zypern (1955-59), Jemen, (1963-67) Spanisch-Marokko (1957-58), Tunesien (1961), Angola (1961-1975), Guinea Bissau (1963-74), Mosambik (1964-74), Westsahara (1975-91). Vgl. hierzu Gantzel/Schwinghammer 1995, S. 121f. sowie Auszüge aus der AKUF-Kriegedatenbank unter <www.akuf.de>.

nale oder anti-imperialistische Befreiungskämpfe geführten Dekolonisationskriege
ließ den „nationalen" Konsens zwar rasch erodieren, aber überall waren national-
und sozialrevolutionäre Bewegungen entstanden, die die Gewaltkonflikte nach der
Unabhängigkeit bis über die 70er Jahren hinaus nachhaltig geprägt haben. Diese
Bewegungen hatten ihren Kampf gegen die alten kolonialen Eliten meist unter
dem Banner des kolonial unbelasteten Sozialismus als anti-imperialistischen
Kampf geführt, so daß der Ost-West-Konflikt, der Europa bereits fest im Griff
hatte, über den Dekolonisationsprozeß auch in der Dritten Welt anschlußfähig
wurde. Überall entstanden sozialistische und kommunistische Parteien, Gewerkschaften, Widerstandsgruppen und Guerillabewegungen, die nun gegen die neuen
Eliten und Regierungen kämpften, zum Teil aber auch selbst an die Macht ge-
langten. Sie waren die sozialen Kräfte, über die diese ideologisierte Konfliktstruktur Eingang in die innergesellschaftlichen Auseinandersetzungen der postkolonialen Staaten fand. Der Diskurs des Systemgegensatzes lieferte den Konfliktparteien Sprache und Begriffe, in denen der eigene Kampf und die inneren
Konflikte beschrieben werden konnten, und die ihnen eine übergeordnete, weltpolitische Bedeutung verliehen. Diese Selbstbeschreibung lieferte den Supermächten und ihren Verbündeten ihrerseits Anknüpfungspunkte, sich in die Konflikte in der Dritten Welt einzumischen. Und natürlich verstanden es alle Beteiligten, den ideologischen Diskurs für ihre Interessen zu nutzen: die Supermächte
zur Lagerbildung im globalisierten Kalten Krieg, die lokalen Konfliktparteien zur
Mobilisierung ausländischer Unterstützung. Mit der Kategorisierung der Konflikte in der Dritten Welt als „Stellvertreterkriege" und „Klassenkämpfe" be-
mächtigte sich die ideologische Perzeption zu guter Letzt auch der Wissenschaft.

Tatsächlich ging es nirgendwo in der Dritten Welt wirklich um die Alternative zwischen Kapitalismus und Sozialismus, sondern auch hier um Konflikte zwischen Tradition und Moderne. Die Gegner im revolutionären Kampf waren nicht
die Protagonisten einer bürgerlich-kapitalistischen Ordnung, sondern verkrustete
Oligarchien und Repräsentanten traditionaler Herrschaftsordnungen. Und was in
der Rhetorik jener Zeit als „revolutionäre" Forderungen erhoben wurde, wird
heute von den Demokratiebewegungen eingeklagt. Für die sozialrevolutionären
Bewegungen, aber auch für viele Regierungen war das sozialistische Gesell-
schafts- und Entwicklungsmodell, das zu dieser Zeit in der Sowjetunion noch erhebliche Modernisierungserfolge vorzuweisen hatte, zwar das Synonym für die
Überwindung kolonialer Abhängigkeit und die Hoffnung auf einen nicht-
kapitalistischen Entwicklungsweg. Faktisch aber bedeutete „Sozialismus" vor allem ein politisch-ideologisches Instrument für die nachholende Modernisierung
und innere Konsolidierung der neu entstandenen Staaten. Der Wiederaufschwung
der Weltwirtschaft und der anhaltende Wirtschaftsboom in den kapitalistischen

Metropolen hatte hierfür die internationalen Voraussetzungen geschaffen, die auch den postkolonialen Staaten bis in die 70er Jahre hinein erhebliche Wachstums- und Modernisierungsimpulse verliehen. In dieser Phase erlebte auch der meist autoritär geführte „Entwicklungsstaat" seine Blütezeit.

Hintergrund für die Kriege im Entwicklungsstaat war also eine internationale Wachstumskonstellation, die auch in den Staaten der Dritten Welt erhebliche Modernisierungsimpulse und einen entsprechend raschen sozialen Wandel hervorrief, der in vielen Fällen über die ideologische Codierung des Weltgeschehens durch den Ost-West-Konflikt politisiert wurde. Als „Beteiligungsbedingung an den Formen und Institutionen der Weltgesellschaft" (Diner 1985: 336) war der postkoloniale Staat nicht nur Ausgangspunkt für die weitere Entwicklung und Hauptagent des Modernisierungsprozesses, sondern auch zentraler Gegenstand gewaltsamer Konflikte. Der Kampf um die Macht und die Ressourcen staatlicher Herrschaft war dabei nur die eine Seite, der Widerstand gegen Modernisierung und die Durchsetzung staatlicher Herrschaftsansprüche die andere. Antiregime- und Autonomie-/Sezessionskriege sind daher die Hauptformen, in denen sich diese Konflikte artikulieren. Gut zwei Drittel des gesamten Kriegsgeschehens und knapp 90 Prozent der inneren Kriege zwischen 1945 und 2002 lassen sich diesen beiden Typen zuordnen, bei denen mit Waffengewalt für einen Wechsel der Regierung, des politischen Systems oder der Gesellschaftsordnung bzw. für größere Autonomie innerhalb des Staates oder die Abspaltung vom Staat gekämpft wurde.[29]

Die gewaltsame Eskalation sozialer Transformationsprozesse im Entwicklungsstaat geht vor allem auf den hybriden Charakter peripherer Staatlichkeit, die schwache Institutionalisierung und geringe Legitimität staatlicher Herrschaft, auf die Konkurrenz traditionaler oder intermediärer Machtansprüche sowie auf die begrenzten Möglichkeiten zur Integration entwurzelter Bevölkerungsteile in moderne Lebenszusammenhänge zurück. Fortschritte in Richtung rational-anstaltsstaatlicher und bürokratisch-versachlichter Herrschaft waren meist gering, partizipatorische und demokratische Elemente fehlten oft vollständig. Der wechselseitige Prozeß der Verstaatlichung der Gesellschaft „von oben" und der Vergesellschaftung des Staates „von unten", der im Europa des 19. Jahrhunderts den Umbau des absolutistischen Machtstaates zum Rechts- und Verwaltungsstaat und den Übergang vom Territorialstaat zum Nationalstaat ermöglichte und damit die entscheidenden Voraussetzungen für eine bürgerlich-demokratische Ordnung schuf, hat sich in den nachkolonialen Staaten nur ansatzweise vollzogen. Damit

---

29 Mischtypen aus innerstaatlichen und zwischenstaatlichen bzw. Dekolonisationskriegen bleiben hier unberücksichtigt. Zu den Zahlen vgl. Schreiber (2001: 15f.) sowie die AKUF-Kriegedatenbank, eigene Berechnungen.

fehlte die ordnungs- und gesellschaftspolitische Ergänzung des kapitalistischen Modernisierungsprozesses, die eine nachhaltige und gewaltarme Entwicklung erst ermöglicht.

Die landesweite Ausdehnung einer nationalen Rechts- und Verwaltungsaufsicht aber scheiterte hier nicht nur an konkurrierenden Herrschaftsansprüchen, lokalen Sonderrechten und persönlichen Privilegien, sondern in den meisten Fällen bereits am Willen der Inhaber der Staatsgewalt selbst. Präsidenten und Staatschefs verwandelten das koloniale Erbe des okzidentalen Staatsmodells in ein Instrument traditionaler Herrschaft. Sie bedienten sich und ihre Klientel vor jedem nationalen Interesse, so daß Legitimität und Stabilität des Staates letztlich von der Verfügbarkeit staatlicher Ressourcen und Verteilungsmasse abhängig wurden. Jeder Rückgang staatlicher Revenuen – sei es aufgrund rückläufiger Renten aus Rohstoffexport, ausbleibender internationaler Hilfe oder des Wegfalls anderer Einnahmen – wird so unmittelbar zur Quelle von Desintegration, die zur Feudalisierung staatlicher Herrschaft und Gewaltkontrolle führen (vgl. Jung 2000: 149-160) und schließlich in Staatszerfall und Krieg einmünden kann.

Begriffe wie Kleptokratie, Nepotismus oder Patronage kennzeichnen diese vordemokratische Form personalisierter Herrschaft nur sehr unzureichend und verschleiern zudem ihren systemischen Charakter. Denn im Kern handelt es sich hier um patrimoniale Herrschaft (vgl. Weber 1985: 580-624). Als sekundäre Form traditionaler patriarchalischer Herrschaft – und entwicklungsgeschichtlich aus ihr hervorgegangen – sind patrimoniale Herrschaftsformen Bestandteil aller Kulturen. Vor allem über die Ausbreitung universaler Religionen als symbolische Ordnungsform wurden die engen, interaktionsnahen und meist verwandtschaftlich oder regional definierten Grenzen patriarchaler Herrschaftseinheiten überwunden (vgl. Jung 2000: 149ff.). Varianten patrimonialer Herrschaft finden sich daher in lateinamerikanischen wie afrikanischen Gesellschaften, in der islamischen Welt wie in Asien, in den peripheren postkommunistischen Staaten wie in der europäischen Geschichte. Mit der Unabhängigkeit und dem Machttransfer an die indigenen Eliten wurden patrimoniale Elemente so auch zum Bestandteil staatlicher Herrschaft in der Dritten Welt. Der postkoloniale Staat ist mithin durch patrimoniale Herrschaftspraktiken im Gewande moderner Staatlichkeit charakterisiert.

Wie ihre absolutistischen europäischen Vorgänger agieren die Potentaten des 20. Jahrhunderts als personifizierte Staatsgewalt und politische Unternehmer mit meist schwacher Legitimität und hoher Repressionsneigung. Demokratie und Gewaltenteilung werden als Gefahr, jede Opposition als persönliche Bedrohung, Ämter als Erbmasse, Ehre und Prestige als politische Motive betrachtet. Anders als ihre europäischen Vorgänger aber herrschen und regieren sie nicht an der Schwelle zur Moderne, sondern mitten in ihr. Sie handeln unter den Bedingungen vorausgesetzter Staatlichkeit, eines entwickelten kapitalistischen Weltmarktes und verregelter internationaler Beziehungen. Es gehört daher zur Systemrationalität patrimonialer Herrschaft im 20. Jahrhundert, sich auch den Imperativen der Moderne anzupassen. Dies rechtfertigt nicht nur den Begriff „neopatrimoniale Herrschaft", sondern hat auch die Formen gewaltsamen Konfliktaustrags nachhaltig verändert.[30]

So haben die weltgesellschaftlichen Rahmenbedingungen die Kriege im Entwicklungsstaat nachhaltig geprägt: Der Dekolonisationsprozeß hat den Staat zum allgemeinen politischen Handlungsrahmen und dessen innere Konsolidierung zum Hauptproblem gesellschaftlicher Entwicklung gemacht. Die zyklenübergreifende Wachstumsphase der Weltwirtschaft hatte bis in die 70er Jahre zwar gute Voraussetzungen dafür geschaffen, kapitalistische Modernisierung auch in bürgerliche Entwicklung umzusetzen, was in den westlichen Demokratien auch tatsächlich geschehen ist. In den Staaten der Dritten Welt aber hat der beschleunigte soziale Wandel in den patrimonialen Verarbeitungsmustern seine Grenze gefunden. Die daraus erwachsenen sozialen Konflikte und Kriege um Macht und Ressourcen des Staates und die Form zukünftiger gesellschaftlicher Entwicklung wurden im Zeichen des globalisierten Systemgegensatzes ideologisch aufgeladen und dem Selbstverständnis vieler der beteiligten Akteure nach als sozialrevolutionäre Kriege geführt. Im Laufe der 70er Jahre verlor die sozialrevolutionär motivierte Gewalt zunehmend an Bedeutung. Dies ging weniger auf das Erreichen ihrer Ziele und eine nachhaltige Konsolidierung der Verhältnisse oder auf die Überwindung des zähen Sediments traditionaler Herrschaftsmuster zurück, die selbst dort fortlebten, wo es „revolutionären" Gruppen gelungen war, die Macht zu übernehmen. Das Ende dieser Phase kriegerischer Gewalt in der Dritten Welt wurde also nicht in erster Linie durch Reformierung der inneren Strukturprobleme hervorgerufen, sondern abermals durch Veränderungen des internationalen Umfeldes angestoßen.

Maßgeblich hierfür waren vor allem zwei Entwicklungen: Zum einen führte die strukturelle Wachstumsschwäche, die seit Anfang der 70er Jahre alle Industrienationen ergriff, zu einer globalen Rezession, die als Verschuldungskrise auf die Staaten der Dritten Welt übergriff, so daß die 80er Jahre für sie zum „verlorenen Jahrzehnt" wurden. Der Entwicklungsstaat geriet in die Krise, seine ambitionierten Ziele mußten der Realität sich drastisch verschlechternder Entwicklungsparameter geopfert werden. Der durch die Krise der Weltwirtschaft deutlich verstärkte internationale Verdrängungswettbewerb wirkte nun als verschärfter sozialer Anpassungsdruck auf die innergesellschaftlichen Verhältnisse zurück und be-

---

30 Zu Kriegen im neopatrimonialen Staat vgl. vor allem den Afrika-Beitrag von Klaus Schlichte in diesem Band.

schleunigte zugleich die Differenzierungsprozesse innerhalb und zwischen den Staaten der Dritten Welt. Zum anderen führten wachsende Probleme in der Sowjetunion und anderen sozialistischen Staaten dazu, daß das sozialistische Modell zentralistisch-administrativer Planung als Instrument zur Überwindung von Armut und Rückständigkeit erheblich an Attraktivität einbüßte, so daß der Traum von einer gesellschaftspolitischen Alternative zum kapitalistischen Entwicklungsweg zerbrach und die sozialistischen Parolen zunehmend durch bürgerliche Wertideale ersetzt wurden. Im Verlauf der 80er Jahre entstanden so in fast allen Staaten der Dritten Welt Demokratiebewegungen, die viele der sozialrevolutionären Forderungen der vorangegangenen Dekaden aufgreifen konnten und nun ihrerseits Menschenrechte, Demokratie, Wohlstand und Rechtsstaatlichkeit einforderten.

Die Ursache für diesen Demokratisierungsdruck ist jedoch nicht der Niedergang des sozialistischen Gesellschafts- und Entwicklungsmodells und geht auch nur bedingt auf kapitalistische Modernisierungserfolge zurück, die während der 80er und 90er Jahre ohnehin nur wenige Staaten der Dritten Welt zu verzeichnen hatten. Der entwicklungsgeschichtliche Hintergrund für diese gesellschaftspolitischen Veränderungen liegt vielmehr in einem Wandel des globalen kapitalistischen Transformationsprozesses, der sich bereits mit der Dekolonisation angekündigt hatte. Seit dieser Zeit macht sich der weltgesellschaftliche Integrationsprozeß nicht mehr nur als übermächtiger ökonomischer, militärischer und politischer Anpassungsdruck geltend, sondern wirkt zunehmend auch als Sog, den demokratische Freiheiten, Rechtsstaatlichkeit und bürgerlicher Wohlstand auf die sozialen Kräfte im Innern der peripheren Staaten ausüben.

So verläuft der Prozeß globaler Vergesellschaftung längst nicht mehr allein über die ökonomischen Mechanismen des Weltmarktes oder die Kanäle des politischen Machtgefüges des Weltstaatensystems, sondern immer stärker auch über die Internationalisierung der kulturellen Standards der bürgerlichen Gesellschaft. Werte, Normen, Ideen und die subtilen Mechanismen kultureller Erzeugnisse, die über das immer enger werdende globale Netz der Medien und Kommunikationssysteme zu einer Internationalisierung der Werthaltungen, Moden und Bedürfnisse führen, tragen in kaum zu überschätzendem Maße zur Auflösung traditionaler Werte und zur Orientierung auf die westliche Kultur bei.[31] Dieser Globalisierung universeller Leitbilder und kognitiver Muster kommt vor allem auch deshalb eine zentrale Bedeutung zu, weil sie die gesellschaftlichen und weltgesellschaftlichen

---

31 Auch dieser Sachverhalt hat unter den Stichworten „Menschenrechte", „Konstruktivismus", „Identität" sowie „Normen und Ideen" in die methodischen und inhaltlichen Diskussionen der Internationalen Beziehungen Einzug gehalten (vgl. z.B. Guzzini 2000; Jachtenfuchs 1995; Jeschke 1998; Jung 2002; Katzenstein 1996; Lapid/Kratochwil 1996; Risse et al. 1999 ; Wendt 1999).

Transformationsprozesse auch in Zeiten stagnierender ökonomischer Entwicklung weiter vorantreiben. Diese Entkoppelung der realwirtschaftlichen Entwicklung von den politischen und kulturellen Transformationsprozessen führt zu einer Verschiebung des Terrains sozialer Konflikte. Die politische und symbolische Ordnung der Gesellschaften gerät stärker in den Mittelpunkt der Auseinandersetzungen, und es sind diese Konfliktfelder, auf denen sich nun eine deutliche Politisierung vollzieht und über die soziale Mobilisierung stattfindet. Die Demokratiebewegungen der 80er Jahre sind dabei nur ein Ausdruck dieses Phänomens.

Zu den aufkommenden Demokratiebewegungen gesellten sich in wachsendem Maße fundamentalistische Strömungen. Seit Mitte der 1970er Jahre sind diese Kräfte nach und nach an die Stelle der sozialrevolutionären Bewegungen getreten. Anders als die Sozialrevolutionäre verfügen die fundamentalistischen Bewegungen zwar meist über keine entwicklungspolitische Alternative; gleichwohl sind sie besonders seit dem sich abzeichnenden Zusammenbruch des Staatssozialismus in vielen Ländern zum Sammelbecken des Widerstandes gegen eine offenbar unausweichlich westliche Modernisierung geworden. Während die sozialrevolutionären Bewegungen der 1950 bis 1970er Jahre vor allem um die politische Emanzipation marginalisierter Schichten und die Verbesserung ihrer ökonomischen Situation kämpften, thematisiert der fundamentalistische Widerstand heute vor allem die Zerstörung der geistig-emotionalen, kulturellen und religiösen Grundlagen traditionalen Lebens. Denn das Übergreifen moderner politischer und kultureller Normen auf alle Felder des gesellschaftlichen Lebens und die Säkularisierung zentraler Bereiche wie Ehe und Familie, Schule, Rechtssystem und Staat bedroht den umfassenden Bestimmungs- und Zuständigkeitsanspruch der traditionalen Ordnungs- und Symbolsysteme für diese Bereiche.

Was in diesem Kontext als religiöser Konflikt interpretiert wird, geht meist auf Auseinandersetzungen um die Grenzziehung zwischen weltlicher und geistlicher Definitionsmacht und die dahinter stehenden konkurrierenden Interessen sozialer Gruppen zurück, nicht aber auf eigentlich religiöse Differenzen. Das Religiöse ist hier nur die Form, in der sich die Beteiligen und viele Analytiker des Geschehens die gesellschaftlichen Umbrüche vergegenwärtigen. Ähnliches gilt für die ethnische Interpretation gegenwärtiger Konflikte. So sehr die vorgestellte Gemeinschaft den Beteiligten selbst als Ursprung und Motiv ihres Handelns erscheinen mag – „ethnisches Bewußtsein" (Schlichte 1998a: 266) zeigt nur das Bedürfnis, sich angesichts fortschreitender Modernisierung und krisenhafter Entwicklungen des gesellschaftlichen Lebens in die vermeintliche Geborgenheit fiktiver Abstammungsgemeinschaften oder anderer ursprungsmächtiger sozialer Einheiten zu flüchten, die Sicherheit und Orientierung versprechen. Ethnizität ist nicht die Ursache, sondern das Resultat gesellschaftlicher Umbrüche und Krisen.

Wie im Falle der „religiösen" Konflikte erfüllt die Selbst- oder Fremdbezeichnung als „ethnischer" Konflikt die Funktion einer jede soziale Bestimmtheit auslöschenden Letztbegründung, hinter der die über diese kognitiven Aspekte hinausgehenden Ursachen und sozialen Mechanismen verschwinden.

Für das Entstehen der Konflikte selbst sind derartige analytische Einsichten über ihre Ursachen jedoch ohne Belang. Solange die Beteiligten sich auf Religion oder Ethnizität berufen, werden diese auch zum Nährboden für gewaltsame Auseinandersetzungen. Denn die Forderung nach Verankerung staatlicher Herrschaft in unverbrüchlich gültigen kulturellen und religiösen Fundamenten führt fast unvermeidlich zum Konflikt mit den Grundlagen moderner Staatlichkeit oder mit demokratischen Forderungen nach Überwindung traditionaler Verhältnisse und damit insgesamt zur Politisierung religiöser, ethnischer oder kultureller Bezugssysteme. Der Rückgriff fundamentalistischer Gruppierungen auf antimoderne religiöse Rhetorik und Symbole ist dabei selbst ein integraler Bestandteil gesellschaftlicher Modernisierungsprozesse. Fundamentalismus oder Traditionalismus dürfen nicht nur als gesellschaftspolitische Atavismen verstanden werden. Sie sind vielmehr Ausdruck einer widersprüchlichen Symbiose, über die globale Vergesellschaftung auf lokaler Ebene mental verarbeitet wird. Denn die Imperative der Moderne müssen zunächst im Kontext geltender traditionaler Normen, Werte und Bezeichnungen gerechtfertigt werden.[32] Der Bruch mit der Tradition vollzieht sich von daher anfangs immer im Namen akzeptierter Wertvorstellungen und Sinnzusammenhänge, so daß das Neue zu allererst der Rückübersetzung in Sprache, Denken und Gefühle der Vergangenheit bedarf. Die Beschwörung der Tradition dient daher auch der Vergegenwärtigung des Kommenden in der Sprache der Vergangenheit. Diese „weltgeschichtlichen Totenbeschwörungen" (Marx 1973: 115), also die Rückbesinnung, das Wiederaufleben und die Heroisierung ethnischer, religiöser oder regionaler Traditionen, sind konstitutive Momente des Übergangs zur Moderne und haben diese von Anfang an begleitet (vgl. Anderson 1991; Hobsbawm/Ranger 1988). Sie dokumentieren die Umbrüche in der sinnvermittelnden symbolischen Ordnung. Und es sind die heterogenen Strukturen und hybriden Sozialformen der Übergangsgesellschaften, die das Reservoir für ihre Politisierung bereithalten.

Bis zum Ende des Dekolonisationsprozesses blieb die Orientierung auf westliche Kultur weitgehend auf eine dünne Schicht von Eliten beschränkt. Im Zuge der kapitalistischen Modernisierung der peripheren Staaten wurden dann die aufstrebenden Mittelschichten der städtischen Zentren zu sozialen Trägern für die

---

32 In kaum einem Begriff kommt diese Antinomie deutlicher zum Ausdruck als im Begriff „Gottesstaat".

sich ausbreitende Hinwendung zu westlichen Lebensstilen. Heute sind die universalisierten Leitbilder und Bedürfnisse zu einem globalen Massenphänomen geworden, das auch in den mittel- und chancenlosen Schichten peripherer Gesellschaften seinen Widerhall findet – allerdings nicht nur als Orientierung auf diese Werte, sondern auch in Abgrenzung zu ihnen. Demokratische und fundamentalistische Bewegungen sind von daher nur zwei Seiten einer Medaille.

Eine verstärkte Rückbesinnung auf Elemente traditionaler symbolischer Ordnung und die Chance zu ihrer Politisierung tritt vor allem dann zutage, wenn die Auflösung eingelebter Verhältnisse, blockierte Entwicklung und prekäre Zukunftserwartungen zusammenkommen und eine zügige Integration in moderne soziale und politische Strukturen unwahrscheinlich erscheinen lassen. Ethnos oder Religion werden dann – ähnlich wie Nation und Nationalismus und häufig genug in Verbindung mit ihnen – zu sinnstiftenden Orientierungen sozialer Akteure und zu Bedingungen ihrer Mobilisierung. Und so hat es in der Dritten Welt bis zur Krise des Entwicklungsstaates in den 70er Jahren auch kein prominentes Beispiel für ein militantes Auftreten fundamentalistischer Gruppierungen gegeben (vgl. Hobsbawm 1995: 255f). Das verstärkte Hervortreten vor allem religiöser Konfliktdimensionen, die im islamischen Fundamentalismus ihren prägnantesten Ausdruck gefunden hat, aber auch von extrem ethnisierten Konflikten wie auf dem Balkan oder in Ruanda, ist so vor allem in den letzten beiden Dekaden des 20. Jahrhunderts zu beobachten.

Die Politisierung traditionaler Wertordnungen und die Mobilisierung über ethnisch oder religiös vermittelte Gemeinschaftsgefühle allein aber reicht nicht hin, um die gesellschaftlichen Probleme auch zu lösen, um Forderungen nach Partizipation zu erfüllen und den anstehenden Transformationsprozeß zu bewältigen. Und so übernehmen viele der „etablierten" fundamentalistischen Gruppierungen, etwa im politischen Islam, Aufgaben in den Bereichen sozialer Fürsorge, des Gesundheits- und Erziehungswesen. Sie fungieren hier, wo traditionale Mechanismen familialer, dörflicher oder religiöser Vergemeinschaftung nicht mehr greifen und moderne staatliche oder privatwirtschaftliche Organisationsformen diese Aufgaben noch nicht erfüllen, als Mittler an der Schnittstelle zwischen Tradition und Moderne. Als fundamentalistische Gruppierungen mögen sie Modernisierer wider Willen sein, aber sie sind Produkt und Funktionsträger im Prozeß der Moderne. Die traditionsgebundenen symbolischen Ordnungen wie z.B. der Islam übernehmen hierbei die Funktion, die sozialen Veränderungen und die Anpassung an die Imperative globaler Vergesellschaftung und staatlicher Handlungslogik über traditionale Werte und Weltbilder zu vermitteln und zu legitimieren (vgl. Endres/Jung 1998). Damit bestreiten fundamentalistische Gruppierungen aber zugleich den umfassenden Zuständigkeitsanspruch staatlicher Autorität, so daß Konflikte vorprogrammiert sind. Wo dies nicht unmittelbar zum Kampf um die Macht im Staat führt, können Autonomie- und Sezessionsbestrebungen die Folge sein. Letztlich aber bleiben auch diese Gruppierungen selbst dort, wo es ihnen gelingt, die Macht zu ergreifen, den Zwängen globaler Handlungskontexte unterworfen. Um sich in der modernen Staatenwelt tatsächlich dauerhaft als gesellschaftliche Einheit konstituieren zu können, sind auch ethnisch, religiös oder regional definierte Gruppierungen gezwungen, sich staatlich zu organisieren und ihre ökonomische Reproduktion über die Sphäre des Weltmarktes zu sichern. Damit bleiben auch sie den politischen, ökonomischen und geistigen Herausforderungen und Mechanismen globaler Vergesellschaftung und ihren sozialen Folgen ausgesetzt.

Literatur

Anderson, Benedict 1991: Imagined Communities, rev. edn., London

Allcock, John B. 2000: Explaining Jugoslawia, London

Arbeitsgemeinschaft Kriegsursachenforschung 2001: Das Kriegsgeschehen 2000, hrsg. von Thomas Rabehl und Wolfgang Schreiber, Opladen

Berdal, Mats / Malone, David M. (eds) 2000: Greed and Grievance: Economic Agendas in Civil Wars, Boulder

Bloch, Ernst 1985: Erbschaft dieser Zeit, Frankfurt am Main

Bourdieu, Pierre 1982: Die feinen Unterschiede. Kritik der gesellschaftlichen Urteilskraft, Frankfurt am Main

Brown, M.E., Lynn-Jones, S.M., and Miller, S.E. (eds) 1996: Debating the Demorcatic Peace, Cambridge, Mass.

Buzan, Barry / Richard, Little 1999: Beyond Westphalia?: Capitalism after the ,Fall', in: Review of International Studies, 25 (special issue): 89-104

Calic, Marie-Janine 1995: Krieg und Frieden in Bosnien Herzegowina, Frankfurt/M.

Creveld, Martin van 1991: The Transformation of War, New York

Dietschy, Beat 1988: Gebrochene Gegenwart. Ernst Bloch, Ungleichzeitigkeit und das Geschichtsbild der Moderne, Frankfurt am Main

Diner, Dan 1985: Imperialismus, Universalismus, Hegemonie. Zum Verhältnis von Politik und Ökonomie in der Weltgesellschaft, in: Fetscher, Iring / Münkler, Herfried (Hg.): Politikwissenschaft, Begriffe – Analysen – Theorien. Ein Grundkurs, Hamburg : S.326-360

Diner, Dan 1999: Das Jahrhundert verstehen. Eine universalgeschichtliche Deutung, München

Duffield, Mark 1998: Post-Modern Conflict: Warlords, Post-Adjustment States and Private Protection, Civil Wars, 1 (1): S. 65-102

Duffield, Mark 2001: Global Governance and New Wars. The Merging of Development & Security, London

Elias Norbert 1988: Die Gesellschaft der Individuen, 3. Aufl., Frankfurt/Main

Elias, Norbert 1983: Über den Rückzug der Soziologen auf die Gegenwart, in: KZSS: Jg. 35, S. 29-40

Endres, Jürgen / Jung, Dietrich 1998: Was legitimiert den Griff zur Gewalt? Unterschiede im Konfliktverhalten islamistischer Organisationen in Ägypten, in: Politische Vierteljahresschrift 39: 1, S. 91-108.

Gantzel, Klaus Jürgen / Schwinghammer, Torsten 1995: Die Kriege nach dem Zweiten Weltkrieg 1945 bis 1992. Daten und Tendenzen. Münster-Hamburg

Gerstenberger, Heide 1990: Subjektlose Gewalt. Theorie der Entstehung bürgerlicher Staatsgewalt, Münster

Gray, Chris Hables 1997: Postmodern War. The New Politics of Conflict, London

Guzzini, Stefano 1998: Realism in International Relations and International Political Economy – the Continuing Story of a Death Foretold, London

Guzzini, Stefano 2000: A Reconstruction of Constructivism in International Relations, European Journal of International Relations, 6 (2): 147-182

Habermas, Jürgen 1990: nachholende Revolution und linker Revisionsbedarf., in: ders.: Die nachholende Revolution, Frankfurt/M., S. 179-204.

Hasenclever, Andreas 2002: The Democratic Peace meet's International Institutions. Überlegungen zu internationalen Organisationen des demokratischen Friedens, in: Zeitschrift für Internationale Beziehungen, 9. Jg. Heft 1, S. 75-112

Hirsch, Joachim / Roth, Roland 1986: Das neue Gesicht des Kapitalismus. Vom Fordismus zum Postfordismus, Hamburg

Hobsbawm, Eric / Ranger, Terence (eds) 1988: The Invention of Tradition, Cambridge

Hobsbawm, Eric 1995: Das Zeitalter der Extreme. Weltgeschichte des 20. Jahrhunderts, München-Wien

Höpken, Wolfgang 2000: Das Dickicht der Kriege: Ethnischer Konflikt und militärische Gewalt im früheren Jugoslawien 1991-1995, in: Bernhard Wegner (Hg.): Wie Kriege entstehen? Zum historischen Hintergrund von Staatenkonflikten. Paderborn, S. 319-365

Hoffer, Frank 1992: Perestroika. Die unfreiwillige Zerstörung des sowjetischen Vergesellschaftungszusammenhangs oder warum das letzte Gefecht verloren ging, Marburg

Holsti, K. J. 1996: The State, War, and the State of War, Cambridge: Cambridge University Press

Jachtenfuchs, Markus 1995: Ideen und internationale Beziehungen, in: Zeitschrift für Internationale Beziehungen, 2 (2), 417-442

Jackson, Robert H. 1990: Quasi-States: Sovereignty, International Relations, and the Third World, Cambridge

Jean, Francois / Rufin, Jean-Christophe (eds) 1996: Économie des guerres civiles, Paris

Jetschke, Anja/Liese, Andrea 1998: Kultur im Aufwind. Zur Rolle von Bedeutungen, Werten und Handlungsrepertoires in den internationalen Beziehungen, in: Zeitschrift für Internationale Beziehungen, 5 (1), S. 149-179

Jung, Dietrich 1995: Tradition – Moderne – Krieg. Grundlegung einer Methode zur Erforschung kriegsursächlicher Prozesse im Kontext globaler Vergesellschaftung, Münster/Hamburg

Jung, Dietrich 1998: Weltgesellschaft als theoretisches Konzept der internationalen Beziehungen, in Zeitschrift für Internationale Beziehungen 5 (2), S. 241-2171

Jung, Dietrich 2000: Gewaltkonflikte und Moderne. Historisch-soziologische Methode und die Problemstellungen der Internationalen Beziehungen, in Siegelberg/Schlichte (Hg.), S. 140-166

Jung, Dietrich 2001: The Political Sociology of World Society, in: European Journal of International Relations, 7 (4), 443-474

Jung, Dietrich 2002: Le retour de la culture: l'analyse des politiques étrangères "périphériques"?, in: Charillon, Frédéric (ed.) Politique Étrangère: Nouveaux regards, Paris, pp. 91-111

Jung, Dietrich (ed.) 2003: Shadow Globalization, Ethnic Conflicts, and New Wars. A political economy of intra-state wars, New York and London

Kaldor, Mary 1992: Der imaginäre Krieg. Eine Geschichte des Ost-West-Konflikts, Hamburg-Berlin

Kaldor, Mary 1999: New and Old Wars. Organized Violence in a Global Era, Cambridge

Katzenstein, Peter J. (ed.) 1996: The Culture of National Security: Norms and Identity in World Politics, New York

Koselleck, Reinhart 1973: Kritik und Krise. Eine Studie zur Pathogenese der bürgerlichen Welt, Frankfurt am Main

Koselleck, Reinhart 1975: Fortschritt, in: Brunner, Otto / Conze, Werner / Koselleck, Reinhart (Hg.): Geschichtliche Grundbegriffe. Historisches Lexikon zur politisch-sozialen Sprache in Deutschland, 6 Bde., Bd.2, S. 351-424, Stuttgart:

Krippendorff, Ekkehart 2000: Kritik der Außenpolitik, Frankfurt/M.

Krippendorff, Ekkehart 2000a: Die Erfindung der Außenpolitik, in: Siegelberg/Schlichte (Hg.), S. 61-73.

Kunisch, Johannes 1979: Staatsverfassung und Mächtepolitik. Zur Genese von Staatenkonflikten im Zeitalter des Absolutismus, Berlin

Lapid, Yosef / Kratochwil, Fritz (eds) 1996: The Return of Culture and Identity in IR Theory, Boulder, Col.

Lenin, Wladimir Iljitsch 1976: Der Imperialismus als höchstes Stadium des Kapitalismus, in: Werke Bd. 22, Berlin

Maoz, Zeev 1997: The Controversy over the Democratic Peace: Rearguard Action or Cracks in the Wall?, in: International Security, 22 (1), S. 162-198

Marx, Karl 1973: Der 18te Brumaire des Louis Bonaparte, in: Marx-Engels-Werke, Bd. 8, S. 111-207, Berlin

Mendler, Martin / Schwegler-Rohmeis, Wolfgang 1989: Weder Drachentöter noch Sicherheitsingenieur. Bilanz und kritische Analyse der sozialwissenschaftlichen Kriegsursachenforschung, HSFK-Forschungsberichte 3/1989, Frankfurt am Main

Münkler, Herfried 1992: Gewalt und Ordnung. Das Bild des Krieges im politischen Denken, Frankfurt/M.

Neuman, Stephanie G. (ed.) 1998: International Relations Theory and the Third World, New York

Reinhard, Wolfgang (Hg.) 1999: Verstaatlichung der Welt? Europäische Staatsmodelle und außereuropäische Machtprozesse, München

Reno, William 1998: Warlord Politics and African States, Boulder, Col.

Risse, Thomas / Ropp, Stephen C./ Sikkink, Kathryne (eds) 1999: The Power of Human Rights. International Norms and Domestic Change, Cambridge

Risse-Kappen, Thomas 1995: Democratic Peace – Warlike Democracies? A Social Contstructivist Interpretation of the Liberal Argument, in: European Journal of International Relations 1 (4), 491-517

Russet, Bruce 1993: Grasping the Democratic Peace: Principles for a Post-Cold-War World, Princeton

Schlichte Klaus / Wilke Boris 2000: Der Staat und einige seiner Zeitgenossen, in: Zeitschrift für Internationale Beziehungen, 7. Jg. Heft 2/2000, S. 359-384

Schlichte, Klaus 1998: La Francafrique – Postkolonialer Habitus und Klientelismus in der französischen Afrikapolitik, in: Zeitschrift für Internationale Beziehungen 5 (2), S. 309-343

Schlichte, Klaus 1998a: Struktur und Prozeß: Zur Erklärung bewaffneter Konflikte im nachkolonialen Afrika südlich der Sahara, in: Politische Vierteljahresschrift 39: 2, S. 261-281

Schlichte, Klaus 2000: Staatenbildung und Staatszerfall in der „Dritten Welt", in: Siegelberg/Schlichte (Hg.), S. 260-281

Schlichte, Klaus 2000a: The President's Dilemma. Problems of State Building in Uganda, Arbeitspapiere der Forschungsstelle Kriege, Rüstung und Entwicklung, 1/2000

Schreiber, Wolfgang 2001: Die Kriege in der zweiten Hälfte des 20 Jahrhunderts und danach, in: Arbeitsgemeinschaft Kriegsursachenforschung 2001, S. 11-46

Senghaas, Dieter 1995: Frieden als Zivilisierungsprojekt, in: ders. (Hg.): Den Frieden denken, S. 196-223, Frankfurt/M.

Siegelberg, Jens 1994: Kapitalismus und Krieg. Eine Theorie des Krieges in der Weltgesellschaft, Münster – Hamburg

Siegelberg, Jens 2000: Staat und internationales System – ein strukturgeschichtlicher Überblick, in: Siegelberg/Schlichte (Hg.) S. 11-56

Siegelberg, Jens / Schlichte Klaus (Hg.) 2000: Strukturwandel internationaler Beziehungen. Zum Verhältnis von Staat und internationalem System seit dem Westfälischen Frieden, Wiesbaden

Sundhaussen, Holm 1997: Die Ursprünge der osteuropäischen Produktionsweise in der Frühen Neuzeit, in: Nada, B. Leimgruber (Hg.), Die Frühe Neuzeit in der Geschichtswissenschaft. Forschungstendenzen und Forschungsergebnisse, Paderborn, S. 145-162.

Teusch, Ulrich/Kahl, Martin 2001: Ein Theorem mit Verfallsdatum? Der „Demokratische Frieden" im Kontext der Globalisierung, in: Zeitschrift für Internationale Beziehungen, 8 (2), S. 287-320

Tilly, Charles 1975: The Formation of Nation States in Western Europe, Princeton

von Trotha, Trutz 1994: Koloniale Herrschaft: Zur soziologischen Theorie der Staatsentstehung am Beispiel des „Schutzgebietes Togo", Tübingen

Weber, Max 1985: Wirtschaft und Gesellschaft. Grundriß der verstehenden Soziologie., Studienausgabe, hrsg. von Johannes Wickelmann, 5. Auflage, Tübingen

Williams, Michael 2001: "The Discipline of the Democratic Peace: Kant, Liberalism and the Social Construction of Security Communities," European Journal of International Relations, 7 (4): 525-553

Woodward, Susan 1995: Balkan Tragedy. Chaos and Dissolution after the Cold War, Washington D.C.

Wendt, Alexander 1999: Social Theory of International Politics, Cambridge

Kriege in Lateinamerika

1. Einleitung

Es scheint, als würde die letzte Dekade des 20. Jahrhunderts als Wendepunkt in die Geschichte Lateinamerikas[1] eingehen: Wirtschaftlich ging es nach dem „verlorenen Jahrzehnt" in den 90er Jahren wieder aufwärts. Auf der politischen Ebene haben die autoritären Regime demokratisch gewählten Regierungen Platz gemacht, und viele der Kriege, die das Bild Lateinamerikas noch in den 80er Jahren nachhaltig geprägt haben, sind durch Friedensprozesse beendet worden. Die mit der Contadora-Initiative Mitte der 80er Jahre begonnenen intensiven Versuche, die Region zu befrieden, scheinen Früchte zu tragen. Selbst der Bürgerkrieg in Guatemala, der längste und mit mehr als 200.000 Toten opferreichste Gewaltkonflikt Zentralamerikas seit 1945, konnte im Dezember 1996 beendet werden. Lediglich in Kolumbien wurde der seit bald 40 Jahren andauernde Kriegszustand mit in das neue Jahrhundert genommen (vgl. AKUF 2002: 253ff.).

Aber das Bild von wirtschaftlichem Wachstum, Demokratisierungsprozessen und erfolgreichen Friedensbemühungen ist keineswegs ungetrübt. So gehen die zur Krisenbewältigung unter neoliberalen Vorzeichen in den 80er Jahren eingeleiteten strukturellen Anpassungsprogramme und der wirtschaftspolitische Para-

---

1 Der Begriff Lateinamerika bezeichnet kein einheitliches System. So kommt auch kein Artikel über Lateinamerika umhin, neben der vor allem auf die gemeinsame Kolonialgeschichte und die Einbeziehung der Länder der Region in den kapitalistischen Weltmarkt zurückgehenden Aspekte seiner Einheit auch auf die Vielfalt des iberoamerikanischen Geschichts- und Kulturraums hinzuweisen. Daraus ergibt sich ein grundsätzliches Problem: „Einerseits existieren in der Region ähnliche historische Traditionen, Formen der politischen Organisation und politisch-kulturelle Verhaltensmuster, ähnliche Stile auch des innergesellschaftlichen Umgangs der Individuen und Gruppen miteinander, und zwar auf allen Ebenen der soziopolitischen Makro- und Mikrogebilde. Andererseits besteht bei Verallgemeinerungen immer die Gefahr, daß länderspezifische Unterschiede nicht ausreichend in Rechnung gestellt werden" (Birle/Mols 1994: 13). Für unseren Zweck eines Vergleichs von Kriegsentwicklungen in den verschiedenen Weltregionen stehen aber nicht so sehr die Individualität einzelner Staaten, Entwicklungen oder Kriege im Mittelpunkt, sondern vielmehr die Gemeinsamkeiten innerhalb der Regionen und die Unterschiede zwischen ihnen. In bezug auf Lateinamerika kann dabei auf einen vergleichsweise breiten Fundus an Gemeinsamkeiten zurückgegriffen werden. Im strukturgeschichtlichen Teil dieses Beitrags werden diese Gemeinsamkeiten auf die für Gewaltkonflikte konstitutiven Momente der sozialökonomischen Modernisierung, der Entwicklung des Staates und der politischen Kultur Lateinamerikas zugespitzt, deren Ausprägung ebenfalls von Land zu Land und häufig genug innerhalb der einzelnen Länder deutlich variieren. Ein gewisses Maß an Generalisierung muß dabei als Preis komprimierter Darstellungen in Kauf genommen werden.

digmenwechsel von der importsubstituierenden Industrialisierung zur selektiven Weltmarktintegration mit gravieren sozialen Kosten und, wie die mexikanische Peso-Krise 1994/95 oder die Argentinienkrise 2001/02 zeigen, mit erheblichen ökonomischen Risiken einher. Es ist ebenfalls nicht ausgeschlossen, daß die sozialen Auswirkungen, die das neoliberale Reformprojekt der Öffnung und Dynamisierung der Volkswirtschaften begleiten, auch den gegenwärtigen Konsolidierungsprozeß der seit Beginn der 80er Jahre eingeleiteten Demokratisierungswelle in Mitleidenschaft ziehen. Denn die gerade errichteten Säulen der Demokratie stehen gesellschaftlich auf schwankendem Boden und sind kaum verankert in der politischen Kultur Lateinamerikas.

Weder ist die wirtschaftliche und die demokratische Entwicklung vor Rückschlägen gefeit, noch können die Friedensprozesse als konsolidiert angesehen werden. Dies zeigt nicht nur die Tatsache, daß mit dem Grenzkonflikt zwischen Ecuador und Peru und dem Zapatistenaufstand im bis dahin kriegsfreien Mexiko auch in den 90er Jahren neue Kriege begonnen wurden. Auch die Verhandlungserfolge in den Friedensprozessen basieren nicht auf grundlegenden Problemlösungen, und nach wie vor ist die Alltagserfahrung vieler Menschen stärker von Gewalt als vom Frieden geprägt. So sehr also die Friedens- und Demokratisierungsprozesse als Fortschritt angesehen werden müssen, so wenig besteht Veranlassung zu voreiliger Euphorie. Denn ob die großen sozialen Herausforderungen in Lateinamerika, nämlich die Sicherung von Stabilität und Ordnung auf demokratischem Wege und ohne Gewalt sowie der Kampf gegen Armut und soziale Ungerechtigkeit, bewältigt werden können, ist gerade unter dem Vorzeichen neoliberaler Politik äußerst fragwürdig.

Die zur Verfestigung der während der 80er Jahre zurück gewonnenen politischen Bürgerrechte notwendige Überwindung krasser Armut und sozialer Gegensätze ist bislang nicht vorangekommen. Die Armut hat in den 80er und 90er Jahren weiter zugenommen, und die Schere der Einkommen, Vermögen und Lebenschancen hat sich weiter geöffnet. Daß es den zahlenmäßig starken und ökonomisch schwachen Schichten bislang nicht gelungen ist, ihre Interessen deutlicher zur Geltung zu bringen, zeigt, daß die machtpolitisch blockierten sozialökonomischen Strukturen auch gegen formaldemokratische Verfahren äußerst resistent sind.

Als resistent erweisen sich aber nicht nur die sozialökonomischen Herrschaftsverhältnisse, sondern auch die tradierten Gewaltverhältnisse in Lateinamerika. So können Friedensprozesse zwar die Kriege beenden, das große Potential an Gewalt unterhalb der Kriegsschwelle und die Tendenz zunehmender Diffusion und Privatisierung von Gewalt aber bleiben von ihnen weitgehend unberührt. Diese von uns als allgemeine Begleiterscheinung der Kriege und des konfliktiven ka-

pitalistischen Transformationsprozesses diagnostizierte Tendenz findet in Lateinamerika ihren Ausdruck vor allem in Gestalt von oft parastaatlichen Todesschwadronen, Drogenmafia oder anderen Formen von organisierter Kriminalität und
Bandenwesen. Sie zeigt sich in einer insgesamt niedrigen Schwelle gewaltsamen
Protestes, aber auch in schlichter Überlebenskriminalität und hat ihr Pendant in
verbreiteten Willkürakten von Mitgliedern des staatlichen Gewaltapparates.

Ob diese Formen der Gewalt, die im Zuge der gegenwärtig rückläufigen
Kriegszahlen deutlicher hervortreten, auf eine qualitative Veränderung der Gewaltverhältnisse in Lateinamerika hindeuten, läßt sich hier nicht abschließend be-
antworten. An empirischen Hinweisen und theoretischer Plausibilität für einen
Formwandel der Gewalt von ihrer kriegerischen Artikulationsform hin zu einer
„privaten 'Militarisierung' der gesellschaftlichen Verteilungskonflikte" (Lock
1996:21) fehlt es zwar nicht, der Nachweis einer solchen Entwicklung aber liegt
weit jenseits der hier zu Verfügung stehenden Möglichkeiten[2].

In dem folgenden kurzen Überblick über die Kriege seit 1945 spielen diese
Formen der Gewalt unterhalb der Kriegsschwelle statistisch also keine Rolle. Als
Voraussetzung und Resultat der Kriege aber gehören sie substantiell zum Unter-
suchungsgegenstand, denn sie stellen nur eine andere Ausdrucksform physischer
Gewalt im Kontext sozialer Konflikte dar. Insofern schließt die Darstellung zum
strukturgeschichtlichen Hintergrund der Gewaltverhältnisse in Lateinamerika, mit
dem sich das dann folgende Kapitel beschäftigt, auch die Erklärung dieser Gewaltformen ein. Daß Kriege in Lateinamerika nicht über die Menschen hereinbre-
chen wie Naturkatastrophen, sondern eingebettet sind in ein historisches Kontinuum sozialer Gewaltverhältnisse, aber auch von internationalen Einflüssen maßgeblich geprägt werden, zeigt die Analyse die Kriegsgeschehens seit 1945, mit der
dieser Beitrag schließt.

---

2   Die Gewaltformen unterhalb der Kriegsschwelle sind empirisch noch schwerer zu erfassen und
    zu klassifizieren als die von uns untersuchten Kriege. Die AKUF hat in den letzten Jahren ver-
    sucht, die Tendenz zunehmender Diffusion und Privatisierung von Gewalt durch die Erfassung
    "bewaffneter Konflikte" zu berücksichtigen. Dabei handelt es sich um gewaltsame Auseinander-
    setzungen, bei denen die Kriterien der Kriegsdefinition nicht in vollem Umfang gegeben sind.
    Das Beobachtungsfeld ist damit zwar breiter, die Validität der Daten aber auch geringer worden.
    Das Bedürfnis, das Phänomen der Gewalt als Form sozialen Konfliktaustrags möglichst umfas-
    send zu dokumentieren, stößt hier auf Grenzen. Gerade für vergleichende Untersuchungen aber
    ist eine möglichst homogene Datenbasis unerläßlich. Soweit wir uns hier und in den anderen
    Regionalbeiträgen auf Gewaltformen unterhalb der Kriegsschwelle beziehen, geschieht dies also
    exemplarisch und nicht auf der Basis einheitlicher Datenerhebung. Die theoretische Erklärung
    und Hypothesenbildung bezüglich der unseres Erachtens zunehmenden Tendenz zur Privatisie-
    rung der Gewalt und Militarisierung der gesellschaftlichen Verteilungskonflikte wird dadurch
    nicht beeinträchtigt, wohl aber der empirische Nachweis ihrer generellen Gültigkeit.

2. Das Kriegsgeschehen im Überblick

Verglichen mit anderen Weltregionen liegt die Kriegsbelastung Lateinamerikas zwischen 1945 und 2001 mit einem Anteil von 14 Prozent deutlich unter der Afrikas (26 Prozent), Asiens (28 Prozent) und des Mittleren Ostens (25 Prozent), aber doppelt so hoch wie in Europa. Insgesamt wurden in 18 lateinamerikanischen Staaten 30 Kriege geführt, von denen 24, also 80 Prozent, rein innerstaatliche Kriege waren. Mit zwei Ausnahmen, bei denen Autonomiebestrebungen eine wichtige Rolle spielten, handelt es sich dabei um Antiregime-Kriege, bei denen es um den Sturz der Regierung und die Macht im Staat geht. Sezessions- und Autonomiekriege, deren Anteil in den anderen Weltregionen zwischen 20 und 40 Prozent liegt, spielen damit in Lateinamerika nahezu keine Rolle. Sechs Kriege, also 20 Prozent, waren zwischenstaatliche Kriege, von denen lediglich drei zwischen Nachbarstaaten, die anderen drei zwischen Staaten der Region und den USA bzw. Großbritannien geführt wurden. Wie in anderen Weltregionen sind auch hier die zwischenstaatliche Kriege von kurzer Dauer. Vier dieser Kriege waren binnen einer Woche beendet, lediglich der Grenzkrieg zwischen Ecuador und Peru 1995 und der Falkland/Malvinas-Krieg zwischen Argentinien und Großbritannien 1982 dauerten rund zwei Monate. Innerhalb eines solchen Zeitraums konnten lediglich fünf der 24 innerstaatlichen Kriege beendet werden. Im Durchschnitt dauerten die inneren Kriege in Lateinamerika fast neun Jahre. Die seit Mitte der 60er Jahre andauernden Kriege der FARC und des ELN in Kolumbien sind dabei die mit Abstand längsten Kriege, gefolgt vom Krieg des Sendero Luminoso in Peru mit 18 Jahren, dem zweiten Bürgerkrieg in Guatemala und dem Krieg der M-19 in Kolumbien mit je 17 Jahren. Überdurchschnittlich lange dauerten auch die Kriege in Argentinien, Nicaragua und El Salvador.

Kolumbien und Peru sowie die Staaten Zentralamerikas bilden auch die geographischen Zentren des Kriegsgeschehens seit 1945. Allein auf die zentralamerikanischen Staaten Guatemala, El Salvador, Honduras, Nicaragua und Costa Rica entfallen neun Kriege, vier auf die Karibik-Staaten Kuba, Dominikanische Republik und Grenada. Peru und Kolumbien sind mit fünf bzw. vier Kriegen, gefolgt von Guatemala mit drei sowie Costa Rica, Argentinien, Kuba, El Salvador und Nicaragua mit je zwei Kriegen die Spitzenreiter. Kolumbien, Peru, Guatemala, El Salvador und Nicaragua haben auch die größten Opfer an Menschenleben zu beklagen. Trägt man auf einer Zeitachse die seit 1945 geführten Kriege ab, so wurden in der zweiten Hälfte der 40er sowie in den 50er Jahren jeweils vier, in den 60er und 70er Jahren neun bzw. vier, in den 80ern dreizehn und zwischen 1990 und 2002 zehn Kriege geführt. Mit neun bzw. zehn Kriegen wurden in den 60er und 80er Jahren die meisten Kriege begonnen, die wenigsten mit je zwei in den

70er und 90er Jahren. Kriegsfrei waren nur die Jahre 1945 und 1960, während 1989 mit zehn Kriegen den Spitzenwert bildet. Seither ist die Zahl der Kriege in Lateinamerika deutlich zurückgegangen. Seit 1997 wird nur noch in Kolumbien Krieg geführt. Unterhalb der Kriegsschwelle ist allerdings in vielen lateinamerikanischen Staaten auch weiterhin ein erschreckend hohes Gewaltniveau zu beobachten.

Zentraler externer Akteur in den lateinamerikanischen Konflikten waren und sind die Vereinigten Staaten von Amerika, die bereits mit der Monroe-Doktrin 1823 ihren Hegemonialanspruch gegenüber Lateinamerika deutlich gemacht hatten. Seit dem 19. Jahrhundert haben Militärinterventionen der USA vor allem in Zentralamerika und der Karibik Tradition, die auch nach dem Ende des Zweiten Weltkrieges nicht gänzlich aufgegeben wurden. Direkte Kriegsbeteiligungen der USA gab es nach 1945 allerdings nur vier, nämlich in Guatemala 1954, der Dominikanischen Republik 1965, in Grenada 1983 und Panama 1989. Jenseits eigener Kampfbeteiligung aber gehören massive politische Einflußnahme und direkte militärische Unterstützung – wie etwa im Contra-Krieg gegen die sandinistische Regierung in Nicaragua oder der kolumbianischen Regierung im Kampf gegen die FARC- und ELN-Rebellen – bis heute zum politischen Repertoire der Weltmacht gegenüber Lateinamerika.

So wie der US-Interventionismus nur aus seiner langen Tradition heraus zu verstehen ist, so lassen sich auch die Ursachen des Kriegsgeschehens in Lateinamerika nur vor dem Hintergrund der historischen Entwicklung des Subkontinents verstehen. Im folgenden sollen die strukturgeschichtlichen Ursachen lateinamerikanischer Gewaltkonflikte dargestellt werden. Dabei werden die ökonomischen Veränderungen und ihre sozialen Folgen, die Rolle und Entwicklung des Staates sowie die politische Kultur im Mittelpunkt stehen.

3. Strukturgeschichtlicher Hintergrund lateinamerikanischer Gewaltkonflikte

3.1 Koloniale Wurzeln kriegerischer Gewalt

Nachdem Kolumbus 1492 den amerikanischen Kontinent für die Europäer entdeckt hatte, erfolgte die Eroberung und Inbesitznahme Zentral- und Südamerikas durch die Spanier in sehr kurzer Zeit. Bereits Mitte des 16. Jahrhunderts hatte Spanien in Lateinamerika das größte zusammenhängende Kolonialreich der Geschichte geschaffen. Die Portugiesen, denen schon 1494 durch den spanisch-portugiesischen Staatsvertrag von Tordesillas, der die Interessenssphären der iberischen Mächte im Atlantik abgesteckt hatte, das heutige Brasilien zugesprochen wurde, begannen erst später und zögerlicher mit der Kolonisierung des Landes. Die Eroberung Lateinamerikas war der Beginn einer neuen Epoche und das erste Kapitel einer zusammenhängenden Weltgeschichte, die nicht von einer Handvoll Conquistadoren zuwege gebracht wurde, sondern sich dem aufkommenden europäischen Handelskapital verdankte. Zu dessen frühmodernen Charakter gehörte es, daß private Handelsinteressen Hand in Hand gingen mit staatlicher Expansion, militärischer Eroberung und christlicher Missionierung. In Spanien hatte sich die enge Verbindung von Schwert und Kreuz, Krone und Zepter bereits im Zuge der christlichen Rückeroberung der iberischen Halbinsel, der Reconquista, herausgebildet und im Kampf gegen die Mauren bewährt.[3] Die gewaltsame Wiederherstellung christlicher Herrschaft auf der iberischen Halbinsel ging über in die Expansion Spaniens und Portugals zu führenden See- und Kolonialmächten und des europäischen Christentums zur universellen Weltkirche.

Die päpstlich abgesegnete Einheit von „Conquista und Mission" (Gründer 1992), von militärischer und geistlicher Eroberung mit der Inwertsetzung des Landes durch die Ausbeutung der Indios über Tribute und Arbeitsleistungen, zeigte sich in Lateinamerika in dem lehnsähnlichen Herrschaftsverhältnis der Encomienda, die zur zentralen Institution der Conquista wurde. Die als Patrimonialeigentum der Krone betrachteten überseeischen Ländereien wurden über das System der Encomienda verdienten Conquistadoren oder Beamten übertragen, die ihrerseits das Recht zur Lehnsherrschaft über die indianischen Gemeinschaften und die Pflicht zu deren Schutz und Missionierung erhielten (vgl. Sievernich 1992: 18). Durch die allmähliche Verselbständigung der Encomenderos gegenüber der Krone und den im Laufe des 17. Jahrhunderts beginnenden Verkauf von Kronland wurde das lehnsrechtliche Encomienda-System nach und nach durch das auf Privateigentum gegründete Hacienda-System abgelöst.

Aber erst als die patrimoniale Struktur der iberischen Herrschaft über Lateinamerika durch die Unabhängigkeit endgültig zerrissen wurde, war auch die Hacienda unwiderruflich zur wichtigsten und bis in die jüngste Vergangenheit vor

---

3   Die Eroberung des letzten maurischen Königreichs Granada 1492 beendete den langen Kampf
     um die Zurückdrängung der arabischen Herrschaft von der iberischen Halbinsel. Damit war der
     Grundstein für den spanischen Gesamtstaat und die absolutistische Macht der spanischen Krone
     gegenüber Adel und Kirche gelegt. So spielte der aufkommende absolutistische Staat auch bei
     der Kolonisierung Lateinamerikas von vornherein die dominierende Rolle. Die Spannungen und
     Konflikte zwischen den in Europa allmählich untergehenden feudalen Verhältnissen und dem
     Aufkommen der absolutistischen Monarchie sollten sich innerhalb Lateinamerikas als wachsen-
     der Gegensatz zwischen der Krone und den Conquistadoren und ihren Nachkommen entwickeln.
     Dort aber siegte nicht der Absolutismus über die feudalen Kräfte, sondern die feudal zersplitter-
     ten kolonialen Eliten über den spanischen Absolutismus.

allem in Zentralamerika und den Andenstaaten stabilen agrarwirtschaftlichen und agrarsozialen Struktur Lateinamerikas geworden. In ihrem Innern jedoch lebte die patrimoniale Hausgewalt über die erweiterte Familie fort.

> „Die Unabhängigkeit löste nicht die lehnsrechtliche Bindung der abhängigen indianischen Bevölkerung, wohl aber die (bis dahin durch die Krone garantierte, J.S.) Unantastbarkeit der kommunalen indianischen Ländereien auf und ermöglichte den Haciendados die Privatisierung ihres Besitzes" (Sandner 1973: 94).

Die spätere Enteignung des indianischen Gemeindelandes und des kirchlichen Grundbesitzes sicherten der Oligarchie schließlich endgültig das private Monopol an Grund und Boden.

In der dominierenden sozial-ökonomischen Grundeinheit der Hacienda spiegelt sich eine lateinamerikanische Kernproblematik: In ihrer (welt)marktgerichteten Außenbeziehung ist die Hacienda gewinnorientiert und seit der Unabhängigkeit zunehmend kapitalistischen Maßstäben verpflichtet; in ihrer sozialen Binnenstruktur aber herrschen patriarchalisch-grundherrschaftliche Abhängigkeitsverhältnisse, in denen klientelistische Bindungen die Mentalitäten und Verhaltensweisen prägen, Schuldknechtschaft und grundherrschaftliche Gerichtsbarkeit fortexistieren. Dieser innere Widerspruch sollte auch den Charakter der neu entstehenden Staaten und das Selbstverständnis ihrer Eliten prägen.

Neben dem System der Encomienda wurden die Kolonialgebiete mit einem streng hierarchischen Netz staatlicher Verwaltungsbehörden und kirchlicher Administration überzogen. Das zentralistisch-administrative Geflecht, das von dem unmittelbar der Krone unterstehenden Indienrat über die Vizekönige, Gouverneure, Gerichtskörperschaften usw. bis hinab zu den lokalen Beamten reichte, sollte die enge Bindung an die Krone gewährleisten. Diesem Verwaltungsstaat, der bereits Züge moderner, bürokratisch-rationaler Herrschaft aufwies (vgl. Pietschmann 1980), waren jedoch feudale Grenzen gesetzt, weil die Amtsinhaber ihre Ämter auch als Pfründe und Quelle privaten Erwerbs betrachteten. Für die Eliten der geistlichen und weltlichen Verwaltung und ihre nachfolgenden Generationen stellte dieses „Streben nach persönlicher Pfründensicherung im Dienste an Krone und Kirche" (Mols 1987: 191) keinen unüberwindbaren Widerspruch dar. Denn der patrimoniale Charakter von Staat und Herrschaft vereinte noch die spätfeudalen Sozialstrukturen, Mentalitäten und Verhaltensweisen mit den aufkeimenden anstaltsstaatlichen Zügen des Absolutismus. Aber der hier bereits angelegte Widerspruch zwischen der formal-rationalen Struktur staatlicher Institutionen und ihrem sozialen Gebrauch sollte zu einer bleibenden Hypothek lateinamerikanischer Entwicklung werden.

Zwar konnte das Spannungsverhältnis zwischen bürokratisch-rationalen Elementen und solchen der persönlichen Vorteilnahme innerhalb des patrimonialen

Staates durchaus existieren; ihre Symbiose aber wurde im Laufe der Zeit zunehmend bedroht sowohl durch die Verselbständigungstendenzen der kreolischen Oberschicht[4] als auch durch die Versachlichung der iberischen Herrschaft. Die am aufgeklärten Absolutismus der Franzosen orientierten Reformen, mit denen die spanischen Bourbonen seit der Mitte des 18. Jahrhunderts ihren Verwaltungsapparat modernisieren und der ausufernden Pfründenwirtschaft und Privatisierung des Staatsapparates entgegentreten wollten, konnten die wachsenden Spannungen innerhalb des kolonialen Staates nicht überwinden. Im Gegenteil, die bourbonischen Reformen beschleunigten die aufkeimenden Unabhängigkeitsbestrebungen der Kreolenelite und wurden so zu einem Katalysator für die Unabhängigkeit Lateinamerikas.

Die Verwaltungsstruktur und die sozialökonomischen Verhältnisse des patrimonialen Staates wurden durch eine entsprechende soziale Gliederung ergänzt, die sich von den meist adligen hohen Kolonialbeamten und kirchlichen Würdenträgern über die Schicht der mittleren und kleinen Beamten, Händler und Kaufleute bis zur bäuerlichen Bevölkerung der Campesinos, Indios und landlosen Tagelöhner sowie den prestigeschwachen Berufen erstreckte. Diese soziale und berufliche Prestigeordnung wurde durch eine ethnisch-rassische Merkmalshierarchie ergänzt, die von den Spaniern über die Kreolen zu den Mischlingen und der indianischen Bevölkerung bis hinab zu den afrikanischen Sklaven[5] reichte. Diesem hierarchischen Sozialgefüge entsprechend prägten Herkunft und Statusdenken die Verhaltensmuster und Wertorientierungen der iberisch-katholischen Kolonialgesellschaft.

Innerhalb dieses starren, einzig über die Appropriation von Ämtern durchlässigen sozialen Gefüges hat sich ein für die politische Kultur und Geschichte Lateinamerikas bedeutsamer sozialer Typus durchgesetzt: die charismatische Figur des Caudillo. Er stellt die personifizierte Einheit von politischer Macht und militärischer Gewalt dar, aus der heraus sich die personengebundene und auf Gewalt gestützte Herrschaftsform des Caudillismus entwickelte, die zu einem prägenden Verhaltensmuster in der politischen Kultur Lateinamerikas wurde. Ursprünglich war der Caudillismus als Reflex auf die koloniale Pioniersituation und eine noch rudimentäre, wesentlich durch die Bindung an die Krone zusammengehaltene

---

4   Kreolen sind die in den Kolonien geborenen Nachfahren der Spanier.
5   Afrikanische Sklaven wurden als Ersatz für die durch Fronarbeit und Seuchen dezimierte indigene Bevölkerung importiert und vor allem in den Plantagen- und Bergwerksökonomien eingesetzt. Dadurch entwickelte sich die iberische Kolonialwirtschaft aus dem dreikontinentalen politisch-ökonomischen Verbundsystem zwischen Europa, Afrika und Lateinamerika, das im Übergang zum 19. Jahrhundert zerbrach und den Sklavenhandel zum Erliegen brachte (vgl. Sandner 1973: 17-26).

Kolonialverwaltung entstanden und in dem System der patriarchalisch organisierten Hacienda- und Plantagenwirtschaft verwurzelt. Er stellte anfänglich also keine Reaktion auf das Versagen von Institutionen dar, sondern besetzte als machtpolitisches Korrelat schwacher Institutionen die herrschaftsfreien Räume primärer kolonialer Besiedlung. Die herausragende Rolle, die der Caudillismus später, vor allem während der Unabhängigkeitskriege und des lateinamerikanischen Staatenbildungsprozesses, gespielt hat, verdankt sich dann jedoch dem Verlust der stabilisierenden Bindung an die Krone und der Auflösung kolonialstaatlicher Strukturen.

> „Im allgemeinen endeten die Kämpfe zwischen mehreren rivalisierenden Caudillos in einer Großregion damit, daß einer von ihnen die übrigen besiegte und ein autokratisches System errichtete. Da diese Regime meist die Grundlage für die Herausbildung des modernen lateinamerikanischen Nationalstaates bildeten, kann man rückschauend den Caudillismo als eine Art Ersatz- und Überbrückungsinstitution in einer Phase des allgemeinen Verfalls staatlicher und administrativer Strukturen bezeichnen" (Waldmann 1990: 9f.).

Die umfassende und nahezu institutionelle Personalisierung politischer Macht und herrschaftlicher Gewalt in Gestalt des Caudillo steht auch hinter der militaristischen Tradition, den Patronagegewohnheiten und der grundlegenden Schwäche der politischen Institutionen. So waren und sind Parteien nicht in erster Linie Organisationen zur Durchsetzung politischer Programme, sondern Gefolgschaften herausragender Persönlichkeiten oder mächtiger Patrones. Politische Loyalität ist nicht an Programme, sondern an Personen gebunden. Ansehen und Würde genießt in den Präsidentialverfassungen Lateinamerikas daher auch weniger das Amt des Präsidenten als seine Person. Einmal in den Besitz der Macht gelangt, erweisen sich auch deren verfassungsmäßige Beschränkungen als wenig bindend, und ein hohes Maß an Willkür wird als legitimer Bestandteil politischer Herrschaft angesehen. Nicht Gemeinwohlorientierung, sondern ein Netz aus Patronage- und Klientelbeziehungen steuert die Verteilung wirtschaftlicher, politischer und sozialer Ressourcen, bei der den staatlichen Pfründen eine Schlüsselstellung zukommt[6]. So führt die lebendige Tradition der mangelnden Trennung staatlich-

---

6 Dies bedeutet nicht, daß keine soziale Integration stattfände; sie ist nur nicht in unserem Sinne gemeinwohlorientiert. Soziale Integration – und damit letztlich Systemerhaltung – wird in Lateinamerika über eine weitläufige Patronage-Klientel-Struktur gewährleistet. Dieser stets prekäre Integrationsmechanismus ist besonders in Zeiten schnellen ökonomischen und sozialen Wandels gefährdet. „In einer solchen Situation stehen meist nur zwei Handlungsoptionen zur Verfügung: Gewalt und Korruption." (Maihold 1988: 67). Von beiden Optionen wird in Lateinamerika ausgiebig Gebrauch gemacht. So herrscht neben der in vielen lateinamerikanischen Staaten endemischen Gewalt seit der Unabhängigkeit „strukturelle Korruption" (Mols 1985: 58), die weniger das Resultat individueller Schwäche oder Begehrlichkeit ist, sondern vielmehr in der gesellschaftlichen Konstruktion, der politischen Kultur und dem sozialen Habitus verwurzelt ist.

administrativer und privater Interessen dazu, daß eine effiziente öffentliche Verwaltung auch seit der Unabhängigkeit kaum entstehen konnte. Immer noch dienen die Amtsinhaber weniger dem Staat und der Öffentlichkeit als das Amt dem Status seines Inhabers. Wahlen dienen nicht allein der Legitimation politischer Herrschaft, sondern auch deren Zelebrierung.[7]

Insgesamt laufen die aus der Tradition des Caudillismus herrührende starke Personalisierung der Politik und deren negatives Korrelat, „die mangelnde Sachorientierung politischer Zielsetzungen und unterentwickelte Organisationsformen politischer Bewegungen" darauf hinaus, daß „ein Wechsel der Person als identisch mit einem Wechsel der Politik angesehen wird" (Puhle 1971: 9). In diesem Wahrnehmungsmuster und Politikverständnis wurzelt auch die lange Tradition des Staatsstreichs, die „in Lateinamerika gemeinhin 'Revolution' genannt wird" (ebd.: 21). Der soziale Typus des Caudillo und der Caudillismus als Herrschaftsprinzip haben in allen Epochen, Regionen und politisch-ideologischen Strömungen Lateinamerikas eine Rolle gespielt. Die unabgeschlossene Reihe der caudillistischen Führungspersönlichkeiten reicht von Simón Bolívar über den argentinischen General und Politiker Juan Domingo Perón bis zu Fídel Castro und von dem nicaraguanischen Diktator Somoza bis zu den Revolutionsidolen Augusto Sandino, Ché Guevara oder dem Führer der zapatistischen EZLN im mexikanischen Chiapas, Subcommandante Marcos. Als fester Bestandteil der politischen Kultur steht der Caudillismus bis heute der notwendigen Demokratisierung und Formalisierung politischer Verfahren und des sozialen Konfliktaustrags im Weg.

Die iberische Kolonialepoche läßt sich damit durch folgende Elemente charakterisieren: durch die ökonomische Einbindung Lateinamerikas in das merkantilistische Wirtschaftssystem des europäischen Absolutismus, durch die Übertragung spätfeudaler Herrschafts- und Sozialstrukturen und das Entstehen des sozialen Typus des Caudillo sowie durch das vormoderne Weltbild einer gottgegebenen hierarchischen Ordnung der Gesellschaft. Dabei gelang es der staatlichen Bürokratie und der katholischen Kirche, die die institutionellen Eckpfeiler der iberi-

---

Staatlich-administratives Handeln beispielsweise wird weniger als öffentlich zu erbringende Leistung denn als individuell gewährtes Entgegenkommen begriffen, für das man sich erkenntlich zeigt (vgl. ebd.). „Korruption ist insofern ein typisches Element jener Situation des Übergangs kultureller Werte traditionaler Art, die an Personen und deren Statusqualitäten gebunden sind, zu solchen Normbegriffen, die an unpersönliche Standards und Gemeinwohlorientierungen gemessen werden." (Maihold 1988: 67)

7   Die genannten Politikformen sind selbstverständlich von Land zu Land unterschiedlich ausgeprägt und mit der Zeit deutlichen Veränderungen unterworfen. So hat sich gerade in den 80er und 90er Jahren das Bedürfnis nach demokratischer Legitimation politischer Herrschaft deutlich stärker artikulieren können. Als Grundzug lateinamerikanischer Politik aber bleibt das Prinzip des Caudillismus immer noch strukturbildend.

schen Herrschaft bildeten, ihre Herrschaft über das koloniale Lateinamerika bis zum Ende des 18. Jahrhunderts ohne nennenswerte militärische Machtentfaltung zu sichern (vgl. Pietschmann 1982: 47). Erst in dem Maße, in dem die inneren Spannungen zwischen der Krone und der sich allmählich verselbständigenden kreolischen Oberschicht zunahmen, wurde das Militär neben Kirche und Bürokratie zur dritten Stütze iberischer Herrschaft. Seit den zwanziger Jahren des 18. Jahrhunderts erlebte Lateinamerika

„eine Reihe von zumeist lokal und regional eng begrenzten Unruhen und Rebellionen, die von unterschiedlichen politischen und sozialen Kräften getragen wurden, aber von der inzwischen aufgebauten Militärmacht rasch niedergeschlagen werden konnten" (Pietschmann 1982: 49).

Die bourbonischen Reformen brachten schließlich die Professionalisierung des staatlichen Gewaltapparates als Berufsarmee.

Die Geburt des Militärs aus den aufkommenden inneren Kämpfen der Vorunabhängigkeitsphase begründete die bis heute lebendige lateinamerikanische Tradition eines vornehmlich nach innen gerichteten staatlichen Gewaltapparates. Und bis in die Gegenwart hinein sind auch die Ämter in Militär und Polizei dem Selbstverständnis ihrer Mitglieder nach „in erster Linie als Quelle des Privilegienerwerbs und als Freibrief für kriminelle Machenschaften außerhalb des Zugriffs der zivilen Gerichtsbarkeit zu begreifen" (Niebling 1992: 35f.). Militär, Bürokratie und Kirche entwickelten sich so im Laufe der Kolonialgeschichte zu beherrschenden und verschwisterten Institutionen und zu Pfründen für den Zugriff auf wirtschaftliche Macht, politischen Einfluß und soziales Prestige. Nach der Unabhängigkeit bildeten sie die ersten nationalen Institutionen. Aber die bis heute dominante Rolle dieses katholischen Leviathan ist keineswegs ungebrochen: Neben und unterhalb dieser nationalen Institutionen existiert ein ausgeprägter Regionalismus und Lokalismus, der auf das spätfeudale Erbe des iberischen Kolonialismus zurückgeht.

Die wachsenden Spannungen zwischen den latenten Feudalisierungstendenzen der kreolischen Oberschicht und dem rigiden Zentralismus des iberischen Etatismus wurden dann auch zu einem wichtigen Motor der Unabhängigkeitsbewegung. Die Unabhängigkeitskämpfe und die Unabhängigkeit selbst waren allerdings nicht das Resultat einer einheitlichen oder planvollen Bewegung (vgl. Beyhaut 1965:26). Sie waren die Konsequenz einer Vielzahl zusammenwirkender Faktoren, die vom Vordringen Englands gegen das spanische und portugiesische Kolonialreich über die napoleonischen Kriege und die Verbreitung der Gedanken der Aufklärung bis hin zu Spannungen zwischen Mutterland und Kolonien sowie innerhalb der kolonialen Oberschichten reichten. Sowohl die internationale Konstellation als auch die internen Faktoren hatten die Kolonialherrschaft brüchig werden und die Idee der Loslösung vom Mutterland und das Streben nach Autonomie und Unabhängigkeit entstehen lassen. Ihren unmittelbaren Anstoß erhielten die Unabhängigkeitskämpfe (1808-25)[8] und der Zerfall Spanisch Amerikas durch die napoleonischen Kriege. Die Absetzung der spanischen Bourbonen durch Napoleon nach dem Einfall französischer Truppen auf der iberischen Halbinsel und die Ernennung seines Bruders Joseph Bonaparte zum spanischen König (1808-13) ließ die amerikanischen Provinzen ohne gesetzmäßige Regierung, was zur Stärkung autonomistischer Kräfte führte. Getragen und schließlich siegreich beendet wurden die Unabhängigkeitskämpfe vornehmlich von der kreolischen Agraroligarchie, zum Teil aber auch durch aufkommende bürgerlich-liberale Kräfte. Die von Indios und Mestizen getragenen „ländlichen Aufstandsbewegungen, die sozialrevolutionäre Ziele verfolgten, scheiterten durchweg" (Waldmann 1990: 9).

Anders als in Europa sind in Lateinamerika nirgendwo Nationalismus und Nationalbewußtsein zum Motor der Unabhängigkeit und Staatenbildung geworden. Ein nationales Bewußtsein bildete sich erst ganz allmählich nach der Unabhängigkeit und gegen einen stark bleibenden Regionalismus lokaler Gruppen heraus. Im Vorfeld der Unabhängigkeit läßt sich allenfalls von einem kreolischen Proto-Nationalismus sprechen. Im Zentrum der sich seit Mitte des 18. Jahrhunderts verstärkenden Opposition gegen das Mutterland stand dabei noch nicht die Unabhängigkeit, sondern das Verlangen nach Partizipation und gleichen Karrierechancen, die im Zuge der bourbonischen Reformen durch Zugangsbeschränkungen zu höheren Verwaltungsämtern weiter eingeschränkt worden waren. Gegen diese Entwicklung und gegen Mißstände in den Regionalverwaltungen war es während des 18. Jahrhunderts zu lokalen Aufständen gekommen. Erst als die Lösung der Partizipationskrise immer unwahrscheinlicher wurde, setzte eine Bewegung zur Loslösung von der Kolonialmacht ein. Dabei wurden die Emanzipationsbestrebungen gespeist von den Ideen der Aufklärung und ihrer Kritik an der Herrschaftsform des Absolutismus. Auch die Ideale der Französische Revolution sowie die Erhebung und Unabhängigkeit der englischen Kolonien in Nordamerika 1776-83 wurden zu Vorbildern der Unabhängigkeitsbewegung, und die Verfassungen der neu entstehenden Republiken orientierten sich an ihren europäischen und nordamerikanischen Vorbildern.

Die Orientierung an den modernen europäisch-amerikanischen Staats- und Verfassungsmodellen war allerdings keineswegs von einem nationalen Aufbruch begleitet. Zu Beginn der Befreiungskriege gegen die iberischen Kolonialherren gab es in Lateinamerika Nationen „weder im objektiven noch im subjektiven Sin-

---

8   Den endgültigen Abschluß fand der Unabhängigkeitsprozeß nicht 1825, sondern je nach Perspektive 1898 mit der Unabhängigkeit Kubas oder 1903 mit der Abtrennung Panamas von Kolumbien (vgl. Beyhaut 1965:21).

ne" (Puhle 1978:267). Der Befreiungskampf wurde nicht im Namen der entstehenden Nation, sondern im Namen „Amerikas" geführt. Denn „über neunzig Prozent aller Weißen waren zu dieser Zeit in Amerika geboren; sie fühlten sich nicht primär als Spanier, sondern als 'Amerikaner'" (Waldmann 1990:7). Dieser „Amerikanismus" war jedoch der einzige gemeinsame Nenner der lokalen Interessengruppen im Kampf gegen das Mutterland. Er führte nicht zu einem integrierten Nationalbewußtsein und blieb ohne übergreifende politische Willensbildung oder politische Organisationen. Diese Ambivalenz des kreolischen Proto-Nationalismus zeigt sich in seiner Spannweite, die von der Betonung der geographischen und gegenüber Spanien auch politischen Einheit in der Selbstbezeichnung als „americanos" bis zur lokalen Orientierung der Caudillos reichte. Beide Elemente, der „Amerikanismus" und der Regionalismus lokal verwurzelter Interessengruppen oder Personen, haben sich in der politischen Kultur Lateinamerikas mehr oder weniger stark behaupten können. So hat sich der „Amerikanismus" nach der Unabhängigkeit schnell abgeschwächt und lebt heute nur noch als lateinamerikanische Solidarität vor allem gegenüber äußeren Einflüssen und Hegemonialbestrebungen fort.

„Der einzige gemeinsame Nenner der lateinamerikanischen Nationalismen ist im 20. Jahrhundert ein ökonomisch motivierter, gegen strukturelle Abhängigkeit – vor allem von den Vereinigten Staaten – gerichteter Anti-Imperialismus" (Winkler 1978: 19).

Dagegen sind regionale und lokale Bezüge in vielen der neu entstehenden Staaten als starke konkurrierende Kräfte zum nationalen Projekt erhalten geblieben.

Das Streben nach Einheit, aber auch ihr Scheitern, personifiziert sich in dem Helden des Unabhängigkeitskampfes Simón Bolívar,[9] dem allerdings die Vereinigung des befreiten Spanisch-Südamerika zu einem Staatenbund letztlich nicht gelang. In Großkolumbien siegten schließlich die Separationstendenzen und wirtschaftspolitischen Interessengegensätze der lokalen Eliten gegenüber der nachlassenden einheitsstiftenden Wirkung, die von der gemeinsamen Abgrenzung gegenüber Spanien, den Unabhängigkeitskriegen und dem charismatischen Führer Bo-

---

9   In der Person Bolívar fassen sich die widersprüchlichen Elemente der Unabhängigkeitsphase auf charakteristische Weise zusammen: Als Sohn einer einflußreichen Kreolenfamilie repräsentiert er die Hauptträgergruppe der Unabhängigkeit, die sich an den französischen und nordamerikanischen Freiheitsideen orientierte. Diese hatte er auf seinen Reisen nach Europa und in die Vereinigten Staaten kennengelernt. Zugleich personifiziert Bolívar als charismatischer Militärführer den sozialen Typus des Caudillo, der als Präsident Großkolumbiens mit diktatorischen Vollmachten ausgestattet war und den man später monarchistischer Pläne beschuldigte. Bolívar selbst sah durchaus die Konsequenzen des Widerspruchs zwischen Modernisierung und traditionsgebundenen politischen Verfahrensweisen, die, wie er schrieb, "Verträge zu Papierfetzen, Verfassungen zu Drucksachen, Wahlen zu Schlachten, Freiheit zur Anarchie und das Leben zur Qual" machen (Bolívar, zitiert nach Puhle 1971: 13).

lívar ausging. Großkolumbien zerfiel 1830 schließlich in die heutigen Staaten Ecuador, Venezuela und Kolumbien.[10] Wie wenig die im Namen von „Freiheit und Selbstbestimmung" (Werz 1992: 93) geführten Befreiungskämpfe dazu beitrugen, die Einheit der Nation herzustellen, dokumentieren die zahlreichen Kriege zwischen „liberalen" und „konservativen" politischen Eliten, die im weiteren Verlauf des 19. Jahrhunderts nicht nur die Geschichte des heutigen Kolumbien prägen sollten.

Allerdings war Großkolumbien keineswegs wahllos zerfallen, sondern die ökonomischen Interessen der regionalen Eliten (re)organisierten sich innerhalb der überlieferten spanischen Verwaltungseinheiten. Die territoriale Seite des lateinamerikanischen Staatenbildungsprozesses vollzog sich im wesentlichen im Rahmen der gegebenen kolonialen Provinzeinteilung und Verwaltungseinheiten, die als äußere Staatsgrenzen übernommen und nur geringfügig „durch kriegerische Auseinandersetzungen korrigiert" wurden (Berg-Schlosser 1987: 406). Ursache hierfür war die rigide Ausrichtung von Handel und Bürokratie auf Spanien, die die Verwaltungseinheiten zu weitgehend abgeschlossenen Wirtschaftsgebieten und Kommunikationseinheiten machte, welche untereinander weniger in Kontakt gestanden hatten als mit dem Mutterland (vgl. Anderson 1993: 55ff.). So wurde die über drei Jahrhunderte befestigte koloniale Gebietsaufteilung in Verwaltungseinheiten zur Grundlage für die Grenzen zwischen Staaten ohne Nation.

---

10 Diese Darstellung ist außerordentlich verkürzt. Die wechselvolle Geschichte der Einigungsversuche und die letztendliche Formierung der heutigen Staaten, die eigentlich erst 1903 mit der Abtrennung Panamas von Kolumbien endete, kann hier nicht nachgezeichnet werden. Sie ist für unseren Zusammenhang aber auch ohne Belang. In der hier gebotenen Kürze lassen sich auch die Auflösungserscheinungen der anderen Teile des spanischen Kolonialreiches zusammenfassen: „Von Mexiko löste sich die Zentralamerikanische Konföderation los, die später in die Staaten El Salvador, Guatemala, Honduras, Nicaragua und Costa Rica auseinanderfiel. Im Süden entstanden als kleinere staatliche Gebilde Bolivien und Paraguay, und am Rio de la Plata wurde Uruguay als Pufferstaat zwischen Brasilien und Argentinien geschaffen. Allen diesen Ländern", das sei hier noch hinzugefügt, „fehlte es an der inneren Geschlossenheit ihrer europäischen Vorbilder. Noch lange Zeit wurden sie von innenpolitischen Auseinandersetzungen heimgesucht und litten unter den Rivalitäten zwischen den lokalen Caudillos" (Beyhaut 1965: 35). Brasilien, das nach Übersiedlung des portugiesischen Hofes 1807 nach Rio de Janeiro im Jahr 1822 als Kaiserreich seine Unabhängigkeit erklärte, blieb als territoriale Einheit bestehen, erhielt aber erst nach dem Sturz des Kaisertums 1889 eine republikanische Verfassung (ebd.: 35-39; Sangmeister 1992).

3.2 Postkoloniale Entwicklung

Nach der Unabhängigkeit stellte sich die Frage, wer den nationalen Integrationsprozeß vorantreiben und die politisch führende Rolle und die Macht im Staat
übernehmen würde. Dabei wurde die politische Integration von permanenten Bürgerkriegen rivalisierender Lager und Cliquen aus „Konservativen" und „Liberalen" nachhaltig behindert. Diese inneren Konflikte können nur sehr begrenzt als
Machtkampf zwischen den beiden siegreichen „Fraktionen" der Unabhängigkeitsbewegung, dem aufkommenden liberalen städtischen Handelsbürgertum und der
im Hacienda-System verwurzelten Agraroligarchie verstanden werden. Zwar
wandte sich das Bürgertum gegen das „Fortbestehen der Kolonialzeit" in Gestalt
der alten Herrschaftselite, die ihre privilegierte Stellung absichern wollte. Aber
Liberale und Konservative bezeichneten im nachkolonialen Lateinamerika des 19.
Jahrhunderts keine festen parteipolitischen Gliederungen mit dahinterstehenden
Programmen und klar abgrenzbaren sozialen Gruppierungen. Der Konservatismus
und stärker noch die vorherrschende europäische Ordnungsvorstellung des 19.
Jahrhunderts, der Liberalismus, waren, ähnlich wie die übernommenen westlichen
Staats- und Verfassungselemente, „äußere Legitimationsfassaden" (vgl. Mols
1987: 194ff.). Sie brachten die staatspolitische Orientierung der lateinamerikani-
schen Eliten zum Ausdruck, nicht aber den sozialpolitischen Hintergrund ihrer europäischen Vorbilder und noch weniger die Wirklichkeit ihrer eigenen tradierten
Verhaltensmuster.

> „Die innenpolitischen Auseinandersetzungen in den jungen Staaten, die vordergründig als Ge-
> gensatz zwischen liberalen und konservativen Positionen ausgefochten wurden, waren in Wirk-
> lichkeit Machtkämpfe zwischen rivalisierenden Klientelverbänden, wie unter anderem daraus
> ersichtlich wird, daß ein und derselbe Caudillo bald einem liberalen, bald einem konservativen
> politischen Programm zuneigen konnte" (Pietschmann 1982: 52f.).

Da die Voraussetzungen für die politische und soziale Integration in den neuen
Republiken fehlten und die Wirkungskräfte des kreolischen Proto-Nationalismus
schnell nachließen, setzten sich nach dem Zusammenbruch des kolonialen Staatsapparates rasch regionale und lokale Partikularismen durch. So blieben die nationalen Impulse während des 19. Jahrhunderts schwach. Eine breitere politische
Mobilisierung griff – von Sonderfällen wie Mexiko oder Brasilien abgesehen –
erst im 20. Jahrhundert, als sich der ökonomisch motivierte Anti-Imperialismus
mit sozialen Reformprogrammen populistischer Regime oder aber mit den Zielen
sozialrevolutionärer Bewegungen verband, deren gemeinsames Feindbild in der
Allianz der herrschenden Klassen mit ausländischen Kapital- und Interessengruppen bestand (vgl. Puhle 1978: 270ff., zum Sonderfall Mexiko vgl. Tobler 1994).

In der Nachunabhängigkeitsphase aber blieben die Machtkämpfe um die Kontrolle der neuen Staatsgebilde dominierend. Denn die übernommenen europäisch-amerikanischen Staats- und Verfassungsmodelle, die auf dem Gedanken der Volkssouveränität, der repräsentativen Demokratie und der Gewaltenteilung gründeten, bildeten nur die Fassaden für die Konkurrenzkämpfe der lokalen Eliten und Caudillos: Der Volkssouveränität fehlten die zu politischer Apathie verurteilten breiten Bevölkerungsschichten, das Parlament war nicht zentrales Organ der politischen Willensbildung, die Justiz nicht unabhängig und die Exekutive faktisch unkontrollierbar. Bis in die jüngste Vergangenheit hinein blieb in der Verfassungspraxis „die Vorstellung einer Trennung öffentlicher Gewalten in autonome, sich wechselseitig kontrollierende und ausgleichende Zweige irrelevant" (Mansilla 1990: 47). Das Macht- und Legitimitätsvakuum, das durch den Zusammenbruch des Kolonialreiches und den Verlust der Autorität der Krone entstanden war, wurde also nicht durch die Autorität der neuen Verfassungen, sondern durch die Autorität lokaler Eliten und Caudillos ausgeglichen, die ihre Machtansprüche auf der Grundlage traditionaler oder charismatischer Loyalitätsbindung und mit Hilfe von Privatarmeen durchzusetzen suchten (vgl. Lindenberg 1971a: 65ff.). So reproduzierten sich die tradierten Verhaltens- und Herrschaftsmuster innerhalb der neuen staatlichen Strukturen.

Die staatliche Souveränität führte in den neuen Republiken daher auch kaum zu tiefgreifendem Wandel. Der Unabhängigkeitskampf ließ

„viele an Feudalismus gemahnende soziale Privilegien unangetastet. Zwar war man bemüht, den in der westlichen Welt in voller Blüte stehenden politischen Formen des liberalen Kapitalismus nachzueifern, doch blieb es bei einer rein äußerlichen, oberflächlichen Nachahmung, die keine tiefe Umgestaltung der wirtschaftlichen und sozialen Grundlagen des Kolonialregimes bewirkte" (Beyhaut 1965: 34).

Trotz des Elitenwechsels von der spanischen zur kreolischen Oberschicht herrschte in kultureller, sozialer und ökonomischer Hinsicht weitgehend Kontinuität.

„The ruling elites depended spiritually on their Iberian past, culturally on France, and economically on Great Britain. ... In sum, they sought to institutionalize the past, not to challange or change it" (Burns 1984: 70).

Die Erklärung für die historisch frühe und an modernen westlichen Maßstäben orientierte, aber dennoch bis heute unabgeschlossene Staatenbildung findet sich in der spezifischen Art und Weise, in der das iberische Erbe und die Einflüsse der anbrechenden Moderne verknüpft wurden: Die Unabhängigkeit hatte die patrimoniale Struktur der iberischen Herrschaft über Lateinamerika zerrissen, sie hat die kolonialen Verwaltungsgrenzen in Grenzen zwischen den neuen Staaten verwandelt und diesen moderne, an europäisch-nordamerikanischen Vorbildern orientierte Verfassungen beschert. Im Innern der postkolonialen Staaten aber waren die gesellschaftlichen Verhältnisse weitgehend unverändert geblieben. Die in der sozial-ökonomischen Grundeinheit der Hacienda fest verwurzelten patrimonialen Herrschaftsverhältnisse, sozialen Bindungen und Mentalitäten existierten fort und das Bürgertum war zu schwach, um die formalen Elemente moderner Staatlichkeit gegen die Dominanz der Agraroligarchie zu einem substantiellen Bestandteil der politischen Kultur und Herrschaft aufzuwerten. Statt dessen bemächtigten sich die patrimonialen Verhältnisse der modernen staatlichen Strukturen und funktionierten sie um zu Instrumenten oligarchischer Herrschaft. Der soziale Gebrauch der neuen Institutionen nach den alten Spielregeln machte den Verfassungsstaat zur demokratischen Fassade traditionaler Herrschaftsverhältnisse. Diese politische Praxis hob den latenten Widerspruch zwischen modernen Institutionen und traditionaler Herrschaft auf und führte zur Perpetuierung und schließlich zur Konservierung der ererbten spätfeudalen Herrschaftsformen.

Entscheidendes Resultat der Unabhängigkeit war daher nicht der Elitenwechsel, sondern die Kontinuität der patrimonialen Herrschaftsverhältnisse, die auch weiterhin über jeden Machtwechsel erhaben blieben. Bis in die Gegenwart hinein leitet sich die Legitimität politischer Herrschaft nicht in erster Linie aus dem formal-rationalen Gebrauch staatlicher Institutionen und administrativer Verfahren ab, sondern aus ihrer privilegierten Nutzung. Dies macht den Staat zur Beute konkurrierender Eliten und die Bürokratie zum Bollwerk gegen soziale Veränderungen.

„Wesentliche Momente dieser Erbschaft – hauptsächlich paternalistische, patrimoniale und korporative Aspekte – sind noch heute in Lateinamerika wirksam, vornehmlich in Mexiko, Mittelamerika und den Ländern des Anden-Raumes sowie in ländlichen, von der Modernisierung weitgehend ausgenommenen Regionen" (Mansilla 1990: 36).

All dies macht noch einmal den Unterschied zu Europa deutlich: Dort war der Sieg der absolutistischen Herrscher über die feudale Zersplitterung der Souveränitätsverhältnisse Voraussetzung für die Entstehung des modernen Staates und den Übergang zu einer bürgerlichen Ordnung. In Lateinamerika dagegen legte der Sieg der lokalen Eliten über den spanischen Absolutismus den Grundstein für das Fortwirken spätfeudaler Herrschafts- und Lebensverhältnisse im Innern der neuen Republiken. Damit fehlten die gesellschaftlichen Grundlagen und sozialen Kräfte, um den nach europäisch-nordamerikanischen Vorbild errichteten Verfassungsstaat zum Nationalstaat auszugestalten. Die von Elias (1989) für den europäischen Staatenbildungsprozeß beschriebenen Ausscheidungskämpfe um das staatliche Gewalt- und Steuermonopol wurden im postkolonialen Lateinamerika innerhalb des modernisierten staatlichen Bezugsrahmens als Machtkampf lokaler Eliten und strategischer Gruppen um das Gewalt- und Privilegienmonopol ausgetragen. Und anders als in anderen Regionen der Dritten Welt, wo Tradition und Moderne meist in Gestalt unterschiedlicher Kulturen und gesellschaftlicher Entwicklungsniveaus aufeinanderstoßen, trifft die anbrechende kapitalistische Moderne in Lateinamerika vor allem auf die Geister ihrer eigenen europäischen Vergangenheit.

So war die nachkoloniale Entwicklung Lateinamerikas vom zähen Fortwirken eingelebter Traditionsbestände geprägt, die sich erst mit der Einbindung des Subkontinents in den kapitalistischen Weltmarkt seit Mitte des 19. Jahrhunderts zu den politisch-sozialen Konstellationen umzuformen begannen, die Staat, Gesellschaft und sozialen Konflikten in Lateinamerika bis in die Gegenwart hinein ihr typisches Gesicht verleihen. Diese nachkoloniale Geschichte läßt sich, grob verallgemeinert, in drei Phasen ökonomischer und politisch-sozialer Entwicklung einteilen, die aufgrund der starken Außenabhängigkeit Lateinamerikas weitgehende Parallelen zu den Entwicklungsphasen des metropolitanen Kapitalismus aufweisen (vgl. Kurtenbach 1991: 36-46; Siegelberg 1994: 46-166). Die erste Phase, die Mitte des 19. Jahrhunderts einsetzte und mit der Weltwirtschaftskrise 1929 endgültig zu Ende ging, kann als Weltmarktintegration unter oligarchischer Herrschaft bezeichnet werden. Die zweite Phase reichte bis in die 70er Jahre und stellt den Versuch nachholender Entwicklung durch eine importsubstituierende Industrialisierung dar, die mit wachsendem Einfluß vor allem städtischer Mittelschichten und einer Ausdifferenzierung der Herrschaftselite einherging. Die dritte Phase beginnt mit dem Wechsel zu einem neoliberalen Wirtschaftsmodell und umfaßt das Scheitern des autoritären Entwicklungsstaates militärischer Provenienz und den Übergang zu demokratischen Regierungen. Die folgende Darstellung orientiert sich an dieser in der Literatur verbreiteten Einteilung, folgt ihr aber nicht im einzelnen.

Die Grundlinien der ersten Phase nachkolonialer Entwicklung, von der hier zunächst die Rede sein soll, lassen sich in der gebotenen Kürze wie folgt skizzieren: Der enorme Aufschwung der Weltwirtschaft, der sich infolge der industriellen und technologischen Revolution in Europa und den Vereinigten Staaten vollzog, führte zu einer weltwirtschaftlichen Arbeitsteilung, die den gerade unabhängig gewordenen Staaten Lateinamerikas die Rolle von Lieferanten agrarischer und mineralischer Rohstoffe zuwies. Für die außenabhängigen Wirtschaften der neuen Republiken trat damit die Unterwerfung unter das britische Freihandelssystem an die Stelle der Abhängigkeit vom iberischen Merkantilismus. Seit der Jahrhundertmitte führte der Zustrom von Auslandskapital – vornehmlich aus Großbritannien, mit weitem Abstand gefolgt von Frankreich und Deutschland und später auch aus den USA[11] – zu einer starken Dynamisierung und partiellen Modernisierung der Exportwirtschaft. Diese Entwicklung war begleitet von Verstädterungsprozessen und dem allmählichen Wachstum sekundärer und tertiärer Wirtschaftssektoren, ohne daß jedoch bis zur Weltwirtschaftskrise von einer substantiellen Industrialisierung gesprochen werden kann. Bis weit ins 20. Jahrhundert hinein blieb der Subkontinent agrarisch geprägt. Eine strukturverändernde Industrialisierung setzte erst in der zweiten Phase lateinamerikanischer Entwicklung ein (vgl. Bernecker /Tobler 1996: 8-73). Bis zu deren Beginn erwiesen sich auch die traditionsgebundenen sozialen und politischen Strukturen als äußerst stabil. Die ungeteilte Macht der Oligarchie zeigte sich in dieser ersten Phase zwar in Gestalt unterschiedlicher Formen politischer Herrschaft, die von offener Diktatur bis zu eingeschränkter Demokratie reichten, den Grundcharakter oligarchisch-patrimonialer Herrschaft aber unberührt ließen. Denn die neue Rolle der Staaten Lateinamerikas als Weltmarktlieferanten agrarischer und mineralischer Rohstoffe führte zu einer Stärkung des Großgrundbesitzes, so daß die alte Landaristokratie nun auch zur dominierenden Elite in Wirtschaft, Politik und Verwaltung der jungen Staaten wurde. Die Enteignung und Privatisierung kirchlichen Grundbesitzes und indianischen Gemeindelandes trug das ihre zu dieser Entwicklung bei. Auch Klein- und Mittelbauern verloren im Zuge der Konzentration des Landbesitzes und der nun fortschreitenden Monetarisierung und Besteuerung ihren Besitz, so daß sich – von Ausnahmen wie Costa Rica oder einigen südamerikanischen Flächenstaaten abgesehen – keine selbständige bäuerliche Schicht etablieren konnte. Die Form der Einbeziehung Lateinamerikas in den Weltmarkt verstärkte also die soziale Polarisierung, sie schuf neue Formen unfreier Arbeit, die von den weltmarktorientierten Haciendas, Plantagen, Latifundien und Minengesellschaften aufgesogen wurde, und sie ließ neue Abhängigkeiten entstehen, in die die Campesinos nun vor allem durch Schuldknechtschaft und Pachtverhältnisse gerieten.

Die Modernisierungsimpulse, die von Weltmarktintegration und staatlicher Unabhängigkeit ausgingen, haben sich also nicht in einer entsprechenden Modernisierung sozialer Strukturen und Herrschaftsverhältnisse niedergeschlagen. Sie wurden vielmehr absorbiert von den Mechanismen traditionaler Herrschaftssicherung und umgesetzt in die Stabilisierung oligarchischer Herrschaft. Insofern stellt

---

11 Die ökonomische Abhängigkeit von Europa wurde erst später, mit Beginn des 20. Jahrhunderts durch die Abhängigkeit von den USA ersetzt, die bereits 1823 mit der Monroe-Doktrin ihren gegen die europäischen Ambitionen gerichteten Anspruch auf die Vormachtstellung gegenüber Lateinamerika deutlich gemacht hatten. Die USA beschränkten sich dabei nicht allein auf Wirkungsmechanismen ihrer überlegenen Wirtschaftsmacht, sondern griffen vor allem in Zentralamerika direkt, auch militärisch, in die politischen Prozesse der lateinamerikanischen Staaten ein.

die „oligarchische Republik" (Mols), die den Staaten des Subkontinents bis in die 30er Jahre des 20. Jahrhunderts ihren Stempel aufprägte, weniger ein Übergangsregime zu bürgerlicher Herrschaft als vielmehr eine Perfektionierung und Zementierung tradierter kolonialer Herrschaftsmuster dar. Hinter der Fassade kopierter Verfassungen und liberalen Gedankenguts blieben Staat und Gesellschaft von einem ausgedehnten und vielstufigen Patronage- und Klientelsystem durchwirkt, dessen Loyalitätsbindungen bis in die marginalisierten Schichten hinabreichten und das keinen Raum ließ für gleichberechtigte Beziehungen oder demokratische Verhältnisse. Dieses durch das Fortwirken der kolonialen Sozial- und Werteordnung verbürgte, religiös legitimierte und durch Gewalt gesicherte System war Nährboden und Lebensraum des Caudillo, so daß der Caudillismus in der oligarchischen Republik des 19. Jahrhunderts seine Blütezeit erlebte.

Diese in der iberisch-katholischen Tradition verwurzelte hierarchische Herrschaftsordnung konnte die staatlichen Einheit jedoch nicht garantieren. Im Gegenteil. Staat und Staatsmacht wurden in ihrer Funktion als Quelle und Instrument der Pfründensicherung zum ständig umkämpften Terrain rivalisierender Herrschaftsallianzen oder Caudillos, und die über den Staat gebietenden Machteliten der Hauptstädte waren in dauernde Konkurrenzkämpfe verwickelt. Ihr Bestreben, die Staatsmacht auf das gesamte Territorium auszudehnen, wurde zudem durch die Herrschaftsansprüche lokal und regional verankerter Caudillos bestritten[12], so daß lokale Machtkämpfe sowie Ausscheidungskämpfe um das Machtmonopol der oligarchischen Republik und um die Kontrolle der neuen Staatsgebilde an der Tagesordnung waren. Viele gewaltsam ausgetragene Konflikte dieser Phase wurden auch dadurch ausgelöst, daß die Weltmarktintegration das bestehende Machtgleichgewicht zwischen den regional verankerten Oligarchien zerstörte. Entsprechend dominierten im 19. Jahrhundert zwei Konfliktgegenstände, die alle Staaten in unterschiedlichem Maße erfaßten: innerstaatliche Kriege rivalisierender Eliten um die Macht in den neu entstehenden Staaten sowie zwischenstaatliche Kriege um deren territoriale Konsolidierung, die jedoch bis zur Mitte des Jahrhunderts weitgehend abgeschlossen waren (vgl. Kurtenbach 1991:35f.).

Unter den Vorzeichen der oligarchischen Republik konnte die nationalstaatliche Konsolidierung also kaum vorangetrieben werden, und auch das starre Sozialgefüge veränderte sich nicht nachhaltig. Zwar war die Monarchie überwunden und mit ihr die schmale spanische Führungsschicht verdrängt oder integriert worden, die alte spanischstämmige weiße Oberschicht aber konnte nicht von der Spit-

---

12 Diese auseinander strebenden Tendenzen führten teilweise zur Bildung dauerhafter Kleinstaaten wie etwa im Falle der zentralamerikanischen Konföderation oder Großkolumbiens, die in fünf bzw. drei Staaten zerfielen (vgl. Waldmann 1990:9; vgl. auch Anm. 10).

ze der sozialen Hierarchie verdrängt werden. Ein tiefgreifender Gegensatz zwischen grundbesitzender Aristokratie und aufsteigendem Bürgertum, wie er in Europa zum Motor bürgerlicher Entwicklung wurde, war in Lateinamerika nicht auszumachen. Auch eine bürgerliche Mittelschicht, die in Europa zur treibenden Kraft für die Verschmelzung von Staat und Nation zum Nationalstaat wurde und das überkommenen starre Sozialgefüge aufbrach, entstand erst nach und nach innerhalb des Systems sich nun ausweitender staatlicher Dienstleistungen, in Handel und den freien Berufen. Ihr Einfluß auf die Konsolidierung der Staatlichkeit, auf Modernisierung und Demokratisierung blieb jedoch bis weit ins 20. Jahrhundert hinein äußerst gering und artikulierte sich als eigenständige Kraft damals allenfalls punktuell, vor allem in Hafen- und Handelsstädten. Generell blieben Bürgertum und Mittelschichten bemüht, Lebensstil und Habitus der Oberschicht zu adaptieren.

> „Die neuen funktionalen Eliten vermischten sich rasch mit der alten Oligarchie, deren Wertmuster, Normen, Statussymbole sie möglichst deckungsgleich zu übernehmen suchen" (Mols 1987: 194; zur Aktualität dieser Haltung vgl. auch Mols 1985: 95ff.).

Das allmählich entstehende städtischen Proletariat war in erster Linie um Abgrenzung gegen die untersten Bevölkerungsschichten bemüht und stellte noch keine nennenswerte politische Größe dar. Vollends ohne politischen Einfluß blieb auch weiterhin die 80 bis 95 Prozent ausmachende bäuerliche und subproletarische Bevölkerung. Diese große Bevölkerungsmehrheit der Indios, Campesinos, Tagelöhner, der Dienstboten, kleinen Angestellten und Handwerker blieb zwischen Unterdrückung und Passivität gefangen und konnte im Herrschaftskalkül weitgehend außer acht gelassen werden. Insgesamt haben sich die Grundzüge der alten kolonialen Sozialordnung mit den ihnen entsprechenden Wertvorstellungen und Mentalitäten sowie die dichotome Struktur einer dünnen, privilegierten Oberschicht und einer von sämtlichen Partizipationsmöglichkeiten weitgehend ausgeschlossenen, politisch apathischen Masse trotz vielfältiger Modifikationen und nationaler Varianten bis weit ins 20. Jahrhundert und teilweise bis in die Gegenwart erhalten.

So wie die übernommenen Staats- und Verfassungsmodelle nur proklamierte Ideologie und demokratische Fassaden oligarchischer Herrschaft waren, so fanden auch die politischen Grundströmungen Europas, der Liberalismus, Konservatismus und Sozialismus, in Lateinamerika zwar ihr Echo, aber keine stabile soziale Basis. Dies gilt gleichermaßen für den Nationalismus, dessen Aufkeimen immer wieder von den Kämpfen konkurrierender Eliten um ihre partikularen Interessen erstickt wurde. Der mit der Staatlichkeit verbundene Anspruch nationaler Einheit wurde so vor allem durch das Militär repräsentiert, das sich gegen Ende des Jahrhunderts allmählich von seinem caudillistischen Ursprung löste, sich professionalisierte und zum „Hüter der Nation" zu wandeln begann. Dieses „nationale"

Selbstverständnis des Militärs (vgl. Sotelo 1975, Maihold 1990) hatte seinen Ursprung in dem Patriotismus, den der Sieg der Unabhängigkeitsbewegung hervorgerufen hatte und in dem Anspruch, die Ordnung im Lande zu garantieren. Die
„nationale" Identifikation der nach wie vor nach Patronage-Gesichtspunkten rekrutierten militärischen Eliten wuchs schließlich in dem Maße, in dem der einsetzende Umbruch der sozialen Schichtung der lateinamerikanischen Gesellschaften
die bislang ungeteilte Macht der Oligarchie in Frage stellte. Das Militär begann
seine exklusive Rolle als Bestandteil und Garant der „oligarchischen Hegemonie"
(Nun 1969: 336) aufzugeben und sich als strategische Gruppe zu formieren. Diese Institutionalisierung des Militärs als nationale Zentralgewalt schlug sich auf der
politischen Ebene in Gestalt „liberaler" Entwicklungsdiktaturen nieder, die sich
vom Ende des Jahrhunderts an in vielen Ländern Lateinamerikas etablieren
konnten und die Modernisierung ihrer Länder nach dem Motto „Ordnung und
Fortschritt" (Pietschmann 1980:54) betrieben. Nationalismus und nationale Integration aber blieben rudimentär. Der Ausschluß großer Bevölkerungsteile von
ökonomischer und politischer Partizipation und ihre mangelnde soziale Integration verhinderten die emotionale Bindung an den Staat und ließen die „kritische
Masse" für einen nationalen Aufbruch gar nicht erst entstehen.

   Die Krise des oligarchischen Staates – und damit der Übergang zur zweiten
Phase nachkolonialer Entwicklung Lateinamerikas – die sich Ende des Jahrhun-
derts allmählich ankündigte, war also nicht die Folge nationalen Erwachens. Die
Grenzen der Anpassungs- und Wandlungsfähigkeit des alten Systems wurden erst
durch die sozialen Entwicklungen überschritten, die der Zusammenbruch des
Welthandels infolge der Weltwirtschaftskrise und des Zweiten Weltkrieges in
Lateinamerika hervorrief. Das plötzliche Wegbrechen der Exportmärkte be-
schleunigte das Entstehen von nationalen Industrien und Binnenmärkten, die ihre
Wachstumsimpulse nun durch den forcierten Ausbau der Infrastruktur, durch die
Substitution von Importgütern und den Aufbau eigener Konsumgüterindustrien
erhielten und stärkte die Rolle des Staates als „Entwicklungsagentur", der das
keynesianische Instrumentarium zur Stabilisierung und Förderung der Inlands-
nachfrage nutzte. Für Lateinamerika führte dies zum allmählichen Übergang vom
Modell des Wachstums nach außen zu einer Strategie verstärkter Entwicklung
nach innen, die allerdings erst in den 50er und 60er Jahren ihre volle Entfaltung
erlebte. Sie bescherte den Volkswirtschaften des Subkontinents bis zum Beginn
der lateinamerikanischen Wirtschaftskrise Anfang der 80er Jahre die wachstums-
stärkste Periode ihrer Geschichte (vgl. Bernecker/Tobler 1996: 26-57).

   Die hierdurch ausgelösten gesellschaftlichen Veränderungen betrafen große
Teile der Bevölkerung und führten zu einer erheblichen Differenzierung der Sozialstruktur und Herrschaftsverhältnisse: Die alte Oligarchie büßte durch das neue

Entwicklungsmodell ihre bisher unangefochtene ökonomische Vormachtstellung ein. Zugleich schufen die binnenwirtschaftlichen Wachstumsimpulse eine meist kleine nationale Bourgeoisie, stärkten Umfang und politisches Gewicht der Mittelschichten und ließen neben den ländlichen Unterschichten eine politisch bewußte und häufig gut organisierte städtische Arbeiterklasse entstehen, die allesamt ihre Interessen durch die Ausweitung des Wahlrechts und durch wachsende politische Organisationsfähigkeit nun auch besser artikulieren konnten. Die ländlichen Räume und das Hacienda-System, das als Keimzelle des Klientelismus und patrimonialer Herrengewalt die typische Form asymmetrischer Machtverhältnisse und traditionaler Mentalitäten und Verhaltensweisen beständig reproduziert, blieben von diesen Veränderungen allerdings weitgehend unberührt. So scheiterten in den 60er Jahren auch die meisten Ansätze zu Agrarreformen, die in den ländlichen Regionen eine Antwort auf den allgemeinen Strukturwandel hätten darstellen können.

Das Ende der oligarchischen Hegemonie bedeutete also nicht den Durchbruch zur Hegemonie bürgerlicher Kräfte. Die Machteinbußen der traditionellen Oberschicht betrafen zwar ihre ökonomische Position und schmälerten ihren politischen Einfluß, ihre soziale und kulturelle Dominanz aber blieb durchweg erhalten, und die Mentalitäten orientierten sich auch weiterhin an tradierten Verhaltensmustern. Selbst dort, wo es dem aufsteigenden Bürgertum und den Mittelschichten oder auch Bündnissen von städtischen Mittel- und Unterschichten gelang, die Macht zu erringen oder sich an ihr zu beteiligen, blieben sie den ererbten Politikmustern verhaftet und stellten die Staatsmacht in den Dienst der eigenen Interessen, anstatt sie zu grundlegenden Veränderungen zu nutzen. Dennoch veränderte der Staat im Zuge dieser Entwicklungen sein Gesicht von einem reinen Repräsentationsorgan der jeweiligen Oberschicht zu einer Institution, in der sich auch die Interessen ganz unterschiedlicher sozialer Gruppen artikulieren konnten, so daß der wirtschaftliche und soziale Wandel sich in vielfältigen Formen politischer Herrschaft niederschlug.

Generell haben sich diese Prozesse wirtschaftlichen und sozialen Wandels in den südamerikanischen Flächenstaaten und in Mexiko früher, in Zentralamerika dagegen später vollzogen. Während die statische Sozialstruktur in Zentralamerika Anfang der 30er Jahre zur Etablierung dauerhafter personalistischer Diktaturen führte, kam es vor allem in den südamerikanischen Flächenstaaten zu reformorientierten zivil-militärischen Bewegungen, die ihren prägnantesten Ausdruck in den populistischen Regierungen in Argentinien unter Perón oder in Brasilien unter Vargas fanden. Populistische Bewegungen entstanden zwischen 1930 und 1960 auch in vielen anderen lateinamerikanischen Staaten (vgl. Werz 1992: 118ff.). Die schnell wachsenden städtischen Mittel- und Unterschichten stellten die politische

Basis dieser Regime, die häufig von sozialreformerischen und nationalistisch orientierten Teilen des Militärs unterstützt wurden und eine autoritäre Modernisierung „von oben" betrieben. Ihren Führungsanspruch setzten diese Regime vor allem mit Hilfe der traditionalen Mechanismen charismatischer und autoritär-
paternalistischer Herrschaft sowie unter Rückgriff auf einen militanten Nationalismus und anti-imperialistische Rhetorik durch, die als ideologische Klammer für
die heterogenen Bewegungen dienten. Die populistisch-korporative Praxis in Staat
und Gesellschaft stellt also eine politische Verarbeitungsform für gesellschaftliche
Modernisierung unter den Restriktionen tradierter Sozialbeziehungen dar.

> „Populismus und Korporatismus sträuben sich nicht grundsätzlich gegen Modernisierung ... rei-
> ßen aber nicht das traditionelle Patron-Klientelschema auseinander, sondern versöhnen ... über-
> kommene und neue gesellschaftliche Interessen" (Mols 1987: 202)

Auch die anderen Grundpfeiler der alten Ordnung, das Militär und die Kirche,
wurden vom Sog des gesellschaftlichen Wandels erfaßt: Das Militär behielt zwar
auch in dieser Phase seine zentrale Rolle als konstitutiver Faktor des politischen
Systems, aber es fungierte nicht länger „als ausschließlicher Verbündeter und Bestandteil der oligarchischen Hegemonie" (Lindenberg 1971:68). Die gesellschaftlichen Umbrüche führten auch innerhalb des Militärs zu deutlichen Fraktionierun-
gen. Die militärischen Eliten bewegten sich dabei zwischen drei Grundorientie-
rungen: einer traditionellen Orientierung als Verbündeter der jeweiligen Herrschaftselite, dem Selbstverständnis als Garant übergeordneter nationaler Interessen, was sie eher zu einem Verbündeten der Mittelklassen machte, und schließlich
ihrem Eigeninteresse als korporatistischer Verband. Entsprechend konnten die
Formen politischer Einflußnahme des Militärs ganz unterschiedlich ausfallen. Wo
sie nicht selbst die Macht übernahmen, konnte die Unterstützung von repressiven
Diktaturen bis hin zu reformorientierten Regierungen reichen. Auch die katholische Kirche, die durch die Enteignung des Grundbesitzes zwar ihren ökonomischen, nicht aber ihren gesellschaftlichen Einfluß verloren hatte, wurde vom sozialen Wandel erfaßt. Mit dem Entstehen der sogenannten Befreiungstheologie,
die mit ihrer Kritik an den Herrschafts- und Eigentumsverhältnissen den gesellschaftlichen Wandel beschleunigte, verlor die Kirche ihren Charakter als einheitlicher Akteur und verläßliche Stütze der herrschenden Eliten.

Gegenüber der ersten Entwicklungsphase brachte die zweite mit ihrer nach
innen gerichteten Entwicklungsstrategie und der gesellschaftlichen Integration
neuer Bevölkerungsschichten auch eine gewisse Verbreiterung der Basis der politischen Systeme, die sich teils in populistisch-korporativen Regimen, teils aber
auch in solchen mit stärker demokratischen Elementen niederschlug (vgl. Bernek-
ker/Tobler 1996:67ff.). Der vor allem nach dem Zweiten Weltkrieg erfolgreiche
Weg einer auf die Industrialisierung konzentrierten Wachstumsstrategie der Im-

portsubstitution verlor Ende der 60er Jahre vor allem deshalb an Dynamik, weil er keine nachhaltige ökonomische und soziale Breiten- und Tiefenwirkung erzielen konnte und bestehende soziale Ungleichgewichte eher noch verschärfte. Damit geriet auch der mit ihm verbundene Entwicklungsstaat in die Krise, dem durchaus eine gewisse partizipatorische und demokratische Öffnungsbereitschaft zugesprochen werden kann. Er wurde seit Mitte der 60er Jahre nicht zuletzt unter dem Eindruck sich ausbreitender Guerillaaktivitäten zunehmend ersetzt durch einen „autoritären Entwicklungsstaat" meist militärischer Provenienz, der für 15 bis 20 Jahre zu einer „Art Durchschnitts- oder Prototyp lateinamerikanischer Staatlichkeit" wurde (Mols 1987: 206). Nach und nach gerieten mit Ausnahme von Kolumbien, Venezuela, Mexiko und Costa Rica alle Staaten des Subkontinents unter mehr oder weniger direkte Militärherrschaft (vgl. Kurtenbach 1991: 44). Unter dem Einfluß der weltwirtschaftlichen Krise und des wirtschaftspolitischen Paradigmenwechsels Mitte der 70er Jahre ging auch der autoritäre Entwicklungsstaat in Lateinamerika zu einer neoliberalen Wirtschaftspolitik selektiver Weltmarktintegration über.

Ebenso uneinheitlich wie die konkreten Formen ökonomischer und politischer Entwicklung in den einzelnen Ländern, aber wie diese durch gemeinsame Strukturmerkmale verbunden, waren in der nun zu Ende gehenden Entwicklungsphase die Formen kriegerischer Gewalt. So gab es mit Ausnahme des kurzen Krieges zwischen El Salvador und Honduras in dieser Phase ausschließlich Antiregime-Kriege. Seit dem Ende des Zweiten Weltkrieges vollzogen sich diese innerstaatlichen Auseinandersetzungen vor dem Hintergrund des aufkommenden Ost-West-Konflikts, der zum vorherrschenden Interpretationsrahmen auch für die politisch-sozialen Konflikte Lateinamerikas wurde. Die kubanische Revolution von 1959 tat ein übriges, diesem ideologischen Konflikt ein lateinamerikanisches Gesicht zu verleihen. Diese Revolution galt vielen als „Sieg über den Imperialismus" und gab den Anstoß, sich in „focistischen" Guerillabewegungen[13] zu organisieren, während sie Regierungen und Militärs erlaubte, alle sozialen Emanzipationsbestrebungen unter dem Vorwand des Antikommunismus zu bekämpfen. Die vom Klima des Kalten Krieges geprägte Antwort der sich nun überall etablierenden Militärregime auf den bewaffneten Widerstand läßt sich in der „Doktrin der nationalen Sicherheit"[14] und den mit US-Hilfe durchgeführten „Counterinsurgency-

---

13   Als „focistisch" werden Guerillagruppen bezeichnet, die sich an der von Che Guevara entwickelten Focus-Theorie orientiert haben, die davon ausgeht, daß sich die soziale Revolutionen wie in Kuba erst aus dem bewaffneten Kampf heraus ergeben würde. In der Praxis scheiterte diese Strategie in den meisten Fällen an der mangelnden Unterstützung der Bevölkerung oder fehlenden Bündnisse mit anderen politischen oder gewerkschaftlichen Oppositionsgruppen.

14   hierzu später Näheres.

Programmen" zusammenfassen. Erfolgreich waren diese Maßnahmen aus deren Sicht insofern, als es bis Mitte der 70er Jahre gelang, die meisten Guerillabewegungen militärisch zu besiegen oder aufzureiben. Weit weniger erfolgreich war der autoritäre Entwicklungsstaat unter der Regie des Militärs ökonomisch und politisch. So waren auch die Demokratisierungsprozesse seit den 80er Jahren wesentlich das Ergebnis des Scheiterns der Militärregime (vgl. Bernecker/Tobler 1996: 73). Die unter neoliberalen Vorzeichen forcierte Wirtschaftspolitik in dieser dritten Phase postkolonialer Entwicklung der lateinamerikanischen Staaten war weitgehend ohne Verteilungseffekte geblieben, die innere Repression hatte alle partizipatorischen Ansätze unterdrückt und das außenfinanzierte Wirtschaftswachstum fand in der Schuldenkrise von 1982 seinen Höhepunkt.

> „Am Ende waren der partizipatorische Druck von unten, der Ruf nach distributivem Ausgleich, nach größerer Repräsentativität der staatlich-politischen Ordnung fühlbarer denn je" (Mols 1987:207).

Entsprechend fanden in den 80er Jahren auch die Versuche, Verteilungsgerechtigkeit, Partizipation und eine Öffnung der politischen Systeme mit Gewalt durch den Sturz der Regierungen zu erreichen, in der Bevölkerung größere Unterstützung, und die Guerilla konnte ihre focistische Isolierung zugunsten breiter Oppositionsbündnisse überwinden. Der Sieg der Sandinisten in Nicaragua 1979 stärkte die Hoffnung vieler oppositioneller Bewegungen, daß der bewaffnete Kampf erfolgreich geführt werden könne, mobilisierte aber auch den Widerstand von Militär und Regierungen und der Hegemonialmacht USA, die unter ihrem gerade an die Macht gekommenen Präsidenten Reagan nun wieder stärker in das Kriegsgeschehen eingriffen. Resultat war vor allem in Zentralamerika eine Intensivierung der Kämpfe und schließlich eine politische und militärische Patt-Situation, aus der heraus sich die Contadora-Initiative zur Befriedung der Region entwickelte. Das Abkommen von Esquipulas vom August 1987 bildete den Auftakt zu einer Reihe schließlich erfolgreicher nationaler Friedensprozesse, die die lang andauernden inneren Kriege in Mittelamerika bis 1996 formal beendeten. Damit sank das Kriegsniveau in Lateinamerika auf den niedrigsten Stand seit dem Ende des Zweiten Weltkriegs. Zu Beginn des 21. Jahrhunderts wurde schließlich nur noch der Dauerkonflikt in Kolumbien mit kriegerischen Mitteln ausgetragen.

4. Analyse des Kriegsgeschehen seit 1945

Die strukturgeschichtliche Darstellung hat die grundlegenden Konfliktlinien, sozialen Konstellationen und Mechanismen, Politik- und Handlungsmuster gezeigt, die den Gewaltkonflikten lateinamerikanischer Gesellschaften unterliegen. Diese Grundstrukturen machen sich – wenn auch in unterschiedlichem Ausmaß – in allen Gewaltkonflikten des 20. Jahrhunderts geltend. Sie sind das gemeinsame Erbe der Staaten Lateinamerikas und präformieren als strukturelle Ursachen die gesellschaftlichen Konflikte auf dem Subkontinent. Vor dem Hintergrund zeitgeschichtlicher Ereignisse, nationaler Besonderheiten und internationaler Einflüsse prägen sie sich zu individuellen Konflikten mit je eigenen Ursachenkonstellationen um. Die Singularität jedes Einzelfalls, die hier nicht zur Diskussion steht, läßt sich nur über detaillierte Fallstudien ermitteln. In Lateinamerika scheint das Maß an Gemeinsamkeiten größer und das Gewicht der strukturellen gegenüber den individuellen Ursachen höher zu sein als in anderen Weltregionen. Immer wieder tauchen dieselben Grundkonstellationen sozialer Konflikte auf, die zu Kriegen eskalieren. Bisweilen scheint es, als würden die Protagonisten der Konflikte von Fall zu Fall nur ihre Namen ändern.

Blickt man nun auf das Kriegsgeschehen der Jahre 1945 bis 2002, so zeigen sich zwischen den individuellen und den strukturellen Ursachen eine Reihe globaler und regionaler Einflüsse, die eine gewisse Periodisierung der lateinamerikanischen Kriege erlauben. So läßt sich das Kriegsgeschehen in Lateinamerika – zumindest grob – in drei Phasen einteilen[15], die durch unterschiedliche Konfliktkonstellationen gekennzeichnet sind: Die erste Phase reichte von 1945 bis zur kubanischen Revolution 1959. In diese Phase bürgerlich-antioligarchischer Reformbestrebungen fallen acht der 30 lateinamerikanischen Kriege. Mit dem Sieg der kubanischen Revolutionäre 1959 hatte der Kalte Krieg endgültig Lateinamerika erreicht und polarisierte die gesellschaftlichen Auseinandersetzungen zusätzlich. Für die Protagonisten der Konflikte dieser zweiten Phase wurde die ideologische Struktur des Ost-West-Konflikts zum alles beherrschenden Interpretationsrahmen ihrer Fremd- und Selbstwahrnehmung. Es begann eine Phase „revolutionärer" Guerillakriege, die Mitte der 70er Jahre zu Ende ging, ohne daß es den Aufständischen irgendwo gelungen wäre, die etablierten Regime zu stürzen. Die dritte Phase bildet vor allem in Zentralamerika den Höhepunkt kriegerischer Gewalt seit 1945. Die Gewaltkonflikte wurden nun mit deutlich breiterer Beteiligung der Bevölkerung geführt. Die Zahl der Opfer und die Brutalität der Konflikte wuchs, ohne daß sich der Sieg einer Seite abzeichnete. Kriegsmüdigkeit und militärische

---

15 Vergleiche zu dieser Phaseneinteilung auch Kurtenbach 1996. Mit dieser Einteilung soll nicht der Eindruck erweckt werden, es handle sich um feste Grenzen zwischen den Phasen oder gar um eine Stufenfolge von Entwicklungen. Sie dient lediglich dazu, bestimmte Merkmale des Kriegsgeschehens herauszustellen, die in einzelnen Phasen stärker hervortreten als in anderen. Eine restlose Unterordnung einzelner Kriege unter eine solche Periodisierung ist weder beabsichtigt noch möglich.

Patt-Situation waren die Voraussetzungen für eine Reihe von Friedensprozessen, durch die ab 1987 viele Kriege beendet werden konnten. In diese dritte Phase fallen auch die meisten zwischenstaatlichen Kriege.

Der entwicklungspolitische Hintergrund für *die erste Phase lateinamerikanischer Kriege* nach 1945 war das Wegbrechen der Exportmärkte infolge der Weltwirtschaftskrise 1929 und des Zweiten Weltkriegs, was in Lateinamerika eine verstärkte Entwicklung nach innen zur Folge hatte. Die Wachstumsimpulse stärkten Umfang und politisches Gewicht der Mittelschichten und ließen vor allem in Südamerika eine gut organisierte städtische Arbeiterschaft entstehen. Zugleich nahm die Attraktivität des sozialistischen Gesellschafts- und Entwicklungsmodells durch die Modernisierungserfolge in der Sowjetunion und den Sieg über den Faschismus zu, und auch die am Keynesianismus orientierte Wirtschaftspolitik im Westen und der New Deal in den USA förderten sozialpolitisch fortschrittliche Bestrebungen. Ganz unabhängig vom Entwicklungsstand kam es so in ganz Lateinamerika zu reformorientierten Bewegungen und einer Phase demokratischer Öffnung, die jedoch überall auf Widerstand der tradierten Macht- und Herrschaftsverhältnisse stieß und in vielen Fällen zum Scheitern der Reformbestrebungen führte. Aus dieser Grundkonstellation heraus lassen sich auch die Kriege dieser Phase erklären.

Der erste Krieg in Lateinamerika nach dem Ende des Zweiten Weltkriegs begann 1946 in *Bolivien*. Er mündete 1952 in die Bolivianische Revolution, die neben der mexikanischen Revolution (1910), der kubanischen Revolution (1959) und der nicaraguanischen Revolution (1979) als eine von vier erfolgreichen Revolutionen in Lateinamerika im 20. Jahrhundert angesehen wird. Bolivien war eines der rückständigsten und instabilsten Länder Lateinamerikas. Bis zum Sieg der Aufständischen 1952 kontrollierten wenige Großgrundbesitzer 95 Prozent des Landes; für die indianische Bevölkerungsmehrheit existierten in einigen Regionen noch Fronarbeitsverhältnisse, und über 90 Prozent der Bevölkerung waren vom Wahlrecht ausgeschlossen. Zwischen den verschiedenen Cliquen der schmalen Führungsschicht herrschte ein permanenter Machtkampf um staatliche Pfründe, was seit der Unabhängigkeit des Landes 1825 zu rund 190 gewaltsamen Umstürzen von Regierungen geführt hat. Es waren zwei Ereignisse, die die Hegemonie der Agrar- und Exportoligarchie ins Wanken brachten: die dramatischen Einbrüche der Exportökonomie infolge der Weltwirtschaftskrise und des Zweiten Weltkrieges und der verlorene Chaco-Krieg (1932-35) gegen Paraguay. Hohe Verluste und Gebietsabtretungen lösten eine nationale Erschütterung aus, die sich in sozialrevolutionäre Forderungen nach Ablösung der diskreditierten Führungseliten umsetzte. Einer zunächst reformistischen Bewegung der städtischen Mittelschichten schlossen sich rasch untere Ränge des Militärs, Intellektuelle und schließlich auch die organisierten Minenarbeiter und landlose Campesinos an, was mit einer Radikalisierung der politischen Ziele einherging. Organisatorischer Ausdruck dieses Bündnisses war die „Revolutionäre Nationalistische Bewegung" MNR, die zu einer Massenbewegung anwuchs. Unter dem Einfluß militanter Mineros kam es seit 1946 zu einer steigenden Zahl blutiger Streiks, Revolten und zum Teil zu schweren Kämpfen mit dem Militär. Die oligarchische Allianz aus Bergbaubaronen, Großgrundbesitzern und Militärs widerstand den Angriffen jedoch bis zur Flucht führender Offiziere ins Ausland. Die kopflose Armee ergab sich daraufhin den aufständischen Milizen. Die MNR-Regierung erließ ein umfangreiches Reformwerk, das die Auflösung der Streitkräfte, eine radikale Landreform, die Verstaatlichung der Zinnminen und die vollen Bürgerrechte für die Indios umfaßte. Zwar änderten sich die politischen Praktiken unter der Revolutionsregierung kaum, und die MNR-Regierung hinterließ nach ihrem Sturz 1964 ein nur schwaches demokratisches Institutionengefüge – die Reformen aber wurden von den nachfolgenden Regierungen nicht rückgängig gemacht, und die „nationale Revolution" wurde zum Identifikationspunkt bolivianischer Politik.

Auch *Paraguay*, wo es 1947 zu einem siebenmonatigen heftigen Bürgerkrieg kam, gehörte zu den rückständigsten und am stärksten durch Gewalt geprägten Staaten Lateinamerikas. So verdankt das Land seine heutigen Grenzen nicht allein dem Unabhängigkeitskampf (1811-13), sondern auch zwei großen Kriegen gegen seine Nachbarstaaten: dem Krieg gegen die Dreierallianz Brasilien, Argentinien und Uruguay (1865-70), dem mit 800.000 Toten weit über die Hälfte der Bevölkerung zum Opfer fiel und durch den das Land ein Viertel seines Territoriums einbüßte, sowie dem Chaco-Krieg gegen Bolivien (1932-35), dessen Gebietsgewinne mit 35.000 Toten bezahlt werden mußten. Auch die innere Entwicklung war seit der Unabhängigkeit von andauernder Gewalt zwischen lokalen Caudillos und ihren rivalisierenden Klientelverbänden geprägt. An der Einheit von Politik und Gewalt änderte auch das Zweiparteiensystem wenig, über das sich die unterschiedlichen Interessen der herrschenden Oligarchien seit den 1880er Jahren zu artikulieren suchten. Zwar repräsentierten die „konservativen" Colorados eher die Interessen von Großgrundbesitz, Armee und Auslandskapital, die „Liberalen" dagegen stärker das aufkommende Handelsbürgertum, feste Bindungen oder programmatische Orientierungen aber gab es nicht. Die Parteien waren nur Ausdruck der beginnenden Differenzierung und des allmählichen Wandels im sozialen Herrschaftsgefüge und dienten als Plattform loser Interessenkoalitionen. An der politischen Instabilität und den vertikalen Loyalitätsbindungen und Mobilisierungsmustern änderte sich kaum etwas. Aufstände und Putschversuche blieben während der Regierungszeit der Colorados (1870-1904) und der Liberalen (1904-36) an der Tagesordnung. Selbst innerhalb der jeweiligen Regierungspartei kam es zu ständigen bewaffneten Auseinandersetzungen zwischen unterschiedlichen „Fraktionen". Der Bürgerkrieg von 1947 war von daher auch nur ein besonders heftiger Ausbruch von Interessengegensätzen, durch den die bis heute regierende Colorado-Partei wieder an die Macht gelangte. Dem Krieg vorausgegangen war der Sturz der bis dahin regierenden Liberalen, die nach dem Chaco-Krieg unter erheblichen Druck neuer populistisch-antioligarchischer Bewegungen geraten waren. An deren Spitze hatte sich eine nationalistisch gesinnte Gruppe von Offizieren gesetzt, die selbst aus den Reihen der Liberalen kamen und mit einem sozialen Reformprogramm breite Unterstützung in der Bevölkerung fanden. Die Konsolidierung des Reformkurses scheiterte jedoch an einem militärischen Gegenputsch, dem im unmittelbaren Vorfeld des Krieges von 1947 erneute Reformbestrebungen folgten, denen durch Militär und Milizen der Colorado-Partei ein Ende bereitete wurde. Entscheidend an der im Detail verworrenen Vorgeschichte des Krieges ist aber nicht die konkrete Konstellation der Konfliktparteien. Denn der Griff zur Gewalt erklärt sich nicht aus den unterschiedlichen Interessen „konservativer", „liberaler" oder „reformorientierter" Gruppierungen, sondern aus der politischen Kultur des Landes, die durch ein patrimoniales Staatsverständnis, caudillistische Traditionen, militanten Nationalismus und die enge Verbindung von Politik und Gewalt geprägt war. Daß sich sozialer Wandel unter diesen Voraussetzungen nur gewaltsam vollzieht und echte Reformbestrebungen zum Krieg eskalieren können, zeigt sich auch in anderen Staaten Lateinamerikas.

In *Kolumbien* hatte sich Mitte des 19. Jahrhunderts ebenfalls ein Zweiparteiensystem aus „Liberalen" und „Konservativen" gebildet, in dem sich die stark regional gebundenen Teile der Oligarchie des Landes organisierten. Eine zentrale Ordnungsmacht fehlte weitgehend, und den Parteien gelang es nicht, die zahllosen Bürgerkriege, lokalen und regionalen Konflikte der Nachunabhängigkeitsphase einzudämmen. Im Gegenteil, die Parteien und ihre Milizen wurden selbst zu Hauptkontrahenten im Kampf um die Staatsmacht. Die klientelistische Einbindung der Bevölkerung und der Zwang zur Parteinahme spalteten das Land bald in zwei Lager und bezog so große Teile der Bevölkerung in die Gewaltkonflikte ein, was den hohen Blutzoll der Auseinandersetzungen erklärt. Die sogenannte Violencia von 1948 bis 1957, in der über 200.000 Menschen zu Tode kamen, war der letzte und blutigste Bürgerkrieg zwischen Konservativen und Liberalen. Gleichwohl kann dieser Krieg nur noch zum Teil als traditionelle Auseinandersetzung innerhalb der Oligarchie um die Kontrolle des Staatsapparates angesehen werden. Der Zusammenbruch der Weltwirtschaft und die Krise des exportorientierten Entwicklungsmodells hatten auch in Kolumbien zu wirtschaftlichen und sozialen Strukturveränderungen geführt. Es entstanden neue soziale Akteure – Gewerkschaften, linke Parteien und Bauernbewegungen – die die alten Herrschaftsbeziehungen in Frage stellten und die Abschaffung des oligarchischen Systems zum Ziel hatten. Im Laufe der Violencia verwandelte sich der Kampf zweier Oligarchiefraktionen zu einem Kampf um die oligarchische Ordnung. Deren Bedrohung durch die kommunistischen und Campesino-Guerillagruppen führte 1957 zum Zusammenschluß der Oligarchie in der Nationalen Front. In diesem Machtteilungssystem wurden alle Posten und Pfründe auf nationaler, regionaler und lokaler Ebene zwischen den beiden Parteien aufgeteilt, und das Präsidentenamt wechselte alle vier Jahre, was den völligen Ausschluß aller anderen politischen Kräfte vom Zugang zur Macht bedeutete. Der alte Intraelitenkonflikt fand auf diese Weise zwar eine politische Lösung, zugleich aber wurde damit der Boden bereitet, daß die nach wie vor ungelösten Konflikte um sozialen Ausgleich, politische Partizipation und Teilhabe am gesellschaftlichen Wohlstand zu neuer Gewalt führten. Vor allem in den ländlichen Gebieten hörten die Gewaltkonflikte nie vollständig auf. Aber erst mit der Reorganisation der Guerilla Mitte der 60er Jahre eskalierte die Gewalt in Kolumbien erneut zu einem bis heute andauernden Kriegszustand.

Auch in *Costa Rica*, wo 1948 und 1955 zwei kurze kriegerische Konflikte stattfanden, hatten die Weltwirtschaftskrise und der Ausfall der europäischen Märkte nach Beginn des Zweiten Weltkriegs die Grenzen des Agrarexportmodells deutlich gemacht. Die dramatischen Einbrüche der traditionellen Kaffee- und Bananen-Exportökonomie hatten zwischen den politischen Parteien zu Differenzen über den Kurs der Wirtschafts- und Sozialpolitik geführt. Im Gegensatz zu Bolivien, Paraguay und Kolumbien aber war Costa Rica ein politisch vergleichsweise stabiles und von sozialen Gegensätzen wenig geprägtes Land. Als Erbe bäuerlicher Kolonisierung waren hier schon früh eine breite Mittelschicht und eine differenzierte Sozialstruktur entstanden, die weder große besitzlose Schichten noch eine ländliche Oligarchie kannte. Soziale Einrichtungen, demokratische Institutionen und integrative Herrschaftsmethoden sicherten die politische Stabilität und die Konsolidierung der verfassungsmäßigen Ordnung. Gewerkschaftlichen Organisationen wurden legale Handlungsspielräume zuerkannt, ohne daß diese gegenüber den etablierten Parteien die Rolle substitutiver politischer Machtgruppen einnahmen. Auch militärische Machtgruppen fehlten. Warum es vor diesem Hintergrund überhaupt zu gewaltsamen Auseinandersetzungen zwischen Anhängern der Regierung und der Opposition kam, mag verwundern und ist auch nicht restlos zu klären. Auslöser des bewaffneten Konfliktes jedenfalls war die Annullierung der Wahlen von 1948 durch den bisherigen Präsidenten und Wahlverlierer Picado von der Republikanischen Partei wegen angeblicher Wahlmanipulation der siegreichen sozialdemokratischen und konservativen Oppositionsparteien. Ein gewichtiger Grund für den Griff zur Gewalt war sicherlich die scharfe ideologische Zuspitzung der innenpolitischen Auseinandersetzungen durch den beginnenden Kalten Krieg. Denn die bisherige Regierung hatte ihre soziale Reformpolitik in einer Allianz mit der starken Kommunistischen Partei durchgesetzt, gegen deren Einfluß sich vor allem der Sozialdemokrat Figueres wandte. Die Kämpfe, die nach der Wahl zwischen Milizen der verschiedenen Parteien ausbrachen, konnten nach gut einem Monat durch Vermittlung des Diplomatischen Corps beigelegt werden. Figueres wurde Chef einer Interimsregierung, kommunistische und republikanische Partei wurden verboten, ihre Anhänger waren Repressionen ausgesetzt. Noch zwei Mal, im Dezember 1948 und 1955, versuchten in das Nachbarland Nicaragua geflohene Anhänger der Republikaner mit Unterstützung des dortigen Somoza-Regimes erfolglos, die Regierung Figueres zu stürzen. Der Bürgerkrieg bedeutete zwar einen tiefen Einschnitt in der politischen Geschichte des Landes, gleichwohl gelang es nach 1948, die historisch gewachsenen demokratischen Strukturen wieder zu stabilisieren.

In *Guatemala* dagegen fehlte jede demokratische Tradition. Wie in den anderen Staaten Zentralamerikas war die Unabhängigkeit des Landes nicht Resultat einer nationalen Erhebung, sondern wurde von der oligarchischen Herrschaftselite durchgesetzt, die die Verhältnisse der Kolonialzeit zur Grundlage des unabhängigen Staates machte. Es war die typische Form oligarchisch-caudillistischer Herrschaft mit ständigen Gewaltkonflikten innerhalb der Herrschaftelite um die Kontrolle des Staatsapparates, die auch durch die „Traditionsparteien" der „Liberalen" und „Konservativen" nicht eingedämmt werden konnten – mit Expansionskriegen gegen Nachbarstaaten, Auseinandersetzungen um Landbesitz und sporadischen Indio-Aufständen. Das klassische oligarchische Herrschaftsmodell endete mit der bürgerlichen Reformperiode 1944-54. Der Sturz des letzten Caudillos, Juan Ubico (1931-44), war die Konsequenz der weltwirtschaftlich verursachten Krise des Landes, des internationalen Reformklimas am Ende des Zweiten Weltkrieges und des zunehmenden Drucks städtischer Mittelschichten, intellektueller Kreise und reformorientierter Teile des Militärs. Es waren diese sozialen Gruppen, die in den ersten freien Wahlen des Landes den Philosophieprofessor Juan José Arévalo mit überwältigender Mehrheit zum Präsidenten wählten. 1951 übergab Arévalo – zum ersten Mal in der Geschichte Guatemalas – das Amt verfassungsgemäß an seinen gewählten Nachfolger Jacobo Arbenz. Arbenz setzte die Reformpolitik bis zum Militärputsch im Juni 1954 fort, der dem „guatemaltekischen Frühling" ein gewaltsames Ende bereitete. Die Gewalt wurde nicht durch die Radikalität der Reformen provoziert, deren Kernstücke eine Landreform, ein binnenmarktorientiertes kapitalistisches Industrialisierungsprogramm und sozialpolitische Maßnahmen waren; sie war vielmehr das letzte Mittel einer durch den Wandel bedrohten Oligarchie, die nun mit ausländischer Hilfe versuchte, ihre Privilegien zu verteidigen. Als im Rahmen der Agrarreform 1953 auch die Enteignung brachliegender Ländereien der United Fruit Company durchgeführt werden sollte, bezichtigten die USA die Regierung des Kommunismus und organisierten den Umsturz durch rechte Militärs. Nach der Bombardierung der Hauptstadt trat Arbenz zurück, um weiteres Blutvergießen zu verhindern. Die Reformmaßnahmen wurden zurückgenommen, Gewerkschaften und Bauernorganisationen zerschlagen, und das Militär stieg zu einem institutionalisierten politischen Machtfaktor auf, der die weitere Geschichte des Landes nachhaltig prägen sollte. Zugleich aber hatte die Reformperiode den Menschen die Erfahrung gebracht, daß sozialer Wandel möglich ist. Für die Opposition und für die Guerilla der 60er und 80er Jahre wurde sie zum Referenzpunkt ihres politischen und militärischen Kampfes.

In der Reformperiode Guatemalas und ihrem gewaltsamen Ende zeigen sich die Akteure und die Konfliktkonstellation dieser Phase lateinamerikanischer Entwicklung nahezu idealtypisch: Weltwirtschaftliche und internationale Entwicklungen hatten Veränderungen der wirtschafts- und gesellschaftspolitischen Verhältnisse begünstigt und den neuen Mittelschichten und anderen gesellschaftlichen Reformkräften Auftrieb gegeben, ihren politischen Spielraum gegenüber dem alten Herrschaftskartell aus Oligarchie, Militär und Klerus zu nutzen. In ganz Lateinamerika resultierten hieraus Versuche, eine grundlegende Veränderung der etablierten Herrschaftsverhältnisse herbeizuführen. Sozialpolitischer und demokratischer Fortschritt und autoritäre Rückschläge aber lagen – wie die Gewaltkonflikte dieser Zeit belegen – noch dicht beieinander. Mit der zunehmende Überlagerung der sozialen Auseinandersetzungen durch den Ost-West-Konflikt wurden die Chancen erfolgreicher Reformpolitik erheblich gemindert. Die Polarisierung der Konflikte nahm zu, und die Vereinigten Staaten betrachteten jede Veränderung der sozialen Kräfteverhältnisse nun als Verschiebung des weltpolitischen Gleichgewichts. Immer häufiger griffen sie auf seiten der alten Herrschaftseliten in die inneren Konflikte ein und trugen so zur Konservierung der überkommenen Verhältnisse und zum Machterhalt der alten Eliten bei. Voll zum Tragen kamen die Auswirkungen gescheiterter Reformbemühungen und des Kalten Krieges für Lateinamerika aber erst nach der kubanischen Revolution, mit der die *zweite Phase lateinamerikanischer Kriegsentwicklung* begann.

Auf *Kuba* hatte sich eine zunächst kleinbürgerlich-intellektuelle Opposionsgruppe unter Fidel Castro gegen das durch einen Militärputsch 1952 an die Macht gelangte Batista-Regime radikalisiert, wurde aber nach einem mißglückten Anschlag auf eine Kaserne weitgehend aufgerieben. Nach Gefängnisaufenthalt und Amnestie ging Castro nach Mexiko ins Exil. Dort stellte er eine Gruppe von Rebellen zusammen, unter ihnen Che Guevara, die bereit waren, den bewaffneten Kampf gegen das Batista-Regime aufzunehmen. Im Dezember 1956 landete die kaum 80 Mann umfassende Rebellengruppe im Osten Kubas, wo sie in Kämpfen mit dem Militär zunächst deutlich dezimiert wurde. In der wechselvollen Geschichte von gewaltsamen Konflikten und Umstürzen, Aufständen, Revolten und US-Interventionen, die die Zuckerinsel seit dem Ende spanischer Kolonialherrschaft erlebt hatte, wäre dies nicht weiter bemerkenswert. Bemerkenswert und für die Geschichte der Guerilla in Lateinamerika folgenreich war, daß es Castro und Guevara im Laufe von drei Jahren gelang, die Rebellengruppe auf 50.000 Kämpfer zu vergrößern (vgl. Bethell 1993: 93), Batista zu vertreiben, die Macht in Havanna zu übernehmen, den Vereinigten Staaten als den heimlichen Herren der Insel durch sozialrevolutionäre Maßnahmen und sozialistische Rhetorik die Stirn zu bieten und die Schweinebucht-Invasion vom April 1961 für die USA zu einem Desaster werden zu lassen.[16]

Der doppelte Sieg der sozialrevolutionären Guerilla über das verhaßte Regime und über die heimlichen Machthaber der Insel wirkten auf die Oppositions- und Guerillabewegungen Lateinamerikas wie ein Fanal. Mit einem Schlag hatte die kubanische Revolution die Möglichkeit des militärischen Sieges über die alte Herrschaftselite, der Überwindung der Hegemonialmacht USA und den Sozialismus als gesellschaftspolitische Alternative vor Augen geführt. Man schien nichts zu brauchen als eine Handvoll Rebellen mit revolutionärer Gesinnung und ein paar Gewehre, um die Unterstützung der Bevölkerung zu gewinnen und die soziale Revolution einzuleiten. Besonders attraktiv war diese Vorstellung für junge, meist männliche Erwachsene der Mittel- und Oberschicht, die einen Großteil der Guerilleros der 60er Jahre stellten (vgl. Wickham-Crowley 1992: 19ff.). Vor allem in den entwickelteren Staaten Südamerikas wie in Argentinien, Uruguay, Brasilien und Chile führte die kubanische Revolution auch zum Entstehen sogenannter Stadtguerilla. Eine breite Unterstützung von seiten der Bevölkerung konnte die focistische Guerilla der 60er Jahre aber nirgendwo erreichen. Und so teilten die aufständischen Gruppen dieser Phase meist das Schicksal ihres Vorbildes Che Guevara, der nach dem aussichtslosen Versuch, das bolivianische Militärregime zu stürzen, im Oktober 1967 mit einer Handvoll Rebellen gestellt und getötet wurde. Mit Ausnahme der kubanischen Revolution konnte keiner der Kriege dieser Phase von seiten der Guerilla siegreich beendet werden.

---

16 Als Höhepunkt einer umfassenden Destablisierungskampagne der USA mit dem Ziel, Castro zu stürzen, landeten am 17. April 1961 1300 Exilkubaner unter Führung der CIA in der Bahia de Cochinos (Schweinebucht) an der Südküste Kubas. Die CIA hatte damit gerechnet, daß die Invasion einen Aufstand der Castro-Gegner auslösen würde. Bei ihrem Vorstoß nach Havanna trafen die Invasoren jedoch auf erbitterten Widerstand der Bevölkerung und mußten sich nach dreitägigen Kämpfen ergeben. 1100 Gefangene wurden gegen die Lieferung von Lebensmitteln und Medikamenten im Wert von 50 Millionen US-Dollar in die USA zurückgeschickt.

In *Guatemala* (1962-68) beispielsweise hatten sich verschiede focistische Guerillagruppen zusammengeschlossen, um das Militärregime zu stürzen und politisch an die Reformperiode der 1954 gestürzten Regierung Arbenz anzuknüpfen. Die Zerschlagung der Guerilla mit Hilfe US-amerikanischer Counterinsurgency-Maßnahmen gelang vor allem deshalb, weil die militärischen Aktionen der Aufständischen ohne Verbindung zum politischen Kampf der städtischen Protestbewegungen blieb. Auch in *Peru* (1965-66) gelang es den im städtisch-intellektuellen Milieu der Küstenregion verankerten Guerilleros nicht, die andine Indio-Bevölkerung mit ihren Vorstellungen einer sozialistischen Revolution nach kubanischem Vorbild zu mobilisieren – sie sprachen nicht einmal deren Sprache. Auch eine Verbindung mit den lokalen Bauernbewegungen scheiterte. Die Guerilla konnte innerhalb weniger Monate militärisch besiegt werden. Auch der Krieg in der *Dominikanischen Republik* (1965) war stark von der kubanischen Revolution beeinflußt. Zwar waren an dem Bürgerkrieg keine Guerillagruppen, sondern rivalisierende Fraktionen des Militärs beteiligt. Die Konstellation der Konfliktparteien aber entsprach dem bekannten Muster: Dort hatten sich junge Offiziere an die Spitze einer städtischen Protestbewegung gesetzt, die die Wiedereinsetzung des 1963 gewählten „sozialdemokratischen" Präsidenten Juan Bosch forderten, der nach einjähriger Amtszeit vom Militär gestürzt worden war. Doch als sich die Niederlage der alten Militärelite abzeichnete, die bereits unter der Familiendiktatur des Trujillo-Regimes (1930-61) gedient hatte, beendeten die USA den Bürgerkrieg durch eine massive Militärintervention, die die Kontinuität der alten Machtstrukturen sicher stellte.

Anders als in der Dominikanischen Republik und den anderen kriegsbetroffenen Staaten dieser Phase gelang es in *Venezuela,* die Guerilla im Anschluß an den Bürgerkrieg (1963-67) zu reintegrieren. Ausgangspunkt des bewaffneten Konfliktes in Venezuela war der Sturz der Diktatur von General Pérez Jiménez durch einen Volksaufstand 1958. Als der nachfolgend gewählte Exilpolitiker und Hoffnungsträger Betancourt die Reformerwartungen nicht erfüllte, nahm eine von der kommunistischen Partei und Teilen des Militärs mit getragene Guerillabewegung den bewaffneten Kampf auf. Nach ihrer militärischen und politischen Niederlage konnte die Guerilla über eine Amnestie reintegriert werden. Grundlage hierfür war vor allem der seit den 60er Jahren wachsende Ölreichtum des Landes, der die Integration größerer Bevölkerungsteile über eine erhebliche Ausdehnung des Staatssektors ermöglicht und so der Guerilla politisch den Boden entzogen hatte. In anderen Staaten wie etwa in Chile, waren Maßnahmen zur politischen und wirtschaftlichen Integration der Hauptgrund dafür, daß Versuche, den bewaffneten Kampf zu organisieren, von vornherein erfolglos blieben (vgl. Kurtenbach 1991: 113f.). Wo dagegen Reformen zur nationalen Integration blockiert oder Erwartungen enttäuscht wurden und die distributiven Fähigkeiten des Staates nachließen, stieg gerade unter den Vorzeichen des Kalten Krieges die Wahrscheinlichkeit einer unversöhnlichen Polarisierung der politischen Kräfte.

In *Argentinien* war dies der Fall. Dort bildete die Vorstellung, Austragungsort eines kommenden Weltkrieges zwischen Ost und West zu sein, den zentralen Referenzpunkt für die Protagonisten des Bürgerkriegs (1969-77) und der nachfolgenden Terrorherrschaft des Militärs. Nach 50 Jahren politisch-institutioneller Stabilität leitete der Militärputsch von 1930 hier eine Phase verschärfter politischer Auseinandersetzungen ein. Das politische System war instabil, zersplittert, schwach institutionalisiert und durch Verteilungskämpfe gekennzeichnet, die mit allen Mitteln ausgetragen wurden. Gleichwohl ermöglichten rasches Wirtschaftswachstum und eine starke Gewerkschaftsbewegung die stufenweise politische und soziale Integration großer Bevölkerungsteile. Die Amtszeit der populistisch-diktatorischen Regierung Juan Domingo Perón (1943-55) bildete den Höhepunkt und zugleich das Ende dieser Entwicklung. Nach dem gewaltsamen Sturz Peróns durch Teile des Militärs wurde der Peronismus für viele zum Symbol und Identifikationsobjekt für größere soziale Gerechtigkeit und politische Partizipation. Es folgten Jahre voller Unruhen, provisorischer Präsidentschaften und miliärischer Umstürze, bevor sich Ende der 60er Jahre unter erneuter Militärherrschaft zwei Guerillabewegungen aus verschiedenen linken und peronistischen Gruppen entwickelten: die trotzkistisch-revolutionäre ERP, der ein „sozialistisches Vaterland Lateinamerika" vorschwebte, und die linksperonistischen Monteneros mit ihren eher verschwommenen sozialistisch-nationalistischen Zielsetzungen, denen es darum ging, den im Exil lebenden Perón wieder an die Macht zu bringen. Als die erneute Präsidentschaft Peróns ab 1973 den Monteneros weder die erhoffte Machtbeteiligung noch einen Politikwechsel brachte, erhielt die Guerilla massiven Zulauf. Die folgenden zwei Jahre erreichte der Guerillakampf, aber auch die parastaatliche Gewalt rechter Todesschwadronen ihren Höhepunkt. Nach der erneuten Machtergreifung des Militärs wurde die Guerilla schnell zerschlagen. Der staatliche und parastaatliche Terror gegen jede Form von Opposition aber prägte das Land noch bis in die 80er Jahre hinein (vgl. Moyano 1990). Das Ende der brutalen Militärherrschaft in Argentinien wurde erst durch die Niederlage im Falkland-Krieg besiegelt.

In *Kolumbien* wurden in dieser Phase drei Kriege begonnen. Dort hatte die Violencia keines der sozialen Grundprobleme des Landes gelöst. Im Gegenteil. Das aus ihr hervorgegangene exklusive Machtteilungssystem der aus „Konservativen" und „Liberalen" gebildeten Nationalen Front hatte alle Forderungen oppositioneller Kräfte nach gesellschaftlicher Partizipation und einer Agrarreform ins politische Abseits verwiesen. Vor allem auf dem Lande, wo der bewaffnete

Kampf auch nach dem Ende der Violencia nie ganz aufgehört hatte, entstanden aus der perspektivlosen Situation seit Anfang der 60er Jahre mehrere Guerillagruppen unterschiedlicher Ausrichtung, von denen zwei, FARC und ELN, bis heute militärisch aktiv sind. Mitte der 60er Jahre eskalierte deren Kampf zu zwei unabhängig voneinander geführten Antiregime-Kriegen. Die aus der Tradition bäuerlicher Selbstverteidigung entstandene FARC war zwar von vornherein keine nationale Alternative, sondern eine lokale Macht, die ihre Legitimation ursprünglich aus dem Schutz der bäuerlichen Bevölkerung vor Übergriffen des Militärs und der Gewalt der Großgrundbesitzer bezog. In den von ihr kontrollierten Gebieten zieht sie heute „Revolutionssteuern" von Unternehmen ein und „besteuert" auch den Kokaanbau. Auch die ihrem Ursprung nach städtisch-intellektuelle ELN verlagerte ihre Operationsbasis rasch in die ländlichen Regionen. Ihrer focistischen Orientierung folgend hatte sie sich aber den Sturz des Systems zum Ziel gesetzt. Seit ihrer fast völligen Zerschlagung durch das Militär Anfang der 70er Jahre hat sie sich zu einer vor allem am Selbsterhalt orientierten und auf Entführungen und Schutzgelderpressung von multinationalen Ölkonzernen spezialisierten Gruppe gewandelt. Heute läßt sich dieses Eigeninteresse nur noch schwer hinter den politischen Forderungen nach demokratischer Partizipation und Nationalisierung der Bodenschätze verbergen. In beiden Fällen hat also eine weitgehende Entkoppelung des Kampfes von den ursprünglichen Zielen und eine Verselbständigung der Gewalt durch die Drogen-, Schutzgeld- und Entführungsökonomie stattgefunden. Die Abschöpfung dieser Gewaltrenten ist neben der starren Haltung der Regierung und dem Problem rechter paramilitärischer Gruppen der entscheidende Grund für die Persistenz der innerstaatlichen Kriege in Kolumbien.[17]

In dieser zweiten Phase lateinamerikanischer Kriegsentwicklung blieb Kolumbien mithin das einzige Land, wo es nicht gelang, die Guerilla militärisch zu besiegen. Für die Schwäche und Erfolglosigkeit der meisten aufständischen Bewegungen waren vor allem drei Faktoren verantwortlich: ihre mangelnde Verankerung in der Bevölkerung, ihre eigene Verfangenheit in den Traditionen Lateinamerikas sowie die Überlagerung der sozialen Konflikte durch den Kalten Krieg.

Die geringe Verankerung der meisten Guerillabewegungen zeigt sich schon in ihrer sozialen Zusammensetzung: Denn die Guerilla war in erster Linie die Kampf- und Protestform radikalisierter jugendlicher Mitglieder des Bürgertums. In ihrer Mehrheit waren die Guerilleros weiße und ladinische Schüler und Studenten unter 30, die in den städtischen Bereichen durch Akademiker, mittlere und

---

17 Daß eine Eingliederung der Guerilla auch in Kolumbien möglich ist, hat später die Amnestie und politische Integration der M-19-Guerilla gezeigt, die ihre Reformziele zwischen 1974 und 1990 mit Waffengewalt verfolgt hatte und sich bei den Wahlen 1990 vorübergehend als dritte politische Kraft etablieren konnte.

höhere Angestellte und Beamte, Lehrer, Geistliche und Angehörige des Militärs verstärkt wurden und auf dem Lande zum Teil auch Zulauf durch Angehörige der bäuerlichen Unterschichten erhielten (vgl. Waldmann 1982: 109ff.). Insgesamt aber blieb die Resonanz in den ländlichen und städtischen Unterschichten gering. Sie begegneten der Guerilla und ihren Methoden meist mit Skepsis und Gleichgültigkeit. Es waren also nicht die von den politischen und sozialen Verhältnissen am stärksten Betroffenen, die den bewaffneten Kampf gegen die herrschende Ordnung suchten, sondern Bevölkerungsgruppen, die unter den gegebenen Verhältnissen keine Realisierungschancen für alternative gesellschaftspolitische Entwicklungen sahen. Für sie waren die Spielräume innerhalb der tradierten lateinamerikanischen Herrschaftsverhältnisse gerade unter den diktatorischen Regimen und Militärregierungen dieser Zeit besonders eng. Hier waren auch der Polarisierungsdruck und die Lagerbildung zwischen Profiteuren und Leidtragenden der Regime besonders stark ausgeprägt. Dies beförderte vor allem in der focistischen Guerilla die Selbsteinschätzung, der politische und militärische Nukleus einer sich erst im Kampf entzündenden revolutionären Situation zu sein.

Die Polarisierung der politischen Kräfte im Innern fand ihre Entsprechung und weltpolitische Überhöhung in der bipolaren Struktur des Kalten Krieges. Der Kalte Krieg lieferte den Guerilleros auch den Interpretationsrahmen und das ideologische Rüstzeug, um die gesellschaftlichen Gegensätze zum Ausdruck zu bringen und mit einer Perspektive jenseits der tradierten Herrschafts- und Abhängigkeitsverhältnisse zu verknüpfen. Während die früheren, auch die postkolonialen Gewaltkonflikte vor allem solche innerhalb der traditionalen Ordnung waren und hier meist zwischen den Eliten ausgetragen wurden, wurde unter den Vorzeichen des Kalten Krieges erstmals die gesellschaftliche Ordnung selbst in Frage gestellt. Damit war zwar die Unantastbarkeit der bislang selbstverständlichen, gottgegebenen Ordnung aufgebrochen, die gesellschaftlichen Perspektiven aber waren nun mit der fiktiven Alternative zwischen Kapitalismus und Sozialismus verbunden. Der eigentliche Konflikt mit den überkommenen Herrschaftsverhältnissen verschwand hinter einer illusionären Interpretation, die allen Beteiligten den Blick auf die Realitäten verstellte.

Für die Guerilla wurde „Befreiung" nicht mit individueller Freiheit oder Gewaltenteilung, sondern mit (Welt)Revolution und der Aufhebung externer Abhängigkeit (besonders vom US-Imperialismus) in Verbindung gebracht. Mit den tatsächlichen Problemen der unterdrückten Bevölkerung, in deren Namen der revolutionäre Kampf geführt wurde, hatte die ideologische Welt des Kalten Krieges kaum etwas gemein. Die sozialen Konflikte wurden zu einem weltpolitischen Gegensatz überhöht, aus dem die lokalen Verhältnisse und alltäglichen Probleme ausgeschlossen blieben. Sie dienten eher der Propaganda und der Legitimation des eigenen Vorgehens. Mit den sozialen Realitäten verschwanden auch die Lösungsmöglichkeiten der Konflikte aus dem Blickfeld. Revolution und Konterrevolution hießen die Alternativen. Reformen, kleine Schritte oder Kompromisse waren aus dem Weltbild der Revolutionäre ausgeschlossen. Viele der sich als „kommunistisch" verstehenden Gruppierungen sahen dann auch in sozialreformerischen Konzepten und Bewegungen ihre größten Konkurrenten, so daß die Verbindung zu bestehenden bäuerlichen oder proletarischen Oppositionsbewegungen die Ausnahme blieb.

Die Kompromißlosigkeit und Verblendung, mit der der Kampf auf allen Seiten geführt wurde, verband sich zudem mit den autoritären Traditionen Lateinamerikas, denen auch die Guerilla verhaftet blieb.

> „In ihrem eigenen Verhalten ähnlich autoritär, dogmatisch und paternalistisch wie die Regierungen, die sie bekämpften, sahen sich die Guerilleros allein befähigt, die Wünsche und Bedürfnisse der Bevölkerung zu artikulieren und durchzusetzen. Diese Wahrnehmung und Interpretation der gesellschaftlichen Realität teilte die betroffene Bevölkerung offensichtlich nicht" (Kurtenbach 1996: 44).

Es war nicht nur diese elitäre Arroganz der jugendlichen Revolutionäre aus besserem Hause, die bereits im focistischen Charakter vieler Gruppierungen zum Ausdruck kam – auch der Mythos des Caudillo und die Tradition der Personalisierung der Politik lebten in der Guerilla fort. Mit ihrem individualistischen Voluntarismus verbunden war die Vorstellung des Alles oder Nichts und die Strategie der schnellen Machtergreifung. Diese Verfangenheit in der traditionell engen Verbindung von Politik und Gewalt verstellte der Guerilla zusätzlich den Blick auf die Möglichkeit, über Bündnisse und Reformen oder institutionelle Wege der Elitenablösung Politik zu gestalten. Unter den personalisierten Herrschaftsverhältnissen lateinamerikanischer Diktaturen und Militärregime lag die Vorstellung von der physischen Ausschaltung des Gegners allemal näher. Eine Alternative zu den gewohnten Politikmustern stellte sie allerdings nicht dar.

Die Guerilla scheiterte also nicht nur an der militärischen Überlegenheit ihrer Gegner, die häufig massive Unterstützung von seiten der Vereinigten Staaten erhielten. Jenseits aller Rhetorik, die die Selbst- und Fremdwahrnehmung der Aufständischen dieser Phase prägte, erwies sich die Guerilla in der Regel nicht als echte gesellschaftspolitische Alternative. Die eigene Verfangenheit in der politischen Kultur Lateinamerikas und im Habitus seiner Herrschaftseliten qualifizierte sie nicht für die Aufgabe, die lateinamerikanischen Gesellschaften von den Fesseln der Vergangenheit zu befreien. Aber die Dringlichkeit eines tiefgreifenden sozialen Wandels wurde überall deutlich, und die Idee einer sozialen Ordnung jenseits der traditionalen Herrschaftsverhältnisse war in der Welt. Für die Gegner der Guerilla, die herrschenden Eliten und die sie stützenden USA, waren dies er-

schreckende Perspektiven. Denn auch für sie war der Kalte Krieg zum Referenzpunkt des politischen und militärischen Kampfes geworden.

Für die USA war der Kampf gegen den Kommunismus seit der Truman-
Doktrin von 1947 zum zentralen Anliegen außenpolitischen Handelns geworden,
um die „freien Völker" gegen die Unterwerfung durch bewaffnete Minderheiten
oder Druck von außen zu schützen.[18] Unter den Vorzeichen des Kalten Krieges
sahen die USA die Dritte Welt als Hauptschlachtfeld des Ost-West-Konfliktes.
Außenpolitik gegenüber den Staaten der Dritten Welt wurde als Eindämmungs-
politik an den Fronten des Kalten Krieges verstanden und Militärhilfe als eines ihrer Hauptinstrumente angesehen. Gegen die revolutionären Tendenzen in Lateinamerika galt ihnen die Unterstützung der traditionalen Herrschaftseliten selbst
dann als Verteidigung der Freiheit gegen den „internationalen Kommunismus",
wenn es sich um brutale Militärregime oder Familiendiktaturen handelte. Vor allem nach der Schmach der Schweinebucht-Niederlage galten Counterinsurgency-
Programme als Mittel der Wahl, um ein „zweites Kuba" zu verhindern. Später,
besonders in den 80er Jahren wuchs die Interventionsbereitschaft durch das Konzept des „Low Intensity Warfare" (vgl. Klare/Kornbluh 1987). Die Amtszeit Rea-
gans (1981-89) bildete zugleich Höhepunkt und Schlußpunkt des Kalten Krieges.
In Lateinamerika fiel sie mit dem Höhepunkt der Kriegsentwicklung zusammen.

Die Regierungen und herrschenden Eliten sahen sich durch die politische,
militärische und finanzielle Unterstützung der Vereinigten Staaten in ihrem
Kampf um die Aufrechterhaltung der bestehenden Ordnung bestärkt. Für sie boten
die Polarisierungen des Kalten Krieges und die ideologische Codierung der sozialen Konflikte die Rechtfertigung, selbst bescheidene Reformversuche als
„kommunistisch" zu bekämpfen und das System der Selbstprivilegierung im Namen höherer Ziele zu verteidigen. Der Kampf gegen die Guerilla, aber auch gegen
Oppositionelle und Gewerkschafter, linke Parteien und Journalisten wurde mit
kompromißloser Härte geführt. Die Exklusion und Bekämpfung der inneren Fein-
de ließ in den 60er Jahren in vielen Ländern Todesschwadronen und paramilitärische Gruppen entstehen, die jenseits legaler Aufstandsbekämpfung durch Militär
und Polizei gegen Reformkräfte und Oppositionelle vorgehen konnten. Es waren
überwiegend Angehörige der Sicherheitskräfte, die mit stillschweigender Duldung
oder im Auftrag der Staatsorgane, aber befreit von allen rechtsstaatlichen Restriktionen die Vernichtung der Guerilla betrieben und mutmaßliche Sympathisanten
terrorisierten. Das Aufkommen parastaatlicher Gewaltakteure stand in engem Zu-

---

18   Das Ausmaß der geradezu phobischen Kommunistenangst auch innerhalb der USA zeigt die hy-
     sterische Verfolgung vermeintlicher Kommunisten in Öffentlichkeit und Verwaltungen während
     der McCarthy-Ära in den 50er Jahren.

sammenhang mit der „Doktrin der nationalen Sicherheit" (vgl. Werz 1991), die nach der kubanischen Revolution in Lateinamerika Verbreitung fand. In dieser Doktrin fand das bipolare Denken des Kalten Krieges seine innergesellschaftliche Fortsetzung.

Die Doktrin der nationalen Sicherheit kann als Versuch vor allem der neuen Militärregime angesehen werden, ihre autoritäre Herrschaft, den Kampf gegen Guerilla und innere Opposition sowie den staatlichen und parastaatlichen Terror im Namen der Nation zu rechtfertigen. Die mit diesem Konzept suggerierte „nationale Einheit" war allerdings „nicht Resultat eines sozialen oder politischen Konsenses, sondern eine 'natürliche', 'übersoziale' oder in der Tradition verwurzelte Gegebenheit" (Werz 1991: 179). Zwar stammte das Konzept der Doktrin ursprünglich aus den USA, ihre lateinamerikaweite Verbreitung erklärt sich aber daraus, daß sie in erheblichem Umfang an ideologische Wurzeln des spanisch-katholischen Traditionalismus anknüpfen konnte, zu dessen Apologie „die explizite Einbeziehung von physischer Gewalt, von Folter, Krieg und Diktatur als Mittel zur Durchsetzung der eigenen Vorstellungen (gehörte)" (Spitta 1991: 142). Die metaphysische Aufladung und weltpolitische Überhöhung der sozialen Konflikte als Verteidigung der gottgewollten hierarchischen Ordnung gegen die Kräfte des Bösen und als globaler Kampf gegen die kommunistische Weltverschwörung rechtfertigten den Einsatz aller Mittel. Die gesellschaftlichen Konflikte wurden so für die Konfliktgegner zu einem Nullsummenspiel. Sieg oder Niederlage hieß die Alternative, die jede Reformpolitik oder Ansätze zu friedlichen Lösungen ausschloß.

Im Resultat hat die Überlagerung der sozialen Auseinandersetzungen durch die ideologische Konfliktstruktur des Kalten Krieges nicht nur zu einer Verschärfung der Gewaltkonflikte geführt, sondern auch zur weiteren Erstarrung und Perpetuierung der tradierten Verhältnisse und Verhaltensweisen beigetragen und den Graben zwischen notwendiger Modernisierung und faktischer Stagnation der Herrschaftsverhältnisse weiter vertieft. Die kompromißlose Verhärtung der Fronten und die Reformunfähigkeit gehen bis heute weit über das Maß sachlicher Interessengegensätze hinaus. Auch die Doktrin der nationalen Sicherheit hat aufgrund ihres instrumentellen Charakters die weitere Entwicklung überlebt und auch nach der demokratischen Öffnung seit Ende der 80er Jahre ihre Bedeutung noch nicht völlig verloren (vgl. Werz 1991: 186f.). Dies gilt gleichermaßen für die in dieser Phase entstandenen Formen parastaatlicher Gewalt, die sich dem Legitimationszusammenhang staatlichen Handelns entzogen und sich, wie nicht nur das Beispiel Kolumbien belegt, bis in die Gegenwart erhalten haben.

Bleibt für diese Phase nachzutragen, daß der einzige zwischenstaatliche Krieg der sogenannte Fußballkrieg zwischen *El Salvador und Honduras* im Juli 1969 war. Die Ausschreitungen anläßlich zweier Fußballspiele zwischen beiden Ländern aber waren nur der äußere Anlaß des Krieges. Hintergrund waren die Wirtschaftskrise und soziale Spannungen im dichtbesiedelten El Salvador, die durch die Abschiebung salvadorenischer Siedler und Migranten aus Honduras weiter verschärft wurden, das durch diese Maßnahmen eigene Probleme lösen wollte. Die zur Ablenkung von den inneren Schwierigkeiten auf beiden Seiten geschürten nationalen Gefühle eskalierten zu kurzen, aber heftigen kriegerischen Auseinandersetzungen mit 3000 Toten, die nach vier Tagen auf Vermittlung der Organisation Amerikanischer Staaten beigelegt werden konnten. Alle anderen zwischenstaatlichen Kriege fallen in die *dritte Phase lateinamerikanischer Kriegsentwicklung* nach 1945.

In dieser dritten Phase wurden fünf zwischenstaatliche Kriege geführt. Zwei zwischen den Nachbarstaaten *Ecuador und Peru* (1981 und 1995) um eine seit 1829, dem Jahr der Grenzziehung zwischen Peru und dem ehemaligen Gran Columbia, strittige und fast menschenleere Grenzregion, die schon wiederholt zum Gegenstand von Grenzscharmützeln und anschließenden Schiedsgerichtsverfahren geworden ist. Auch diese beiden Grenzkriege konnten nach kurzem und mit insgesamt kaum 60 getöteten Soldaten vergleichsweise unblutigem Verlauf unter bewährter Vermittlung der OAS-Mitgliedsstaaten Argentinien, Brasilien, Chile und den USA auf der Grundlage früherer Vereinbarungen beendet werden. Der Dauerkonflikt zwischen beiden Staaten ist auch durch die Vereinbarung von Montevideo (1995) nicht endgültig beigelegt, er hat aber zwischen begrenztem Gewalteinsatz und etablierter Vermittlungsroutine eine Form gefunden, die keine ernsthafte Bedrohung für die Konfliktparteien oder das regionale Umfeld mit sich bringt. Größere Gefahren bringen latente Konflikte dieser Art allenfalls dann mit sich, wenn sie im Zusammenhang mit inneren Spannungen – etwa zur Mobilisierung nationaler Gefühle – funktionalisiert werden.

Die drei anderen zwischenstaatlichen Konflikte wurden in den 80er Jahren zwischen Staaten der Region und den USA bzw. Großbritannien geführt: der Falkland/Malvinas-Krieg zwischen Argentinien und Großbritannien 1982, die Grenada-Invasion der USA 1983 und der Krieg der USA gegen Panama 1989. Der Krieg um die *Falkland/Malvinas-Inseln* geht auf die Besetzung und Besiedlung der Inselgruppe durch Großbritannien 1833 zurück. Seither fordert Argentinien, das sich als Rechtsnachfolger Spaniens verstand und die Inseln bereits zu Beginn des 19. Jahrhunderts in Besitz genommen hatte, die Rückgabe und Eingliederung in das eigene Staatsgebiet. In der strittigen Inselfrage konnte sich Argentinien seit 1968 zwar auf eine UN-Resolution zu seinen Gunsten berufen; gleichwohl blieben die seit Mitte der 60er Jahre bis zum Ausbruch des Krieges geführten Verhandlungen mit Großbritannien ergebnislos. Die Zuspitzung des

Konflikts kann allerdings nicht auf die stagnierenden Verhandlungen und auch nicht, wie vielfach behauptet, auf geopolitische, strategische oder wirtschaftliche Motive zurückgeführt werden, sondern geht vor allem auf innenpolitische Gründe zurück. In Argentinien bekam die 1976 durch einen Staatsstreich an die Macht gelangte Militärjunta die gravierenden wirtschaftlichen Probleme nicht in den Griff und konnte sich gegen ihre politischen Gegner nur mit brutalstem Terror an der Macht halten. Die im Vorfeld des 150. Jahrestages der Vertreibung der Argentinier von der Inselgruppe lancierte Kampagne und kompromißlose diplomatische Offensive zur Rückgewinnung der Malvinen diente insofern der nationalen Mobilisierung und zur Ablenkung von der schweren innenpolitischen Krise. Anfang April 1982 besetzte argentinisches Militär die Inselgruppe. Die britische Entscheidung, auf diese Invasion mit der Entsendung von Truppen zu antworten, galt auch nicht allein der Durchsetzung britischer Souveränitätsansprüche oder des Selbstbestimmungsrechts in Fragen der Staatszugehörigkeit für die kaum 2000 britischen Inselbewohner. Auch hier verband sich die Entscheidung zum Kriegseintritt mit dem willkommenen Effekt, von massiven wirtschaftlichen Problemen und hoher Arbeitslosigkeit abzulenken, die der 1979 ins Amt gewählten Premierministerin Margret Thatcher zunehmend Probleme bereiteten. Die erschreckende Kriegseuphorie der britischen Öffentlichkeit bescherte der „eisernen Lady" nach dem militärischen Sieg auch einen deutlichen Sieg bei den Parlamentswahlen 1983. Die Militärjunta dagegen bezahlte die Niederlage mit ihrem Machtverlust. Aus den Präsidentschaftswahlen von 1983 ging Raul Alfonsin als Sieger hervor, der das Land auf den Weg zur Demokratie zurückführte.

Weit weniger eindeutig sind die Gründe und Ergebnisse der Invasion amerikanischer Truppen in Panama und auf der Karibikinsel Grenada. Der fünftägige Krieg zwischen den *USA und Panama* im Dezember 1989 war der Höhepunkt einer drei Jahre währenden politischen Fehde zwischen den US-Regierungen Reagan und Bush und dem unliebsam gewordenen panamaischen Diktator und Ex-CIA-Mitarbeiter General Manuel Noriega. Noriega wurde des Drogenhandels verdächtigt, 1988 in den USA angeklagt und nach seiner Gefangennahme und Überstellung in die USA dort 1992 verurteilt. Hinter der Zuspitzung gegenseitiger Provokationen, Drohungen und Maßnahmen stand neben der Rolle Panamas im regionalen Drogenhandel, der mit dem Ende des Kalten Krieges zum Top-Thema amerikanischer Außenpolitik gegenüber Lateinamerika wurde, ein ganzes Bündel von Ursachen, die für die Interventionsentscheidung der USA geltend gemacht werden können: unterschiedliche Auffassungen zur Zentralamerikapolitik und über die Frage der Panamakanalzone, Wahlmanipulationen von seiten Noriegas und schließlich die anhaltende Kritik an der Tatenlosigkeit der Bush-Administration sowohl in den USA als auch von seiten der panamaischen Opposition. Gleichwohl läßt sich aus diesen Faktoren keine letztlich schlüssige Begründung für den Gewalteinsatz der USA ableiten.

Ähnliches gilt auch für die *Grenada-Invasion* der USA 1982. Dort war im März 1979 das populäre oppositionelle New Jewel Movement durch eine Revolte an die Macht gekommen. Die neue „Revolutionäre Volksregierung" unter Maurice Bishop leitete unverzüglich politische und soziale Reformen ein. Seine Popularität schützte Bishop jedoch nicht vor einem Putsch und seiner Ermordung durch radikale Vertreter der eigenen Regierung. Auf die sich nun zuspitzende Situation auf der Insel reagierten die Vereinigten Staaten mit ihrer Intervention an der Spitze eines Truppenkontingents ostkaribischer Staaten. Nach kurzen Kampfhandlungen wurde eine provisorische Regierung eingesetzt, die US-Truppen zogen sich nach wenigen Wochen von der Insel zurück. Ein Jahr später wurden reguläre Wahlen durchgeführt. Auch wenn hier das unmittelbare Ziel der Intervention, die Wiederherstellung der „vorrevolutionären" Verhältnisse, auf der Hand zu liegen scheint, so bleibt die häufig zu findende Begründung, es sei die Absicht der USA gewesen, den Präzedenzfall Grenada zu eliminieren, letztlich wenig zufriedenstellend. Aber selbst wenn sie zutreffen sollte, finden sich jenseits dieser Begründung keine weiteren plausiblen Motive für die Intervention. Um die Bereitschaft zum offenen Gewalteinsatz zu erklären, müssen außerökonomische Gründe und solche jenseits unmittelbarer machtpolitischer Interessen zur Erklärung herangezogen werden.

Die Bereitschaft und Neigung der USA zu klandestinen Operationen und die niedrige Schwelle für die militärische Lösung politischer Probleme in Lateinamerika verweist auf einen kolonialen Habitus in den Außenbeziehungen der Vereinigten Staaten gegenüber Zentralamerika und der Karibik. Dieser Habitus ist vom Glauben an das Recht bestimmt, die Geschicke der Region notfalls auch militärisch mit zu gestalten. Der mit der Monroe-Doktrin von 1823 erhobene Hegemonialanspruch der USA gegenüber Lateinamerika und das selbst verliehene Recht zur Einmischung, das in der Folgezeit in zahllosen Interventionen zum Ausdruck kam (vgl. Pearce 1981), wirkt offenbar bis in die Gegenwart nach. Dies zeigen nicht nur die vier Kriegsbeteiligungen der USA in Lateinamerika – in Guatemala 1954, der Dominikanischen Republik 1965, in Grenada 1983 und Panama 1989 –, sondern auch die massiven Einmischungen unterhalb der Schwelle direkter Kampfbeteiligungen wie im Contra-Krieg gegen das sandinistische Nicaragua oder gegen die Guerilla in El Salvador (vgl. Niebling 1992) sowie die zahlreichen Counterinsurgency-Programme und Maßnahmen, durch die die perzipierte Bedrohung durch „revolutionäre" Entwicklungen oder heute der Drogenhandel eingedämmt werden sollen. Dabei gehörte es durchaus zur Tradition der US-

Lateinamerikapolitik, auch die Gefährdung eigener Wirtschaftsinteressen zu einer Frage nationaler Sicherheit zu erklären.

Dieser umfassende Kontrollanspruch der Vereinigten Staaten gegenüber Lateinamerika wurzelt in der imperialistischen Politik des 19. Jahrhunderts, im Willen zur – notfalls militärischen – Verteidigung und Durchsetzung wirtschaftlicher Interessen, aber auch in der puritanisch-angloamerikanischen Vorstellung des Manifest Destiny, der offenkundigen göttlichen Bestimmung, ihre zivilisatorische Überlegenheit durch Expansion und Usurpation zu beweisen. Im Antikommunismus und der dualistischen Weltsicht des Kalten Krieges fanden diese Motive ihre Anknüpfungspunkte und artikulierten sich in einer regionalen Machtpolitik, die sich durch die Vorstellung vom Vordringen des „internationalen Kommunismus" ständig der Gefahr ausgesetzt sah, ihre Glaubwürdigkeit einzubüßen. Innerhalb der USA blieb Zentralamerika bis Anfang der 90er Jahre ein wichtiger Prüfstein für die Durchsetzungsfähigkeit amerikanischer Außenpolitik und die Glaubwürdigkeit der USA als Weltmacht. Ähnlich wie im Falle Frankreichs in Westafrika oder anderer früherer Kolonialmächte in ihren Kolonialgebieten wirkt das politische Selbstverständnis der USA, in ihrem „Hinterhof" nach eigenen Vorstellungen für Ruhe und Ordnung zu sorgen, in den außenpolitischen Entscheidungsprozessen bis in die Gegenwart fort. Der ursächliche Anteil dieses historisch gewachsenen außenpolitischen Selbstverständnisses an kriegerischen Eskalationsprozessen läßt sich im Einzelfall zwar nicht quantifizieren – der koloniale Habitus in den Außenbeziehungen tritt aber im Interventionsverhalten insgesamt offen zutage[19]. Diese habituelle Disposition existiert weitgehend unabhängig von konkreten wirtschaftlichen oder machtpolitischen Interessen, sie senkt aber die Schwelle, wirtschaftliche oder machtpolitische Kalküle auch militärisch durchzusetzen.

Die innergesellschaftlichen Konflikte dieser dritten Phase lateinamerikanischer Kriege vollzogen sich vor dem Hintergrund einiger übergreifender Entwicklungen: Die Weltwirtschaftskrise Mitte der 70er Jahre begann sich als Verschuldungskrise auf Lateinamerika auszuwirken, und der autoritäre Entwicklungsstaat unter der Regie des Militärs war ohne Verteilungseffekte geblieben und ökonomisch weitgehend gescheitert. Auch politisch war der Autoritarismus am Ende. Die ohnehin geringe Legitimität der Militärregime wurde durch die ökonomischen

---

19 Zur empirischen Signifikanz des kolonialen Habitus im Kriegsverhalten westlicher Staaten nach 1945 vgl. Siegelberg 1994: 127-133. Vgl. hierzu auch die Seiten 35-37 in diesem Band. Die allmähliche Auflösung der großen Evidenz dieses Zusammenhangs durch vermehrte Kampfeinsätze im Zeichen des sogenannten humanitären Interventionismus unter UN-Mandat ändert nichts an der Deutlichkeit des Befundes, sondern verweist lediglich auf eine allmähliche Veränderung in der Gemengelage der Prinzipien von Recht und Macht in den internationalen Beziehungen.

Probleme und die massive Repression im Innern zusätzlich geschwächt. Hinzu kam ein weiteres Moment, ohne das grundlegende Entwicklungen dieser Phase wie die Demokratisierungsprozesse der 80er Jahre oder der Übergang von den Militärdiktaturen zu zivilen Regierungen, aber auch die Verbreiterung der sozialen Basis des bewaffneten Kampfes und die Friedensprozesse seit 1983 nicht verstanden werden können: der Wandel im Selbstverständnis der Katholischen Kirche.

Der Wandel im politischen Verhalten der lateinamerikanischen katholischen Amtskirche, die Ende der 60er Jahre noch über 90 Prozent der Bevölkerung des Subkontinents vertrat, hatte ihren Anstoß durch das II. Vatikanische Konzil (1962-65) und die Bischofskonferenz von Medellin (1968) erhalten. Die zuvor selbstverständliche Bindung von Oligarchie, Kirche und Militär begann sich zugunsten einer sozial progressiven und politisch programmatischen Position zu wandeln, die erheblich über die bloße Anpassung an die Auflösung der traditionalen Sozialordnung durch den gesellschaftlichen Wandel hinausging. Das programmatische Eintreten der sogenannten „Theologie der Befreiung" für umverteilende Sozialreformen machte sie besonders dort zu einer Art „demokratischen Ersatzopposition" (Krumwiede 1982: 404), wo die politische Opposition mundtot gemacht worden war. Auch wenn es nirgendwo zu einer direkten Billigung revolutionärer Gewalt durch die Amtskirche kam, erhöhte die öffentliche Kritik an den Verhältnissen doch die Legitimität oppositioneller Bewegungen und des bewaffneten Kampfes vor allem in den Unterschichten und der ländlichen Bevölkerung. Diese Breitenwirkung machte prominente Repräsentanten der Theologie der Befreiung auch zu Opfern der Repression rechtsautoritärer Regime.

Vor diesem Hintergrund konnten die gesellschaftlichen Oppositionskräfte das Scheitern der Guerilla in den zurückliegenden Jahren und die generelle Militarisierung der Politik in Lateinamerika auf zweierlei Weise interpretieren. Als Einsicht in die Aussichtslosigkeit des militärischen Kampfes und als Option für einen politischen Weg zu gesellschaftlichen Veränderungen, oder aber, angesichts fortdauernder Repression und unveränderter gesellschaftlicher Verhältnisse als Aufforderung, den bewaffneten Kampf fortzusetzen. Jedenfalls haben Repression und die Gewalterfahrung der Vergangenheit nicht nur zur Einschüchterung und Entpolitisierung der Bevölkerung geführt oder neue Gewalt provoziert, sondern auch den Demokratiebestrebungen Auftrieb gegeben. Die Frage aber, ob man in der Gewalt oder in der Abkehr von ihr die Lösung der Probleme sah, wurde nicht nur von Land zu Land unterschiedlich beurteilt, sondern hing stark von politischen Überzeugungen, individuellen Erfahrungen und Einschätzungen ab. Vor allem in den noch stark traditional geprägten Regionen wie in Zentralamerika wurde weiter versucht, politische Partizipation und demokratische Öffnung mit Gewalt zu erzwingen. In Nicaragua, El Salvador und Guatemala, die vom Ende der 70er bis Anfang der 90er Jahre den zentralen Kriegs- und Krisenherd Lateinamerikas bildeten, ging dies mit einer Ausweitung des Guerillakampfes zu regelrechten Volksaufständen einher. In Südamerika bildeten die Dauerkonflikte in Kolumbien sowie zwei Kriege in Peru den Kern des Kriegsgeschehens, allerdings ohne daß es hier zu einer vergleichbar breiten Beteiligung seitens der Bevölkerung kam.

Der erste Krieg dieser dritten Phase lateinamerikanischer Kriegsentwicklung war der Volksaufstand in *Nicaragua* gegen die Somoza-Diktatur (1977-79). Das selbst im zentralamerikanischen Vergleich rückständige Nicaragua war mit den regional üblichen Bürden belastet. Das mit der Unabhängigkeit übernommene liberal-demokratische Staatsmodell westlicher Prägung bildete nur den Deckmantel für die weiterhin feudalistisch geprägten Produktions-, Gesellschafts- und Herrschaftsstrukturen. Politische Instabilität und caudillistische Machtkämpfe, Willkürherrschaft und putschistische Regierungswechsel sowie die wiederholte Einmischung von seiten der Vereinigten Staaten und die Besetzung Nicaraguas durch amerikanische Truppen 1912 prägten das Land. Der nach jahrelangem Guerillakampf erzwungene Abzug der US-Truppen 1933 ließ Augusto César Sandino zur Symbolfigur nationaler Befreiung werden, auf die sich später die sandinistische Guerilla und Regierung beriefen. Mit der Ermordung Sandinos 1934 aber begann zunächst die über vier Jahrzehnte dauernde Familienherrschaft der Somozas, die ihr diktatorisches Regime auf US-Unterstützung, die Nationalgarde und oligarchische Klientelpraktiken gründete.

Es waren zwei gegenläufige Entwicklungen, die schließlich zum Ende der Somoza-Diktatur führten: die beschleunigten sozialstrukturellen Veränderungen und die wachsende Unfähigkeit der Familiendiktatur, diese Veränderungen politisch aufzufangen. Die agrarkapitalistischen Modernisierungsschübe des Landes in den 50er und der zweiten Hälfte der 60er Jahre hatten zur Auflösung der quasifeudalen Microwelten auf dem Lande geführt, in denen die weit überwiegende Mehrzahl der Bevölkerung bis dahin lebte. Entwurzelung, Landflucht, Verstädterung und ein riesiges Wanderproletariat schufen erstmals Konfliktpotentiale von gesamtgesellschaftlicher Dimension, ohne daß diese Prozesse politisch verarbeitet wurden. Im Gegenteil: Die Somozas, die ihr personalistisches Herrschaftssystem trotz zahlreicher Putschversuche bis in die 70er Jahre durch klientelistische Pakte, minoritäre Machtbeteiligungen und ökonomische Integrationsstrategien leidlich stabilisieren konnten, reagierten mit einer zunehmenden Privatisierung der Herrschaft und deren Sicherung durch die Nationalgarde, die nun immer mehr zur Privatarmee des Somoza-Clans wurde. Der inneroligarchische Interessenausgleich und die Beteiligung der aufkommenden bürgerlichen und Mittelschichten als Eckpfeiler der Herrschaftssicherung begannen zu erodieren. Zu Beginn der 70er

Jahre gab es erste Ansätze politischer Opposition dieser Gruppen, die nun aus dem Verteilungssystem herausfielen oder keinen Zugang mehr zu ihm erwirken konnten. Zum Kern einer gesellschaftspolitischen Alternative wurden diese Gruppen jedoch nicht. Zu sehr waren sie noch dem caudillistisch-paternalistischen Selbstverständnis oligarchischer Klientelpraktiken verhaftet und stellten keinen glaubwürdigen Gegenentwurf dar. Zum Bezugspunkt für die heterogenen politischen Kräfte, die den Sturz der Bereicherungsdiktatur des Somoza-Clans anstrebten, wurde die Sandinistische Befreiungsfront FSLN. Sie war bereits in den 60er Jahren von Mitgliedern studentischer Protestbewegungen gegründet worden, zunächst aber bedeutungslos geblieben. Ab Mitte der 70er Jahre gelang es ihnen, im Namen der historischen Symbolfigur Sandino eine breite Oppositionsbewegung zu formieren, der sich Bauern und Wanderarbeiter, Intellektuelle und Mittelschichten, bürgerlichen Gruppen und große Teile des Klerus anschlossen. Die symbolische Konfrontation des Nationalhelden Sandino mit der Kleptokratie Somozas trug entscheidend zur Mobilisierung breiter Bevölkerungsschichten bei. Nationale Einheit und Selbstbestimmung und die Verwirklichung bürgerlicher Freiheitsrechte standen nun gegen die private Bereicherungsdiktatur Somozas und seine verhaßte Nationalgarde. Nach zweijährigen Kämpfen mit mehr als 50.000 Toten gelang der Aufstandsbewegung 1979 der militärische Sieg über das Somoza-Regime.

Zu den internationalen Rahmenbedingungen, die diese Entwicklung begünstigt haben, gehörte die Zurückhaltung der Carter-Administration (1977-81), die die US-Politik der vorbehaltlosen Unterstützung rechtsautoritärer Regime zugunsten einer stärker auf Entspannung und Menschenrechte gerichtete Politik aufgegeben und der sandinistischen Befreiungsbewegung so einen gewissen Handlungsspielraum verschafft hatte. Daß Ronald Reagan in seiner ersten Amtszeit den Erneuerungsanspruch Carters revidierte und zu einer Politik militärischen Eingreifens zurückkehrte, hing eng mit der Wiederbelebung der dualistischen Weltsicht des Kalten Krieges durch die rechtskonservative Reagan-Administration und der neuen Konfrontationsphase des Ost-West-Konflikts zu Beginn der 80er Jahren zusammen. Militärhilfe und die Strategie des „low intensity warfare" wurden erneut zu einem Schlüsselinstrument amerikanischer Außenpolitik, die sich in Zentralamerika vor allem in der Politik zugunsten der Contra-Rebellen in Nicaragua und gegen die Guerilla in El Salvador zeigte.

Die Contra-Rebellen waren aus Nicaragua geflüchtete Mitglieder der Nationalgarde Somozas, die seit 1980 von Honduras aus sporadische Angriffe gegen die sandinistische Regierung führten. Deren Ausweitung zu einem neun Jahre dauernden und mit 60.000 Toten verlustreichen Krieg ging allein auf die enorme finanzielle und militärische Hilfe durch die USA zurück. Denn eine Verankerung des anti-sandinistischen Kampfes in der nicaraguanischen Bevölkerung gelang der Contra zu keinem Zeitpunkt. Ihre nur bedingt politische Motivation zur Wiederherstellung der alten Ordnung, die sich stark mit persönlichen Macht- und Überlebensinteressen der unter Somoza privilegierten Nationalgardisten mischte, war ebenso unpopulär wie die Absicht der USA, die Revolutionsregierung zu stürzen. Das Ende des Contra-Krieges 1990 ging auf zwei Ereignisse zurück: auf erste Erfolge der Friedensbemühungen in Zentralamerika und auf den überraschenden Machtverlust der Sandinisten an die inzwischen entstandene legale politische Opposition im Lande durch reguläre Wahlen im Februar 1990.

Der Wahlsieg des 14 Parteien umfassenden Oppositionsbündnisses „Vereinigte Nationale Opposition" ging im wesentlichen auf das Versprechen zurück, den Contra-Krieg und die US-Wirtschaftsblockade, die das Land inzwischen auch ökonomisch ruiniert hatte, beenden und Nicaragua mit amerikanischer Wirtschaftshilfe wieder aufbauen zu können. Bedeutsam für die weitere Entwicklung des Landes und der gesamten zentralamerikanischen Region aber waren weniger die Wahlen selbst, als deren Anerkennung durch die Sandinisten, was einen radikalen Bruch mit der Tradition gewaltsamer Machtwechsel bedeutete. Hierin zeigen sich nicht nur die Fortschritte in Richtung auf ein demokratisches Staatswesen (unter der sandinistischen Regierung); möglich geworden war diese Verhaltensänderung auch durch den Friedensprozeß in Zentralamerika, der wegen der drohenden Eskalation der lokalen Konflikte zu einem regionalen Krieg und dessen Internationalisierung durch die Beteiligung der USA auf Initiative der sogenannten Contadora-Gruppe seit 1983 zustande gekommen war.[20] Im Innern der kriegführenden Staaten hatte – wie in Nicaragua – die militärische Patt-Situation und die Kriegsmüdigkeit der Bevölkerung den Weg zum Erfolg der Verhandlungen geebnet. Die Unterzeichnung des Abkommens von Esquipulas 1987 gab so den Anstoß zu weiteren, nationalen Friedensverhandlungen, die in Nicaragua (1990), in El Salvador (1992) und schließlich auch in Guatemala (1996) zu einer Beendigung der Kriege führten.

---

20 Die Contadora-Gruppe (benannt nach deren ersten Tagungsort auf der Pazifikinsel Contadora) umfaßt die vier Staaten Kolumbien, Mexiko, Panama und Venezuela, die sich seit 1983, zunächst erfolglos, um eine Beilegung der Konflikte in Zentralamerika bemühten. An die Contadora-Initiative knüpften die Friedensbemühungen des Präsidenten von Costa Rica, Osca Arias, an, die mit dem Abkommen von Esquipulas 1987 zu einem ersten Erfolg führten. Hier unterzeichneten die Präsidenten von Nicaragua, Guatemala, El Salvador, Honduras und Costa Rica eine Vereinbarung, die u.a. die Aufnahme direkter Gespräche mit den bewaffneten Oppositionsgruppen und Demokratisierungsmaßnahmen umfaßte. Es war diese Rückführung der Konflikte auf ihre innergesellschaftliche Dimension, die schließlich den Durchbruch in den nationalen Friedensverhandlungen brachte.

Die nicaraguanische Revolution hatte also nachhaltige Veränderungen der politischen Lage in Zentralamerika zur Folge. Nach dem Scheitern sozialrevolutionärer Bewegungen im Gefolge der kubanischen Revolution war es der Sieg der Sandinisten, der der gesamten lateinamerikanischen Linken neue Hoffnung gab. Besonders für die Oppositionsbewegungen in El Salvador und Guatemala hatten die Ereignisse in Nicaragua Signal- und Vorbildfunktion und führten zu einer deutlichen Dynamisierung der latenten Gewaltkonflikte, die in beiden Staaten zu Beginn der 80er Jahre zu schweren und langjährigen kriegerischen Auseinandersetzungen eskalierten.

Bei allen – im einzelnen auch bedeutsamen – Unterschieden zwischen beiden Staaten, waren die gewaltverursachenden Grundstrukturen sowie die regionalen und internationalen Rahmenbedingungen der Kriege in *Guatemala* (1980-96) und *El Salvador* (1981-92) doch sehr ähnlich (vgl. hierzu auch Krennerich 1996: 107-268). In beiden Staaten gab es eine lange Tradition oligarchisch-caudillistischer Gewaltherrschaft und der bewaffneten Lösung politischer Konflikte. Das Militär war zu einem Teil der Oligarchie geworden, so daß Machtkartelle aus Militär und Agraroligarchie beide Länder beherrschten. Die Bevölkerung war mehrheitlich von politischer und ökonomischer Partizipation ausgeschlossen und hatte sich vor der Gewalt der Verhältnisse in politische Apathie und Passivität geflüchtet, die nur sporadisch in Gegengewalt umschlug. Ansätze zu echter Reformpolitik wie im guatemaltekischen Frühling (1944-54) wurden militärisch vereitelt oder, wie der Volksaufstand in El Salvador 1932, blutig niedergeschlagen. Den Guerillabewegungen gelang es in der Folgezeit nicht mehr, die Bevölkerung von den Erfolgschancen ihres Kampfes zu überzeugen, und die Regierungen verteidigten die überkommene Ordnung mit allen Mitteln. So wurden die wirtschaftliche Entwicklung und partielle Modernisierung beider Länder nicht von entsprechenden politischen und mentalen Veränderungen begleitet. Institutionelle Instrumente zur Kanalisierung des sozialen Wandels wurden nicht entwickelt, und die tradierten Herrschaftsmechanismen erwiesen sich als immer weniger tauglich, die sozialen Spannungen zu kontrollieren.

Die innergesellschaftlichen Auswirkungen der Weltwirtschaftskrise der 70er Jahre trafen so auf seit Jahrzehnten nahezu unveränderte Herrschaftsstrukturen und vertieften die latente Legitimitätskrise der von Militärs dominierten Regime, die hierauf nur noch mit Repression und systematischem Staatsterror zu antworten wußten. Das ungeheure Ausmaß staatlicher und parastaatlicher Gewalt und die physische Vernichtung jeder Form von Opposition stärkte in beiden Ländern die Auffassung, daß die oligarchischen Macht- und Besitzverhältnisse nur noch mit Gewalt zu überwinden seien. Daß die Repression diesmal ihren Zweck verfehlte und es zu einer starken Mobilisierung und Politisierung der Bevölkerung kam, ging vor allem auf die Breitenwirkung kirchlicher Kritik an den Militärregimen und auf die Ereignisse in Nicaragua zurück. Der Kampf und der Sieg der breiten, sandinistisch geführten Oppositionsbewegung wurde zum Vorbild für die Verbindung von Volksorganisationen und Guerillabewegungen, die sich nun in beiden Staaten zu Dachorganisationen zusammenschlossen – in El Salvador zur FMLN, in Guatemala zur URNG. Speziell in Guatemala war hierfür auch die Überwindung der rassistischen Arroganz und Abgrenzung der Guerilla gegenüber der indianischen Bevölkerungsmehrheit und deren Basis- und Selbstverteidigungsorganisationen Voraussetzung, an der eine breite Volksbewegung in der Vergangenheit gescheitert war. In den mit äußerster Brutalität geführten Kriegen, die in El Salvador über 75.000 und in Guatemala 200.000 Menschenleben forderten, gelang es indes keiner Seite, den Sieg zu erzwingen. Das militärische Patt und die Erschöpfung der Gegner, das Ende des Ost-West-Konflikts und das Eintreten der USA für Verhandlungslösungen ließ die revolutionären Bewegungen schließlich am Verhandlungstisch enden. Es gab Kompromisse ohne Sieger, aber auch ohne eine Lösung der strukturellen Grundprobleme. Das Ende der Kämpfe und die Maßnahmen zur Demokratisierung in Zentralamerika sind zwar ein unschätzbarer Erfolg, aber eben nur ein Schritt auf dem Weg zur Herstellung der Bedingungen des Friedens.

Die Kriegsereignisse und der Friedensprozeß in Zentralamerika wirkten sich auch auf andere Staaten Lateinamerikas aus. In Kolumbien beispielsweise erklärten sich die M-19 und weitere kleine Guerillagruppen zu Beginn der 90er Jahre zu Aufgabe des militärischen Kampfes bereit. In den Kriegen dagegen, die in dieser Phase in Südamerika begonnen wurden, kam es nicht zu einer vergleichbaren Mobilisierung der Bevölkerung. Die bedeutendste Guerillabewegung, die 1980 den bewaffneten Kampf aufnahm, war der in den 70er Jahren von Intellektuellen gegründete und in der Tradition focistischer Gruppen stehende Sendero Luminoso in *Peru*. Zwar gelang es der Guerilla in den Anfangsjahren durchaus, in der indigenen Bevölkerung der Andenregion großen Rückhalt zu gewinnen und den Staat mit dem von ihr propagierten Volkskrieg in erhebliche Bedrängnis zu bringen. Seit Anfang der 90er Jahre aber führten massive Anti-Terror-Maßnahmen, die Verhaftung des Guerillagründers Guzman und anderer Führungsmitglieder sowie die sinkende Akzeptanz in der ländlichen Bevölkerung zu einer erheblichen Dezimierung und Spaltung der Guerilla, deren Aktivität 1997 schließlich unter das Niveau eines kriegerischen Konflikts sank. Auch die zweite, bedeutend kleinere und mit Sendero verfeindete Guerilla, die MRTA, die seit 1987 bewaffnete Aktionen durchführte, wurde durch die Anti-Terror-Maßnahmen der Fujimori-Regierung bis 1994 fast vollständig aufgerieben.

An dem Krieg des Sendero Luminoso in Peru läßt sich ein weiteres Struktur-
merkmal lateinamerikanischer Gewaltkonflikte zeigen: die Überlagerung von ethnischer Diskriminierung und ökonomischer Marginalisierung indianischer Bevölkerungsgruppen. Wie in Peru, Guatemala und vielen anderen Staaten Lateinamerikas hat sich die Hierarchie der kolonialen Sozialordnung, an deren Ende die Indio-Bevölkerung und die afrikanischen Sklaven standen, in sozialer Ausgrenzung
und rassistischer Diskriminierung gegenüber diesen Gruppen erhalten. Zwar dient
der Rassismus nicht mehr der Aufrechterhaltung der ständischen Kolonialord-
nung, wohl aber dem Widerstand gegen die aufklärerischen und egalitären Momente bürgerlich-kapitalistischer Entwicklung. Er rechtfertigt den Ruf nach Autorität, die die bestehenden Unterschiede verbürgt, das Gefühl der eigenen Überlegenheit bestätigt und die Alltagsangst vor den Ungewißheiten sozialen Wandels
nimmt. Als Konformismus erzeugende Alltagsreligion dient der Rassismus legiti-
mationsschwachen wie populistischen Regimen als Mittel, um Ohnmachtsgefühle
und Verunsicherung gegen subalterne Bevölkerungsgruppen zu kanalisieren und
das Gefühl zu vermitteln, Mitglied einer Elite und zugleich der Mehrheit zu sein.
Sozialpsychologisch gesehen, fungiert der Rassismus dabei immer auch als Legi-
timationsmuster von unmittelbaren Gewaltverhältnissen und senkt die Schwelle zu
physischer Gewaltanwendung.

Aber Rassismus ist nicht nur in diesen psychischen und sozialen Mechanismen verankert, sondern auch in materiellen Strukturen angelegt, die sich – wie die
Beispiele Guatemala oder Peru zeigen – in der wirtschaftlichen und entwick-
lungspolitischen Vernachlässigung ganzer Regionen zeigen können. Der politische und ökonomische Hintergrund dieser „ethnischen Komponente" lateinamerikanischer Kriege und der Beteiligung indianischer Akteure an Gewaltkonflikten
erklärt sich entwicklungsgeschichtlich aus der kapitalistischen Modernisierung
und Verstaatlichung Lateinamerikas. Der umfassende Macht- und Kontrollanspruch des Staates und die kapitalistische Durchdringung beschränkte sich nach
der Unabhängigkeit zunächst noch auf diejenigen Städte und zentralen Provinzen,
die schon unter kolonialer Verwaltung bedeutsam waren. Die Randgebiete und
peripheren Zonen, in die sich die indianischen Bevölkerung vielfach zurückgezogen hatte, gerieten erst nach und nach, im Zuge staatlicher Konsolidierung und
ökonomischer Inwertsetzung, unter deren Einfluß. Für die indianische Bevölkerung bot dieser fortschreitende Verdrängungsprozeß nur die Alternative zwischen
ihrer weiteren Marginalisierung innerhalb des staatlichen Verbandes und der Zerstörung ihrer angestammten Lebensweise. In den Verdrängungszonen führte dies
immer wieder zu gewaltsamen Aufständen und Konflikten. Im Kern geht die „ethnische Komponente" der Gewaltkonflikte damit sowohl in ihrer sozialpsychologi-

schen Wirkung wie in ihrer materiellen und räumlichen Dimension auf die umfassende Durchsetzung bürgerlich-kapitalistischer Vergesellschaftung zurück.

In Peru hat sich die ethnisch-regionale Spaltung und entwicklungspolitische Zweiteilung der Gesellschaft zwischen dem verarmten, indianisch besiedelten andinen Hochland und den wirtschaftlichen Entwicklungszonen der von Weißen und Mestizen bewohnten Küstenregion seit der Kolonialzeit verfestigt. In der Übergangszone der südlichen Andendepartements Ayacucho, Apurimac und Huancavelica gibt es nicht nur eine lange indianische Aufstandstradition – hier, an der Schnittstelle von ökonomischer und ethnischer Diskriminierung, nahm auch der Kampf des Sendero Luminoso seinen Ausgangspunkt, hier gewann Sendero die Unterstützung der Bevölkerung, und von hier aus folgte die Guerilla auch der starken Migration von Arbeitskräften in die Elendsviertel der Städte der Küstenregion. In seiner indianischen Basis und der fehlenden Unterstützung von seiten der Mittel- und Unterschichten der Küstenregion aber fand der Kampf der Guerilla gegen Staat und Gesellschaftsordnung Perus zugleich auch seine Grenze.

Der Krieg in *Surinam* (1986-89) weist ebenfalls deutliche Anteile der Überschneidung von ethnischer und ökonomischer Konfliktdimension auf. In Surinam hat die ethnisch-kulturelle, ökonomisch-soziale und naturräumliche Zweiteilung zwischen der Küste und der Urwaldregion des Hinterlandes maßgeblich zur Eskalation eines vergleichsweise begrenzten Krieges beigetragen. Hier waren es die Nachfahren afrikanischer Sklaven, die in der ehemaligen niederländischen Kolonie im wesentlichen aufgrund von Diskriminierung und entwicklungspolitischer Vernachlässigung ihrer Siedlungsgebiete in der Urwaldregion einen Guerillakrieg gegen die surinamesische Militärregierung führten, der 1989 durch Verhandlungen beendet wurde.

Auch der letzte Krieg des 20. Jahrhunderts brach in einer Region aus, in der ethnische Diskriminierung und ökonomische Marginalisierung zusammenfallen – im *mexikanischen Chiapas* (1994-95). In Mexiko gehörten die Ausdehnung privaten Landeigentums zuungunsten der indianischen Comunidades und die Diskriminierung der Indio-Bevölkerung von Anfang an zur Logik kolonialer Eroberung. Das im Süden Mexikos an Guatemala grenzende Chiapas und andere Hochlandregionen bildeten die Rückzugsräume indianischer Besiedlung. Bis in die Gegenwart herrschen dort Verhältnisse, aus denen in Lateinamerika zuvor immer wieder Aufstände und Gewaltkonflikte entstanden sind. Im regionalen und internationalen Umfeld Mitte der 90er Jahre aber wirkte der kurze militärische Aufstand der zapatistischen EZLN ein wenig wie ein Anachronismus. Die Zapatistenbewegung wurde wohl auch deshalb vielfach als „postmoderne" Guerilla bezeichnet. Einmal abgesehen davon, daß eine solche Bezeichnung in diesem Zusammenhang ohnehin vollständiger Unsinn ist, finden sich im Chiapas-Konflikt keine substantiell neuen Elemente. Neu war allenfalls das Auftreten der Guerilla durch die ideenreiche Inszenierung ihrer Anliegen über die modernen Medien und die dadurch erzielte internationale Aufmerksamkeit vor allem innerhalb der globalisierungskritischen und revolutionshungrigen Linken. Der medienwirksame Beginn des kurzen bewaffneten Aufstandes am 1. Januar 1994, dem Tag des Beitritts Mexikos zur Nordamerikanischen Freihandelszone NAFTA, oder die Auftritte des geheimnisvoll vermummten Subcommandante Marcos sind hierfür nur Beispiele. Die wohlwollenden internationalen Reaktionen auf die zapatistische Bewegung waren dann auch eher eine Reminiszenz an die vergangenen Zeiten revolutionärer Aufstände und der grundsätzlichen Sympathie für die Belange der Indios geschuldet. Der berechtigte Kampf der überwiegend indianischen Bevölkerung im verarmten und entwicklungspolitisch weitgehend vernachlässigten Chiapas um Demokratie, Partizipation und die Wahrung indigener Rechte und Kultur diente hier nur als Vehikel für eine an gesellschaftspolitischer Ernüchterung leidende westliche Öffentlichkeit. Die breite lokale Unterstützung für die Zapatisten und die bäuerliche Bewegung selbst hat mit dieser „postmodernen" Befindlichkeit allerdings nichts gemein. Denn sie steht in der Tradition bäuerlich-indianischer Selbstverteidigungs- und Basisorganisationen, die in der lateinamerikanischen Geschichte als Reaktion auf Kolonialisierung und kapitalistische Modernisierung überall entstanden sind.

5. Ausblick

Chiapas wird nicht das letzte Beispiel des langen Abschieds von der Revolution in Lateinamerika bleiben. Denn die Politisierung sozialer Probleme ist noch eng mit der Gewaltoption verbunden. Aber die innergesellschaftlichen wie auch die regionalen und internationalen Rahmenbedingungen haben sich verändert, und die Chancen auf demokratischen Wandel sind trotz aller Probleme größer geworden. So gehen rückläufige Kriegsgewalt und Demokratisierung seit den 90er Jahren in Lateinamerika Hand in Hand. Der gemeinsame Erfahrungshintergrund aus autoritären Militärregimen, Repression und Gewalt hatte den Leitvorstellungen von Demokratie und Menschenrechten, Rechtsstaat und Gewaltenteilung und dem Wunsch nach Frieden neue Impulse gegeben. Und auch die Dichotomien von kommunistischer Bedrohung und anti-imperialistischem Kampf, die in den polarisierten Strukturen der Gesellschaften ihre Anknüpfungspunkte fanden und die sozialen Konflikte ideologisch aufluden, haben mit dem Verblassen der alten Vorbilder und dem Ende des Ost-West-Konfliktes erheblich an Kraft verloren. Mit dem fiktiven Gegensatz von Kapitalismus und Sozialismus ist zugleich ein Handlungs- und Interpretationsrahmen entfallen, der in den vergangenen Jahrzehnten die zugrunde liegenden Probleme verschleiert, gesellschaftliche Reformansätze blockiert und die strukturelle Ungleichartigkeit ökonomischer, politischer und mentaler Entwicklung weiter verschärft hat. Dies bedeutet zwar nicht automatisch eine Rückführung der politischen und sozialen Konflikte auf die tatsächlichen Probleme lateinamerikanischer Gesellschaften. Aber Entwicklungsblockaden wie die Asymmetrien zwischen ökonomischer und politisch-sozialer Entwicklung oder die Entwertung moderner Institutionen durch ihren traditionalen Gebrauch treten heute deutlicher zutage. Ob sie auf dem jetzt eingeschlagenen Weg immer mit demokratischen Mitteln bewältigt werden können, muß allerdings in Zweifel gezogen werden. Zu stark noch belastet die Hypothek aus Gewalttradition, ererbten Politikmustern und sozialer Ungleichheit die Zukunft der Region. Es wäre andererseits töricht, die Fortschritte gegenüber früheren Phasen zu ignorieren oder die heutigen Demokratien immer noch als bloße Fassaden traditionaler Herrschaft zu bezeichnen. Denn die sozialen Strukturen haben sich erheblich aufgefächert, die Möglichkeiten politischer Partizipation haben sich deutlich erweitert, und das internationale Umfeld hat sich grundlegend verändert.

Eine Bestandsgarantie für die neuen, demokratischen Systeme aber gibt es nicht. Denn die demokratischen Elemente

„entstehen und koexistieren in einem sozialen Rahmen, der durch Beziehungen autoritärer Unterordnung aus der Zeit der Diktatur geprägt wird. Dies sind keine Restbestände aus autoritären Phasen, sondern es sind deren Institutionen, Normen und Werte, die fortexistieren" (Torres-Rivas 1995:19).

In Justiz und Parlament, in Parteien und Verbänden, auf der Hacienda, in Unternehmen, in Schule, Dorf und Familie sind die alten Strukturen, Mechanismen und Mentalitäten immer noch lebendig.

„Das überkommene etatistische, oligarchische, korporative, auch technokratisch-autoritäre Lateinamerika ist nicht in Gänze untergegangen, sondern lebt – zumindest partiell – in jedem (!) der lateinamerikanischen Länder so fort, daß es in anderen Großkonstellationen durchaus wieder dominant werden könnte" (Mols 1987:212).

Ob demokratische Wahlen tatsächlich mehr sind als ein formales Verfahren, das die darunter liegenden Machtverhältnisse unberührt läßt, kann nur im Einzelfall bestimmt werden. Skepsis aber ist angebracht. Denn immerhin kann die lateinamerikanische Praxis, demokratische Institutionen und Verfahren zu Instrumenten überkommener Herrschaftsinteressen zu degradieren, auf bald 180 Jahre Erfahrung verweisen. Und auch heute noch besteht für die Eliten eine große Versuchung darin, die umfassenden Partizipationsansprüche, die das demokratische System erzeugt, nur symbolisch oder kompensatorisch zu erfüllen. Deren effektive

Befriedigung aber stellt langfristig den einzigen Weg dar, die Demokratie zu sichern und der Gewalt den Boden zu entziehen. Die Bewährungsprobe für die neuen Demokratien steht also noch aus. Die seit den 80er Jahren eingeleiteten Demokratisierungs- und Friedensprozesse haben den gewaltsamen Regierungswechseln und vielen Kriegen zwar ein vorläufiges Ende bereitet und bezeugen den Willen, Legitimität durch Legalität zu erzeugen; die Nagelprobe für die Demokratie sind aber nicht freie Wahlen, sondern die Frage, ob die auf demokratischem Wege errungene politische Macht auch zu deren formal-rationalen Gebrauch führt und ob die Bereitschaft besteht, demokratische Entscheidungen auch dann anzuerkennen, wenn sie den eigenen Einfluß und die bisherigen Privilegien beschneiden. Eine effektive Teilung der Gewalten und der Macht in Staat und Gesellschaft steht in Lateinamerika jedoch noch aus – sie ist aber Voraussetzung für eine dauerhafte Pazifizierung der Gewaltkonflikte auf dem Subkontinent.

Dies gilt auch für die Überwindung der lateinamerikanischen Gewalttradition. Noch in den kriegsreichen 80er Jahren waren die Konfliktparteien in dem an das mittelalterliche *ius ad bellum* gemahnenden Glauben vereint, wonach ein gerechtes Ziel Gewalt und Krieg legitimiert. Galt den einen die befreiende Gewalt von unten als Rechtfertigung ihres Kampfes, glaubten die anderen, Gewalt als legitimes Mittel zur Aufrechterhaltung der gegebenen Ordnung einsetzen zu können. Die kontinuierliche Praxis der Gewalt „von oben" und die immer wieder aufbrechende Gewalt „von unten" haben dafür gesorgt, daß Gewalt in Lateinamerika „zu einem dauerhaften, akzeptierten und selbstverständlichen Faktor der politischen Kultur geworden ist." (Puhle 1982:18f.). Das Besondere an der lateinamerikanischen Situation ist daher auch nicht die Konstellation der Konfliktbeteiligten, sondern die Persistenz und Ritualisierung der Gewalt. Darüber kann auch der Formwandel nicht hinweg täuschen, dem die Gewalt im Laufe der Zeit unterworfen ist. So hat sich unter den Vorzeichen der demokratischen Öffnung zwar die Militarisierung der Politik, nicht aber die Gewalt in der Gesellschaft abgeschwächt. Die Entstaatlichung der Gewalt, ihre Diffusion und Privatisierung ist gerade in „Nachkriegsgesellschaften" eines der größten Probleme. Die „private 'Militarisierung' der gesellschaftlichen Verteilungskonflike" (Lock 1996:21), in denen die Gewalt als unveräußerliche Ressource für Teile der Gesellschaft das einzige Kapital darstellt, verhindert die Durchsetzung und Akzeptanz des staatlichen Gewaltmonopols. Dadurch können neben die „vertikalen" Herrschaftskonflikte erneut vermehrt „horizontale" Konflikte zwischen rivalisierende Partikulargruppen treten und sich mit jenen in schwer durchschaubarer Weise vermengen (vgl. Waldmann 1999:160).

Der Rückblick auf die nachkoloniale Entwicklung des Verhältnisses von Herrschaft und Gewalt macht es also erforderlich, die Vorstellung von einer kontinuierlich fortschreitenden formal-rationalen Durchdringung politischer Herrschaft in Lateinamerika erheblich zu relativieren. Von einer seit der Unabhängigkeit sukzessive voranschreitenden Ersetzung traditionaler oder charismatischer Legitimationsquellen durch die unpersönlichen Formen legaler Herrschaft kann kaum die Rede sein. Die Formen politischer Herrschaft und ihre Legitimationsquellen haben sich seit der Unabhängigkeit zwar erheblich verändert: von einer auf Tradition, Charisma und Gewalt geründeten Exklusivität oligarchischer Hegemonie zu den neuen Demokratien, in denen die Gewalt zumindest formal vom Volk ausgeht. Aber der Prozeß des sozialen Wandels in Staat und Gesellschaft hat die retardierenden Kräfte und traditionalen Barrieren nicht kontinuierlich beseitigt, er ist vielmehr von Diskontinuitäten und Ungleichzeitigkeiten geprägt. So haben sich die traditionalen Verhältnisse in Zentralamerika länger gehalten als in den anderen Teilen des Subkontinents, auf dem Lande länger als in den Städten, sie sind in den Mentalitäten und sozialen Beziehungen stärker verwurzelt als im politischen System, während sie in den modernisierten Teilen der Wirtschaft kaum noch vorzufinden sind. Und unabhängig von der Staatsform und von der politisch-ideologischen Ausrichtung der im Besitz der Staatsmacht befindlichen Gruppen blieben das patrimonial geprägte Sozial- und Herrschaftsgefüge und das paternalistische System der Pfründensicherung und Selbstprivilegierung bis in die jüngste Vergangenheit hinein vorherrschend.

„Phänomene wie Korruption, Bürokratismus, Patronage/Klientel-Beziehungen und rigide, autoritär geprägte Hierarchien (werden) von den unterschiedlichsten Strömungen des politisch-ideologischen Spektrums als selbstverständlich akzeptiert und nicht als aufhebbare Momente einer durchaus unvollkommenen Sozialordnung wahrgenommen. Im Besitz der Macht haben populistische, reformistische, sozialrevolutionäre und marxistische Regime es meisterhaft verstanden, sich dieser gesellschaftlichen Gegebenheiten zu bedienen und sie zu ihren Gunsten zu nutzen" (Mansilla 1990: 45).

Dies führt einmal mehr zur Perpetuierung des unvollendeten Zustandes lateinamerikanischer Staatlichkeit, der zur nicht versiegenden Quelle der Gewalt im Kampf um die Staatsmacht geworden ist, und der auch die Repression gegen die recht- und machtlosen Bevölkerungsteile gespeist und deren Gegenwehr provoziert hat. Denn sozialpsychologisch gewendet, bedeutet die unvollendete nationalstaatliche Konsolidierung, daß Staat und Staatlichkeit, Verfassung und Gesetz, Parlament und Regierung als Institutionen emotional nur schwach besetzt sind (vgl. Lühr 1982:32). Die hieraus resultierende latente Krise politischer, auch demokratischer Herrschaft und Legitimität provoziert in Lateinamerika auch heute noch den Griff zur Gewalt, aber nicht mehr automatisch die Rückkehr zu Militärherrschaft und Diktatur. Die Alternativen gesellschaftlicher und politischer Entwicklung haben sich deutlich erweitert, und die Staaten der Region werden verschiedene Wege gehen können, um die zukünftigen Herausforderungen zu bewältigen.

Literatur

Anderson, Benedict 1993: Die Erfindung der Nation. Zur Karriere eines folgenreichen Konzepts, Frankfurt am Main

Arbeitsgemeinschaft Kriegsursachenforschung 2002: Das Kriegsgeschehen 2001, hrsg. von Wolfgang Schreiber, Opladen

Bailey, Samuel L. 1971: Nationalism in Latin America, New York

Berg-Schlosser, Dirk 1987: Politische Kulturen, in: Piepers Wörterbuch zur Politik, Bd.6, hrsg. von Dieter Nohlen und Peter Waldmann, München, S. 398-409

Bethell, Leslie (ed.) 1987: Colonial Spanish America, Cambridge

Bethell, Leslie (ed.) 1991: Central America since Independence, Cambridge

Beyhaut, Gustavo 1965: Süd- und Mittelamerika II. Von der Unabhängigkeit bis zur Krise der Gegenwart, (Fischer Weltgeschichte Bd. 23), Frankfurt am Main

Brock, Lothar 1982: Intervention und Konfliktverschärfung: Die Lateinamerika-Politik, in: Czempiel, Ernst-Otto (Hg.) 1982: Amerikanische Außenpolitik im Wandel, Stuttgart u.a., S.145-168

Brock, Lothar 1992: Die Lateinamerikapolitik, in: Länderbericht USA, Bd. 2, hrsg. von W. P. Adams u.a., (Bundeszentrale für politische Bildung, Schriftenreihe Band 293/II), Bonn, S.207-219

Bruckmüller Ernst / Linhart, Sepp / Mährdel, Christian (Hg.) 1994: Nationalismus – Wege der Staatenbildung in der außereuropäischen Welt, Wien

Buisson, Inge 1992: Lateinamerikanische Unabhängigkeitsbewegungen; Revolution und frühe Staatenbildung, in: Krakau (Hg), S. 46-55

Bulmer-Thomas , Victor 1994: The Political Economy of Central America since 1920, Cambridge: CUP

Burns, E. B. 1984: The Continuity of the National Period" in: Black, J. K. (ed.): Latin Amerika. Its Problems and its Promise. A Multidisziplinary Introduction, Boulder, p. 67-86

Caldera, Alejandro Serrano 1995: Nicaragua als denkbares nationales Projekt, in: Sevilla/Rivas (Hg.) 1995, S. 90-105

Cardosa, Ciro F. S. 1991: The Liberal Era 1870-1930; in: Bethell (ed.) 1991, S. 37-68

Eckstein, Susan (ed.) 1989: Power and Popular Protest: Latin Americas Social Movements, Berkeley/Los Angeles

Ehrke, Michael 1986: Die Politik der USA in Zentralamerika: Schwierigkeiten einer friedlichen Konfliktbeilegung, in: Hamann, Rudolf (Hg.): die Süddimension des Ost-West-Konfliktes, Das Engagement der Supermächte in Krisen und Kriegen der Dritten Welt, Baden-Baden , S. 79-104

Eßer, Klaus 1975: Militärherrschaft und Industrialisierung in Lateinamerika, in: Sotelo/Eßer/Moltmann, S. 79-164

Gott, Richard 1970: Guerrilla Movements in Latin America, Garden City

Grabendorff, Wolf 1982: Interstate Conflict Behavior and Regional Potential for Conflict in Latin America, in: Journal of Interamerian Studies and World Affairs, Vol. 24 No. 3, August 1982, S. 267-294

Gründer, Horst 1992: Conquista und Mission, in: Apuz B 37/92, S. 3-15

Hensel, Paul R. 1994: One Thing Leads to Another: Recurrent Militarized Disputes in Latin America 1816-1986, in: JPR, Vol.31, No. 3, August 1994, p. 281-298

Klare, Michael T. / Kornbluh, Peter 1987: Low Intensity Warfare, New York

König, Hans-Joachim 1988: Auf dem Wege zur Nation. Nationalismus im Prozeß der Staats- und Nationbildung Neu-Granadas 1750 bis 1856, Stuttgart

Krakau, Knud (Hg) 1992: Lateinamerika und Nordamerika im Vergleich. Gesellschaft, Politik und Wirtschaft im historischen Vergleich, Frankfurt/New York

Krakau, Knud 1992: Die politischen Beziehungen zwischen Nord- und Südamerika: von der Monroe-Doktrin zum Interamerikanischen System, in: ders. (Hg), S.182-198

Krennerich, Michael 1996: Wahlen und Antiregimekriege in Zentralamerika. Eine vergleichende Studie, Opladen

Krosigk, Friedrich von 1992: Interamerikanische Beziehungen im Zeichen turbulenter Interdependenz, in: Apuz B 28/92, S. 23-31

Krumwiede, Heinrich-W. 1984: Zur vergleichenden Analyse sozialrevolutionärer Prozesse: Zentralamerika, in: Ibero-Amerikanisches Archiv, N.F. Jg. 10, H. 4/1984

Krumwiede, Heinrich-W. 1994: Lateinamerika: Frieden durch Demokratie? in: Bayrische Landeszentrale für politische Bildungsarbeit (Hg.): Sicherheit und Frieden. Nach dem Ende des Ost-West-Konfliktes, München, S. 215-224

Kurtenbach, Sabine 1991: Staatliche Organisaion und Krieg in Lateinamerika. Ein historisch-struktureller Vergleich der Entwicklungen in Kolumbien und Chile, Münster-Hamburg

Kurtenbach, Sabine 1994: Die Suche nach Frieden in Zentralamerika. Analyse der bisherigen Einflußversuche von außen zur Konfliktminderung in Guatemala und El Salvador, in: Materialien zum GKKE-Dialogprogramm, Heft D 3, hrsg. von der Gemeinsamen Konferenz Kirsche und Entwickklung (GKKE), Bonn

Kurtenbach, Sabine 1996: Vom Krieg zum Frieden in Lateinamerika, in: Volker Matthies (Hg.) Vom Krieg zum Frieden. Kriegsbeendigung, Friedensregelung, Kriegsfolgenbewältigung, und Friedenskonsolidierung, Bremen: Bremen

Levine, Daniel H. 1981: Religion and Politics in Latin America, Princeton

Liehr, Reinhard 1992: Sozialstruktuen und soziale Mobilität der lateinamerikanischen Gesellschaften im 19. und 20. Jahrhundert, in: Krakau (Hg), S. 96-106

Lindenberg, Klaus (Hg.) 1971: Politik in Lateinamerika. Interne und externe Faktoren einer konflikt-orientierten Entwicklung, Schriftenreihe des Forschungsinstituts der Friedrich-Ebert-Stiftung Bd. 84, Hannover

Lindenberg, Klaus (Hg.) 1982: Lateinamerika. Herrschaft, Gewalt und internationale Abhängigkeit, Bonn: Verlag Neue Gesellschaft

Lindenberg, Klaus 1971a: Zur politischen Funktion des Militärs in Lateinamerika, in: ders. Hg. 1971, S. 61-81

Lock, Peter 1996: Kriege im Wandel – Neue Anforderungen an die Politik. Überlegungen am Beispiel von Landminen und Kleinwaffen, Arbeitspapiere der Forschungsstelle Kriege, Rüstung und Entwicklung, Nr. 1/1996, Universität Hamburg

Lühr, Volker 1982: Legitime Herrschaft an sich, in: Lindenberg (Hg.) 1982, S. 29-49

Maharaj, Niala 1994: Pathologie und Macht. Das Scheitern der Demokratie in der Karibik, in: Hippler, Jochen (Hg.): Demokratisierung der Machtlosigkeit. Politische Herrschaft in der Dritten Welt, Hamburg, S. 108-125

Maihold, Günther 1988: Korruption in Entwicklungsländern: der Fall Lateinamerika, in: Vorgänge, 27. Jg., H.6, Nov. 1988, S. 65-76

Maihold, Günther 1990: Demokratie mit erhobenen Händen. Militär und demokratischer Wandel in Lateinamerika, in Apuz 43/90, S. 17-29

Mansilla, H.C.F. 1990: Neopatrimoniale Aspekte von Staat und Gesellschaft in Lateinamerika. Machtelite und Bürokratismus in einer politischen Kultur des Autoritarismus, in: PVS Heft 1, 1990, S. 33-53

Mols, Manfred 1985: Demokratie in Lateinamerika, Stuttgart

Mols, Manfred 1987: Begriff und Wirklichkeit des Staates in Lateinamerika, in: Manfred Hättich (Hg.): Zum Staatsverständnis der Gegenwart: München, S. 185-221

Niebling, Ursula 1992: Kriege in Lateinamerika seit 1945. Ein Beitrag zur vergleichenden Kriegsursachen- und Kulturforschung, Münster-Hamburg

Nohlen, Dieter / Thibaut, Bernhard 1992: Struktur und Entwicklungsprobleme Lateinamerikas, in: Nohlen/Nuscheler (Hg.): Handbuch der Dritten Welt, Bd. 2, Südamerika, Bd. 2, Hamburg, S. 13-90

Nohlen, Dieter 1982: Regimewechsel in Lateinamerika? Überlegungen zur Demokratisierung autoritärer Regime, in: Lindenberg (Hg.) 1982, S. 63-86

Nohlen, Dieter 1992: Demokratie in Lateinamerika zwischen historischer Instabilität und Konsolidierungsperspektive, in: Krakau (Hg), S.140-157

Nun, José 1969: Lateinamerika: Hegemoniekrise und der militärische Staatsstreich,in: KZSS, Sonderheft 13, S. 328-366

Pearce, Jenny 1981: Under the Eagle. US-Intervention in Central America and the Caribbean, London

Pietschmann, Horst 1980: Staatliche Organisation des kolonialen Iberoamerika, Stuttgart

Pietschmann, Horst 1982: Lateinamerika. Ein historischer Abriß, in: Hans-Georg Wehling (Red.) Lateinamerika, Stuttgart u.a.

Pietschmann, Horst 1992: Das koloniale Erbe lateinamerikanischer Staaten, in: Krakau (Hg), S. 20-33

Puhle, Hans-Jürgen 1971: Sehnsucht nach Revolution. Zur Typologie der Faktoren und Bedingungen des politischen Prozesses und des politischen Stils in Lateinamerika, in: Lindenberg (Hg.) 1971, S. 13-32

Puhle, Hans-Jürgen 1978: Nationalismus in Lateinamerika, in: Heinrich August Winkler (Hg.): Nationalismus, Königstein/Taunus, S.265-286

Ramírez, Sergio 1995: Chancen und Grenzen des politischen und sozialen Wandels in Lateinamerika, in: Sevilla/Rivas (Hg.) 1995: 82-89

Sandner, Gerhard / Steger, Hanns-Albert 1973: Lateinamerika (Fischer Länderkunde), Frankfurt am Main

Sangmeister, Hartmut 1991: Reformpolitik in Lateinamerika. Chancen und Risiken des wirtschaftspolitischen Paradigmenwechsels, in: Apuz B 39/91, S. 3-17

Schlegelberger, Bruno 1992: Religion und Kirschen, Staat und Gesellschaft in Lateinamerika, in: Krakau (Hg.), S. 209-220

Sevilla, Rafael / Torres Rivas, Edelberto (Hg.) 1995: Mittelamerika – Abschied von der Revolution? Tübingen

Siegelberg, Jens (Hg.) 1991: Die Kriege 1985 bis 1990. Analysen ihrer Ursachen, Münster-Hamburg

Sievernich. Michael 1992: Eroberung und Missionierung Lateinamerikas, in: Apuz B 37/92, S. 16-24

Slater, David (ed.) 1985: New Social Movements and the State in Latin America, Amsterdam

Sotelo, Ignacio / Eßer, Klaus / Moltmann, Bernhard 1975: Die bewaffneten Technokraten. Militär und Poltk in Lateinamerika, Hannover

Sotelo, Ignacio 1975: Vom Militärcaudillismus zur militärischen Technokratie, in: Sotelo/Eßer/Moltmann, S. 11-76

Spitta, Arnold 1991: "Partisanen kann man nur als Partisanen bekämpfen." Über die ideologischen Wurzeln und Rechtfertigungen der "Guerra sucia" in Lateinamerika (insbesondere in Argentinien), in: Tobler/Waldmann (Hg.), S. 133-162

Tobler, Hans Werner / Waldmann, Peter (Hg.) 1991: Staatliche und parastaatlichee Gewalt in Lateinamerika, Frankfurt am Main

Tobler, Hans Werner 1994: Revolution, Staat und Nationalismus in Mexiko, in: Bruckmüller/Linhart/Mährdel (Hg.), S. 229-248

Torres Rivas, Edelberto 1991: Crisis and Conflict. 1930 to Present, in: Bethell (ed.) 1991, S. 69-118

Trotha, Trutz von 1995: Staatliches Gewaltmonopol und Privatisierung. Notizen über gesamtgesellschaftliche Organisationsformen von Gewalt, in: Sack, Fritz (Hg.) 1995: Privatisierung staatlicher Kontrolle. Befunde, Konzepte, Tendenzen, Baden-Baden, S.14-38

Waldmann, Peter 1982: Vergleichende Bemerkungen zu den Guerilla-Bewegungen in Argentinien, Guatemala, Nicaragua und Uruguay, in: Lindenberg (Hg.) 1982, S. 103-124

Waldmann, Peter 1983: Alte und neue Guerilla in Lateinamerika – Folgen und Folgerungen aus der Revolution in Nicaragua, in: Verfassung und Recht in Übersee, Vol 16, No. 4/1983, S. 407-433

Waldmann, Peter 1987: Politik und Gewalt in Lateinamerika, in: Gegenwartskunde. Zeitschrift für Wirtschaft, Politik und Bildung, 3/1987, S. 309-320

Waldmann, Peter 1990: Lateinamerika. Geschichte, Wirtschaft, Gesellschaft, Informationen zur politischen Bildung, hrsg. von der Bundeszentrale für politische Bildung, Bonn

Waldmann, Peter 1991: Staatliche und parastaatliche Gewalt: Ein vernachlässigtes Forschungsthema, in: Tobler/Waldmann (Hg.), S. 21-44

Waldmann, Peter 1999: Rachegewalt: Zur Renaissance eines für überholt gehaltenen Gewaltmotivs in Albanien und Kolumbien, in: Zeitgeschichtliche Hintergründe aktueller Konflikte VII, hrsg. von Kurt R. Spillmann und Andreas Wenger, Züricher Beiträge 54, S. 141-161: Zürich

Werz, Nikolaus 1991: Da neuere politische und sozialwissenschaftliche Denken in Lateinamerika, Freiburger Beiträge zu Entwicklung und Politik 8, Freiburg i. Br.

Werz, Nikolaus 1991: Die ideologischen Wurzeln der "Doktrin der nationalen Sicherheit" in Lateinamerika, in: Tobler/Waldmann (Hg.), S. 162-193

Wickham-Crowley, Timothy P. 1992: Guerilla & Revolution in Latin America. A comparative Study of Insurgency and Regimes since 1956, Princeton (New Jersey).

Winkler, Heinrich August (Hg.) 1978: Nationalismus, Königstein/Taunus

Woodword, R. L. 1991: The Aftermath of Independence 1821-1870, in: Bethell (ed.) 1991, S. 1-36

Kriege in Afrika

1. Einleitung

Spätestens seit den Ereignissen der 90er Jahre, den Kriegen in Algerien, Ruanda, Liberia, Somalia und dem ehemaligen Zaire, gilt Afrika als „Chaos-Kontinent". Armut, Hunger, Seuchen und vor allem Kriege bestimmen das Bild des Kontinents in der Öffentlichkeit. Tatsächlich fanden gut ein Viertel der Kriege, die zwischen 1945 und 2002 weltweit geführt wurden, in Afrika statt. Neben Zentral-, Südost- und Südasien und dem Mittleren Osten ist Afrika nach 1945 damit eine der am stärksten von Kriegen betroffenen Weltregionen.

So zahlreich und vielfältig wie diese bewaffneten Konflikte sind auch die Versuche, sie zu erklären. Während etwa für den Bürgerkrieg in Ruanda auf den ethnischen Gegensatz zwischen Hutu und Tutsi oder den Zusammenhang von „kollektivem Zeugungs- und Tötungsverhalten" (Diessenbacher 1995) verwiesen wird, soll der Bürgerkrieg im Sudan als „ein aus der Kolonialzeit geerbter mehrdimensionaler Herrschafts-, Verteilungs- und Kulturkonflikt" (Tetzlaff 1993: 3) verständlich werden. Zusammenfassende Darstellungen der Ursachen kriegerischer Konflikte auf dem afrikanischen Kontinent haben bisher eher den Charakter von Listen, die die „Künstlichkeit" von Staatsgrenzen, die ökonomische Krise Afrikas, „ethnische" Rivalitäten oder die Charakterschwäche afrikanischer Präsidenten als erklärende Faktoren aneinanderreihen (vgl. u.a. Aquarone 1987; Furley 1995). Die wissenschaftliche Behandlung des Kriegsgeschehens im nachkolonialen Afrika droht so entweder auf Listen von Faktoren beschränkt zu werden oder aber in eine Reihe von unvermittelten Einzelerzählungen zu zerfallen. Den Anforderungen an eine wissenschaftliche Erklärung wird keine dieser Alternativen gerecht.[1] Das soll im folgenden aus der Perspektive des „Hamburger Ansatzes" ge-

---

1   Damit Prozeßmodelle als Erklärungen gelten können, müssen sie die Isolierung und Hierarchisierung von kausalen Zusammenhängen ermöglichen. Für die Einlösung dieses Anspruchs birgt eine chronologische Darstellungsweise oder der Verweis auf verschiedene „Faktoren", die „alle zugleich" eine Rolle spielen (Aquarone 1987: 128), keine Garantie. Eine kausale Analyse muß folglich analytische und synthetische Elemente umfassen und kausale Relationen nach einem expliz“ten Syntheseprinzip hierarchisieren. Die Zusammenschau unterschiedlicher verursachender Momente kann aber erst nach der Analyse einzelner kausaler Zuordnungen erfolgen. Das „Explanandum Krieg" muß also durch Begriffe und Urteile in unterschiedliche Bedingungskomplexe zerlegt werden. Die Hierarchisierung dieser kausalen Zusammenhänge muß jedoch ebenfalls einer expliziten Methodik folgen. Dazu dient hier die „Grammatik des Krieges" des „Hamburger Ansatzes" zur Kriegsursachenforschung.

leistet werden. Zwei Elemente dieses Ansatzes sind dabei von besonderer Bedeutung, nämlich einerseits seine strukturgeschichtliche Perspektive sowie die mit der
„Grammatik des Krieges" kategorisierte Logik sozialer Konflikte.

Die Entwicklungen, in denen soziale Konflikte zu Kriegen eskalieren, sind
strukturell vorgeprägte Prozesse. Für den afrikanischen Kontinent wie für andere
Weltgegenden ist die Überformung traditionaler vergesellschaftender Formen
durch die im Zuge der europäischen Expansion einsetzende Einbindung in den
sich entfaltenden kapitalistischen Weltmarkt und das internationale System die historisch entscheidende strukturbildende Entwicklung. Die Widersprüche und Gegensätze, die aus dieser großen historischen Umwälzung resultierten, bilden den
allgemeinen Hintergrund jedes einzelnen kriegsursächlichen Prozesses auf dem
afrikanischen Kontinent nach 1945.

Im folgenden werden nach einer kurzen quantitativen Übersicht zunächst die
strukturgeschichtlichen Voraussetzungen der kriegerischen Konflikte im kolonialen und nachkolonialen Afrika skizziert. Diese strukturgeschichtlichen Skizzen
dienen als Grundlage für zwei Prozeßmodelle kriegsursächlicher Entwicklungen,
die für das Kriegsgeschehen auf dem afrikanischen Kontinent nach 1945 prägend
gewesen sind: Dekolonisationskriege (3.2.) und Kriege im neopatrimonialen Staat
(3.4.). Beide Modelle haben ihre jeweils spezifische politische Logik, die hier jeweils idealtypisch dargestellt werden soll. Dieses Verfahren erlaubt es, Gemeinsames und Besonderes der einzelnen Entwicklungen zum Krieg herauszustellen
und kausale Zusammenhänge zu hierarchisieren. Ein kritisches Resümee des Er-
klärungsversuchs (4.) und eine Einschätzung jüngerer Entwicklungen auf dem
afrikanischen Kontinent (5.) schließen den Beitrag ab.

2. Das Kriegsgeschehen nach 1945 in Zahlen

Die Zahl von 63 Kriegen und die auf den ersten Blick verwirrende Vielgestaltig-
keit des Kriegsgeschehens auf dem afrikanischen Kontinent scheint die Phrase
vom „Kriegskontinent Afrika" zu bestätigen. Doch schon die zeitliche Verteilung
offenbart erhebliche Unterschiede: Mindestens vom Ende des Zweiten Weltkrieges bis zum Höhepunkt der Dekolonisation zu Beginn der sechziger Jahre war
Afrika keineswegs Zentrum des globalen Kriegsgeschehens. Höhepunkte der
Kriegsentwicklung ergaben sich erst in den Fünfjahresperioden zwischen 1960-
64, 1975-79, 1990-94 und 1995-2002 in denen jeweils acht bis zehn Kriege begannen. In den ersten fünfzehn Jahren nach dem Zweiten Weltkrieg fingen dagegen in Afrika südlich der Sahara nur sieben Kriege an. Weil sich auch in Afrika
die Tendenz zu zunehmender Kriegsdauer zeigte, erreichte die Kriegsbelastung zu

Beginn der neunziger Jahre mit 16 laufenden Kriegen ihren Höhepunkt. Nach der Beruhigung im südlichen Afrika wurden auf dem afrikanischen Kontinent am Jahresende 2002 elf Kriege geführt.

Aufschlußreicher noch ist die Verteilung der Kriegstypen. Neben 15Kriegen in Zusammenhang mit Afrikas Dekolonisation und vier rein zwischenstaatlichen Kriegen wird das Kriegsgeschehen auf dem afrikanischen Kontinent von innerstaatlichen Auseinandersetzungen bestimmt, auch wenn diese in vielen Fällen Mischtypen mit Dekolonisations- oder zwischenstaatlichen Kriegen bilden. Allein 20 der insgesamt 63 Kriege sind reine Anti-Regime-Kriege, in zehn Fällen wurde um die Gewährung von Autonomierechten oder um Sezession gekämpft. Insgesamt hatten 36 Kriege in Afrika zwischen 1945 und 2002 rein innerstaatlichen Charakter. Im gleichen Zeitraum hat es hingegen nur vier rein zwischenstaatliche Kriege gegeben.

Deutliche Unterschiede zeigen sich bei einer Differenzierung nach Subregionen: Das Horn von Afrika und das südliche Afrika waren lange Zeit die Zentren des Kriegsgeschehens. Neben den lang anhaltenden Kriegen im Sudan und Tschad wurden in den neunziger Jahren Westafrika und die Länder des Gebiets der „Großen Seen" (Uganda, Burundi, Ruanda, Zaire/Kongo) zu neuen Kriegsherden. Nur wenige Länder sind dagegen bisher völlig von bewaffneten Massenkonflikten verschont geblieben, so etwa Botswana und die Elfenbeinküste.

Diese quantitative Übersicht spiegelt die Wirklichkeit politischer Gewalt in Afrika indes nur in Grenzen wider. Denn die wissenschaftliche Betrachtung muß sich von der Vorstellung befreien, daß sich in Afrika wie überhaupt in den summarisch „Dritte Welt" genannten Weltregionen „kriegerische" und „friedliche" Gesellschaften gegenüberstehen. Auf dem afrikanischen Kontinent jedenfalls hat sich aus der vorkolonialen Zeit, über die Zwangsmaßnahmen der Kolonialherrschaft bis in die nachkolonialen Zeiten hinein ein Kontinuum der politisch motivierten Gewalt erhalten, dessen eines Extrem der Krieg ist. Von Formen politischer Gewalt wie Staatsstreichen, Attentaten, Folter, städtischen Unruhen, ländlichen Aufständen und den Phänomenen in der Grauzone zwischen Politik und Kriminalität blieb nicht ein einziger der nachkolonialen Staaten verschont (vgl. Bienen 1993; Mbembe 2000: 32f.). Der friedliche Machtwechsel, wie er sich in den Demokratisierungen Malis, Benins oder Sambias vollzog, ist im postkolonialen Afrika eine Ausnahmeerscheinung geblieben.

3. Strukturgeschichte und Kriegsgeschehen

Eine zusammenhängende Erklärung des Kriegsgeschehens im postkolonialen
Afrika kann sich nur aus dem geschichtlichen Kontext und der Rekonstruktion der
kausalen Zusammenhänge einzelner Ereignisfolgen ergeben. Denn die Vielzahl
sozialer Handlungen, die summarisch als Krieg bezeichnet werden, sind eingebettet in Bedingungen und Sinnzusammenhänge, deren Logik sich nur aus ihrem
sozialen Kontext erschließt, der seinerseits das Ergebnis geschichtlicher Entwicklungen ist. Die Erklärung des Kriegsgeschehens besteht folglich vor allem in
der Analyse und Darstellung dieser historischen und sozialen Zusammenhänge. So
wird im folgenden vor allem auf die strukturgeschichtlichen Voraussetzungen des
Kriegsgeschehens im postkolonialen Afrika abgestellt. Dabei sind zunächst die
Dekolonisationskriege und ihre Vorgeschichte, der Kolonialismus, zu behandeln.
In einem zweiten Abschnitt wird auf das Kriegsgeschehen in und zwischen den
nachkolonialen Staaten Afrikas eingegangen. Diese Darstellung des „Krieges im
neopatrimonialen Staat" folgt dem Prozeßmodell der Grammatik des Krieges,[2] das
die zentralen kausalen Zusammenhänge kriegsursächlicher Verdichtungsprozesse
dieses Typs zusammenfaßt und in Thesen formuliert.

Eine zusammenhängende Erklärung der Vielfalt bewaffneter Konflikte im
postkolonialen Afrika wird durch die strukturgeschichtlichen Gemeinsamkeiten
afrikanischer Gesellschaften möglich. Alle afrikanischen Gesellschaften teilen
nämlich das Schicksal, im Verlauf der europäischen Expansion, und verstärkt seit
der kolonialen Unterwerfung, in die Wirkungszusammenhänge einer kapitalistisch
dominierten Weltgesellschaft eingebunden worden zu sein. Wie in Europa und in
anderen Erdteilen haben sich in afrikanischen Gesellschaften aus dem Aufeinandertreffen dieser „modernen" Elemente mit traditionalen Sozialformen neue
Strukturen ergeben. Bevor der Zusammenhang der Kriegsentwicklung in den unabhängigen Staaten Afrikas betrachtet werden soll, ist auf diese historischen Hintergründe und die Erklärung der Kriege einer früheren Phase einzugehen, nämlich
auf die bewaffneten Konflikte, die in Zusammenhang mit der Dekolonisation
standen. Das ursächliche Gefüge und selbst die konkreten Frontstellungen dieser
Kriege sind durch die Erfahrungen und Resultate des Kolonialismus geprägt. Weil
jedoch die sozialen und politischen Entwicklungen, die in den Dekaden kolonialer
Herrschaft stattfanden, über den Zeitraum der Dekolonisation hinaus fortwirkten
und in vielfältiger Weise das Kriegsgeschehen im nachkolonialen Afrika mitbe-
stimmten, sind einige weitergehende Ausführungen über die strukturellen Resultate der Kolonialgeschichte Afrikas vorangestellt.

---

2   Vgl. dazu die Ausführungen im Beitrag von Jens Siegelberg am Anfang des Bandes.

3.1 Kolonialgeschichte

Die Geschichte der kolonialen Unterwerfung afrikanischer Gesellschaften läßt sich am ehesten als Fortsetzung der Einbindung in die Wirkungszusammenhänge des sich von Europa aus entfaltenden Weltmarkts begreifen.[3] Die Anfänge dieser Einbindung reichen weit zurück, wie sich an den Verbindungen des Transsahara-Handels oder der ausgedehnten Handelskontakten an der afrikanischen Ostküste nachweisen läßt. Doch erst mit dem europäischen Fernhandel, der sich seit dem 16. Jahrhundert schnell verstärkte, lassen sich weitreichendere Effekte auf soziale und politische Entwicklungen innerhalb afrikanischer Gesellschaften nachweisen, die über das historisch normale Maß des Handels an den Außengrenzen politischer Gemeinschaften hinausreichen. Eine historisch herausragende Rolle spielt hierbei der Sklavenhandel, der von den Anfängen europäischer Handelstätigkeit im 15. Jahrhundert bis in das 20. Jahrhundert hinein wirken sollte. Diese extrem gewaltgeladene Integration afrikanischer Gesellschaften in die sich etablierenden Weltmärkte steht nicht nur mit dem Aufstieg und Fall einer ganzen Reihe von politischen Gebilden vor der Errichtung der Kolonialherrschaft in Verbindung. Die sich in der Epoche des Sklavenhandels ausbildenden Stereotypen und sozialen Verwerfungen sind in Afrika bis in die Gegenwart hinein politisch bedeutsam geblieben.

Die Tauschzusammenhänge mit dem europäischen Handel breiteten sich zunächst entlang der afrikanischen Westküste aus. Schon im 15. Jahrhundert aber gelang portugiesischen Seefahrern auf der Suche nach einem Seeweg nach Indien die Umsegelung der afrikanischen Südküste. In das Netz der Handelsstationen, das sich in ihrem Gefolge rasch entlang der afrikanischen Küsten etablierte, wurden die vorgefundenen Handelssysteme gewaltsam integriert, bis schließlich auf der Berliner Konferenz 1885 die kommerzielle Konkurrenz eine territoriale Ordnung erhielt. Bis dahin indes bestimmte das Geschick, mit den bestehenden afrikanischen Mächten tragfähige Vereinbarungen zu erreichen und die militärische Macht über den Anteil einzelner europäischer Handelshäuser an der Anbindung der küstennahen afrikanischen Gesellschaften an den Weltmarkt.

Die Effekte dieser gewaltgeladenen Kontaktaufnahme erreichten jedoch vor allem an den westlichen Küsten Afrikas rasch auch die Gebiete des Hinterlands.

---

3   Die vorkoloniale Geschichte muß aus dieser Betrachtung ausgeklammert bleiben, auch wenn dies für eine angemessene Berücksichtigung der Historizität afrikanischer Gesellschaften eigentlich notwendig wäre. Vgl. hierzu Bertaux (1966: 11-120), Ki-Zerbo (1981: 11-212), Iliffe (1997: 14-171) sowie die Bände der einschlägigen Handbücher zur Geschichte Afrikas wie die „Cambridge History of Africa" (London, 1975ff.) und die „General History of Africa" (Paris 1981ff.).

Sklavenjagd und Sklavenhandel destabilisierten und militarisierten die Beziehungen zwischen den politischen Verbänden Afrikas. Die europäischen Niederlassungen beschränkten sich zunächst auf Handelsstationen, sogenannte Faktoreien, und einige befestigte Siedlungen für die Abwicklung des Sklavenhandels. Die Sklavenjagd und das Vordringen der europäischen Mächte, die ab dem 18. Jahrhundert auch begannen, ihre territorialen Ansprüche und Handelsrechte auf das Hinterland auszudehnen, bedeuteten in allen Regionen Afrikas eine deutliche Zunahme militanter Konflikte und politischer Dynamik. Doch „... die Verwandlung von Afrika in ein Gehege zur Handelsjagd auf Schwarzhäute" war nur ein Hauptmoment der „ursprünglichen Akkumulation" (MEW 23: 779), nicht die Umformung wesentlich kommunitärer und feudaler Systeme in wirklich kapitalistische Gesellschaften. Im Zeitalter des Raub- und Plünderungskolonialismus war die Integration in den sich erhebenden kapitalistischen Weltmarkt gewaltgeladen. Weil die Gewalt selbst noch „eine ökonomische Potenz" (MEW 23: 799) war, waren die Effekte dieser Ökonomie destruktiv. Das Zeitalter des Sklavenhandels sorgte nicht nur für einen langfristig wirksamen ökonomischen Einbruch und massive soziale Verwerfungen, sondern es war auch der Entstehungsgrund historisch lange fortwirkender Frontstellungen und Stereotypsierungen zwischen Bevölkerungsgruppen. Nicht zuletzt bedeutete diese Anbindung an die sich über den Atlantik erstreckenden wirtschaftlichen Zusammenhänge auch den Zerfall der alten Reiche Westafrikas. Ihre politische Form beruhte auf Tributen und auf Handelssteuern, die sie auf den Austausch zwischen städtischen Märkten erhoben (vgl. Suret-Canale 1966,1: 206ff.). An die Stelle dieser internen Handelsströme trat die Vielfalt der neu entstehenden mobilen militärischen Verbände, die sich auf Raubzüge und Sklavenjagden verlegten. Die Dominanz der wirtschaftlichen Außenorientierung afrikanischer Ökonomien nahm hier ihren Anfang.

Diese Zunahme militärischer Gewalt zwischen afrikanischen Gesellschaften und politischen Verbänden, aber auch zwischen diesen und den europäischen Invasoren fand erst mit der kolonialen Unterwerfung ihr vorläufiges Ende. Zwischen 1880 und 1914, in der Hochphase der imperialistischen Expansion, trafen die Kolonialarmeen der europäischen Mächte im Innern des Kontinents aufeinander. Das Ergebnis der imperialistischen Landnahme, die territoriale Ordnung, die Aufteilung des afrikanischen Kontinents durch den europäischen Imperialismus, hat sich bis heute in den Staatsgrenzen, regionalen Organisationen, in den Differenzen von Amtssprachen und Verfassungsformen erhalten.

Gewaltsame Auseinandersetzungen zwischen Kolonialarmeen und afrikanischen Bevölkerungen waren bis in die Schlußphase der kolonialen Unterwerfung zu Beginn des 20. Jahrhunderts die Regel. Die Geschichte dieses „primären Widerstands" wird indes dadurch kompliziert, daß sich die europäischen Eroberer militärisch der Frontstellungen zwischen Bevölkerungsgruppen bedienten, indem sie für einzelne Eroberungen auf afrikanische Bündnispartner zurückgriffen. Auf diese Weise stabilisierten sich zahlreiche Ressentiments, die noch für die Konflikte in nachkolonialen Staaten eine Rolle spielen sollten. Aber auch in den sich nach und nach konsolidierenden Kolonialstaaten erhielt sich die Gewalt als Modus der Herrschaft. Zwangsarbeit, Repression und militärische Maßnahmen blieben zentrale Merkmale kolonialer Herrschaft, die sich nur mühsam subtilere Mittel der Etablierung ihrer Herrschaft erschließen konnte.[4]

Auch die dem Kolonialstaat *vorgängigen* Formen politischer und – davon in der Regel nicht zu trennender – wirtschaftlicher und religiöser Macht haben auf die Gestalt und Funktionsweisen der nachkolonialen Staaten einen erheblichen Einfluß behalten. Gängigerweise werden die politischen Entwicklungen in Afrika nach Regionen und Kolonialmächten getrennt betrachtet. Diese Unterscheidung schließt wichtige vergleichende Einsichten aus, weil sie Parallelen und Überschneidungen der sozialen und politischen Geschichte verdeckt. Sie hat indes ihre Berechtigung darin, daß sie historische Phasenverschiebungen in den Blick geraten läßt: Einige Gebiete wie Algerien oder das südliche Afrika wurden früher und intensiver in die Wirkungszusammenhänge des europäischen kapitalistischen Dynamik einbezogen, weil sich hier eine beträchtliche Zahl europäischer Siedler niederließ, die die bestehende Sozialordnung durch rassistisch strukturierte Minderheitsregime ersetzte. Für die genaue soziale Konstellation der Kolonialherrschaft und ihre politische Problematik war jedoch weniger entscheidend, welche europäische Macht sie jeweils betrieb. Für die konkreten politischen Formen des Kolonialismus waren die vorgefundenen Formen sozialer Ordnung und politischer Herrschaft weitaus bedeutsamer. Dort, wo zentralisierte politische Verbände existierten, neigten alle Kolonialmächte zum Modell der *indirect rule*. Fehlten hingegen solche übergreifenden Herrschaftsordnungen, wie in den vielen Fällen segmentärer Gesellschaften, so schufen alle Kolonialmächte neue vermittelnde Institutionen wie die „chiefs" und unterwarfen diese ihrer direkten Kontrolle. Auch die Art der Weltmarktintegration – ob über Plantagenwirtschaft oder den Abbau mineralischer Rohstoffe – spielte eine viel größere Rolle als die Unterschiede in den Politiken der Kolonialmächte (vgl. Albertini 1987: 387ff.).

Im subsaharischen Afrika traf die koloniale Expansion auf die vielleicht größte Diversität politischer Formen. Hier standen die losen politischen Verbände des Nomadismus im Sahel neben zentralisierten Königreichen etwa in Zentral- und Ostafrika, die längst über geregelte Abgabesysteme und stehende Heere ver-

---

4 Zur Soziologie der kolonialen Eroberung und der Grundproblematik der Errichtung des kolonialen Staates vgl. die vorzügliche Studie von Trothas (1994).

fügten. In jeweils spezifischer Weise verknüpften sich im kolonialen Staat die frühmodernen anstaltsstaatlichen Elemente mit lokalen politischen Traditionen, die die Fremdherrschaft notwendig integrieren mußte, um in ihrem Sinne eine Umgestaltung der ökonomischen und sozialen Verhältnisse ins Werk zu setzen.

Die kolonialen Landkarten und ihr Fortleben in den Grenzen und Sprachräumen überdecken die Vielfalt und Überlagerungen der einzelnen Entwicklungen bis heute. Der Eindruck der Einheitlichkeit täuscht vor allem in Hinblick auf viele Resultate und Politiken des Kolonialismus. Die Ära des europäischen Kolonialismus lebt zwar in Amtssprachen und Verfassungsformen fort. Auch haben die Art und Weise der Anbindung an die Weltmärkte, die sozialökonomischen Gefälle zwischen Landesteilen und die Stereotypen, die Bevölkerungsgruppen voneinander aufbauten, ihre historischen Wurzeln in zahllosen Fällen in der Epoche des europäischen Kolonialismus. Doch weder waren die kolonialen Politiken überall identisch, noch trafen sie überall auf dieselben sozialen und politischen Formen (vgl. Albertini 1987). Bereits während der Kolonialzeit, aber erst recht in der Geschichte der postkolonialen Staaten gaben die lokalen sozialen Kontexte den Projekten der Kolonialherrschaft deshalb ihr je spezifisches Gepräge. Die Logik der kolonisierten Gesellschaft hat den „importierten Staat" geformt (Badie 1992). Aber keine Kolonialmacht hat es vermocht – wenn es denn je intendiert war – die kolonisierten Gesellschaften vollständig nach ihrem Bilde umzugestalten. Viele soziale Formen und politische Traditionen aus der vorkolonialen Geschichte existierten auch nach der Dekolonisation, sie haben sich indes längst mit den importierten Gehalten der kolonialen Herrschaft vermengt.

Die europäische Expansion bedeutete folglich die beschleunigte Entwicklung moderner Formen, die jedoch Hergebrachtes nicht wirklich verdrängen konnte. Jeder koloniale Staat war immer genötigt, mindestens teilweise auf existierende Strukturen zurückzugreifen. Die Alternative, neue politische Zusammenhänge zu schaffen, war immer an Voraussetzungen gebunden, nämlich an die Auflösung bestehender Herrschaftsformen und die Akzeptanz der Delegation von Herrschaftsfunktionen an neue Machthaber. In den zahllosen Fällen der Eingliederung der segmentären Gesellschaften Afrikas in das koloniale System wurde dies durch die Erfindung der *chieftaincies*, der Häuptlingstümer unternommen. Das Personal für diese Mittlerposition wurde entweder aus den führenden Familien der vorkolonialen Herrschaftszusammenhänge kooptiert oder aber wegen erwiesener Loyalität aus dem Kreis der Eroberungsstreitkräfte und ihrer Verbündeten eingesetzt. In dieser Form des „dezentralisierten Despotismus" (Mamdani 1996: 62ff.) kamen den *chiefs* die Eintreibung der Steuern, die Aushebung der Arbeitskräfte für Zwangsarbeiten, aber auch die Rechtsprechung auf unteren Ebenen zu. Die Position dieser neu geschaffenen Intermediäre blieb jedoch widersprüchlich. Sie wurden nicht als Repräsentanten der von ihnen kontrollierten Bevölkerungen akzeptiert, sie waren aber auch nicht rechtlich gleichgestellte Beamte des Kolonialstaats. Nur mit Gewalt, Willkür und durch die Akkumulation eigener Machtmittel gelang es diesen frühen *Big Men*, sich in ihrer prekären Machtposition zu halten.[5]

Nach der Auflösung oder Inkorporierung der alten Gefolgschaftsbeziehungen wurden die Achsen der Herrschaft und der Mobilisierung politischer Unterstützung auf den kolonialen Staat und seine Institutionen ausgerichtet. Im Zentrum der Macht des Kolonialstaats standen die Gouverneursämter, die vielfach nur eingeschränkt von den weit entfernten Kolonialministerien kontrolliert werden konnten. Von den kolonialen Subzentren ausgehend wurde das koloniale Projekt der Inwertsetzung samt ihrer Voraussetzungen der militärischen Befriedung, der ökonomischen Extraktion und des Aufbaus der nötigen Infrastruktur betrieben. In zahlreichen afrikanischen Staaten haben sich diese hierarchischen Strukturen des kolonialen Staates mit Modifikationen erhalten. Personale Loyalitäten und partikulare Interessen, die Praxis der Reziprozität und materiales Recht, Gewalt und staatliche Willkür spielen im Gefüge staatlicher Herrschaft in Afrika bis heute eine zentrale Rolle. Auch die fehlende Trennung ökonomischer, politischer und symbolischer Machtmittel hat ebenso wie das Übergewicht der „Politik in der Hauptstadt" aus den kolonialen Zeiten bis in die Gegenwart Bestand.

In allen gesellschaftlichen Bereichen entwickelte sich auf dem afrikanischen Kontinent ein auffälliges Nebeneinander der unterschiedlichsten Formen, ökonomisch als die Gleichzeitigkeit von hochtechnologischem Bergbau und Nomadismus, symbolisch als die gleichzeitige Gültigkeit von mythischen, magischen und legal-rationalen Denkmustern, rechtlich als die simultane Legitimität von uneingeschränkter personaler Loyalität und abstrakter juristischer Form. Diese innere Widersprüchlichkeit ist zum Grundmerkmal afrikanischer Gesellschaften geworden und hat auch ihre politische Form, die Staatlichkeit, entscheidend geprägt. Staatliche Herrschaft in Afrika ist hybrid, denn die Strukturen nachkolonialer Herrschaft bauen nicht nur auf das koloniale Erbe auf, sondern auch auf jene älteren politischen und sozialen Traditionen, die weit in die Zeit vor der kolonialen Herrschaft zurückreichen. Die Varianz der Resultate dieser historischen Konstellationen ist deshalb beträchtlich. Sie unterscheiden sich je nach dem, mit welcher Art von Gesellschaft der Kolonialismus sich verband und wie lange und intensiv der *colonial impact* die vorgefundenen Strukturen umformte. An zwei Beispielen wird dies deutlich:

---

5   Zur Situation der „chefs" in den französischen Kolonien Afrikas vgl. Suret-Canale (1966,2:412ff.), Spittler (1978) zur Rolle der „chiefs" in den britischen Kolonien vgl. Mamdani (1996: 109ff.)

Die britische Eroberung des heutigen Nigeria stieß in den letzten Jahren des 19. Jahrhunderts ganz im Norden des Gebietes auf einen hochentwickelten islamischen Staat, das Kalifat von Sokoto. Statt nun dieses politische Gebilde aufzubrechen, stellte man den lokalen Machthabern britische Berater zur Seite, die das Gebiet im Laufe der Jahrzehnte in einen Teil der Kolonie überführten. Die politischen Strukturen wurden so nach und nach verformt, aber nicht aufgelöst. Entsprechend spielen die traditionellen Herrschaftsformen im Norden Nigerias noch heute eine bedeutsame Rolle. Sie bilden die entscheidenden Strukturen der lokalen Politik. Nicht die zentralstaatliche Bürokratie, sondern die Erben der traditionellen Machthaber beherrschen die Verwaltung der Städte in Nordnigeria (vgl. Kanya-Forstner 1994). Eine militärische Eroberung und Absetzung aller traditionalen Autoritäten in den neuen Kolonien hätte auch die Ressourcen des Britischen Empire schnell erschöpft. Die Integration dieser Strukturen in das System kolonialer Herrschaft war unvermeidbar und mußte zur Folge haben, daß zahlreiche vorkoloniale Verhältnisse bis in die nachkoloniale, unabhängige Staatlichkeit – wenn auch modifiziert – bestehen blieben.

Eine andere Entwicklung fand im Gebiet des ostafrikanischen Kenia statt. Dort siedelten sich noch vor dem Ersten Weltkrieg Tausende weißer Siedler an, die das den Kikuyu und Massai entrissene Land in exportorientierte Farmen verwandelten. Diese Siedler dominierten die afrikanische Bevölkerungsmehrheit und die im Zuge des Eisenbahnbaus immigrierten Inder. Der koloniale Staat war hier direkt in den Dienst des Projekts der weißen Besiedlung gestellt. Die damit verbundenen sozialen Verwerfungen erklären die hohe Konfliktivität dieses Kolonialregimes (vgl. Berman/Lonsdale 1992). Landnahme und repressive Unterwerfung führten ebenso in den Siedlerkolonien im südlichen Afrika zur Auflösung aller althergebrachten politischen Zusammenhänge, aber sie beförderten auch die Formierung antikolonialen Widerstands.

In anderen Regionen sind die ökonomischen Umbrüche durch den Kolonialismus eher gering ausgefallen. In der Sahara etwa, aber auch in weiten Teilen des tropischen Afrika ist während der Kolonialzeit kein Generalschema der wirtschaftlichen Inwertsetzung verwirklicht worden (vgl. Iliffe 1997: 285ff.). Die koloniale Umwälzung der ökonomischen Verhältnisse beschränkte sich dort auf die enklavenartige oder selektive Förderung bestimmter Agrarprodukte wie Kaffee, Kakao, Tee oder Baumwolle. Zu einer umfassenden Umgestaltung der afrikanischen Ökonomien fehlten den Kolonialmächten schlicht die Mittel. Häufig mündete die koloniale Unterwerfung wie im Fall des „Kongostaats" Leopolds II., lediglich in eine ungeregelte Raubwirtschaft (vgl. Gann /Duignan 1979).

Die ökonomische Integration in das koloniale Projekt setzte auf die individualisierenden Wirkungen der Monetarisierung. Über die Einführung einfacher

Steuerformen, Kopf- und Hüttensteuern, die von den eingesetzten Häuptlingen in Geldform beizubringen waren, wurde die Integration in die Arbeitsverhältnisse des Kolonialismus, in Plantagenwirtschaft, Bergbau und Infrastrukturprojekte erzwungen. Dieser Zwang allein veränderte die bisherigen Formen des Zusammenlebens und Wirtschaftens grundlegend.[6]

Trotz aller philanthropischen Rhetorik und aller realen Hindernisse war der Kolonialismus grundsätzlich ein Projekt der wirtschaftlichen Erschließung. Ob es um die Eroberung von Siedlungsgebieten, die Extraktion mineralischer Vorkommen oder die Inwertsetzung von Ländereien durch agrarische Produktion im großen Maßstab ging, immer diente die Errichtung des Kolonialstaats, sein Gewaltmonopol ebenso wie seine Infrastrukturmaßnahmen, der Beförderung der kolonialkapitalistischen *mise en valeur*, der Inwertsetzung. Teil dieses Generalschemas war einerseits das kulturelle Projekt der „Zivilisierung", der graduellen Integration eines Teils der lokalen Bevölkerung in die Kultur des Westens. Gleichzeitig jedoch sollte die Mehrheit der Kolonisierten unter ihren Gesetzen leben. Dies drückte sich auch in der Trennung in unterschiedlichen Rechtssphären aus, indem zwischen einer modernen Rechtspraxis für die etablierte koloniale Gesellschaft und dem „customary law" für die Kolonisierten unterschieden wurden. Kolonialbürger und Untertanen hatten einen unterschiedlichen Rechtsstatus (vgl. Mamdani 1996, Kap. 3).

Wie sich in diesen rechtlichen Konstruktionen zeigt, konnte die koloniale Herrschaft ihren zentralen inneren Widerspruch nicht überwinden: Ihr Projekt führte zu weitreichendem sozialen Wandel, der die soziale Ordnung und die Stabilität des kolonialen Staates stets aufs Neue in Frage stellte. So unterminierte die koloniale Herrschaft ihre Voraussetzungen, denn sie hob lokale Herrschaftsformen auf, die für sie zugleich notwendige Vermittlungsglieder waren. Nur dadurch, daß im kolonialen System neues Personal in in Herrschaftszusammenhänge rekrutiert wurde, ließ sich dieser Widerspruch vorübergehend stillstellen. Rechtlich und politische konnten aber auch die okzidentatlisierten Kolonisierten nicht gleichgestellt werden. Vorübergehend blieb diese Lösung deshalb, weil gerade aus dem Milieu der Akkulturierten die bedeutsamste Opposition der Kolonialherrschaft erwuchs. In allen Kolonien entwickelte sich aus Staatsbediensteten, dem niederen Klerus, marktorientiert wirtschaftenden Bauern und Gewerbetreibenden eine lokale *petite bourgeoisie*, aus deren Kreisen sich rasch antikoloniale Bewegungen bildeten.

---

6   Über die mikrosozialen Wirkungen der Monetarisierung sozialer Beziehungen im Kolonialismus vgl. die anschauliche Studie von Middleton (1971).

Diese Entwicklungen ergaben sich in allen Teilen des Kontinents, allerdings in unterschiedlicher konkreter Form und zu unterschiedlichen Zeiten. Während in den meisten Teilen des subsaharischen Afrika eine koloniale Unterwerfung und Durchdringung erst in den ersten Jahrzehnten des zwanzigsten Jahrhunderts griff, hatten die analogen Prozesse in anderen Teilen des Kontinents bereits früher eingesetzt. Zwei Regionen nehmen gegenüber dem dargestellten allgemeinen Muster der kolonialen Geschichte Afrikas eine Sonderstellung ein, die Region des Maghreb und das südliche Afrika. In beiden Regionen hat sowohl die koloniale Einbindung wie die Geschichte der Dekolonisation aber auch deshalb eine vom sonstigen Afrika abweichenden Verlauf genommen, weil es zu einer bedeutsamen Immigration europäischer Siedler kam.

Im westlichsten Teil des Maghreb, in Marokko, war es dem europäischen Handelskapital schon früh gelungen, über Handelsverträge und Verschuldung eine wirksame Kontrolle der lokalen Herrscher zu erlangen. Bereits 1830 wurde Algerien von Frankreich formal kolonisiert. Ebenso wie das Gebiet des Bey von Tunis, das Frankreich 1881 besetzte, zog Algerien zahllose Siedler aus dem Mutterland an. Diese Zuwanderung mündete in die Konfliktivität der größten europäischen Siedlerkolonie auf dem afrikanischen Kontinent. Neben dem Projekt der Besiedelung standen strategische und wirtschaftliche Interessen der Kolonialmächte. In Tunesien wie in Marokko, das 1912 unter koloniale Herrschaft geriet, stand das Interesse des europäischen Finanzkapitals an den Bodenschätzen im Vordergrund (vgl. Hourani 1991: 347ff.). Die frühe Anbindung an die europäischen Märkte und ihre weitreichenden sozialen Effekte sorgten in der Region des Maghreb für ein erhebliches Ausmaß an sozialer Differenzierung. Entsprechend früh formierte sich auch der antikoloniale Widerstand, vor allem in Algerien (vgl. Bourdieu 1985: 115ff.).

Auch im südlichen Afrika fand eine im Vergleich zum sonstigen Kontinent frühere und intensivere Begegnung mit der europäischen Expansion statt. Am Kap hatte sich seit dem 16. Jahrhundert eine anfangs kleine, aber rasch wachsende Siedlergemeinschaft niederländischer Protestanten zunehmend verselbständigt. 1806 wurde das Gebiet britische Kolonie. Britische Truppen sicherten auch die Ausdehnung der Kolonie nach Norden, die sich im 19. Jahrhundert mit den Ausscheidungskriegen der sich militarisierenden afrikanischen Gesellschaften der Region vermengte. Diese räumliche Expansion der Kapkolonie und der Buren-Freistaaten nach Norden legte den Grundstein für die Konfliktkonstellation des südlichen Afrika. In ihrem Innern jedoch umfaßte eine rasch voranschreitende Modernisierung nicht nur die weiße Siedlergemeinschaft, sondern ging ebenso von afrikanischen Bevölkerungsgruppen aus. Die Sklavenbefreiung als Freisetzung von zuvor gebundener Arbeit, das einfließende Kapital nach Gold- und

Diamantenfunden und die rasch ausgreifenden Märkte für agrarische Güter sorgen für einen – im Vergleich zu anderen Kolonien – erheblichen Modernisierungsvorsprung, dessen Wohlfahrtsgewinne jedoch zunehmend nach rassistischen Kriterien ungleich verteilt wurden.

Wenn auch die Staaten des Maghreb und Südafrika wegen des früh einsetzenden tiefgreifenden Wandels in der Kolonialgeschichte des Kontinents eine Sonderstellung einnehmen, so sind die ausgelösten Dynamiken von denen in anderen Kolonialgebieten nicht grundsätzlich verschieden. Selbst dort, wo der Kolonialismus sozial ein oberflächliches Phänomen geblieben war, hat er die weitere Entwicklung nachhaltig geprägt. Denn immer hat sich die koloniale Erfahrung tief in die Symboliken und Vorstellungswelten der Kolonisierten eingesenkt. Durch ihn haben die politischen Ideen und religiösen Bekenntnisse des Westens in den unterworfenen Gesellschaften Einzug gehalten und sich mit lokalem Erbe vermengt. Das Ergebnis war immer etwas Neues: synkretistische Kirchen, auf Verwandtschaft und regionale Abkunft gegründete politische Parteien mit nationalistischer Ausrichtung, die Akkulturation der kolonialen Elite an den westlichen Lebensstil. All dies sind Erscheinungen, die die Verschiebungen, aber auch die Anpassungs- und Rezeptionsfähigkeit der kolonisierten afrikanischen Gesellschaft gegenüber global dominanten Symboliken und Politiken demonstrieren.

Entsprechend komplexe Mischungen lagen den Formen der Legitimität zugrunde, die der antikoloniale Widerstand für sich in Anspruch nehmen konnte: Die Berufung auf das westliche Konzept der „Selbstbestimmung der Völker" spielte darin ebenso eine wichtige Rolle wie die „Wiedererfindung der Tradition" (Hobsbawm/Ranger 1983) vergangener Reiche und Dynastien. Gerade aus jenen Kreisen, die in das koloniale System integriert worden waren, aus den lokalen Eliten des Kolonialismus, den Beamten des Kolonialstaats und den neureichen Schichten der Kolonialökonomien, formierte sich der entscheidende Widerstand gegen die Fremdherrschaft. Eben diese vom kolonialen System geformten Gruppen sollten den dekolonisierten Staat übernehmen.

Hintergrund der Formation wirksamen antikolonialen Widerstands war auch die Veränderung der Inhalte kolonialer Herrschaft, die sich seit der Weltwirtschaftskrise der 30er Jahre ergeben hatten. Die Kolonialmächte drängten auf eine tiefere innere Integration der Kolonialreiche als geschlossene Wirtschaftsräume. So trat neben kulturelle Projekte wie die *mission civilisatrice* und das allgemeine Interesse an der Inwertsetzung der Kolonien die Ideologie des *developmental colonialism*, die nach 1945 in Großbritannien im „Colonial Development and Welfare Act" und in Frankreich im „Fond d'investissement pour le développement économique et social" ihre institutionellen Form annahmen (vgl. Munro 1976: 176ff.). Der Kolonialstaat wurde nun zum Kanal des Kapitalflusses für Investitionen, der öffentliche Sektor wuchs. Die Zentralstellung staatlicher Agenturen in der Ökonomie der postkolonialen Staaten Afrikas ist ein Erbe des Kolonialismus: So wie die für den nachkolonialen Staat typische Form der Einbindung in den Weltmarkt, nämlich die Abschöpfung der Renten aus dem Export von Rohstoffen, die durch Konzessionsgesellschaften oder „marketing boards" organisiert waren, in der Ökonomie des Kolonialstaats ihren Vorläufer hat, so sind auch die internationalen Finanzierungswege des nachkolonialen Staates, etwa durch Aufnahme von Investitionskrediten bei den Bretton-Woods-Institutionen, nicht ohne Wurzeln in der Geschichte der Kolonialstaaten.

Für diese Ausweitung des Kolonialstaates und die Programme der Modernisierung wurde in großem Maße Personal gebraucht. Damit entstanden in den kirchlichen und staatlichen Bildungsinstitutionen aber auch die Kompetenzen für die Organisation und Mobilisierung breiten Widerstands gegen die koloniale Herrschaft. Dieses Moment der „Dialektik des Kolonialismus" (Reinhard 1990: 203-213) war ein nicht-intendiertes Resultat des Wandels, den die Kolonialherrschaft selbst befördert hatte.

3.2 Die Kriege der Dekolonisationszeit

Sieht man von der Sonderstellung Südafrikas ab, das bereits zu Beginn des Jahrhunderts seine Eigenstaatlichkeit erreicht hatte, so vollzog sich die Dekolonisierung Afrikas im wesentlichen in den fünfzehn Jahren zwischen 1950 und 1965. Lediglich die britische Siedlerkolonie Rhodesien und die portugiesischen Kolonien sowie einige kleinere Gebiete folgten in den siebziger Jahren. Diese Staatsgründungswelle auf dem afrikanischen Kontinent ist einerseits eingebettet in eine allgemeine internationale Entwicklung, dem Ende des Kolonialzeitalters, und sie ist andererseits rückgebunden an interne Dynamiken, deren kriegsursächliche Bedeutung im folgenden dargelegt werden soll.

War der koloniale Grundwiderspruch zwischen der Inklusion der autochthonen Bevölkerung in die Kolonialwirtschaft und ihrer gleichzeitigen weitgehenden Exklusion aus dem kolonialen politischen System auch ein Kennzeichen aller Kolonien auf dem afrikanischen Kontinent, so löste sich diese Konstellation nicht überall in Form gewaltsamer Konflikte auf. In den meisten Fällen fand der Übergang von kolonialer Herrschaft zur afrikanischen Eigenstaatlichkeit ohne gewaltsame Massenkonflikte statt. Doch dort, wo eine von den Kolonialmächten bereits verselbständigte Siedlergemeinschaft die Herrschaft in den Kolonien für sich zu monopolisieren trachtete, entwickelten sich lang andauernde Kriege, die mit besonderer Härte ausgetragen wurden. Solche Verhältnisse lagen den Kriegen in Algerien, Kenia, Rhodesien und Südafrika zugrunde. Die Dekolonisation Afrikas verlief also in erster Linie dort kriegerisch, wo die Ausbreitung kapitalistischer Vergesellschaftungsformen durch die Anwesenheit einer europäischstämmigen Siedlergemeinschaft beschleunigt und intensiver verlief.

Günstigere Chancen für einen friedlichen Übergang boten sich dort, wo die koloniale Durchdringung langsamer abgelaufen war, wo sie noch zu keiner wirklichen Umwälzung der Lebensverhältnisse geführt hatte und wo die koloniale Herrschaft für beträchtliche Teile der afrikanischen Bevölkerung Aufstiegs- und Integrationschancen bot, wie etwa in der Elfenbeinküste, und wo das Kolonialsystem bestehende Machtpositionen und Privilegien lokaler Herrschaft nicht oder nur wenig bedrohte.

Für die gewaltsame Eskalation des kolonialen Widerspruchs sind folglich zwei Momente von besonderer kausaler Bedeutung: die Radikalisierung des Antikolonialismus in den Siedlerkolonien, in denen sich eine deutlichere soziale Schließung der Machtzirkel vollzog und zugleich eine tiefgreifende Veränderung der Lebensverhältnisse der Bevölkerungsmehrheit stattgefunden hatte, und zweitens die Beharrlichkeit und Unnachgiebigkeit derjenigen Kolonialmächte, vor allem Frankreichs und Portugals, die aus unterschiedlichen politischen Vorstellungen und Idealen heraus einer raschen Dekolonisation nicht zustimmen wollten.

Der Zusammenhang der Dekolonisationskriege mit der konfliktiven Durchsetzung bürgerlich-kapitalistischer Formen scheint besonders evident, weil sich Tradition und Moderne hier gleichsam personifiziert gegenüberstanden. Tatsächlich waren die Verhältnisse vermittelter: Die Kolonialmächte repräsentierten ebensowenig den entfalteten Kapitalismus, wie der antikoloniale Widerstand durchweg traditional strukturiert und motiviert war. Die Widerstandsbewegungen rekrutierten sich vielmehr einerseits aus den Kreisen, die von der kolonialen Inwertsetzung unmittelbar betroffen waren – Landlose etwa – und andererseits aus den okzidentalisierten kolonialen Eliten. Aus diesen Gruppen formte sich der bewaffnete Widerstand in den Kolonialkriegen in Kenia, Kamerun, Madagaskar und Namibia ebenso wie in den portugiesischen Kolonien. Nahezu alle diese Guerillabewegungen hatten Schwierigkeiten, die stärker traditional strukturierte bäuerliche Bevölkerung für sich zu mobilisieren, soweit diese von den desintegrierenden Wirkungen des Kolonialismus nicht unmittelbar betroffen war oder sich ihre Interessen mit denen der kolonialen Regime verknüpften. Die keineswegs einheitliche Haltung der afrikanischen Bevölkerung gegenüber der Kolonialherrschaft und der *cultural lag* zwischen den okzidentalisierten Führern der Befreiungsbewegungen und ländlicher Bevölkerung war nicht nur eine problematische Erfahrung der antikolonialen Bewegungen.

Abhängig vom Grad der kapitalistischen Durchdringung und Umwälzung der kriegsbetroffenen Gesellschaften formierten sich also unterschiedliche soziale Gruppen in den antikolonialen Bewegungen. Eher traditionale Organisationsprinzipien lassen sich ebenso in den Dekolonisationsbewegungen finden wie nahezu modern organisierte Verbände. Die sozialen Trägergruppen der Dekolonisationskriege auf dem afrikanischen Kontinent lassen sich daher gleichsam auf einer Achse abtragen, deren eines Ende von den Kriegen in den relativ weit differenzierten Gesellschaften Nordafrikas gebildet wird. Am anderen Ende des Kontinuums steht der vorwiegend ländlich organisierte Widerstand wie in Kamerun und Kenia, dessen Basis vorwiegend in vertriebenen Bauern, den unteren Beamten der Kolonialadministration und den Anfängen nationaler Bourgeoisien bestand.

In Nordafrika hatte der Antikolonialismus seine soziale Basis zum großen Teil in Gruppen, die bereits umfassend in die vergesellschaftenden Zirkel eines modernen Kapitalismus integriert waren. So bildete etwa die algerische Arbeiterschaft in Frankreich das Milieu des antikolonialen „Mouvement national algérien". Bereits in den 1920er Jahren hatte sich in Algerien eine laizistische, nichttraditionale Bewegung gebildet, die die Loslösung von Frankreich betrieb (Elsenhans 1974: 139). Der achtjährige Unabhängigkeitskrieg *Algeriens* (1945-62) war eine Folge der Radikalisierung dieser Bewegungen, die sich seit dem Massaker an algerischen Demonstranten in Sétif 1945 ergeben hatte. Die Unnachgiebigkeit der französischen Regierungen und die zwischenzeitige Bildung von Milizen französischer Siedler mündeten 1954 in die Radikalisierung der FLN und die gewaltsame Eskalation des Konflikts, der nicht nur mehrere hunderttausend Menschen das Leben kostete, sondern auch im „Mutterland" Frankreich einen Systemwechsel herbeiführte.

Der Beginn des Kriegs in Algerien 1954 war ebenso wie die Niederlage der Franzosen im vietnamesischen Dien Bien Phu im gleichen Jahr ein unüberhörbares Signal für andere antikoloniale Bewegungen, etwa im Dekolonisationskrieg in Kamerun (1955-63) aber auch für den „Mau-Mau"-Aufstand in der britischen Kolonie Kenia (1952-56). Zwar lagerten sich hier traditionale Autoritäten an die Bewegung an, nie aber war dieser Widerstand *rein* traditional strukturiert. Nicht nur in den politischen Strukturen und wirtschaftlichen Formen des Kolonialstaats, sondern auch in den Lehren, Ideologien und Weltsichten haben sich lokales Erbe und kolonialer Import vermischt. Das zeigt sich auch in den Ideologemen, aus denen die Dekolonisationsbewegungen ihre Programmatiken formten. Zentrale symbolische und ideelle Referenzen des antikolonialistischen Diskurses, nämlich Volkssouveränität, Nation und Territorialität sind nicht Teil einer „afrikanischen Tradition", sondern der europäischen Moderne. Ihren Weg in die Diskurse des Antikolonialismus fanden sie durch die Okzidentalisierung seiner Anführer, die

die liberalen Ideen der Atlantik-Charta und die Charta der Vereinten Nationen genau kannten und zur Legitimierung ihrer Ansprüche nutzten (Ansprenger 1981: 344).

Das gilt selbst für das „traditionale Extrem" des Antikolonialismus, die Bewegungen Ruben Um Nyobés in Kamerun oder Jomo Kenyattas in Kenia. In *Kamerun* hatte die „Union des Populations du Cameroun" (UPC) anders als die meisten antikolonialen Bewegungen in den französischen Kolonien nicht ihre Bindungen an die französische kommunistische Partei und die Gewerkschaften aufgelöst, sondern sich in den 50er Jahren zunehmend radikalisiert. Von 1955 bis 1963 dauerte ihr bewaffneter Kampf gegen die französische Kolonialherrschaft und die erste nachkoloniale Regierung des seit 1960 unabhängigen Staates. Hauptgegenstand des Konflikts war die Monopolisierung ökonomischer und politischer Chancen durch die französische „petit blanc community" (Joseph 1977: 337). Die französische Seite reagierte unnachgiebig, weil der Kolonialmacht an der Installation einer kompromißbereiten Nachfolgeregimes gelegen war, und weil die lokale Kolonistengemeinde eine Dekolonisation ausschloß, die ihre Privilegien gefährdet hätte. Im nachkolonialen Arrangement war die UPC dann eine Bedrohung für das frankreichfreundliche Regime.

Eine ähnliche Konstellation lag dem „Mau-Mau-Aufstand" genannten Dekolonisationskrieg in *Kenia* (1952-56) zugrunde. Auch hier hatte sich bedingt durch die sozialen Verwerfungen des Siedlerkolonialismus eine radikale antikoloniale Bewegung gebildet, die unter den landlos gewordenen Kleinbauern des Hochlands breite Unterstützung fand. Ihr organisatorischer Kern waren indes westlich gebildete Kader: Jomo Kenyatta etwa, der spätere Präsident des unabhängigen Kenia, hatte in Moskau und London studiert. Die aus einem Geheimbund hervorgegangene „Mau-Mau"-Bewegung, der wegen ihrer Überfälle auf weiße Siedler vom Kolonialstaat rasch Terrorismus vorgeworfen wurde, gelang es nur indirekt, das Ende der Kolonialherrschaft zu erreichen. Erst 1963, sieben Jahre nach der Niederschlagung des Aufstands, wurde Kenia ein unabhängiger Staat.

In der Geschichte der Dekolonisation wird deutlich, daß die Kriege dieser Ära in einem gegenseitigen Verweisungszusammenhang stehen. Sie sind nicht nur dadurch kausal verknüpft, daß sie sich in vielen Fällen gegen dieselbe Kolonialmacht richteten, so daß deren militärisches Engagement in einem Fall sich auf andere Fälle auswirkte. Spätestens in den fünfziger Jahren hatte der Dekolonisationsprozeß eine Eigendynamik erlangt, weil Ereignisse und Entwicklungen in Indochina, auf dem indischen Subkontinent und in Nordafrika Vorbildcharakter erhielten. Um so skandalöser erschienen die am Ende der sechziger Jahre noch bestehenden kolonialen Verhältnisse, die sich überwiegend im südlichen Afrika fanden. Die Allgemeinheit und Globalität der Dekolonisation weckte Aspirationen auch in den Fällen, in denen keine lange Tradition des Antikolonialismus bestanden hatte. Sie schwächte aber auch den kolonialen Konsens, der in den Metropolen zwar schon lange auf Kritik gestoßen war, der aber in den fünfziger Jahren in London und Paris zerbrach (vgl. Marseille 1984).

Die Erklärung des Unterschieds zwischen kriegerischer und nichtkriegerischer Dekolonisation muß allerdings gleichermaßen auf die Differenzen zwischen den Kolonialmächten abstellen. Denn auch hier zeigen sich erhebliche Unterschiede sowohl in der „Modernität" der entscheidenden politischen Doktrinen wie auch in der inneren Verfaßtheit dieser Staaten. Dort, wo eine im nationalen Selbstverständnis der Kolonialmächte eingelagerte „Reichsidee" (Badie 1996: 27ff.) eine pragmatische Trennung von den Kolonialgebieten ausschloß, war die Wahrscheinlichkeit kriegerischer Auseinandersetzungen besonders hoch. Die besonders kriegsträchtige französische Dekolonisation darf als Paradefall dieses Pfades gelten.[7] Im Falle der nicht minder kriegerischen Dekolonisation sind auf seiten der Kolonialmacht sicher die merkantilistische Logik des politischen Denkens des Salazar-Regimes und die Eigeninteressen des militärischen Apparates anzuführen. Nicht nur die Unterschiedlichkeiten der kolonialen Praktiken, sondern ebenso die jeweiligen politischen Ordnungsvorstellungen der entscheidenden Schichten der Kolonialmächte und die Konflikte zwischen den kolonialen Interessengruppen sind deshalb als Erklärungselemente für Formen und Verläufe der Dekolonisationskriege mit heranzuziehen.

Das gilt in besonderem Maße für die Konstellationen, die sich aus der europäischen „Machtergreifung" im südlichen Afrika ergeben hatten. Die vergleichsweise rückständige innere Verfaßtheit der portugiesischen Kolonialmacht und die in der Tat besondere Geschichte Südafrikas bilden den entscheidenden Schlüssel zur Kriegsentwicklung in dieser Subregion. Sowohl in Rhodesien wie in den portugiesischen Kolonien Angola und Mosambik begann die kriegerische Dekolonisation spät. Erst in den sechziger Jahren formierten sich antikoloniale Organisationen. Weil die portugiesische Kolonialregierung auf diese Ansinnen mit massiver Repression antwortete, eskalierten die Konflikte rasch gewaltsam. In *Mosambik* und *Angola* hängt dieser späte Prozeß eng mit der ebenfalls verspäteten kolonialen Inwertsetzung zusammen. Erst nach dem Zweiten Weltkrieg hatte Portugal es unternommen, die Landwirtschaft in den Kolonien nach eigenen Interessen umzugestalten. Wie in anderen Kolonien auch, ist die Formierung wirksamen antikolonialen Widerstands in Angola und Mosambik wesentlich ein Resultat dieses Ausgreifens der Kolonialherrschaft in die Lebensverhältnisse der ländlichen Be-

---

7   Zur besonderen Beziehung Frankreichs zu seinen ehemaligen Kolonien, die auch Hintergrund der zahlreichen militärischen Interventionen Frankreichs ist, vgl. Schlichte (1998).

völkerung. Ebenso finden sich auch hier westlich gebildete Führer der Bewegungen, die orientiert an importierten Guerillataktiken eine sozialistische Programmatik verfolgten. Diese ideologische Orientierung diente indes vorrangig der Mobilisierung von externer Unterstützung. Nach innen, gegenüber der lokalen Bevölkerung, reichte der Bezug auf die Ideen der Gleichheit und Brüderlichkeit nicht aus. In den ideologischen Strategien der Befreiungsbewegungen findet sich daher das Merkmal der Gleichzeitigkeit des Ungleichzeitigen in überraschend klarer Weise: Es zeigte sich in Rhodesien wie in Mosambik, das eine rein an westlichen Idealen orientierte Symbolik und Sprache nicht hinreichend war, einen genügend populären Rückhalt der Befreiungsbewegungen herzustellen. Die „Frente de Libertaçao de Moçambique" erkannte erst spät die Notwendigkeit, die spirituelle Welt der Landbevölkerung in ihren politischen Strategien zu berücksichtigen (Geffray 1990), während dies die „Zimbabwe African National Union" und ihre Verbündeten in Rhodesien schon früh unternommen hatte (vgl. Ranger 1985).

Auch die Wirkungen der Dekolonisationskriege beschränkten sich nicht auf die Kolonien. Der Krieg in Algerien bedeutete in Frankreich das Ende der IV. Republik, und in Portugal führten die Kosten der Kriege in Angola, Guinea-Bissau und Mosambik schließlich zum Sturz des Salazar-Regimes. Die Rückwirkungen der Entwicklungen in Afrika auf die politischen Systeme in Europa heben die Internationalität dieser Kriege hervor, ein Merkmal, das gerade das Kriegsgeschehen im südlichen Afrika weiterhin prägen sollte. Ähnlich wie in der Subregion des Horns von Afrika überlagerte die Konfliktlinie der Ost-West-Konfrontation das lokale Gewaltgeschehen.

Die Kriege im südlichen Afrika sind allein mit dem Paradigma des „Machtkonflikts" um regionale Hegemonie oder mit dem Verweis auf ihren Charakter als „Stellververtreterkriege" der beiden Supermächte nicht hinreichend zu erklären.[8] Erst aus dem Zusammenwirken des ursprünglich ursächlichen Komplexes und der sich an ihn anlagernden Bedingungen wird verständlich, warum sich in dieser Subregion eine solche Konzentration lang andauernder Kriege herausgebildet hat.

Die Befreiungskriege in Mosambik, Angola und Namibia sind mit den Kriegen gegen die weiße Minderheitsherrschaft in Rhodesien und *Südafrika* eng verbunden. Nacheinander dienten die Nachbarländer entweder als Bündnispartner oder als Rückzugsgebiete für oppositionelle bewaffnete Gruppen aus den Nachbarstaaten. Diese an sich schon komplexe Lage verschärfte sich durch die ungleiche wirtschaftliche Entwicklung in der Region. Das Apartheid-Regime der wirt-

---

8   Zu den vom Konflikt in der Republik Südafrika stark beeinflußten Kriegen gehören die Kriege in Mosambik (1975-92), die zweite Phase des Krieges in Angola nach 1975, der Krieg in Namibia (1966-88) sowie der Dekolonisationskrieg in Rhodesien (1966-79).

schaftlich dominierenden Republik Südafrika nutzte seine militärische Stärke zur Destabilisierung ihrer Nachbarländer, um den in ihrem Innern wirkenden Konflikt zu isolieren. Die Entwicklung des „völkischen Kapitalismus" in Südafrika (Bley 1995: 105), hervorgegangen aus der Verselbständigung einer europäischstämmigen Siedlerkolonie, hat in dieser Subregion für ein hohes Ausmaß kriegerischer Gewalt gesorgt. Der Krieg des „African National Congress" (ANC) gegen das Apartheid-Regime (1976-94) läßt sich indes schon kaum mehr als Dekolonisationskrieg bezeichnen. Schon seit Beginn des Jahrhunderts hatte sich die weiße Minderheit von kolonialer Vormundschaft befreit. So ging es in diesem Konflikt nicht um die Beendigung einer europäischen Fremdherrschaft, sondern um das Ende der rassistischen Ordnung. Die Konstellationen des Konflikts in der Republik Südafrika zeigen, daß sich um diesen konfliktiven Nukleus der Apartheid eine Vielzahl weiterer Konfliktlinien legten, die eine manichäische Deutung dieses Konflikts ausschließen, denn sie zerteilten sowohl die vermeintlich einheitliche schwarzafrikanische Bevölkerung wie die weißen Minderheiten.

Dem Konflikt lag ein ins 19. Jahrhundert zurück reichender Prozeß kapitalistischer Modernisierung zugrunde. Entsprechend formierten sich nicht bloß Landlose und Staatsbedienstete im ANC, sondern eine beachtliche intellektuelle Schicht sowie eine zunehmend repressiver beherrschte Industriearbeiterschaft. Die Möglichkeit zu einer friedlichen Verregelung des Konflikts ergab sich zu Beginn der neunziger Jahre nicht nur wegen der veränderten internationalen und regionalen Lage, sondern auch, weil die Rigidität des Apartheid-Systems zunehmend ökonomisch dysfunktional wurde. Die hohe Aufrüstung des Regimes und die Gewaltsamkeit des politischen Prozesses haben indes ein allgemein hohes Gewaltniveau in Südafrika und seinen Nachbarländern hinterlassen.

Das politische Hauptergebnis der Dekolonisation, die Transformation der Befreiungsbewegungen und Parteien der Dekolonisationszeit in politische Klassen der nachkolonialen Staaten, hat in allen afrikanischen Staaten Folgeprobleme ausgelöst. Denn die Einheit, die im antikolonialen Widerstand erwachsen war, zerfiel überall in Fraktionen mit meist nicht vereinbaren Machtansprüchen, in Angola ebenso wie in Mosambik und Zimbabwe (vgl. Marx 1999). Nicht überall gelang es, diese Ansprüche im Rahmen der postkolonialen Ordnung auszutarieren. Die Kriege, die sich in Angola und Mosambik nach der Unabhängigkeit entwickelten, verweisen schon deutlich auf den Neopatrimonialismus als typische Struktur des nachkolonialen Staates. An diese grundlegende Konfliktlinie lagerte sich der Ost-West-Konflikt an, indem die Kriegsparteien bei den Supermächten und ihren Verbündeten um materielle und militärische Hilfe nachsuchten, die ihnen freigiebig gewährt wurde, wenn nicht ohnehin schon ein strategisches Engagement stattgefunden hatte.

In beiden Kriegen ging es bald nur noch der Rhetorik nach um etwas anderes als die Innehabung der Staatsmacht, und damit um die Kontrolle der über den Staat laufenden Ressourcen. In *Mosambik* begannen die Kämpfe 1975, ein Jahr nach Erlangung der Eigenstaatlichkeit. Eine Million Menschen verloren in diesem Krieg ihr Leben, die rund 4,5 Millionen Flüchtlinge und Vertriebene sind auch nach dem Ende des Krieges 1992 eine riesiges soziales und politisches Problem für die mosambikanische Gesellschaft geblieben. Der Herausforderer der nachkolonialen Regierung, die „Resistencia Nacional Moçambiquana" (Renamo) war ursprünglich eine Kreation südafrikanischer Sicherheitskräfte im Zusammenhang des Krieges in Rhodesien, hatte sich gegenüber ihren Förderern aber zunehmend verselbständigt (vgl. Geffray 1990). Erst als die Regierungen Südafrikas und Mosambiks im Abkommen von Nkomati auf die Unterstützung ausländischer Bewegungen verzichteten, eröffneten sich Möglichkeiten für eine Verregelung des Konflikts.

In *Angola* war die Unterstützung Südafrikas für die Herausforder des MPLA-Regimes eine wichtige Bedingung für die Perpetuierung des Krieges. Die Strategien der Kriegsparteien erlaubten hier auch dann noch eine Fortführung, als nach dem Ende des Ost-West-Konflikts die Möglichkeit einer friedlichen Regelung bestand. Während die MPLA-Regierung sich für die Kriegsführung auf die Renteneinnahmen aus Erdölexporten stützen kann, hat die UNITA weite Teile der Diamantenfelder im Norden und Osten des Landes unter Kontrolle. Die Ausbildung dieser Kriegsökonomien hat eine friedliche Regelung des Konflikts immer wieder verhindert (vgl. Messiant 1997).

Die Zentralität der Innehabung der Staatsgewalt, die personalistische Ausrichtung der bewaffneten Gruppen und die hohe Volatilität von Bündnissen und Feindschaften dieser Kriege verweisen bereits auf eine Logik des innerstaatlichen Krieges, die sich von der des Dekolonisationskrieges in vielerlei Hinsicht unterscheidet. Ehe die diesem Typ, der Krieg im neopatrimonialen Staat, zuzuordnenden Fälle erläutert werden, ist es indes nötig, die sozialen und politischen Strukturen zu umreißen, innerhalb derer sich dieser Kriegstyp entwickelt.

3.3 Voraussetzungen des Kriegsgeschehens im nachkolonialen Afrika

Auch nach Erlangung der staatlichen Unabhängigkeit ist es auf dem afrikanischen Kontinent nicht zu einer Verallgemeinerung bürgerlich-kapitalistischer Vergesellschaftungsformen gekommen. Zwar sind heute alle afrikanischen Gesellschaften in die Wirkungszusammenhänge einer kapitalistischen Weltgesellschaft integriert. Doch nur in einigen Enklaven der Produktion und der Politik haben sich bürgerlich-kapitalistische Formen wirklich verallgemeinert. Die wesentlichen Strukturen afrikanischer Gesellschaften sind von der widersprüchlichen Gleichzeitigkeit des Ungleichzeitigen geprägt. Sie bilden komplexe Mischungen der idealtypisch geschiedenen „Tradition" und der kapitalistischen Moderne. Das gilt gleichermaßen für die Formen ökonomischer und symbolischer Reproduktion wie für die Funktionsweisen des Politischen. In der folgenden Skizze werden die Eigentümlichkeiten dieser politischen und sozialen Logik umrissen, die auch den Verlauf und die Eigengesetzlichkeit kriegsursächlicher Prozesse im nachkolonialen Afrika weitgehend bestimmen.[9]

Ökonomisch sind afrikanische Gesellschaften vor der kolonialen Unterwerfung nur höchst unvollständig in den sich entwickelnden Weltmarkt eingebunden worden. Daran hat sich – von Ausnahmen kolonialer Inwertsetzung etwa in den Bergbaugebieten des zentralen und südlichen Afrika und in den Plantagenzonen Ost- und Westafrikas – auch in den Dekaden der Kolonialphase nichts Wesentliches geändert. Die Anbindung an den kapitalistischen Weltmarkt erfolgte während der kolonialen Unterwerfung hauptsächlich über die ökonomische Ebene der Tauschformen: Zwar erlangte das Geld mehr und mehr Bedeutung als allgemeines Äquivalent. Seine Verwendung blieb jedoch weitgehend auf die Ebene der Zirkulation beschränkt. Produktion und Konsumtion sind bis heute nicht gleichermaßen kapitalistisch strukturiert. Durch die Maßnahmen der kolonialen Herrschaft wie Hüttensteuer und Zwangsarbeit wurden zwar die Bereiche marktförmigen Tausches ausgebaut und Individualisierungsprozesse vorangetrieben. Ebenso weiteten sich die Zonen exportorientierter Produktion aus, indem mit staatlicher Unterstützung der Anbau von „cash crops" forciert wurde. Eine wirkliche Umwälzung der Ökonomien hat jedoch nicht stattgefunden. Weder Boden noch Arbeitskraft erlangten während der Kolonialzeit allgemein den Charakter von Waren.[10] Neben der Form des Markttauschs zwischen „vereinzelten Einzelnen" sind deshalb reziproker und redistributiver Tausch lebendig geblieben, besonders in den *erweiterten Familien* als Reproduktionseinheiten. Die „Gleichzeitigkeit des Ungleichzeitigen" äußert sich in diesen Gesellschaften also im Nebeneinander ka-

---

9　Die folgende, sehr verdichtete Skizze bedient sich der im einleitenden Teil des Bandes dargelegten Unterscheidung gesellschaftlicher Elementarfunktionen. Zu der spezifischen Entwicklung in Afrika vgl. ausführlicher Schlichte (1996: 60-125) und die dort aufgeführte Literatur.

10　Eine kapitalistische Inwertsetzung von Boden und Arbeit hat in vielen afrikanischen Ländern erst in den vergangenen Dekaden begonnen und beschleunigt sich gegenwärtig dramatisch. Besonders plastisch wird dies an der sehr aktuellen „Landfrage", deren Brisanz darauf beruht, daß vordem gemeinschaftlich besessenes Land nunmehr in neue Eigentumsformen überführt und allein marktorientiert genutzt wird. Die damit verbundene Auflösung kommunitärer Sozialformen bildet den Hintergrund zahlreicher innerstaatlicher Konflikte, die bisher nicht das Ausmaß eines Krieges angenommen haben.

pitalistischer Enklaven der Exportproduktion und Subsistenzwirtschaft, in fort-schreitender Monetarisierung von Sozialbeziehungen und der Persistenz redistri-butiver und reziproker Tauschformen, die mit dem kapitalitischen Markttausch vielfältigste Mischformen eingehen (vgl. Geschiere 1994).

Die flexiblen, nicht durchweg durch „wirkliche" Verwandtschaft abgegrenz-ten Gruppen, innerhalb derer die Verpflichtung zu gegenseitiger Hilfe und Um-verteilung empfangener Güter empfunden und praktiziert wird, sind im informel-len Sektors ebenso dominierend wie in der bäuerlichen Produktion oder in den städtischen Quartieren. Die moralisch verpflichtende Ordnung der erweiterten Familie, die „economy of affection" (Hyden 1987), erstreckt sich auch in die po-litische Ordnung. Denn der postkoloniale Staat ist auch in ökonomischer Hinsicht das Zentrum zeitgenössischer afrikanischer Gesellschaften. Die Imperative ihrer sozial verpflichtenden Logik nötigen auch die Bediensteten des Staates, entgegen den Vorgaben des legal-rationalen Anstaltsstaaates zu handeln. Entsprechend fin-det sich im neopatrimonialen Staat auch nicht durchgängig eine kapitalistische Betriebslogik, sondern eine komplexe Mischung von Handlungen und Motiven, die von persönlicher Bereicherung über informelle soziale Verpflichtungen und politische Rücksichten bis zu rein bürokratischem Handeln reichen.

Die koloniale Erfahrung wirkte schließlich auch auf die symbolische Repro-duktion afrikanischer Gesellschaften. Kontakte und Vermittlungen zwischen lo-kaler Kultur und westlichen sowie anderen Einflüssen ergaben sich zudem außer-halb der Institutionen des Kolonialismus. Die Anbindung an den Wertekanon des Okzidents hat so vielfach vermittelte Formen symbolischer Referenzen bewirkt. Doch soziale Gruppen stehen sich in afrikanischen Gesellschaften nicht als rein interessenvermittelte Zweckverbände gegenüber, sondern formieren sich im Zuge der Auflösung traditionaler Vergemeinschaftungen in hybriden Zwischenformen, die teils den Charakter der Gemeinschaft, teils den interessengeleiteten Charakter der Vergesellschaftung im Sinne Webers zeigen (1985: 21). Das *ethnische Be-wußtsein*, als die symbolische Entsprechung dieser sozialen Logik, ist ein typi-sches Resultat des Auflösungsprozesses dörflich-traditionaler Vergemeinschaf-tungen. Seine synkretistischen symbolischen Referenzen entwickelten sich in der Dynamik der fortschreitenden Einbeziehung afrikanischer Gesellschaften in wei-ter gespannte symbolische Zusammenhänge (vgl. Amselle/M'bokolo 1985).

Zunächst waren es religiöse Symbolsysteme, die die Vektoren dieser Neuin-terpretation veränderter sozialer Zusammenhänge bildeten. Bis in den südlichen Bereich des Sahel erlangte der schon seit langem vom Norden her vordringende Islam in allerlei afrikanisierten Spielarten neue Bedeutung, nämlich als Mittel, die veränderten Verhältnisse zu begreifen und darauf mit neuen Organisationsformen zu antworten. An der Entstehung und Verbreitung der muslimischen Bruderschaften in diesen Regionen läßt sich diese Bewegung deutlich ablesen (vgl. Cruise O'Brien 1986; Abun-Nasr 1989). Südlich dieser Linie war es das von den Kolonialmächten implantierte Christentum in allen Variationen, das Anknüpfungspunkte traditionaler Sinnwelten an die Symbolik der kapitalistischen Moderne bot. Meist innerhalb der europäischen Amtskirchen, zunehmend aber auch in afrikanischen Kirchen vermengen sich traditionale mythische Gehalte und rationale Theologie (vgl. Benz 1965, Loth 1987). Islamische Bruderschaften und synkretistische Kirchen transzendierten die sozialen Zusammenhänge der Dorfgemeinschaft und dienten zugleich der Übernahme mythischer Elemente in neue religiöse Formen.

Beide großen Religionen boten neue Organisationsformen, sie waren Gelegenheit sozialen Aufstiegs, und die Aufnahme ihrer Gehalte bedeutet zugleich Anpassung an neue Verhältnisse und Möglichkeiten der Interpretation der Veränderungen. Die traditionale „Sitte" und das Paradigma der Gemeinschaft mit der Überordnung verwandtschaftlicher Bindungen blieben gleichwohl über die Kolonialzeit hinaus dominierende Normwelten. Modernisierungsprozesse vor, während und nach der kolonialen Ära haben zwar die Gültigkeit traditionaler symbolischer Ordnungen mehr und mehr in Frage gestellt. Nicht mehr die alte soziale Einheit der Dorfgemeinschaft oder der Lineage, sondern die Logik der offenen, erweiterten Familie herrscht deshalb als dominante soziale Form.[11] Ihren symbolischen Ausdruck hat dieser soziale Wandel auch in der Ideologie des ethnischen Bewußtseins gefunden, das aus dem komplexen Wechselspiel von Fremd- und Selbstbeschreibung im Zuge von Modernisierungsprozessen entsteht. Das ethnische Bewußtsein ist Resultat kontingenter Geschichte, die sich über diese Formierungen zu konkreten Konfliktformationen verdichtet.[12] Zur Formulierung und externen Legitimierung der kommunitären politischen Aspirationen wurden aus den europäischen Diskurs die Figuren der „nationalen" und „kulturellen Identität" übernommen.

In politischer Hinsicht wurde die nachkoloniale Geschichte Afrikas nur in Grundzügen durch das koloniale Erbe bestimmt. Nicht nur ergaben sich durch fortlaufende Kooperationen mit den ehemaligen Mutterländern, vor allem Frankreichs, zahlreiche Kontinuitäten. Grenzverläufe, Amtssprachen, Eigentumsrechte an Unternehmen und die unendliche Vielzahl der Entwicklungskooperationen

---

11 Diese Flexibilisierung der Organisationsform folgt dem bekannten Muster: „aus der Not des Lebens" entsteht „Gemeinschaft des Vorgehens" (Simmel 1989:152).

12 Berman und Lonsdale fassen diesen Mechanismus für die Formation politischer Bewegungen in Kenia so zusammen: „Some historical contexts, times of profound change, excite more argument than others. Arguments generate ideas, ideas animate communities, communities require power" (Berman/Lonsdale 1992: 268)

sorgten für eine Fortdauer und Entwicklung von Bindungen, die weit über das übliche Maß zwischenstaatlicher Beziehungen hinausreichen. Zum kolonialen Erbe gehörten aber auch die entstandenen Verwaltungsstrukturen, die Typisierungen der Bevölkerungsgruppen, die Entwicklungsgefälle innerhalb von Staaten und nicht zuletzt die staatlichen Zwangsapparate, Armee und Polizei, die das politische Geschehen in den meisten afrikanischen Staaten entscheidend mitbestimmen sollten. Weil aber die „politische Modernisierung" durch den Kolonialismus nicht mit einer vergleichbar fortgeschrittenen ökonomischen Umwälzung, mit einer kapitalistischen Inwertsetzung, einherging, wurden auch die der europäischen Moderne entstammenden politischen Formen mit traditionalen Elementen durchsetzt. Im Resultat bildeten sich in Afrika hybride Formen politischer Herrschaft heraus, deren innere Funktionsweise sich im Idealtypus des *neopatrimonialen Staates* zusammenfassen lassen.

Im neopatrimonialen Staat des zeitgenössischen subsaharischen Afrika beruht das politische Leben auf der Konkurrenz klientelistischer Netzwerke, an deren Spitze die „Big Men" (vgl. Médard 1992) als politische Unternehmer stehen.[13] Der Person des Präsidenten, als oberstem Big Man kommt als vermittelnde Instanz die größte Bedeutung zu. Der Staatschef ist die Inkarnation des Staates. Eine Trennung zwischen Amt und Inhaber existiert ebenso wenig wie zwischen Staatskasse und Privathaushalt des Präsidenten. Staatschefs sind in Afrika zugleich oberste Richter, sie entscheiden über das Budget und über die Besetzung wichtiger Ämter. Afrikas nachkoloniale Staaten sind zum Patrimonium ihrer Herrscher geworden.

Die Möglichkeit zu dieser Patrimonialisierung hängt mit der ökonomischen Basis politischer Herrschaft zusammen: Diese Staaten leben nicht von der regelhaft besteuerten Wertschöpfung der Bevölkerung, sondern von abgeschöpften Renten aus dem Export von Rohstoffen sowie von militärischer und ziviler Hilfe aus dem Ausland. Die *Big Men* nutzen nun ihre Verfügungsgewalt über ökonomische und politische Machtmittel nicht bloß zur Selbstbereicherung, sondern vor allem, um über das reziproke Verhältnis des Klientelismus Regimelegitimität herzustellen. Ihre Herrschaft ist folglich nicht unvermittelt. Die entscheidenden politischen Gruppen haben sich aber nicht wie in kapitalistischen Staaten als Interessenverbände und entlang korporativer Interessen formiert, sondern stehen sich als parallele, vertikal strukturierte Klientelgruppen gegenüber. Dieser Klientelismus basiert wesentlich auf dem Tausch politischer Unterstützung gegen materielle

---

13 Wie die Entwicklungen in Liberia und Äthiopien zeigen, ist die Herausbildung solcher Strukturen keineswegs an das historische Faktum direkter kolonialer Unterwerfung gebunden. In diesen beiden Ländern, die nie formell Kolonien waren, bildeten sich durchweg ähnliche Strukturen aus, vgl. Clapham (1988) und Liebenow (1969).

Vorteile, sei es in Gestalt von Entwicklungsprojekten, Ämtern in der Bürokratie oder in der Gewährung von Privilegien. Die Existenz und Wirkmächtigkeit solcher als Nepotismus, Korruption und Klientelismus denunzierten Praktiken kann allerdings nicht allein als moralisches Versagen der *Big Men* interpretiert werden, denn die Logik reziproker Verpflichtung ist allgemeine soziale Praxis (vgl. Bayart 1989: 288-296).

Personale Loyalität und gegenseitige Verpflichtung stabilisieren aber klientelistische Zusammenhänge nicht hinreichend, so daß ein gemeinsamer symbolischer Bezugsrahmen notwendig wird. Das kann eine religiöse Konfession sein, eine gemeinsame Sprache oder die Herkunft aus derselben Region, jene symbolischen Vermittlungen also, die mit dem unscharfen Begriff der Ethnizität umschrieben werden. Solche klientelistischen Netzwerke durchziehen in unterschiedlicher Dichte Gesellschaft und Staat von oben bis unten, von den Bauern auf dem Lande über Händler, religiöse Würdenträger oder Beamte bis in die Spitzen der staatlichen Hierarchie. Die Kunst des Regierens besteht in afrikanischen Staaten darin, zwischen diesen Gruppen, die permanent fluktuieren, eine Balance zu halten, die das politische Überleben des Staatschefs erlaubt.[14] Wegen der schwachen legitimatorischen Grundlage patrimonialer Herrschaft gehören Repression und der Rückgriff auf Gewalt in den postkolonialen Staaten Afrikas zu den Techniken der Macht. Wo Amt und Inhaber nicht zu trennen sind, wird jede Opposition zugleich zur unmittelbaren Bedrohung der Person des Herrschers, und deshalb wird ihr regelmäßig mit „dirty tricks" (Migdal 1988: 223ff.) begegnet.

Die genannten zentralen Strukturen – erweiterte Familie, neopatrimoniale Herrschaft und ethnisches Bewußtsein – sind jedoch nicht als voneinander getrennte Erscheinungen zu verstehen. Sie bedingen sich vielmehr gegenseitig: Die Ökonomie der erweiterten Familie durchzieht die Praxis der Verwaltung und findet ihren symbolischen Ausdruck im ethnischen Bewußtsein. Die Logik neopatrimonialer Herrschaft nutzt das ethnische Bewußtsein zur Mobilisierung politischer Unterstützung und Repression, während umgekehrt die Herrschaftspraxis in den Schemata des ethnischen Bewußtseins interpretiert wird. In ihrem Zusammenspiel bilden diese Strukturen die entscheidenden Voraussetzungen des Kriegsgeschehens in den nachkolonialen Staaten Afrikas südlich der Sahara.

Bevor im folgenden Abschnitt die konkreten Verläufe der kriegerischen Auseinandersetzungen zusammengefaßt werden, die in diesem Bedingungsgefüge stattgefunden haben, sind zwei Relativierungen nötig, die sich wiederum auf die Regionen des Maghreb und des südlichen Afrikas beziehen. Denn in diesen bei-

---

14   Zu diesen Verhältnissen lassen sich zahllose historische Parallelen finden. Am augenfälligsten ist wahrscheinlich die zum absolutistischen Hof, vgl. Elias (1983: 180ff.).

den Regionen setzten sich die Differenzen der historischen Verläufe auch in andere soziale und politische Konstellationen um. Während in Algerien die siegreiche Partei des Unabhängigkeitskrieges den Staatsapparat mehr und mehr für sich monopolisierte, dabei aber über Entwicklungsprogramme weite Teile der Bevölkerung politisch und sozial integrierte, kam es in Tunesien und Marokko jeweils zu ähnlichen Patrimonialisierungen wie in den weiter südlich gelegenen Staaten Afrikas. Die Staaten des Maghreb bildeten jedoch teilweise stärkere bürokratische Elemente aus und waren wegen ihrer besseren ökonomischen Position auch in der Lage, ihren Bevölkerungen in nennenswertem Umfang staatliche Leistungen zukommen zu lassen (vgl. Ruf 1993). Damit wurde dort zwar die Logik klientelistischer und personalistischer Politik nicht konsequent unterbrochen. Dieser historische Verlauf erlaubte aber eine stärkere Institutionalisierung staatlicher Herrschaft samt ihrer befriedenden wie kontrollierenden Seiten.

In den Siedlerkolonien des südlichen Afrika stellte sich insofern ein vom sonstigen Muster unterschiedlicher Verlauf ein, als hier die Dekolonisation nicht gleichbedeutend mit dem Exodus der weißen Bevölkerung war. Zwar nahmen mit der Unabhängigkeit Zimbabwes und der Transformation Südafrikas auch die rassistisch strukturierten politischen Systeme als Spätfolgen der kolonialistischen Expansion ihr Ende. Die Parallelen mit den anderen afrikanischen politischen Geschichten erschöpfen sich aber nahezu im Vokabular, das zur Kennzeichnung dieser Umbrüche benutzt wurde. Im Falle Südafrikas fand der Systemwandel bereits auf der Grundlage einer viel weitgehender durchkapitalisierten Gesellschaft statt, und auch im Fall Zimbabwes bedeutete die Eigenstaatlichkeit nicht das Ende der bereits etablierten Modernisierung, die eine weltmarktorientierte Landwirtschaft und einen leistungsfähige staatliche Infrastruktur umfaßten. Die sich in beiden Staaten etablierenden politischen Systeme inkorporierten zwar noch traditionale Elemente, wie sich in der hohen Bedeutung personaler Momente und in den Ansätzen patrimonialer Herrschaftspraktiken zeigen sollte. Aber hier erlaubte der fortgeschrittene Grad der Kapitalisierung bereits eine viel stärkere Durchstaatlichung der Gesellschaften und eine entsprechende Vergesellschaftung des Staates durch soziale Gruppen, die ihre Machtmittel außerhalb des Staates akkumulieren.

3.4 Krieg im neopatrimonialen Staat

Für die weit überwiegende Mehrheit der innerstaatlichen Kriege im nachkolonialen Afrika ist die Logik der dargestellten Strukturen von prägender Bedeutung.[15]
Die ökonomische Reproduktionseinheit der erweiterten Familie, der Referenz-
rahmen des ethnischen Bewußtseins und die politische Logik des neopatrimonialen Staates als zentrale Strukturen postkolonialer Staaten Afrikas bestimmen zugleich die Bedingungen kriegsursächlicher Prozesse in diesen Gesellschaften. Die
fortschreitenden sozialen Verwerfungen, die aus der Auflösung traditional struk-
turierter Vergesellschaftungsformen resultieren, haben sich zwar nicht in allen
afrikanischen Gesellschaften und nicht zu allen Zeiten in gewaltsamen Massenkonflikten geäußert. Doch die instabile und zugleich starre Logik des neopatrimonialen Staates erklärt, warum der Rückgriff auf physische Gewalt, wie er sich in
Staatsstreichen, Pogromen und begrenzten bewaffneten Konflikten äußert, im
postkolonialen Afrika so häufig auftrat.

Die oben skizzierten Strukturen bilden gleichsam den Untergrund und den
Rahmen des kausalen Zusammenhangs kriegsursächlicher Prozesse in den Gesellschaften des subsaharischen Afrika. Zwar erklärt der Verweis auf Strukturen
nicht, wann und wo Kriege auf dem afrikanischen Kontinent stattfinden. Sie sind
aber unverzichtbarer Bestandteil einer Erklärung, denn sie präformieren die großen Verläufe, ohne alle Einzelheiten eines Eskalationsprozesses zu determinieren.
In den Begrifflichkeiten der „Grammatik des Krieges"[16] formuliert, lassen sich die
kausalen Prozesse der Kriege in den neopatrimonialen Staaten folgendermaßen
zusammenfassen.

1. Die erläuterten zentralen Strukturen postkolonialer afrikanischer Gesell-
schaften sind an sich *Widersprüche*. Denn in ihnen stehen sich individualistische
Zweckrationalität und traditionale Obligation, abstrakter Zwang und personale
Loyalität, Bindung des Mythos und Rationalisierungsdruck widerstreitend gegenüber. Zu diesen immanenten Widersprüchen addieren sich weitere Gegensätze,
bedingt durch unterschiedliche historische Verläufe der Einbindung in globale
Vergesellschaftungen. Diese Ungleichgewichte äußern sich etwa in regionalen
Entwicklungsgefällen oder in unterschiedlichen Zugangschancen zum Staatsappa-
rat als der zentralen Verteilungsstelle gesellschaftlicher Ressourcen.

---

15 Das folgende idealtypische Modell deckt also weitgehend die kriegsursächlichen Prozesse im
nachkolonialen Afrika ab. Sein Erklärungsanspruch erstreckt sich auch auf die frühen Konsoli-
dierungskriege in Kongo/Zaire und auf die Kriege im Patrimonialstaat Äthiopien. Den höchsten
Erklärungswert wird das Modell sicher für die seit Ende der achtziger Jahre auftretenden innerstaatlichen Kriege in Afrika beanspruchen dürfen.

16 Vgl. hierzu die Ausführungen im einleitenden Teil des Bandes.

2. Auf der Analyse-Ebene der *Krise* verlängern sich diese Widersprüche indes nur teilweise. Die traditionalen Elemente des ethnischen Bewußtseins, wie sein mythischer Geltungsanspruch und die Vorrangigkeit der sozialen Verpflichtung bilden dabei die Bewertungsmuster des politischen Geschehens. So wird nachlassende Staatstätigkeit und mangelnde Integration als Verletzung des Reziprozitätsprinzips aufgefaßt. Die Personalisierung des Politischen führt zu einer eindeutigen Zuordnung von Verantwortung: Dem für die entgegengebrachte Loyalität zum Schutz verpflichteten Präsidenten werden empfundene Statusverschlechterungen oder verwehrte Chancen angelastet. Umgekehrt wird politische Opposition in der Terminologie des Ethnischen begriffen und die vermeintliche Abstammungsgruppe in Sippenhaftung genommen. Durch das Zusammenspiel dieser Zuschreibungen werden entstehende kollektive Identifizierungen verstärkt.

3. Zu Akteuren eines *Konflikts* werden die Träger dieser Wertungen und Wahrnehmungen erst, wenn sie sich organisieren: Solche Organisationen kristallisieren sich um Bruchstücke alter klientelistischer Verbände, und um traditionale Beziehungsmuster wie Altersklassen, Bruderschaften und Verwandtschaftsgruppen. Sie können aber auch als reine Zweckbündnisse von Teilen der politischen Klasse ihren Anfang nehmen. Solange die etablierten Mechanismen und die Ressourcenlage neopatrimonialer Herrschaft hinreichen, die konkurrierenden Ansprüche dieser Gruppen zufriedenzustellen, können diese Konflikte ohne Gewalt auskommen.

4. Die Wahrscheinlichkeit gewaltsamen Konfliktaustrags im neopatrimonialen Staat steigt nun in dem Maße, in dem der Konflikt nicht mehr über bestehende klientelistische Einbindungen ausgetragen werden kann, wie dies insbesondere in Zeiten ökonomischer Rezession oder abnehmender auswärtiger Unterstützung der Fall ist. Der Rückgang der Renten aus dem Export mineralischer und agrarischer Rohstoffe ist hier ebenso zu nennen wie das Nachlassen militärischer Unterstützung nach dem Ende des Ost-West-Konflikts. Die schwache Institutionalisierung und der autoritäre Charakter neopatrimonialer Herrschaft reichen dann nicht mehr aus, um die entstehenden Konflikte zwischen klientelistischen Verteilungskoalitionen zu vermitteln. Die endgültige Legitimation der Gewalt als Mittel zumindest für einen Teil der Akteure ergibt sich aus der repressiven Reaktion neopatrimonialer Regime auf politische Oppositionen. Diese Reaktionen legitimieren den Gewalteinsatz auf der Gegenseite und verknüpfen sich mit Werten wie der traditionalen Kriegerehre, dem auf die koloniale Vergangenheit bezogenen Widerstandsethos oder dem Berufsethos dissidenter Militärs. Die Schwelle zum *Krieg* wird in aller Regel dadurch überschritten, daß die undifferenziert repressive Reaktion des Regimes immer größere Bevölkerungskreise vor den Wahlzwang zwi-

schen Flucht, Opferschicksal oder Teilnahme an den bewaffneten Auseinandersetzungen stellt.

Dieses Erklärungsmodell paßt besonders auf jene Kriege, die das Kriegsgeschehen auf dem afrikanischen Kontinent in den neunziger Jahren prägen. Eine vergleichende Betrachtung der Kriege im nachkolonialen Afrika zeigt indes, daß sich die Grundzüge dieser Erklärung auf die überwiegende Mehrzahl innerstaatlicher Kriege im nachkolonialen Afrika, also auch solche der vorigen Dekaden, anwenden lassen. Das trifft besonders auf jene Kriege zu, die die nachkoloniale Geschichte der großen Flächenstaaten *Tschad* (1966-96) und *Sudan* (1955-72, bzw. seit 1983) geprägt haben. Hier hatten die Verwerfungen der Kolonialzeiten eine besonders konfliktträchtige Wirkung, weil Regionen mit starken Modernisierungsunterschieden in gemeinsame politische Handlungsrahmen gebunden wurden. Die schwachen nachkolonialen Anstaltsstaaten wurden rasch von begünstigten Machtgruppen monopolisiert. Jenseits des Staates jedoch existierten keine Institutionen, die den Ausgleich zwischen den Aspirationen unterschiedlicher Bevölkerungsgruppen hätte herstellen können.

In den Gesellschaften beider Staaten fehlen politisch übergreifende Bande. Weder Sprachen noch religiöse Bekenntnisse oder wirtschaftliche Zusammenhänge konstituieren dort einen einheitsstiftenden sozialen und politischen Raum, so daß sich politische Konkurrenzen leicht regionalistisch und ethnisch interpretieren lassen, zumal zwischen einzelnen Landesteilen erhebliche Entwicklungsunterschiede bestehen. Im Tschad hat die in der Kolonialzeit einsetzende Inwertsetzung der südlichen Provinzen sich in einen Modernisierungsvorsprung der dort ansässigen Bevölkerungsgruppen umgesetzt, die deshalb auch im nachkolonialen Staatsapparat überrepräsentiert waren. Die Mehrheit der Bevölkerung erlebte den nachkolonialen Staat vor allem als Steuereintreiber und Repressionsinstanz. Unter den Bedingungen des seit 1966 andauernden bewaffneten Auseinandersetzungen hat sich die Gewalt längst in den Händen lokaler Machthaber privatisiert (Müller 1991). Die staatlichen Organe, Streitkräfte wie Zivilverwaltung, sind in die lokalen Machtzusammenhänge diffundiert (Roitman 1999). Unter den Bedingungen der Militarisierung der Verwaltung und der Unterdrückung politischen Protests blieben einzig religiöse Verbindungen als Foren des Ausdrucks politischer Opposition.

Ähnlich, nur mit geographisch umgekehrten Rollen stellt sich die Konfliktkonstellation im nachkolonialen *Sudan* dar. Auch hier äußerte sich ein deutliches Modernisierungsgefälle zwischen nördlichen und südlichen Landesteilen in sozialen Unterschieden, die ihren politischen Ausdruck während des britisch-ägyptischen Kondominiums (1899-1945) zunächst in nationalistischen, danach in einer islamistischen Radikalisierung fanden. Im Norden wurden die Muslimbruderschaften die wichtigste Organisationsform der aus den alten Verhältnissen Herausgetriebenen. Die Rolle des islamistischen Radikalismus hebt die jüngere politische Geschichte des Sudan zwar deutlich von den sonstigen kriegerischen Konflikten der Region ab. Andere, nicht minder ursächlich bedeutsame Momente indes finden sich hier wie in zahllosen anderen Konflikten: Der Kolonialstaat hatte im Norden eine stark exportabhängige Ökonomie hinterlassen, während die südlichen Landesteile stark traditional dominiert blieben. Damit gerieten die Machtgruppen des Nordens bei der Appropriation der staatlichen Pfründe in eine stark vorteilhafte Position. Die Übervorteilung der Bevölkerungsgruppen des Südens bildete den Hintergrund des ersten innerstaatlichen Krieges (1955-72). In den Jahren der repressiven Herrschaft Numeiris schließlich radikalisierten sich die politischen Fraktionen, so daß schließlich auch unter neuen politischen Konstellationen der seit 1983 andauernde Krieg ohne vermittelnde Institution blieb. Die Gewalterfahrungen des Krieges und die sich ausschließenden Aspirationen der politischen Führer der Kriegsparteien haben eine friedliche Transformation bisher verhindert.

Das Erklärungsmodell des Krieges im neopatrimonialen Staat erlaubt aber auch die Diskussion von Unterschieden zwischen diesen Kriegen. So drücken sich in einigen Fällen die historisch entstandenen Widersprüche und Gegensätzlichkeiten gleichsam in einer sozialräumlichen Differenz zwischen neopatrimonialem Zentrum und kriegführender Peripherie aus, wie in den Kriegen in Zaire (seit 1996), Mali (1990-95), Niger (1990-94), Somalia (seit 1988), Senegal (seit 1990), Uganda (1981-92 und seit 1995), Sudan (seit 1983), Tschad (1966-96) und im Biafrakrieg in Nigeria (1966-69).[17] Diese Kriege begannen als Rebellionen in den Peripherien, in denen der Widerstand trotz aller Wechselfälle des Kriegsverlaufs lokal verankert blieb.

In einer Reihe weiterer kriegerischer Konflikte fehlen diese offensichtlichen sozialräumlichen Disparitäten. Die Kriege in Ruanda (1990-94), Burundi (seit 1994), Dschibuti (1990-94) und Liberia (1989-96, bzw. seit 2000) haben mindestens zeitweilig das gesamte Staatsgebiet erfaßt. Sie zeigen damit unmißverständlich, daß sich eine ursächliche Erklärung nicht auf den Verweis auf kulturräumliche Differenzen oder die sozial konstruierten „Ethnien" beschränken kann (vgl. u.a. Ndarishikanye 1998).

Die vorgestellte Erklärungsskizze ist auch auf eine Reihe von bewaffneten Massenkonflikten anwendbar, die gemeinhin – wie die Aufstände der Tiv (1964) oder der Maitatsine-Bewegung (1980) in Nigeria oder die Kriege im ohne koloniale Vorgeschichte patrimonialisierten Staat Äthiopien (Ogaden, Tigray, Oromo,

---

17 Zur Literaturlage zu diesen Kriegen s. Schlichte (1996: 224-234).

Eritrea) – als Sonderfälle kommunitären Protests dargestellt werden. Denn auch in
diesen Kriegen drücken sich Entwicklungsunterschiede von sozialen und meist
auch geographischen Räumen in der Formierung von politischen Gruppen aus, deren politisches Programm immer auf den Staat ausgerichtet ist, sei es in der Forderung nach Partizipation oder Übernahme der zentralstaatlichen Macht oder, wie
im Falle Eritreas, mit der Forderung nach Eigenstaatlichkeit.

4. Grenzen und Reichweite einer Erklärung

Das präsentierte Erklärungsmodell verdeutlicht, wie stark Strukturen in die Pro-
zeßhaftigkeit der Entwicklung zum Krieg hineinragen. Die im neopatrimonialen
Staat geltenden Regeln grenzen nicht nur die Handlungsoptionen politischer Opposition ein, sie prägen zugleich die Reaktionsmuster des Regimes auf politische
Herausforderungen. Präfiguriert durch diese strukturellen Voraussetzungen „ver-
dichten" sich kriegsursächliche Prozesse: Die kausal kumulative Wirkung der the-
senartig skizzierten Zusammenhänge sorgt für eine steigende Pfadwahrscheinlich-
keit. Gleichwohl kann diese Entwicklung sich verzögern, beschleunigen, oder sogar ganz abbrechen, wenn das geschilderte Bedingungsgefüge sich verändert. Das
Prozeßmodell erlaubt aber auch die Gewichtung einzelner kausaler Zusammenhänge. Jenseits der strukturellen Erklärung spielen natürlich Besonderheiten für
die Verläufe eines Eskalationsprozesses eine Rolle. Besondere historische Erfahrungen, die sich im kollektiven Gedächtnis einer Gruppe eingespeichert haben,
Stereotypen oder kurzfristige ökonomisch erzeugte Verwerfungen entscheiden
darüber, aus welchem sozialen Milieu sich bewaffnet agierende Gruppen rekrutieren und wie sie sich organisieren. Diese einzelnen Besonderheiten sind nur teilweise einer theoretischen Verallgemeinerungen zugänglich. Ihre kausale Bedeutung ist jedoch den genannten strukturellen Voraussetzungen deutlich nachgeordnet.
　　Diese kausal untergeordnete Bedeutung zeigt sich in der fast beliebig anmu-
tenden Vielzahl symbolischer Referenzen gewaltsamer Konflikte. Der Bezug auf
ein jeweils spezifisches und diffuses Verständnis des Islam oder des Christentums
erfüllt diesen Zweck ebenso gut wie die Unterschiede religiöser Riten, linguisti-
sche Differenzen oder administrativ generierte Konstrukte wie im Falle des „Hu-
tu-Tutsi"-Dualismus in Ruanda und Burundi. Letztlich können, so Max Weber
(1985: 236), „alle Unterschiede der Sitte ein spezifisches 'Ehr-' oder 'Würde'-
Gefühl ihrer Träger speisen", ohne daß dies erklärte, warum und wann solche
subjektiv empfundenen Unterschiede in sozialen Konflikte relevant werden. Die
theoretische Konstruktion einer wissenschaftlichen Erklärung des Kriegsgesche-

hens auf dem afrikanischen Kontinent kann deshalb „kulturelle Unterschiede" nicht zum Ausgangspunkt nehmen, [18] so häufig sie auch als Referenzpunkte für die Organisation kollektiver Akteure im Zuge der Auflösung traditionaler Beziehungsmuster dienen mögen.

Weitaus größeres kausales Gewicht kommt dagegen der Kapazität politischer Institutionen zu, entstehende soziale Konflikte zu prozessieren. Die Struktur neopatrimonialer Herrschaft bietet jedoch wenig Spielraum für den Umgang mit Herausforderern. Bedingt durch die ökonomisch zentrale Stellung des postkolonialen Staates fokussiert sich der Konflikt um die „Verfügungsgewalt über Chancen" (Weber 1985: 20) auf dessen Ressourcen und Ämter. Der Staat und seine Agenturen können deshalb nicht, wie in pluralistischen Konzeptionen vorgesehen, vermittelnde Instanz sein.

Nur dort, wo die Ressourcenlage des Staates und das Geschick der Machthaber ausreichen, unterschiedlichste Aspirationen zu befriedigen, können Verteilungskonflikte in friedlichen Bahnen gehalten werden. Gelingt diese Balance nicht, droht die Eskalation in gewaltsame Auseinandersetzungen. Ein Entscheidungspunkt in dieser Entwicklung bildet die Reaktionsweise der Regime auf massive politische Herausforderungen. Unter den verschiedenen „politics of survival" gefährdeter Regime (Migdal 1988: 214-238) führt die undifferenzierte gewaltsame Repression mit der höchsten Wahrscheinlichkeit in die kriegerische Eskalation.[19] Vor diesem Hintergrund ist auch der häufige Verweis auf die Charakterschwäche und moralischen Unzulänglichkeiten politischer Führer als „Kriegsursachen" zu relativieren. Die politische Logik, die sich aus den Strukturen des neopatrimonialen Staates ergibt, ist offenbar in nur geringem Maße von den Eigenschaften einzelner Akteure abhängig.

Die Ausführungen über die sozialen Ursprünge und die politische Logik der Dekolonisationskriege und der Kriege im neopatrimonialen Staat bieten für die Erklärung des weit überwiegenden Teils des Kriegsgeschehens auf dem afrikanischen Kontinent eine hinreichende Grundlage. Gleichwohl bleiben Lücken der Erklärung. In bezug auf das Kriegsgeschehen im südlichen Afrika wurde darauf weiter oben schon hingewiesen. Außerdem sind auch auf dem afrikanischen Kon-

---

18 Besonders irreführend ist deshalb die Titulierung der Konflikte im nachkolonialen Afrika als „ethnische Konflikte", weil sie die Anforderungen an einen wissenschaftlichen Begriff nicht standhält – ein alte Einsicht: „der bei exakter Begriffsbildung sich verflüchtigende Begriff der 'ethnischen' Gemeinschaft entspricht nun in dieser Hinsicht bis zu einem gewissen Grade einem der mit pathetischen Empfindungen für uns am meisten beschwerten Begriffe: demjenigen der 'Nation' , sobald wir ihn soziologisch zu fassen suchen." (Weber 1985: 242).

19 Ähnlich wie bei der Liberalisierungs-Problematik (vgl. Przeworski 1991: 57-67) lassen sich diese Zusammenhänge als Sequenzen strategischer Situationen weiter ausdifferenzieren.

tinent zwischenstaatliche Kriege nicht ausgeblieben, die auch hier weitgehend der territorial orientierten Handlungslogik der Realpolitik gehorchten.

Das gilt zunächst für die Kriege in den *Maghreb-Staaten*, die dort nach Erlangung der Unabhängigkeit geführt wurden. Zu Auseinandersetzungen war es noch zu Kolonialzeiten gekommen, als während der Bizerta-Krise (1961) Tunesien versuchte, algerische Ölquellen zu besetzen. Auch zwischen Libyen und Tunesien ergaben sich Konflikte um off-shore Erdölvorkommen. Erst nach der Phase der Dekolonisation wurden im Maghreb kurze Kriege um territoriale Fragen geführt, weil sich damit Ansprüche auf die Exploitation mineralischer Rohstoffe verbanden (Ruf 1993: 104). Hierzu ist etwa der „Tindouf-Krieg" (1963-64) zwischen Algerien und Marokko zu zählen, in dem Marokko gleich nach der Unabhängigkeit die eisenerzreiche Region um Tindouf im Südwesten Algeriens besetzen wollte. Ähnliches gilt für den Krieg um die Eigenstaatlichkeit der Westsahara (1975-91), der das Expansionsstreben Marokkos entgegenstand.

Im subsaharischen Afrika ist die Zahl zwischenstaatlicher Kriege dennoch insgesamt ausgesprochen gering geblieben. Das Erklärungsmodell des neopatrimonialen Staats reicht aber nicht hin, um die vorliegenden Fälle zu erklären. Jedoch sind eine Reihe seiner Elemente auch für die Erklärung zwischenstaatlicher Kriege in Afrika von Belang. Der zwischenstaatliche Krieg, der Ende der von 1998 bis 2000 zwischen *Äthiopien* und dem erst 1993 unabhängig gewordenen *Eritrea* stattfand, zeigt in seiner Vorgeschichte viele bekannte Merkmale: Die widerrechtliche Annexion Eritreas durch Äthiopien hatte zu einem fast dreißigjährigen Krieg der „Eritrean People's Liberation Front" (EPLF) geführt. Durch das Bündnis mit anderen bewaffneten Gruppen innerhalb Äthiopiens endete dieser Krieg mit der Eroberung Addis Abbebas im Jahre 1991. Trotz des Fehlens der kolonialen Erfahrung und trotz der Besonderheit des eigenständigen hegemonialen Bestrebens Äthiopiens in der Region entspricht die Geschichte dieses vorgängigen innerstaatlichen Krieges durchweg dem vorgestellten Erklärungsmodell. Der zwischenstaatliche Krieg zwischen dem seit 1993 eigenstaatlichen Eritrea und dem ehemaligen Bündnispartnern, die in Addis Abeba an der Macht standen, läßt sich durchaus als Nachwirkung der Kriege im Patrimonialstaat Äthiopien erklären. Er ist wenigstens der Wahrnehmung der äthiopischen Seite zufolge nur eine Fortsetzung der ungewollten „Sezession" Eritreas. Tatsächlich hatten die Regierungen es versäumt, die Beziehungen zwischen den Staaten, inklusive territorialer Fragen, eindeutig zu klären (vgl. Iyob 2000). An lokalen Konflikten über Bodennutzungsrechte und Jurisdiktionen in den Grenzbezirken entzündete sich dann der klassische Mechanismus des zwischenstaatlichen Krieges, in dem das Zusammenspiel aus militanter Opposition, Gewalterfahrung „Staatsräson" und „nationaler Ehre" zur gewaltsamen Eskalation führten.

Der erste große zwischenstaatliche Krieg im subsaharischen Afrika ist der seit 1996 andauernde Gewaltkonflikt in der *Demokratischen Republik Kongo*, dem vormaligen Zaire. Fast alle Nachbarstaaten haben sich hier mindestens zeitweise mit der Entsendung und Kampfbeteiligung ihrer Truppen engagiert. Dieser als „Africa's Great War" (Shearer 1999) titulierte Großkonflikt hat in wenigen Jahren bereits mehrere hunderttausend Todesopfer gefordert und zu einer weiteren Zerrüttung der politischen Verhältnisse in der instabilen Region um die Großen Seen geführt. Ursächlich für diesen Krieg sind neben dem Zerfall der neopatrimonialen Herrschaft Mobutus die Eskalationen der politischen Auseinandersetzungen in den Nachbarländern, die teilweise seit Jahrzehnten andauern. Zaire, für seine Bevölkerung ein Phantomstaat ohne Sicherheitsleistungen, entwickelte sich in den neunziger Jahren als sicheres Rückzugsgebiet für oppositionelle bewaffnete Gruppen aus Uganda, Ruanda, Burundi, Sudan, Kongo-Brazzaville und Angola. Aus der Mischung von Bereicherungs- und Expansionskonkurrenzen einer fast transnationalen politischen Klasse,[20] der Militarisierung des Politischen in Zaire und den Nachbarländern und den zunehmenden ethnischen Mystifizierungen zur Erklärung der politischen Vorgänge in der Region der Großen Seen (vgl. Lemarchand 1999: 416ff.) sind verschiedene, zuvor national eingehegte Kriege zu einem Gesamtkomplex verschmolzen.

In der DR Kongo läßt sich ein Ausgreifen des Krieges über die Grenzen von Staaten hinaus beobachten, weil sich die inneren Widersprüche, die sich im politischen Feld dieser Staaten aufgebaut haben, innerhalb ihrer Grenzen nicht mehr prozessieren lassen. In den neunziger Jahren wurde evident und politisch wirksam, daß die Entwicklung der Region die Staaten durch Migration, Flüchtlingsbewegungen und Unterstützungsleistungen für Rebellen der jeweiligen Nachbarstaaten zu einem Wirkungszusammenhang zusammengeschlossen hatte. Alle an diesem nur vordergründig innerstaatlichen Krieg beteiligten Nachbarstaaten, Angola, Zimbabwe, Ruanda, Uganda und Sambia sind nicht bloß aus eigenen sicherheitspolitischen Interessen interveniert. Das Argument, die Sicherung der Grenzgebiete habe zum militärischen Eingreifen in die Politik des Nachbarlandes gezwungen, deckt nur einen Teil der Antriebe. Auch innenpolitische Konstellationen sind ursächlich für die Interventionen der Nachbarstaaten. Die Befriedigung all der Aspirationen und Erwartungen, die sich um den Staat aufgebaut haben, können von diesem nicht mehr befriedigt werden. Mit den machtstaatlichen Ansprü-

---

20 Eine frühe Keimzelle dieser keineswegs national gegliederten politischen Klasse ist die Universität von Dar es Salam: Von ihren Studien in den sechziger und siebziger Jahren rühren dauerhafte Bekanntschaften etwa zwischen Ugandas Präsident Museveni, dem Führer der südsudanesischen „Sudan People's Liberation Army" (SPLA) John Garang und dem 2001 zu Tode gekommen Kriegsunternehmer und späteren Präsidenten des vormaligen Zaires, Laurent Kabila.

chen und den Prestigegewinnen, die sich mit dem Charisma des nötigenfalls auch kriegerisch vorgehenden „starken *Big Men*" verbinden, verknüpfen sich stärkere Notwendigkeiten: In allen intervenierenden Staaten läßt sich das Problem erkennen, eine siegreiche Soldateska sowohl mit Aufgaben wie Belohnungen zu versorgen (vgl. Prunier 1999). Der Raubkrieg in den Landesteilen der DR Kongo ist kleinstaatlicher Imperialismus und erinnert in seinen Praktiken an die „ursprüngliche Akkumulation" in den frühen Zeiten des Kolonialismus.

Daneben kommen in diesem – gemessen an der Zahl der beteiligten afrikanischen Staaten – bisher größten Krieg auf dem afrikanischen Kontinent aber auch andere strukturgeschichtliche Verwerfungen zum Ausdruck. Dies zeigt sich nicht nur in den bislang wenig beachteten Bevölkerungswanderungen, vor, während und nach der Kolonialzeit. Der ungesicherte legale Status der Migranten in ihren Zielländern, die gewaltlegitimierenden, nationalistischen Diskurse der Exilgruppen, die durch Erfahrungen von Vertreibung und Repression verfestigten Ressentiments zwischen Bevölkerungsgruppen und schließlich der militarisierte Habitus der politischen Führer bilden wesentliche Momente des gesamten kriegsursächlichen Prozesses.

5.   Zur Logik aktueller politischer Gewalt in Afrika

Betrachtet man die Kriegsentwicklung im Afrika des ausgehenden 20. Jahrhunderts, so scheint ihre Erklärung über den Verweis auf die Funktionsweisen des neopatrimonialen Staates an Plausibilität zu verlieren. Die Strukturen des neopatrimonialen Staates sind offenbar immer weniger in der Lage, die wachsenden Aspirationen der Bevölkerung zu befriedigen und für die bestehenden Problemlagen zukunftsfähige Lösungen zu bieten. Der abnehmende Anteil Afrikas an den formellen Tauschformen des Weltmarkts und seine politischen Krisen lassen den Kontinent in der publizistischen Wahrnehmung zum Kernbereich der „Zonen des Durcheinander" (Singer/Wildavsky 1993), der „kommenden Anarchie" (Kaplan 1994) werden. Mit den Eindrücken von ökonomischer Marginalisierung und gleichzeitigem „Staatsversagen" (Tetzlaff 1995) verbindet sich die Vorstellung einer ausgreifenden Anomie afrikanischer Gesellschaften, die der sich ausweitenden Gewalt immer weniger entgegenzusetzen haben. Immer mehr Bürgerkriege breiten sich auf dem „schwarzen Kontinent" aus, immer grausamer und sinnentleerter erscheinen die Praktiken der Akteure, die sich kaum nach staatlich und nicht-staatlichen unterscheiden lassen. Kriege verstetigen sich zu „Gewaltmärkten" (Elwert 1997), in denen das Bereicherungsinteresse politischer Hasardeure anscheinend das einzige Motiv ist.

Doch die Vorstellung vom allgemeinen ökonomischen Niedergang und der Entstaatlichung Afrikas ist unvollständig und verdeckt komplexere Dynamiken. Wie im folgenden erläutert werden soll, sind die jüngeren Veränderungen des Kriegsgeschehens auf drei miteinander verknüpfte Prozesse zurückzuführen, die historisch weit zurück reichende Wurzeln haben. Die neuen Formen der Internationalisierung, der veränderte Modus politischer Herrschaft und die sich verschärfenden Problemlagen kapitalistischer Modernisierung sorgen für eine steigende Konfliktivität afrikanischer Gesellschaften.

Die veränderten Erscheinungsformen politischer Gewalt stehen in engem Zusammenhang mit den Verschiebungen der Integration Afrikas in globale Zusammenhänge. Spätestens seit dem Ende des Ost-West-Konflikts haben sich die Formen der Integration afrikanischer Gesellschaften in den Weltmarkt und in das internationale System verändert. Bis 1990 waren die Staaten Afrikas aus allgemein strategischen Erwägungen und wegen ihres Rohstoffreichtums international von politischer Bedeutung. Aus dem an der globalen Konkurrenz der Systeme abgeleiteten strategischen Denken und dem Nachklang des kolonialen Habitus ergaben sich die zahlreichen militärischen Interventionen der westlichen Staaten, allen voran Frankreichs, und die Flüsse von militärischer und ziviler Hilfe. Das internationale politische Gewicht afrikanischer Staaten ergab sich zudem über ihr Abstimmungsverhalten in internationalen Institutionen und durch die jederzeit gegebene Möglichkeit des Bündniswechsels.

Der Export agrarischer und mineralischer Rohstoffe war zudem die traditionelle Form der Weltmarktintegration afrikanischer Gesellschaften. Bis in die achtziger Jahre geschah dies unter staatlicher Kontrolle, in dem staatliche Vermarktungsmonopole und Bergbaugesellschaften beträchtliche Renten aus diesen Exporten abschöpften. Der Staat war nicht nur das politische Machtzentrum, sondern zugleich auch der zentrale ökonomische Agent und die zentrale soziale Integrationsinstanz, indem die Redistribution der Renten und Hilfen den öffentlichen Sektor zum größten Arbeitgeber und Versorger der formellen Ökonomie machte.

Diese Formen der Integration haben sich verändert. Mit der internationalen Dominanz des westlichen Politikmodells sind die Möglichkeiten schwacher Staaten verschwunden, aus einer Konkurrenz der Systeme politische Vorteile zu ziehen. Nur in Einzelfällen, wie in Uganda, Algerien und einigen Sahel-Staaten, gelingt es Regimen mit dem Verweis auf eine islamisch-fundamentalistische Bedrohung nach wie vor beträchtliche westliche Unterstützung zu akquirieren. Die überwiegende Zahl der Staaten ist indes auf andere, teils neue Quellen der Macht verwiesen. Der Verfall der Rohstoffpreise und die Effekte der Privatisierung und der Restrukturierung der politischen Ökonomie der Staaten unter den Auflagen der Bretton-Woods-Institutionen erzwingen die Suche nach Alternativen. Solche

Alternativen bieten sich in den Strömen der informellen und kriminellen Sphären des Weltmarkts. In fast allen afrikanischen Gesellschaften hat die informelle Ökonomie die buchmäßig erfaßte längst überrundet.[21] Die politische Macht eignet sich hiervon einen wachsenden Teil an.[22] Dies ist durchaus als Teil einer wachsenden Internationalisierung aufzufassen, denn der informelle und kriminelle Sphären sind nicht national borniert, sondern Teil des Weltmarkts.

Im jüngeren Kriegsgeschehen Afrikas zeigen sich indes noch andere Momente einer wachsenden Internationalisierung. Ihr auffälligstes Zeichen ist das Phänomen der Regionalisierung des Krieges: Die anfänglich innerstaatlichen Kriege im Kivu, in Ruanda und in Liberia breiten sich über Flüchtlingsströme und die Wanderungen von Gewaltakteuren schnell regional aus, offenbar ohne daß die Institutionen der Nachbarstaaten dem Gewaltexport Einhalt gebieten könnten. Statt dessen ziehen die regionalen Kriege eine immer größer werdende Zahl von internationalen Agenturen an, die in allen vormals staatlichen Aufgabenbereichen aktiv werden, um die Folgeprobleme des Kriegs und der politischen Krisen zu bearbeiten.

Gegen die These einer ökonomischen Marginalisierung und Isolation der afrikanischen Gesellschaften spricht zudem die bedeutsame Rolle, die Optionen auf den Abbau von Rohstoffen in der Ökonomie zeitgenössischer Kriege spielen. Die Bündnisse und Vorverträge, die internationale Unternehmen mit einzelnen Kriegsparteien eingehen, um über die Finanzierung der Kriege Konzessionen für die Nachkriegsökonomie zu erhandeln, sind Beleg für die anhaltende Einbettung der Ökonomie und Politik zeitgenössischer Kriege in die Wirkungszusammenhänge der internationalen Politik und des Weltmarkts. Es sind nur die Formen der internationalen Einbindung, die sich verändern, ohne daß es zu einer wahrhaften Abkoppelung gekommen wäre.

Neben den veränderten Modi der Internationalisierung des Kriegsgeschehens lassen sich ebenso in den sozialen Hintergründen des Kriegsgeschehens Veränderungen feststellen. In der Ära der Dekolonisation und noch bis in die achtziger Jahre waren es Bewegungen mit politischen Programmen, die bestehende Arrangements herausforderten. In ihnen formierten sich moderne und traditionale Machtgruppen, die in ihrer Zusammensetzung zwar konfliktiv, aber strukturiert waren. In den 90er Jahren sind neue soziale Verwerfungen für die sozialen Hintergründe des Kriegsgeschehens konstitutiv. Nicht nur der neopatrimoniale Staat,

---

21   Ein deutliches Zeichen hierfür ist der Anteil der – immer nur geschätzten – Rückflüsse aus Arbeitseinkommen im Ausland. In zahlreichen afrikanischen Staaten hat der Export von Arbeitskraft, meist in die globale informelle Ökonomie, wertmäßig alle anderen „Exportrohstoffe" abgelöst.
22   Vgl. hierzu Hibou (1999) sowie Bayart et al. (1997).

sondern auch andere Instanzen der sozialen Integration, wie die erweiterte Familie und andere kommunitäre Formen verlieren ihre bindende Kraft. An zwei Phänomenen wird dies besonders deutlich: einerseits an der in vielen Konflikten ursächlich wirksamen Frage der kapitalistischen Inwertsetzung von Boden als zentraler Ressource agrarischer Gesellschaften, und andererseits an der Frage der Integration der Jugend ohne Akkomodationschance.

Sieht man von den Siedlerkolonien ab, in denen es bereits früher zur Enteignung traditional-gemeinschaftlicher Nutzungsgemeinschaften gekommen ist, so ist die Einführung des individuellen Privateigentums am Produktionsmittel Boden in vielen afrikanischen Gesellschaften eine vergleichsweise rezente Erscheinung. Zwar gibt es privaten Bodenbesitz in vielen Gesellschaften seit langem. Er bezog sich jedoch meist auf kleine Flächen und war fast immer kommunitär eingebunden. Die private Aneignung großer Flächen durch Einzelpersonen für die marktorientierte Produktion hingegen ist erst in den nachkolonialen Jahrzehnten in Gang gekommen. Durchweg sind es Angehörige der politischen Klasse, die von diesem Wandel entsprechend protegiert profitieren.[23] Die sozialen Verwerfungen, die mit diesem Enteignungsprozeß einhergehen, werden auch in Zukunft unmittelbar konfliktiv wirksam sein.

Die Kehrseite des gleichen Prozesses ist die zunehmende Marginalisierung vor allem der städtischen Jugend. Der Integrationsmechanismus des neopatrimonialen Staates – „jobs for the boys" (Sandbrook 1986: 94) – hat spätestens in der verordneten Verschlankung des Staates ihr Ende gefunden. Das entsprechende Wachstum des informellen Sektors ist indes kein wahres funktionales Äquivalent, denn es bedeutet Ungesichertheit der Lebensverhältnisse und das Zurückstellen der Lebensentwürfe, die doch zugleich mehr und mehr an den global verbreiteten Idealen des westlich-kleinbürgerlichen Lebensstils orientiert sind. Die Existenz im informellen Sektor kann keine Sicherheiten bieten, sondern verstetigt die soziale Marginalität, denn sie erlaubt keine stetige eigenständige Existenz, die für das Verlassen des untergeordneten „junior status" nötig wäre (Cruise O'Brien 1996: 69). Daß Rebellion und Krieg aus diesen Milieus genährt werden, ist ein sozialwissenschaftlicher Gemeinplatz und auch an der Wirklichkeit zeitgenössischer Kriege in Afrika vielfach nachgewiesen.[24]

---

23 Vgl. zu diesem Prozeß in Ruanda die Ausführungen bei Molt (1994), zu Kenia die Skizze von Médard (1992), zu den Fällen Mali und Senegal die Fallstudien in Schlichte (1996).

24 Die genaueste und zugleich anschaulichste Darlegung der entsprechenden sozialen Mechanismen findet sich bei Richards (1996) für den Krieg in Sierra Leone. Marchal schildert ähnliches für Somalia (1993) und übergreifend für Eritrea und die DR Kongo (2000); Bazenguissa-Ganga (1999) skizziert entsprechende Phänomene in Kongo-Brazzaville, Ellis (1999) tut dies für den Krieg in Liberia. Martinez (1998) macht das Thema zum Fokus seiner Analyse des Krieges in

Beide großen Prozesse, die Internationalisierung der politischen und wirtschaftlichen Zusammenhänge wie die lokalen sozialen Dynamiken kapitalistischer
Inwertsetzung, bewirken einen Formwandel der Gewalt und verweisen damit auf
Verschiebungen in der Organisation politischer Herrschaft. Was das Kernmerk-
mal moderner Staatlichkeit, das Monopol des legitimen Gewaltgebrauchs, schon
nur in wenigen postkolonialen Staaten wirklich erreicht, so deuten alle gegenwärtigen Prozesse auf eine weitere Delegation staatlicher Funktionen hin. Dies betrifft nicht nur Fragen der Verwaltung als dem Alltagsfall von Herrschaft, oder
das Bildungs- und Gesundheitswesen. Selbst die staatlichen Sicherheitsagenturen
sind von diesen Auflösungsprozessen betroffen: In fast allen zeitgenössischen
Kriegen sind Teile der Herausforderer ehemalige Angehörige von Polizei und
Armee. Staatliche Gewaltakteure verselbständigen sich lokal und bilden Milizen
heran, während gleichzeitig internationale Sicherheitsdienstleister in den Kriegen
Afrikas eine neue Konjunktur erleben und die ländliche Bevölkerung eigene,
kommunitäre Formen der Organisation von Sicherheit entwickelt.

Auf dieser Gleichzeitigkeit der Fragmentierung, Kommerzialisierung und
Kommunalisierung von Gewalt beruht der Eindruck einer wachsenden Anomie
der politischen Ordnung Afrikas. Doch diese Veränderungen müssen nicht das
Ende des Staates in Afrika bedeuten. Zum einen stellt kein Kriegsakteur in Afrika
das Organisationsprinzip des Staates in Frage. Viele ehemalige Kriegsgebiete erleben faktisch eine Renaissance staatlicher Organisation, wie die Beispiele Uganda und Ruanda zeigen. Außerdem ist eine Veränderung der territorialstaatlichen
Gliederung wenig wahrscheinlich. Dazu ist der Nationalismus schon zu stark, die
Grenzen zu alt. Auch müssen die Informalisierung der Herrschaft und die Dele-
gierung staatlicher Funktionen nicht unbedingt einen dauerhaften Machtverlust
des Staates bedeuten. Sie lassen sich auch interpretieren als Teil der Formation
des Staates, die sich, durchbrochen von Konjunkturen der Gewalt und der Anomi-
sierung, als institutioneller Wandel in der *longue durée* ereignet (vgl. Hibou
1999).

Der Prozeß der Einbeziehung und Durchdringung afrikanischer Gesellschaften in und durch die Wirkungszusammenhänge kapitalistischer Vergesellschaftung dauert folglich an. Er ändert gegenwärtig, wie in den unterschiedlichen Phasen des Kolonialismus, erneut sein Gesicht. Unverändert ist lediglich die Präsenz
der Gewalt in den politischen und ökonomischen Dynamiken, die mit dem Vordringen kapitalistischer Vergesellschaftungsformen einher gehen. Die politischen
Formen, die aus diesen Prozessen hervorgehen, werden mutmaßlich nicht in einer

---

Algerien. Fast alle soziologischen Analysen zeitgenössischer Kriege in Afrika betonen die Rolle
des städtischen „Lumpenproletariats" als Rekrutierungsmasse für bewaffnete Gruppen.

Annäherung an das westliche Staatsideal bestehen. Wahrscheinlicher sind neue Figurationen politischer Herrschaft, in denen sich Macht und Herrschaft weiter internationalisieren. Politische Gewalt wird darin auf absehbare Zeit ihren Platz behalten.

Literatur

Abun-Nasr, Jamil 1989: Afrika: Ein Überblick, in: W. Ende /U. Steinbach (Hrsg.): Der Islam in der Gegenwart, München, 384-399.

Albertini, Rudolf 1987: Europäische Kolonialherrschaft, 1880-1940, Wiesbaden

Amselle, Jean-Loup / M'bokolo, Elikia (Hrsg.) 1985: Au cœur de l'ethnie. Ethnies, tribalisme et Etat en Afrique, Paris.

Ansprenger, Franz 1981: Afrika: Befreiungsbewegungen und Behauptungsversuche weißer Herrschaft, in: Benz/Graml (Hrsg.), 334-389.

Ansprenger, Franz 1992: Politische Geschichte Afrikas im 20. Jahrhundert, München

Ansprenger, Franz 1994: Aufruhr auf dem afrikanischen Kontinent, in: Europa Archiv, 49. Jg., 571-94 .

Aquarone, Marie-Christine 1987: Ces frontières du refus: six separatismes africaines, Paris.

Badie, Bertrand 1992: L'Etat importé, Paris

Badie, Bertrand 1996 : La fin des territoires, Paris

Balandier, Georges 1982: Sociologie actuelle de l'Afrique noire, 4. Aufl., (zuerst 1955), Paris

Bayart, Jean-François 1989: L'Etat en Afrique. La politique du ventre, Paris

Bayart, Jean-François / Ellis, Stephen / Hibou, Béatrice 1997: La criminalisation de l Êtat en Afrique, Brüssel

Bazenguessa-Ganga, Rémy 1999: The Spread of Political Violence in Congo-Brazzaville, in: African Affairs, 98. Jg., Nr. 390, 37-54.

Benz, Hermann (Hrsg.) 1965: Messianische Kirchen, Sekten und Bewegungen im heutigen Afrika, Leiden

Benz, Wolfgang / Graml, Hermann (Hrsg.) 1981: Probleme zwischen den Machtblöcken. Das zwanzigste Jahrhundert III, Fischer Weltgeschichte Bd. 36, Frankfurt a.M.

Berman, Bruce / Lonsdale, John 1992: Unhappy Valley. Conflict in Kenya and Africa, London: James Currey.

Bertaux, Pierre 1966: Afrika. Von der Vorgeschichte bis zu den Staaten der Gegenwart, Fischer Weltgeschichte Bd. 32, Frankfurt/M.: Fischer.

Bienen, Henry 1993: Leaders, Violence and the Absence of Change in Africa, in: Political Science Quarterly, Nr. 108, 271-287

Bley, Helmut 1995: Gewaltverhältnisse in den Siedlergemeinschaften des südlichen Afrika, in: Tetzlaff u.a. (Hrsg.), Afrika zwischen Dekolonisation, Staatsversagen und Demokratisierung, Hamburg, 89-113.

Bourdieu, Pierre 1985: Sociologie de l'Algérie, Paris

Chabal, Patrick (Hrsg.) 1986: Political Domination in Africa. Reflections on the Limits of Power, Cambridge

Clapham, Christopher 1988: Transformation and Continuity in Revolutionary Ethiopia, Cambridge

Clapham, Christopher 1996: Africa and the International System. The Politics of State Survival, Cambridge

Clapham, Christopher (Hrsg.) 1998. African Guerillas, Oxford

Cruise O'Brien, Donal B. 1986: Wails and Whispers: the people's voice in West African Muslim politics, in: Chabal, Patrick (Hrsg.), Political Domination in Africa. Reflections on the Limits of Power, Cambridge, 71-83.

Cruise O'Brien, Donal 1996: A lost generation? Youth Identity and state decay in West Africa, in: Webner, Richard / Ranger Terence O. (Hrsg.) Postcolonial Identities in Africa, London, 55-74.

Diessenbacher, Helmut 1995: Völkermord in Ruanda? Wie Bevölkerungswachstum und knappes Land die Massaker und den Völkermord begünstigt haben, in: Leviathan, 23. Jg., Nr. 2, 165-196.

Elias, Norbert 1983: Die höfische Gesellschaft, Frankfurt a.M.

Ellis, Stephen 1999: The Mask of Anarchy. The destruction of Liberia and the religious dimension of an African civil war, London

Elsenhans, Hartmut 1974: Frankreichs Algerienkrieg 1954-1962. Entkolonisierungsversuch einer kapitalistischen Metropole. Zum Zusammenbruch der Kolonialreiche, München

Elwert, Georg 1997: Gewaltmärkte. Beobachtungen zur Zweckrationalität der Gewalt, in: Trotha (Hg.) Soziologie der Gewalt, 86-101.

Furley, Oliver 1995: Africa: The habit of conflict in: Ders. (Hrsg.): Conflict in Africa, London-New York, 1-18.

Gann, L.H. / Duignan, Peter 1979: The Rulers of Belgian Africa, 1884 – 1914, Princeton: Princeton UP

Geffray, Christian 1990: La cause des armes au Mozambique: anthropologie d'une guerre civile, Paris : Karthala

Geschiere, Peter 1994: Parenté et argent dans une société lignarère, in: J.-F. Bayart (Hrsg.): La reinvention du capitalisme. Les trajectoires du politique 1, Paris, 87-113.

Hobsbawm, Eric / Ranger Terence O. 1986 : The Invention of Tradition, Cambridge

Hibou, Béatrice (Hrsg.): La privatisation des Etats, Paris

Hourani, Albert 1991 : Die Geschichte der arabischen Völker, Frankfurt a.M.

Iliffe, John 1997: Geschichte Afrikas, (zuerst Cambridge 1995), München

Iyob, Ruth 2000: The Ethiopian-Eritrean conflict: diasporic vs. hegemonic states in the Horn of Africa, 1991-2000, in: Journal of Modern African Studies, 38. Jg., Nr. 4, 659-682.

Joseph, Richard 1977: Radical Nationalism in Cameroun. Social Origins of the UPC-Rebellion, Oxford

Kanya-Forstner, Alexander 1994: The Sokoto Caliphate and the European powers, 1890-1907, Stuttgart

Kagabo, José / Vidal, Claudine 1994: L'extermination des Rwandais tutsi, in: Cahiers d'études africaines, Nr. 136, 34. Jg., 537-547.

Kaplan, Robert 1994: The Coming Anarchy, in: Atlantic Monthly, Februar 1994, 34-36.

Ki-Zerbo, Joseph 1984: Die Geschichte Schawarz-Afrikas, Frankfurt a.M.

Körner, Peter 1990: Angola: Krieg seit drei Jahrzehnten, Arbeitspapier Nr. 44, Universität Hamburg, Forschungsstelle Kriege, Rüstung und Entwicklung.

Lemarchand René 1994: Managing Transition Anarchies: Rwanda, Burundi and South Africa in Comparative, Perspective, in: The Journal of Modern African Studies, 32 Jg., Nr. 4, 581-604

Lemarchand, René 1999: Genocidal civil wars and the construction of mythico-histories: the view form the Grate Lakes region of Africa, in: Hans Peter Hahn / Gred Spittler (Hrsg.), Afrika und die Globalisierung, Hamburg-Münster, 415-424.

Liebenow, J. Gus 1969: Liberia: The Evolution of Privilege, Ithaka.

Loth, Heinrich 1987: Vom Schlangenkult zur Christuskirche. Religion und Messianismus in Afrika, Frankfurt/M.

Mamdani, Mahmood 1996: Citizen and Subject. Contemporary Africa and the legacy of late colonialism, Princeton

Marchal, Roland 1993: Les Mooryans de Mogadiscio. Formes de la violence dans un espace urbain en guerre, in: Cahiers d'études africaines, 32. Jg., Nr. 130, 295-320.

Marchal, Roland / Messiant, Christine 1997: Les chemins de la guerre et de la paix. Fins de conflit en Afrique orientale et australe, Paris

Marseille, Jacques 1984: Empire coloniale et capitaisme français: Histoire d'une divorce, Paris.

Martinez, Luis 1998: La guerre civile en Algérie, Paris

Marx, Christoph 1999: Zimbabwe: Von der Siedlerherrschaft zum Nationalstaat, in: Reinhard (Hrsg.) 273-302.

Marx, Karl 1972 : Das Kapital, Band 1., in: Marx-Engels-Werke, Bd. 23, Berlin-Ost.

Mbembe, Achille 2000: De la postcolonie. Essai sur l'imagination politique dans l'Afrique contemporaine, Paris

Médard, Jean-François 1991 (Hrsg.): Etats d'Afrique noire. Formations, mécanismes et crise, Paris

Médard, Jean-François 1992: Le „Big Man" en Afrique: Esquisse d'analyse du politicien entrepreneur, in: Année sociologique 1992, 167-192.

Messiant, Christine 1997: Angola, entre guerre et paix, in: Marchal/Messiant, 157-208.

Middleton, John 1971: Some effects of colonial Rule among the Lugbara, in: Turner, Victor (Hrsg.): Colonial Rule in Africa, 1870-1960, Vol. 3, Profiles of Change: African societies and colonial rule, Cambridge

Migdal, Joel S. 1988: Strong Societies and Weak States. State-Society Relations and State Capabilities in the Third World, Princeton.

Molt, Peter 1994: Zerfall von Staat und Gesellschaft in Ruanda, in: KAS-Auslandsinformationen, 10. Jg., Heft 5, 3-38.

Müller, Marion G. 1991: Tschad, in: Siegelberg, Jens (Hrsg.): Die Kriege 1985 bis 1990. Analyse ihrer Ursachen, Münster-Hamburg, 72-86.

Ndarishikanye, Barnabé 1998: Les rapports Etat-paysannerie au centre du conflit ethnique au Burundi, in: Cahiers d'etudes africaines, 38. Jg, Nr. 2-4, 347-384.

Pakenham, Thomas 1992: The Scramble for Africa. White Man's Conquest of the Dark Continent From 1876-1912, New York

Prunier, Gérard 1998: The Rwanda Crisis, (zuerst Paris 1996), erw. Fass., London

Prunier, Gérard 1999: L'Ouganda et les guerres congolaises, in: Politique africaine, n° 75, 43-59.

Przeworski, Adam 1993: Democracy and the Market. Political and economic reforms in Eastern Europe and Latin America, Cambridge

Ranger, Terence O. 1985: Peasant Consciousness and Guerilla War in Zimbabwe, London

Reinhard, Wolfgang 1990: Dritte Welt, Afrika. Geschichte der Europäischen Expansion, Bd. 4, Stuttgart u.a.

Reinhard, Wolfgang (Hrsg.) 1999: Verstaatlichung der Welt? Europäische Staatsmodelle und außereuropäische Machtprozesse, München

Richards, Paul 1996: Fighting for the Rain Forest. War, youth and resources in Sierra Leone, London

Roitman, Janet 1999: Le pouvoir n'est pas souverain. Nouvelles autorités régulatrices et transformations des Etats dans le Bassin du Lac Tchad, in: Hibou, Béatrice (Hrsg.): La privatisation des Etats, Paris, 163-196.

Ruf, Werner 1993: Der Maghreb im Überblick, in: Nohlen, Dieter / Nuscheler, Franz (Hrsg.): Handbuch der Dritten Welt, Bd. 6, Nordafrika und Naher Osten, Bonn, 86-110.

Sandbrook, Richard 1986: The Politics of Africa's Economic Stagnation, Cambridge

Schlichte, Klaus 1996: Vergesellschaftung und Krieg in Afrika. Ein Beitrag zur Theorie des Krieges, Reihe Kriege und militante Konflikte Bd. 7, Münster-Hamburg

Schlichte, Klaus 1998a: Struktur und Prozeß: Zur Erklärung bewaffneter Konflikte im nachkolonialen Afrika südlich der Sahara, in: Politische Vierteljahresschrift, 39. Jg., Heft 2, 261-281.

Schlichte, Klaus 1998b: La Françafrique: Postkolonialer Habitus und Klientelismus in der französischen Afrikapolitik, in: Zeitschrift für Internationale Beziehungen, 5. Jg., Heft 2, 309-343.

Shearer, David 1999: Africa's Great War, in: Survival, 41. Jg, Nr. 2, 86-106.

Siegelberg, Jens (Red.) 1991: Die Kriege 1985 bis 1990. Analyse ihrer Ursachen, Münster u. Hamburg.

Simmel, Georg 1992: Philosophie des Geldes, Frankfurt a.M.

Singer, Max /Wildavsky, Aaron 1993: Zones of peace, zones of turmoil, Chatham, NJ.

Spittler, Gerd 1978: Herrschaft über Bauern. Die Ausbreitung staatlicher Herrschaft und die einer islamisch-urbanen Kultur in Gobir, Niger, Frankfurt a.M.

Spittler, Gerd 1981: Verwaltung in einem afrikanischen Bauernstaat. Das koloniale Französisch-Westafrika 1919-1939, Wiesbaden

Suret-Canale, Jean 1966: Schwarzafrika. Geographie, Bevölkerung, Geschichte West- und Zentralafrikas, (zuest Paris 1961), Berlin (Ost)

Tetzlaff, Rainer 1993: Staatswerdung im Sudan. Ein Bürgerkriegsstaat zwischen Demokratie, ethnischen Konflikten und Islamisierung, Reihe Demokratie und Entwicklung, Bd. 9, Münster u. Hamburg.

Tetzlaff, Rainer u.a. (Hrsg.) 1995: Afrika zwischen Dekolonisation, Staatsversagen und Demokratisierung, Hamburg: Institut für Afrika-Kunde.

Trotha, Trutz von 1994: Koloniale Herrschaft. Zur soziologischen Theorie der Staatsentstehung am Beispiel des „Schutzgebietes Togo, Tübingen

Weber, Max 1985: Wirtschaft und Gesellschaft. Grundriß der verstehenden Soziologie, 5. Aufl., (zuerst 1922), Tübingen

Wirz, Albert 1999: Körper, Kopf und Bauch. Zum Problem des kolonialen Staates im subsaharischen Afrika, in: Reinhard (Hrsg.), 253-272..

World Bank 1989: Sub-Saharan Africa. From Crisis to Sustainable Growth. A Long-Term-Perspective Study, Washington DC..

Kriege in Asien

1. Einleitung: Zwischen Wirtschaftswunder und Bürgerkrieg

Nicht die Wachstumszahlen kriegerischer Konflikte, sondern die des Bruttoin-
landsprodukts asiatischer Staaten dominierten lange Zeit die Schlagzeilen der
Weltpresse. Einige Staaten in Ost- und Südostasien galten sogar als Modellstaaten
wirtschaftlicher und gesellschaftlicher Entwicklung. Mit dem wirtschaftlichen
Aufschwung asiatischer Staaten ging auch ein gestärktes nationales und regionales
Selbstbewußtsein einher. Dieses zeigte sich z.b. in dem chinesischen Bestseller
„China kann nein sagen"[1] oder im Insistieren der Regierungen Chinas, Malaysias,
Singapurs und Indonesiens auf „kulturelle Selbständigkeit gegenüber dem We-
sten". Letzterer ein Standpunkt, der unter dem Stichwort „asiatische Werte" zum
festen Bestandteil der internationalen Debatte um individuelle Menschenrechte
und politische Freiheiten geworden ist.

Auch Annäherungsbemühungen Australiens und Neuseelands an die ASEAN-
Staaten konnten als Ausdruck eines durch die ökonomische Entwicklung induzierten neuen Kräfteverhältnisses zwischen Asien, den USA und Europa gewertet
werden. Der ökonomische Erfolg asiatischer Staaten hatte ohne Zweifel auch deren politisches Gewicht im internationalen System erhöht. Die Zeiten, in denen
Asien der Weltöffentlichkeit als Kriegsregion und mit den Kriegen in Korea und
Vietnam als militantem Austragungsort des Ost-West-Konflikts ins Bewußtsein
drang, gehörten Mitte der 1990er Jahre der Vergangenheit an.

Im Juli 1997 begann jedoch mit der rapiden Abwertung des thailändischen
Bath eine Wirtschaftskrise, deren Auswirkungen die meisten Staaten Ost- und
Südostasiens erfaßte. Bis heute haben sich einige Volkswirtschaften der Region
nicht von diesem Schlag erholt und das „asiatische Wirtschaftswunder" hat erste
Anzeichen der Schwäche gezeigt. Am härtesten traf die Krise zunächst Südostasi-
en. In Indonesien führte sie im Mai 1998 sogar zum Rücktritt von Präsident Suharto, der das Land über 30 Jahre lang patriarchalisch-diktatorisch beherrscht
hatte. Im Zuge der mit seinem Rücktritt verbundenen politischen Verwerfungen
wurde Indonesien im Jahre 1999 von einer Serie bewaffneter Konflikte und ge-

---

1 Dieses extrem nationalistische Buch wurde von einem Professor und vier Journalisten in nur
drei Wochen verfaßt und trägt Kapitelüberschriften wie: „Burn down Hollywood", „The Blue
Sky Must Die, the Yellow Sky Must Rule" und „Don't Fear Declaring, Prepare for War" (zit.
nach Far Eastern Economic Review, October 3, 1996, S.24).

waltsamer Auseinandersetzungen überzogen. Mit dem erneuten Aufflammen des Konfliktes in Aceh, den christlich-muslimischen Unruhen auf Ambon, den gegen javanesische Einwanderer gerichteten Massakern in Kalimatan und den heftigen Kämpfen zwischen pro-indonesischen Milizen und Unabhängigkeitskämpfern auf Ost-Timor wurden einige der schon fast vergessen geglaubten Konfliktherde Indonesiens erneut zum Schauplatz gewaltsamer Auseinandersetzungen. Im Zuge der regionalen Wirtschaftskrise glitt das klientelistisch strukturierte politische System Indonesiens in eine Situation des staatlichen Kontrollverlustes, aus der Ost-Timor schließlich mit internationaler Unterstützung als unabhängiger Staat hervor ging.

Gleichzeitig gelang es aber auch, einen anderen Krisenherd Südostasiens zu befrieden. Im April 1998, nach dem Tod ihres Führers Pol Pot, signalisierten die Roten Khmer ihre Bereitschaft, sich in das politische Nachkriegssystem in Kambodscha zu integrieren. Nach anfänglichem Zögern waren Thailand, Singapore und die Philippinen bereit, im Dezember 1998 Kambodscha in den regionalen Staatenverbund ASEAN aufzunehmen (Koh 1999: 129). Seit April 1999, sind alle drei vormaligen kommunistischen Staaten – Kambodscha, Laos (1997) und Vietnam (1995) – Mitglieder derjenigen Organisation, die im Jahre 1967 unter dem Eindruck des Vietnamkrieges von einer als relativ passiv erscheinenden Allianz anti-kommunistischer Staaten gegründet worden war. Hinsichtlich der regionalen Konflikte in Indochina kann ASEAN mittlerweile auf eine vermittelnde und stabilisierende Rolle verweisen. Die einzig wirklich verbliebene Quelle zwischenstaatlicher Konflikte scheint der territoriale Streit um die Spratley Inseln im Südchinesischen Meer zu sein, in den die ASEAN Mitglieder Vietnam, Malaysia, Brunei und die Philippinen sowie die Volksrepublik China und Taiwan verwickelt sind (vgl. Godement 1997: 204).

Die Ergebnisse der Kriegsvorkommensforschung zeigen jedoch, daß Asien, jenseits wirtschaftlichen Euphorie und Erfolge regionaler Integration, bis heute ein „Kriegskontinent" geblieben ist. Nicht nur die prekäre Lage in Indonesien, sondern vor allem auch der konfliktive Staatenbildungsprozeß auf dem indischen Subkontinent halten dieses Image eines Kriegskontinents am Leben. Die statistischen Erhebungen der AKUF weisen für das Jahr 2001 zehn Kriege auf, von denen alleine sieben in Südasien stattfanden. Daß Wirtschaftswachstum und Bürgerkrieg auch schon in den 1990er Jahren zwei Signaturen eines Kontinents waren, darauf verweisen z.B. auch die Ergebnisse der an der Universität Uppsala (Schweden) betriebenen Kriegsvorkommensforschung, welche im Jahre 1994 die höchste Zahl an bewaffneten Konflikten neben Afrika in Asien auswiesen (Wallensteen/Sollenberg 1995: 346). Grund genug, sich mit dem Kriegsgeschehen in Asien etwas eingehender auseinanderzusetzen.

Das vorliegende Kapitel erhebt aber nicht den Anspruch, diese eingehendere Untersuchung schon zu leisten. Es hat sich vielmehr zum Ziel gesetzt, aus der theoretischen Perspektive des Hamburger Ansatzes einen analytisch angeleiteten Überblick über das Kriegsgeschehen in Asien seit 1945 vorzulegen und dabei die Frage nach regionalspezifischen Entwicklungen und Besonderheiten dieser Kriege zu stellen. Das Kapitel beginnt mit einer kurzen Übersicht zum Kriegsgeschehen in Asien, die mit statistischem Zahlenmaterial unterfüttert ist. Entsprechend der historisch-genetischen Ausrichtung des Hamburger Ansatzes steht dann vor den Einzeldarstellungen der Kriege seit 1945 eine kurze Beschreibung des historisch-strukturellen Hintergrundes, ohne den das Kriegsgeschehen nicht zu erklären ist. Das Kapitel schließt nach den Einzeldarstellungen mit einer kurzen Diskussion der regionalspezifischen Befunde im Lichte der allgemeinen Entwicklungen des Weltkriegsgeschehens und der theoretischen Annahmen des Hamburger Ansatzes. Es sei den Präferenzen des Lesers anheimgestellt, ob er bei der Lektüre des Textes dieser Gliederung folgen will oder nicht.

Um die Lesbarkeit des Textes nicht unnötig zu beeinträchtigen, wurde vor allem bei den Einzeldarstellungen zum Kriegsgeschehen auf eine intensive Zitierweise verzichtet. Die in ihnen verwendeten Daten entstammen in der Regel der Kriegedatenbank, die die AKUF in den vergangenen Jahren aufgebaut hat.[2] Daher wird nur bei externem Datenmaterial oder Zitaten aus der verwendeten Sekundärliteratur auf die entsprechende Quelle verwiesen. Weitere Literaturhinweise zum Kriegsgeschehen in Asien können der Literaturliste entnommen werden, die aber keineswegs den Anspruch auf Vollständigkeit erhebt.

2. Das regionale Kriegsgeschehen in Zahlen

Im Jahre 2001 wurden in Asien zehn Kriege und sieben bewaffnete Konflikte registriert.[3] Die Gesamtzahl der seit 1945 dort geführten Kriege liegt bei 61, was einem Anteil von 28 Prozent am Weltkriegsgeschehen entspricht.[4] Mit Indien (16

---

2   Für die Kriege von 1945 bis 1992 sind diese Daten in Gantzel/Schwinghammer (1995; 2000) publiziert, weiteres Datenmaterial der AKUF kann der von Siegelberg (1991) herausgegebenen Monographie, der AKUF homepage (www.akuf.de) und den jährlich erscheinenden Dokumentationen zum Kriegsgeschehen entnommen werden (z.B. Schreiber 2002).

3   Kriege: Indien (Assam, Bodos, Kaschmir, Naxaliten, Tripura), Indonesien (Aceh), Nepal, Sri Lanka (Tamilkonflikt), Philippinen (Mindanao, NPA). Bewaffnete Konflikte: Indien (Nagas und Indien/Pakistan), Indonesien (Irian Jaya), Myanmar (Birma), Pakistan (Sind und „Religionskonflikt"), Salomonen.

4   Die Kriege in Klein- und Zentralasien werden unter der Region Naher und Mittlerer Osten abgehandelt.

Kriegsbeteiligungen) und China (10 Kriegsbeteiligungen) stehen die beiden be-
völkerungsreichsten Staaten der Welt auf Platz zwei und fünf einer Rangliste der
Häufigkeiten von Kriegsbeteiligungen zwischen 1945 und 1992. Wie in anderen
Kontinenten sind auch in Asien die beiden allgemeinen Trends – Zunahme der
Anzahl von geführten Kriegen pro Jahr und die dabei anteilsmäßig wachsende
Anzahl innerstaatlicher Kriege – zu registrieren. Von den 61 Kriegen, die seit dem
Ende des Zweiten Weltkrieges in Asien geführt wurden, hatten 39 innerstaatlichen
und 16 zwischenstaatlichen Charakter, sechs Kriege enthielten sowohl zwischen-
als auch innerstaatliche Komponenten. Noch deutlicher wird der Trend hin zu innerstaatlichen Kriegen anhand der Daten für die 1980-90er Jahre. Von den insgesamt 17 Kriegen, die in diesem Zeitraum in Asien begannen, waren 14 innerstaatliche und nur drei zwischenstaatliche Kriege. Besonders hoch ist in Asien die Zahl
der Kriege, die sich über einen Zeitraum von mehr als zehn Jahren erstrecken. Mit
14 Kriegen wird Asien in dieser Gruppe mit einem Anteil von 35 Prozent geführt.

Ausdehnung, gesellschaftliche Komplexität und Unterschiede im Gang der
historischen Entwicklung des asiatischen Kontinents machen es erforderlich, ihn
in Subregionen zu untergliedern. Eine erste Differenzierung wäre die zwischen
Ostasien einerseits und Süd- und Südostasien (SSOA) andererseits. Ostasien umfaßt hierbei die Staaten Mongolei, VR China, Japan, Taiwan, Nord- und Südkorea, die ostasiatischen Gebiete der ehemaligen UdSSR sowie Hongkong und Ma-
cau. Süd- und Südostasien beginnt im Westen mit Pakistan und endet im Osten
mit den Philippinen. Ferner werden dieser Subregion noch die Staaten Ozeaniens
sowie Australien und Neuseeland zugeschlagen. Diese Zweiteilung des Kontinents läßt eine deutliche Differenz hinsichtlich der Kriegshäufigkeit erkennen.
Von den 61 Kriegen in Asien wurden 54, darunter auch die 14 Kriege mit einer
Dauer von mehr als zehn Jahren, in SSOA, jedoch nur sieben in Ostasien ausgetragen. Alle zehn Kriege des Jahres 2001 wurden in Staaten der Region SSOA geführt, Ostasien ist seit Ende der 1950er Jahre kriegsfrei. Damit steht die Kriegsentwicklung in Ostasien dem allgemeinen Trend eines kontinuierlichen Anstiegs
der Kriegshäufigkeit entgegen, während die Kriegsentwicklung in SSOA diesem
allgemeinen Trend seit 1945 folgt.

Für die weitere Analyse des regionalen Kriegsgeschehens erscheint es somit
sinnvoll, auch die Region SSOA noch weiter zu untergliedern. Entgegen einer unserer früheren Publikationen (vgl. Gantzel/Schwinghammer 1995: 95) folgt diese
Gliederung hier einer Dreiteilung in: Südasien, Südostasien und Ozeanien. Südasien umfaßt die Staaten Pakistan, Indien, Nepal, Bhutan, Bangladesch, Birma,
Sri Lanka und die Malediven. Die Region Südostasien setzt sich in dieser Untergliederung aus Thailand, Laos, Kambodscha, Vietnam, Philippinen, Malaysia,
Singapur, Brunei, Indonesien und Papua Neuguinea zusammen. Eine dritte Sub-

region bilden schließlich die polynesischen Inselstaaten gemeinsam mit Australien und Neuseeland. Das Kriegsgeschehen in SSOA konzentriert sich dabei auf zwei der drei Subregionen. Während in Ozeanien seit 1945 nur ein einziger Krieg (Salomonen 1999-2000) geführt wurde, kam es in Südasien 27 mal und in Südostasien 26 mal zum gewaltsamen Konfliktaustrag.

Wie bereits erwähnt, konzentriert sich das Kriegsgeschehen in Ostasien in den fünfziger Jahren des 20. Jahrhunderts, wobei sich außer dem Koreakrieg (1950-53) alle Kriege auf chinesischem Territorium abspielten. Der 1911 mit dem Sturz der Qing-Dynastie eingeleitete und im Chinesischen Bürgerkrieg (1946-50) fortgesetzte Prozeß des bewaffneten Austrags der Konflikte um die innerstaatliche und territoriale Konsolidierung der Republik China kam erst im März 1959 zum Stillstand. Bis zu diesem Zeitpunkt führte die Volksrepublik (VR) China darüber hinaus drei Kriege gegen das sich autonom erklärende Taiwan sowie zwei Kriege um die Einverleibung Tibets in das chinesische Staatsgebiet. Als regionale Großmacht war die VR China ferner mit Indien 1962 und Vietnam (1979-88) in zwei zwischenstaatliche Kriege verwickelt, die aber statistisch unter Süd- bzw. Südostasien geführt werden.

In Südostasien gruppiert sich ein Großteil der Kriege um zwei regionale Konfliktschwerpunkte: Indochina und Indonesien. Durch ihre Einbeziehung in die Ost-West-Konfrontation haben besonders die Konflikte in Indochina eine massive Aufladung ihres Gewaltpotentials erfahren. Von den insgesamt 26 südostasiatischen Kriegen wurden 21 in Zusammenhang mit der Dekolonisation und dem auf sie folgenden Staatenbildungsprozeß in Indochina und Indonesien geführt.

Mit 12 Kriegen seit 1945 bildet Indochina das Zentrum kriegerischer Auseinandersetzungen in Südostasien. Doch nicht nur die hohe Zahl von Kriegen, sondern auch das Ausmaß ihrer Internationalisierung im Zuge des „Kalten Krieges" ist ein Charakteristikum des Kriegsgeschehens in Indochina. Nach dem Zweiten Weltkrieg beginnt die Kriegsgeschichte Indochinas mit dem Ersten Indochinakrieg (1946-54) und der mit ihm verbundenen Loslösung der Völker Vietnams, Kambodschas und Laos' von der französischen Kolonialherrschaft. Der Versuch Frankreichs, nach dem Abzug der japanischen Truppen die 1940 verlorene koloniale Herrschaft wiederherzustellen, scheiterte, und am Ende der Genfer Indochina-Konferenz 1954 stand der Abzug der französischen Truppen sowie die formale Unabhängigkeit der Staaten Vietnam, Laos und Kambodscha. Die regionale Staatenbildung wurde aber von Anfang an vom innergesellschaftlichen Konflikt zwischen kommunistischen, sozialrevolutionären Kräften und bürgerlich-royalistischen Gruppierungen begleitet. In seiner Verknüpfung mit regionalen Machtrivalitäten und dem Ost-West-Konflikt bildete dieser Konflikt um die innere Konsolidierung staatlicher Herrschaft den eigentlichen Motor des regionalen Kriegsgeschehens.

Neben dem Ersten Indochinakrieg und dem von 1957 bis 1975 andauernden Vietnamkrieg (Zweiter Indochinakrieg), liegt auch den fünf Kriegen in Laos sowie fünf weiteren Kriegen in der Region die obengenannten Konfliktkonstellation zugrunde. Die Dauer und Intensität der vier innerstaatlichen Kriege in Laos, deren Kriegsparteien sich aus sozialrevolutionär und ethnisch mobilisierten Gruppierungen zusammensetzten, ist nur durch die Verknüpfung mit regionalen und internationalen Konflikten zu erklären. Ferner liegt es nahe, daß die im Zuge der Entwicklungen in Indochina erfolgte Stationierung vietnamesischer Truppen in Laos auch dazu beitrug, daß der laotisch-thailändische Grenzkonflikt (1987-88) in einen zwischenstaatlichen Krieg eskalierte. Der vietnamesisch-US-amerikanische Gegensatz schlug sich sowohl im ersten Kambodschakrieg (1968-75) als auch im innerstaatlichen Krieg der in der FULRO[5] zusammengeschlossenen Bergstämme Nordvietnams gegen die kommunistische Regierung Vietnams (1964-92) nieder. Waren es bis in die siebziger Jahre des letzten Jahrhunderts die ehemalige Kolonialmacht Frankreich und die Supermacht USA, die als Hegemonialmächte das regionale Kriegsgeschehen beeinflußten, wurden diese sukzessive von der VR China und Vietnam abgelöst. Die Rivalität dieser beiden Regionalmächte und der hinter ihr stehende chinesisch-sowjetische Konflikt trug dann zur Internationalisierung des von 1975 bis 1998 dauernden zweiten kambodschanischen Krieges bei (Dritter Indochinakrieg) und mündete mit dem Angriff der VR China auf Vietnam, dem sogenannten „Erziehungsfeldzug" (1979-88), in einem zwischenstaatlichen Krieg (vgl. Hood / Armonk 1992).

Der zweite Schwerpunkt des Kriegsgeschehens in Südostasien resultiert aus dem konfliktiven Staatsbildungsprozeß Indonesiens, den bisher neun kriegerisch ausgetragene Konflikte begleiteten. Der indonesische Staatsbildungsprozeß begann mit einem klassischen, um staatliche Unabhängigkeit geführten Dekolonisationskrieg gegen Holland (1946-49). Die Aneignung weiterer ehemaliger holländischer und portugiesischer Kolonialgebiete durch den indonesischen Staat bildet den Hintergrund für die Kriege um West-Papua (1962 und 1965-93) sowie Ost-Timor (1975-94). Im Zuge der innerstaatlichen Konsolidierung Indonesiens kam es zu vier weiteren Kriegen: dem Sezessionskrieg um die Südmolukken (1950), dem Bürgerkrieg von 1958-61 sowie den zwei bewaffneten Auseinandersetzungen in der Provinz Aceh (1990-93, seit 1999), welche an der Nordspitze von Sumatra liegt. Darüber hinaus kann auch die Konfrontation zwischen Indonesien und Malaysia (1963-66) in Zusammenhang mit der regionalen Dekolonisierung gesehen

---

5   Abkürzung für: „Force unifiée pour la libération des races opprimées".

werden. In dieser intervenierte die indonesische Armee gemeinsam mit heterogen zusammengesetzten Rebellentruppen gegen die Bildung des malayischen Staatenbundes. Der Antiregime-Krieg in Brunei 1962 steht ebenfalls im Kontext der Bildung des neuen Staates Malaysia unter britischer Ägide.

Außer Indonesien und Indochina weisen auch die Philippinen eine relative Häufung kriegerischer Konflikte auf. In dem Inselstaat kam es bisher zu drei innerstaatlichen Kriegen, die mit wechselnder Intensität über einen langen Zeitraum hinweg ausgetragen wurden. Die Kriege auf der Insel Luzon (1946-54), der 1970 begonnene Guerillakrieg der maoistischen New People's Army und der ebenfalls 1970 begonnene Krieg der Moro National Liberation Front auf Mindanao sind im Lichte von sozialen Konflikten um die Partizipationsansprüche großer Bevölkerungsteile zu sehen, die bisher von einer Beteiligung an den Ressourcen staatlicher und ökonomischer Macht ausgeschlossen blieben.

Von den 27 in Südasien ausgetragenen Kriegen können 13 Kriege direkt oder indirekt auf die Teilung des indischen Subkontinents 1947 zurückgeführt werden. Mit der Unabhängigkeit Pakistans und Indiens wurde der kommunalistische Konflikt zwischen der muslimischen und hinduistischen Bevölkerung des Subkontinents in nationalstaatlicher Form institutionalisiert. Entlang der Kaschmirfrage eskalierten die indisch-pakistanischen Gegensätze seit 1945 fünfmal in kriegerische Auseinandersetzungen (1947-49, April-Juli 1965, Sept./Okt. 1965, 1984-89, Kargil 1999-2000). Seit Januar 1990 kämpfen auch innerhalb Kaschmirs unterschiedliche Gruppierungen gegen die indische Regierung. Auch im Unabhängigkeitskrieg von Bangladesch 1971, in den Indien zugunsten der Sezessionisten intervenierte, kam es sowohl in Bangladesch als auch an der indischen Westgrenze zu militärischen Auseinandersetzungen zwischen Indien und Pakistan. Neben dem indisch-pakistanischen und dem Kaschmirkonflikt sind auch die innerstaatlichen Kriege in Pakistan (z.B. Beluschistan 1973-77 und Sind 1986-95) und Indien (z.B. Hyderabad 1948 und der Krieg im Punjab 1982-93) im Kontext von Entwicklungen zu sehen, die mit der Teilung des Subkontinents ihren Ausgang nahmen.

Ein weiterer Konfliktschwerpunkt Südasiens befindet sich im Nordosten des Subkontinents, dem Länderdreieck von Indien, Bangladesch und Birma. Die sich dort aus ethnischer und religiöser Fraktionierung, sozialer und ökonomischer Marginalisierung sowie Autonomiebestrebungen ergebenden Konflikte boten die Grundlage für acht weitere Kriege. Bei sieben von ihnen handelt es sich um innerstaatliche Kriege gegen die indische Zentralregierung (Nagas 1954-64 und 1969-75, Mizos 1966-80, Assam seit 1990, Bodos seit 1997, Naxaliten seit 1997 sowie in Tripura seit 1999). Zwischen 1973 und 1993 kämpfte in derselben Region eine

Guerillaarmee, die sich aus der buddhistischen Bergbevölkerung der Chittagong Hill Tracts rekrutierte, gegen die Regierung in Bangladesch.

Seit 1996 haben auch die beiden Versuche, mittels Waffengewalt die nepalesische Monarchie zu stürzen (1950-51 und 1962), eine Fortsetzung gefunden. Die Auseinandersetzungen zwischen nepalesischen Sicherheitskräften und den maoistisch orientierten Milizen der United People's Front haben im Jahr 1999 die Kriegsschwelle überschritten und nahmen seitdem noch an Heftigkeit zu. In Myanmar (Birma) und Sri Lanka mündeten die innerstaatlichen Konfliktkonstellationen in lang andauernde Bürgerkriege. Mehr als 30 Jahre (1948-98) herrschte in Myanmar Krieg. Ein Krieg, in dessen Verlauf es zeitweise zu einer nahezu vollständigen Auflösung staatlicher Strukturen kam. In Sri Lanka kämpfen seit 1983 Teile der tamilischen Bevölkerung um staatliche Unabhängigkeit vom singhalesisch dominierten Staat. Im Verlauf der Kämpfe, in denen sich die tamilische Guerillatruppen der „Liberation Tigers of Tamil Eelam" (LTTE) und Regierungstruppen gegenüberstehen, eskalierte Ende der 1980er Jahre auch wieder der innersinghalesische Konflikt zwischen der Regierung und der radikalen JVP.[6] Die JVP ist eine extrem singhalesisch-chauvinistische Partei, die jegliche Kompromisse mit der tamilischen Bevölkerung ablehnt und die schon 1971 in bewaffnete Konflikte mit der Regierung verwickelt war.

Neben den Hauptkriegsschauplätzen China, Indochina, Indonesien und dem Indischen Subkontinent, die das Kriegsgeschehen in Asien seit 1945 wesentlich prägen, war und ist der asiatische Kontinent aber auch Schauplatz gewaltsamer Konflikte, die nicht unter die Kriegsdefinition der AKUF fallen. Das Massaker auf dem Platz des Himmlischen Friedens in Peking, bei dem die chinesische Volksarmee 1989 brutal gegen die aufkeimende Demokratiebewegung vorging, die anhaltende Unterdrückung der tibetischen Autonomiebestrebungen und gewaltsame Sinoisierung Tibets durch China sowie die immer wieder aufflammenden gewaltsamen Auseinandersetzungen zwischen paramilitärischen Polizeieinheiten und gewaltbereiten Demonstranten in Korea sind Beispiele dafür, daß das seit mehr als 30 Jahren kriegsfreie Ostasien auch heute noch Schauplatz politischer Gewalt ist. Darüber hinaus bergen auch die Spannungen zwischen den beiden koreanischen Staaten noch immer eine latente Kriegsgefahr. Die Permanenz von Kriegen, bewaffneten Konflikten und politisch motivierter Gewalt zeigt, daß trotz der beachtlichen wirtschaftlichen Erfolge in allen drei Subregionen Asiens die konfliktive Transformation traditionaler Verhältnisse keineswegs abgeschlos-

---

6   Die Abkürzung JVP steht für "Janatha Vimukthi Peramuna", was mit „Volksbefreiungsfront" übersetzt werden kann.

sen ist. Daher wird auch ihr gewaltsamer Austrag im Zuge des regionalen Modernisierungsprozesses nicht notwendigerweise der Vergangenheit angehören.

3. Strukturgeschichtlicher Rahmen

Die grundlegende theoretische Prämisse des Hamburger Ansatzes, daß die Erklärung des Kriegsgeschehens seit 1945 vor dem Hintergrund des globalen Modernisierungsprozesses erfolgen muß, macht einen Exkurs zum strukturgeschichtlichen
Wandel der Gesellschaften Asiens notwendig. Im Mittelpunkt dieses hier nur
fragmentarisch möglichen Exkurses steht die Frage: Auf welche traditionalen
Vergesellschaftungsformen stieß der kolonial induzierte Transformationsprozeß
und welche Strukturbedingungen, die im postkolonialen Kriegsgeschehen zu erkennen sind, wurden durch ihn hervorgerufen?[7]
    Wie schon die vorangegangene Skizze des regionalen Kriegsgeschehens be-
darf auch die Beschreibung der Einbindung Asiens in die Strukturen der Weltgesellschaft einer Untergliederung des Kontinents, der mit Japan einerseits ein Mitglied der G8-Staaten, mit Bangladesch andererseits eines der ärmsten Länder der
Welt umfaßt. Doch nicht nur das Entwicklungsgefälle, sondern auch die unterschiedlichen Verlaufsformen, die der gesellschaftliche Transformationsprozeß in
Asien annahm, machen eine einheitliche Betrachtung der strukturgeschichtlichen
Aspekte unmöglich.

3.1 Ostasien

Ein Charakteristikum Ostasiens ist die relativ geringe direkte koloniale Einflußnahme der europäischen Mächte, die sich im wesentlichen auf die gewaltsame
Öffnung der Region für den Welthandel und den Aufbau eines Netzes von sogenannten Vertragshäfen beschränkte. Seit der Ankunft portugiesischer und holländischer Schiffe im 16. und 17. Jahrhundert, gefolgt von Briten und Franzosen im
19. Jahrhundert wurden von den Kolonialmächten Hafenstädte gegründet bzw.
verwaltet, die durch Privilegien geschützt als Stützpunkte dem europäischen
Fernhandel dienten. Dieses Netz von Hafenstädten, das den asiatischen Kontinent
vom Indischen Ozean bis an die chinesische Küste umspannte, ist auch das einzi-

---

7   Für die strukturgeschichtlichen Entwicklungen in Asien vgl. Barlas (1995), Dirks (2001), Go-
     dement (1997), Kratoska (2001), Kulke/Rothermund (1982), Menzel (1994), Murphy (1997),
     Nohlen/Nuscheler (1994), Pratt (1996), Reid (1993), Tsuzuki (2000), Weggel (1987) und Wyatt
     (1984).

ge kolonialgeschichtliche Merkmal, das alle drei Subregionen Asiens miteinander gemein haben.

Der europäische Kolonialismus trug daher nur in geringem Masse zur Transformation der traditionalen Gesellschaften Ostasiens bei. Die politische Landkarte der modernen Nationalstaaten entspricht so auch im Prinzip dem der traditionalen, patrimonialen Reiche der chinesischen, japanischen und koreanischen Monarchien und ihrer durch Buddhismus und Konfuzianismus geprägten symbolischen Ordnungen. Die entscheidenden Modernisierungsschübe kamen aus der Region selbst. Ihre beschleunigte politische und ökonomische Transformation ist weniger dem europäischen Kolonialismus zu verdanken, sondern eher auf den japanischen Imperialismus (1895-1945) zurückzuführen, der sich während des Zweiten Weltkrieges bis nach Südostasien ausdehnte.

Zentraler Ausgangspunkt der internen Modernisierung des japanischen Kaiserreiches war die um 1868 beginnende Reformphase der Meiji-Restauration, die das Ende der feudalen, sich auf die japanische Kriegeraristokratie stützenden Lehnsherrschaft in Japan markiert. Die schon früher begonnene Aneignung westlichen Wissens wurde nun in einem absolutistisch-bürokratischen Entwicklungsstaat, ab 1889 eine konstitutionelle Monarchie, vorangetrieben. Gleichzeitig verband der japanische Staat seine interne Modernisierung mit einer Politik der regionalen Expansion. Nach dem Chinesisch-Japanischen Krieg 1894 mußte China 1895 Taiwan an Japan abtreten. Die Rivalität um Korea und die Mandschurei führte 1904 zum Russisch-Japanischen Krieg, den das zaristische Rußland verlor. Japan konnte seine Vorherrschaft in Ostasien festigen und etablierte ab 1910 ein koloniales Herrschaftssystem in Korea.

Die ökonomische Inwertsetzung der japanischen Kolonien folgte von Beginn an den imperialen Machtinteressen des japanischen Mutterlandes. Dabei dienten die Kolonien als Nahrungsmittel- und Rohstofflieferanten sowie als Absatzmärkte und Standorte für Auslagerungsindustrien. Der Aufbau einer modernen Infrastruktur und die Industrialisierung von Landwirtschaft und Produktion ergänzten die japanischen Besatzer in politischer Hinsicht mit der Einführung bürokratischer, anstaltsstaatlicher Verwaltungsstrukturen und der Entmachtung traditionaler, meist auf Besitz an Grund und Boden beruhender Eliten. Ferner war der japanische Kolonialismus durch eine teilweise mit brutalen Mitteln forcierte kulturelle „Japanisierung" der autochthonen Bevölkerung gekennzeichnet (Messner 1994: 170).

In China hatte sich die interne Modernisierung zunächst auf die Vertragshafenstädte beschränkt. Im Gegensatz zum japanischen Beispiel mündete aber die gegen Ende des 19. Jahrhunderts eingeleitete Modernisierung von Staat und Armee in China in eine nahezu komplette Fragmentierung der staatlichen Machtmittel. Die von der traditionalen kaiserlichen Dynastie eingeleiteten Reformen hatten deren Herrschaftsanspruch untergraben, die Monopolisierung der Mittel physischer Gewalt sollte sich erst wieder im Kontext der japanischen Besatzungszeit abzeichnen (1937-45). So waren die vom Hof neu aufgestellten Armeeinheiten wesentlich an der Revolution 1911 beteiligt, viele ihrer Kommandeure fanden sich später unter den Warlords wieder, welche nach dem endgültigen Sturz der Qing Dynastie 1912 das Land in einen jahrzehntelangen Bürgerkrieg stürzten. Im Zuge dieser permanenten kriegerischen Auseinandersetzungen wurden die traditionalen sozialen Differenzierungen der chinesischen Gesellschaft zerstört, politische, ökonomische und soziale Beziehungen hatten sich in nahezu reine Funktion der Gewalt verwandelt. Dieser Zerfallsprozeß der traditionalen Ordnung muß aber gleichzeitig als Bildungsprozeß einer neuen und damit als eine wichtige Etappe im Prozeß der chinesischen Staatsbildung verstanden werden. Vor dem Hintergrund des überlieferten Einheitsgedanken des chinesischen Reiches, leiteten die politischen Kräfte im „China der Warlordstaaten" eine erneute kriegerische Monopolisierung der Gewaltmittel ein, die mit der kommunistischen Machtübernahme ihr vorläufiges Ende fand (vgl. Lary 1985 und McCord 1993).

Die gesellschaftlich Modernisierung Chinas wurde in der ersten Hälfte des 20. Jahrhunderts somit im permanenten Kriegszustand weiter geführt. War dabei zunächst die mit den traditionalen Grundbesitzern zusammenarbeitende Kuomintang nach der Stabilisierung ihrer Herrschaft im Jahre 1927 federführend, setzte sie sich ab 1937 unter der Herrschaft der japanischen Besatzungsmacht fort. Nach dem Ende des Zweiten Weltkriegs übernahm dann die kommunistische Regierung Chinas in den 1950er Jahren die Modernisierung des Landes unter planwirtschaftlichen Vorzeichen. Durch die Einbeziehung in den Ost-West-Konflikt verschlechterten sich aber die Entwicklungschancen der kommunistischen Staaten China und Nordkorea gegenüber den Nachbarstaaten Japan, Taiwan und Südkorea, die allesamt neben militärischer auch massive Wirtschaftshilfe von den USA erhielten.

3.2 Südostasien

Unmittelbar vor dem Beginn der Dekolonisierung war auch Südostasien vom imperialen Machtstreben Japans betroffen. Der Einfluß der von 1941 bis 1945 dauernden japanischen Besatzungszeit auf die Transformation der traditionalen Verhältnisse in Indochina, der malayischen Halbinsel und dem indonesischen Archipel muß allerdings wesentlich geringer angesetzt werden als dies in Ostasien der Fall war. Dafür erweist sich die Geschichte Südostasien jedoch wie in kaum einer anderen Region der Welt als Tummelplatz des europäischen Kolonialismus. Schon im 16. Jahrhundert hatten Portugal, Spanien, Holland und Großbritannien, im 19. Jahrhundert dann Frankreich und die USA ihre kolonialen und imperialen Ansprüche auf die Region angemeldet. Von einer kolonialen Durchdringung Südostasiens kann aber im eigentlichen Sinn erst im 19. Jahrhundert gesprochen werden. Nur dem patrimonialen Königreich Siam (Thailand) gelang es, seine politische Unabhängigkeit zu bewahren. Wohl hatte das Königreich erhebliche Gebietsverluste hinzunehmen und war durch eine Serie von Verträgen mit den Kolonialmächten bis zum Ende des 19. Jahrhunderts für den Welthandel geöffnet worden. Die koloniale Machtkonkurrenz zwischen Großbritannien und Frankreich führte aber dazu, daß Thailand als Pufferstaat zwischen britisch Indien und dem französischen Indochina seine politische Selbständigkeit bewahren konnte.

Der europäische Kolonialismus traf in Südostasien auf traditionale Gesellschaften, deren Formen durch vorkoloniale Handelsbeziehungen und Wanderungsbewegungen aus Indien und China mit gestaltet worden waren. Mit diesen verbunden war auch die Ausgestaltung der Sphäre symbolischer Reproduktion, die neben animistischen Restbeständen hauptsächlich durch die drei Weltreligionen des Hinduismus, Buddhismus und des Islams geprägt ist. Diese autochthonen symbolischen Strukturen zeigten sich gegenüber der kolonialen Überlagerung als äußerst resistent, nur der Katholizismus auf den Philippinen und den Inseln Flores und Timor sowie der Protestantismus in West-Irian können diesbezüglich als koloniales Erbe betrachtet werden.

Die materiellen Reproduktionsformen wurden in der ersten kolonialen Phase nur wenig verändert. Bis ins späte 18. Jahrhundert beschränkten sich die kolonialen Interessen hauptsächlich auf den Handel mit Luxusgütern wie Gewürze, Zukker, Kaffee und Indigo. Der Handel mit diesen Gütern ließ die regionalen, meist auf Subsistenzwirtschaft ausgerichteten Produktionsformen nahezu unangetastet. Erst die später einsetzende beschleunigte Modernisierung der Gesellschaft in den europäischen Zentren selbst und der mit ihr verbundene rasche Anstieg im Bedarf an Rohstoffen führten zu einer nun kapitalistisch motivierten Inwertsetzung der Kolonialgebiete in Südostasien. Diese zeigte sich als eine Transformation der Region zum weltmarktabhängigen Rohstoffexporteur. Zusätzlich zu den genannten traditionellen Produkten wurden Kautschukbaum und Ölpalme als neue Nutzpflanzen importiert. Neben den agrarischen Rohstoffen gewann auch zusehends die Ausbeutung von Bodenschätzen – Kupfer, Zinn, Erdöl – an Bedeutung. Die Ausweitung des Bergbaus und der Plantagenbewirtschaftung hatte eine erhebliche Veränderung der traditionalen Produktionsformen und, damit verbunden, der sozialen Strukturen zur Folge. Durch die von den Kolonialmächten unterstützte Einwanderung von indischen und chinesischen Arbeitsmigranten erhielt diese

Veränderung der sozialen Strukturen auch eine ethnische Dimension. Das „vierte China" Menzel (1994: 15), die in den Staaten Südostasiens lebenden chinesischen Migranten und ihre Dominanz im kapitalistischen Wirtschaftssektor, ist ein bevölkerungspolitisches Spezifikum der Region, welches der ökonomischen Modernisierung Südostasiens eine distinkt ethnisch-kulturelle Komponente verliehen hat.

In politischer Hinsicht war die koloniale Durchdringung der Region mit bürokratisch-anstaltsstaatlichen Elementen wesentlich geringer als die politischen Hinterlassenschaft Japans in Ostasien. So stützte sich z.B. die holländische koloniale Administration im indonesischen Archipel auf ein System indirekter Herrschaft. In diesem kooptierte die Kolonialverwaltung traditionale regionale Autoritäten durch Gewinnbeteiligungen und die Übertragung administrativer Funktionen. Auch Briten und Franzosen knüpften in der Verwaltung ihrer Kolonialgebiete an die vorhandenen vorkolonialen Herrschaftsformen an. So behielten die Briten in Malaysia die traditionale Struktur der Sultanate bei, die sie teilweise gemeinsam verwalteten oder dem jeweiligen Sultan einen britischen Beraterstab zuwiesen. Auch in französisch Indochina orientierte sich die Protektoratsverwaltung an den traditionalen Gegebenheiten, so wurde nach der Einverleibung von Laos in das Kolonialgebiet im Jahre 1893 dem dortigen König seine Privilegien zugesichert.

Die politische Landkarte Südostasiens läßt daher nach der Dekolonisierung sowohl traditionale als auch koloniale Grenzen erkennen. Entspricht der heutige Staat Indonesien, mit Ausnahme des seit kurzem unabhängigen Ost-Timors, dem ehemaligen holländischen Kolonialgebiet, korrespondieren die Grenzen Indochinas und die der Staaten des ehemaligen malayischen Bundes mit denen der französischen und britischen Kolonialverwaltung. Die staatliche Binnendifferenzierung Indochinas – Laos, Kambodscha und Vietnam –, das moderne Thailand, der föderale Charakter Malaysias oder die Unabhängigkeit Bruneis zeigen aber, daß auch hier territoriale Bezüge zwischen vorkolonialen politischen Verbänden und den modernen Nationalstaaten existieren. Es sind diese Kontinuitäten zwischen Tradition und Moderne, welche die Integration der Bevölkerung im neuen nationalstaatlichen Rahmen erleichtern können.

3.3 Südasien

Im Gegensatz zu der kolonialen Aufteilung Südostasiens stand Südasien im wesentlichen unter britischer Kolonialherrschaft, die auf dem indischen Subkontinent von 1765 bis 1947 dauerte. Ausgehend von den Hafenstädten Bombay, Madras und Kalkutta trieb die British East India Company, als institutionalisierte Einheit politischer und ökonomischer Macht, die koloniale Durchdringung Indiens voran. Der im 18. Jahrhundert einsetzende Zerfall des patrimonialen Mogulreiches in regionale politische Einheiten, auch hier also ein Prozeß der Feudalisierung,[8] unterstützte die Ausdehnung der britischen Kolonialherrschaft.

Als entscheidender strukturgeschichtlicher Schritt, mit dem die koloniale Transformation der traditionalen Verhältnisse begann, ist die Übernahme der Steuerhoheit für Bengalen und Bihar durch die East India Company im Jahre 1765 anzusehen. Die vormalige Handelsgesellschaft, die sich mit militärischen Mitteln die Vorherrschaft auf dem indischen Subkontinent gegenüber konkurrierenden europäischen Mächten gesichert hatte, wandelte sich nun zu einer Organisation, die neben der ökonomischen Inwertsetzung auch die staatlich-administrative Durchdringung des traditionalen Indiens vorantrieb.

Die unter britischer Herrschaft erfolgte Einbindung Südasiens in den Weltmarkt führte wie auch in einigen Gebieten Südostasiens zur Transformation der sozialen Strukturen der traditionalen Gesellschaft. In ökonomischer Hinsicht wurde diese, durch die selbstgenügsame Dorfgemeinschaft als soziale Form materieller Reproduktion und grundsteuerpflichtige Einheit patrimonialer Herrschaft charakterisiert, in einen weltmarktabhängigen Rohstoffexporteur verwandelt. Durch die zuerst auf dem Gebiet der heutigen Unionsstaaten Bengalen, Bihar und Orissa durchgeführte Bodenrechtsreformen erfolgte eine Inwertsetzung von Grund und Boden. Diese begann die dörfliche Einheit von Ackerbau und Handwerk und den über die ständische Struktur des Berufskastentums legitimierten Zugang zu materiellen Ressourcen sukzessive aufzulösen. Abgesehen von der unter direkter britischer Kontrolle stehenden Tee- und Juteproduktion im Nordosten blieb aber die landwirtschaftliche Produktion in den Händen von Kleinbauern. Händler, städtische Kleinbürger und *absentee landlords* gingen aus der ökonomischen Transformation als neue soziale Akteure hervor. Die exportorientierte Produktion aber ging lediglich mit einer geringen Industrialisierung einher, und der indische Binnenmarkt war unter britischer Kolonialherrschaft nur schwach entwickelt.

Mit den Bodenrechtsreformen war die Einführung formaler anstaltsstaatlicher Verwaltungsformen durch die East India Company verbunden. Dadurch wurden

---

8   Die Auflösung patrimonialer Großreiche und der ihnen eigenen Verwaltungsstrukturen erfaßte Norbert Elias mit dem Begriff „Mechanismus der Feudalisierung" (1989: 37), Max Weber diskutierte diese Prozesse unter den Stichwörtern „Verselbständigung des Verwaltungsstabes" bzw. „Appropriation von Ämtern" (1972: 542 und 604 f.). Karl Marx (1853) schilderte den Zusammenbruch der patrimonialen Herrschaft in Indien im Zusammenhang mit der kolonialen Inbesitznahme Indiens durch die Kolonialmacht Großbritannien in einem Zeitungsartikel für die New York Daily Tribune.

judikative, fiskale und polizeiliche Kompetenzen auf eine bisher unbekannte Distriktebene gehoben. Die relative rechtliche Autonomie, welche die Dorfgemeinschaften unter der patrimonialen Herrschaft genossen hatten, wurde durch die Übertragung von Regelungen des britischen Wirtschafts- und Prozeßrechts unterminiert. Der immense Einfluß, den das britische „Vorbild" auf die institutionelle Ausgestaltung moderner Staatlichkeit auf dem indischen Subkontinent hatte, ist bis heute deutlich zu erkennen. Nicht nur übernahmen die Commenwealth-Staaten Indien, Pakistan, Bangladesch und Sri Lanka das britische Westminster System, sie organisierten auch ihre Erziehungs- und Verwaltungssysteme in Anlehnung an das britische Modell.

Hinsichtlich der weiteren politischen Entwicklung des indischen Subkontinents waren bei der Einführung moderner staatlicher Strukturen während der Kolonialzeit zwei Punkte von zentraler Bedeutung: die Verschärfung regionaler Ungleichzeitigkeiten und die politische Mobilisierung der Bevölkerung entlang religiös-konstitutioneller Identitäten.[9] So waren die der direkten Kolonialverwaltung unterworfenen Gebiete von den Modernisierungsschritten stärker betroffen als die mehr als 500 relativ autonomen Fürstenstaaten sowie einige tribal strukturierte periphere Gebiete. Spätere regionale Autonomieansprüche finden hier ihren Ausgangspunkt. Neben diesen regionalen Disparitäten schuf die Orientierung der britischen Kolonialverwaltung an konfessionellen und kastenmäßigen Kriterien bezüglich der administrativen Erfassung der Bevölkerung und des Personenstandsrechts das Phänomen des Kommunalismus, welches letzten Endes in die Teilung des Subkontinents mündete.

Die symbolische Reproduktion der Gesellschaften Südasiens ist durch eine Vielfalt an Religionen und Sprachen gekennzeichnet. Nahezu alle Weltreligionen sind präsent. Zu Beginn des 20. Jahrhunderts schätzte man die Zahl der gesprochenen Sprachen auf ca. einhundert. Das diese Vielfalt überlagernde Element der traditionalen Ordnung war die Stratifizierung der Bevölkerung durch das hinduistische Kastensystem. Dieses ist durch die Berufsstände der Priester, Krieger, Bauern und Händler sowie Handwerker und Landarbeiter strukturiert. Unberührbare, tribal organisierte Gemeinschaften und Zugehörige anderer Religionsge-

---

9 Den engen Zusammenhang zwischen der Einführung anstaltsstaatlicher Verwaltungspraxis unter
   kolonialer Herrschaft und der Mobilisierung politischer Loyalitätsbeziehungen belegt auch Laitin (1985) am Beispiel der Yoruba in Nigeria. Interessant ist hierbei, daß sich in diesem Fall die
   britische Kolonialverwaltung nicht auf die religöse Differenz zwischen muslimischen und
   christlichen Yorubas zurückgegriffen hatte, sondern auf sogenannte *ancesteral cities*, also ge-
   glaubte, lokale Abstammungsgemeinschaften. Diese *ancesteral cities* bilden dann auch im unabhängigen Nigeria den zentralen Bezugspunkt politischer Loyalität unter den Yoruba und nicht
   ihre religiöse Identität als Muslime oder Christen.

meinschaften stehen außerhalb des Systems. Gleichwohl beinhaltet aber auch ihre soziale Strukturierung Elemente der Kastenordnung.

Die im Kastensystem zum Ausdruck kommende symbolische Ordnung, auf die der britische Kolonialismus stieß, war aber regional und historisch gebrochen. Der theoretischen Einheit der Ideenwelt von Hindus und Muslimen entsprach eine lokale und regionale Vielfalt, die häufig Ausdruck der jeweiligen Machtkonstellationen war. Die Religion stellte keineswegs die alleinige Legitimationsquelle politischer Herrschaft, wie das Beispiel der beiden Fürstenstaaten Hyderabad und Kaschmir zeigt. Während in dem zu 90 Prozent von Nichtmuslimen bewohnten Hyderabad ein muslimischer Fürst herrschte, wurde das mehrheitlich muslimische Kaschmir von einem Hindu regiert.

Erst die ökonomische Dynamisierung und die politisch-administrativen Veränderungen der Kolonialzeit, welche die Notwendigkeit überregionaler Loyalitäten schufen, zerstörten schrittweise das traditionale Geflecht symbolischer und politischer Einheiten. Gepaart mit der einseitigen Bevorzugung hinduistischer Eliten bereitete so die britische Kolonialherrschaft den Boden des Kommunalismus, der überregionalen, an der Religionszugehörigkeit orientierten und politisierten Wahrnehmungsform von Interessen. So entwickelten sich aus den religiösen Erneuerungsbewegungen des 19. Jahrhunderts nationalistische Organisationen hinduistischer und islamischer Provenienz, die im 20. Jahrhundert auch die eher säkular orientierte Unabhängigkeitsbewegung, den Indian National Congress, dazu zwangen, auf der Klaviatur des Kommunalismus zu spielen. Entsprechend der kulturnationalistischen Zwei-Nationen-Theorie, der zufolge Hindus und Muslime zwei Zivilisationen verkörpern, wurden am Ende der Kolonialzeit zwei Staaten, Indien und Pakistan, in die Unabhängigkeit entlassen.[10]

Wie in anderen Weltregionen lassen sich auch in Asien die Verwerfungen der Kolonialzeit, die alle Formen gesellschaftlicher Reproduktion betrafen, im Kriegsgeschehen nach 1945 erkennen. Die regionalen und historischen Besonderheiten, die dem globalen Transformationsprozeß auf dem asiatischen Kontinent erst sein spezifisches Erscheinungsbild geben, verschaffen sich auch als regionalspezifische Merkmale in den Kriegen und Konflikten der Region Geltung.

---

10 Entsprechende religiöse Erneuerungsbewegungen entstanden ausgangs des 19. Jahrhunderts auch im buddhistischen Ceylon (Sri Lanka). In einer Verbindung nationaler und religiösfundamentalistischer Ideen entstand unter britischer Kolonialherrschaft die sogenannte Dhammadipia-Doktrin, der zufolge die Singhalesen von Buddha zur Bewahrung der reinen Lehre beauftragt seien (Busch 1997: 84).

4. Das Kriegsgeschehen in Kurzanalysen

4.1 Kriege in Ostasien

Als am 25. Juni 1950 nordkoreanische Truppen den 38. Breitengrad, die Grenze zum Süden des Landes, überschritten, begann der verheerendste Krieg, den Ostasien nach 1945 erlebte. Mit bis zu zwei Millionen Toten und massiven Zerstörungen der industriellen Infrastruktur und der Wohnbebauung Südkoreas eskalierte der in Europa nur „kalt" ausgetragene Ost-West-Konflikt in Asien zum ersten Mal in einen Krieg. Seine Vehemenz erklärt sich aus der Verknüpfung von Widersprüchen, die sich während des Zweiten Weltkrieges und der auf ihn folgenden Dekolonisation zwischen dem südlichen und nördlichen Teil Koreas herausgebildet hatten, mit internationalen Konfliktlagen und den ihnen immanenten militärstrategischen Interessen.[11]

Im Zuge der beschleunigten Modernisierung Koreas hatte sich schon in den zwanziger Jahren unter japanischer Kolonialherrschaft eine kommunistische Bewegung herausgebildet. Im Zweiten Weltkrieg wurde sie von der UdSSR in ihrem Guerillakampf gegen Japan unterstützt. Nach dem Abzug Japans übernahmen die kommunistischen Partisanen um Kim Il Sung mit sowjetischer Hilfe die Macht im Norden des Landes. Die 1946 gegründete und von Kim Il Sung geführte Koreanische Arbeiterpartei verweigerte gemeinsame Wahlen in Nord- und Südkorea und ließ eine nordkoreanische Volksversammlung wählen, die 1948 schließlich die Koreanische Demokratische Volksrepublik proklamierte.

Südkorea war nach dem Zweiten Weltkrieg von US-Truppen besetzt. Der Sieg über Japan erlaubte den USA, Korea zu ihrem militärstrategischen Stützpunkt in Asien zu machen. Mit seiner Nachbarschaft zur Volksrepublik China und der kommunistischen Machtübernahme im Norden avancierte Südkorea zum „Bollwerk gegen den Kommunismus". Im Jahre 1948 verbot die US-Besatzungsbehörde die kommunistische Partei im Süden, ihre Mitglieder flohen nach Nordkorea. Die ideologische Grenze des internationalen Systemgegensatzes wurde somit zur territorialen Grenze zwischen Süd- und Nordkorea, die beiden Staaten selbst zu Spielbällen internationaler Interessen.

Während Südkorea die staatsförmigen Institutionen der japanischen Kolonialzeit fast bruchlos übernahm, im Rahmen einer Bodenreform die traditionalen Großgrundbesitzer entmachtete und die beschleunigte Industrialisierung des Landes unter staatlicher Ägide fortsetzte, formierte Kim Il Sung in Nordkorea ein um seine Person zentriertes kommunistisches Regime. Ideologisch angeleitet durch

---

11 Zum Koreakrieg vgl. Leckie (1962), Lowe (1986) und Ridgway (1967).

die von Kim Il Sung entwickelte Juche-Lehre, behauptete die nordkoreanische Führung, „eine Antwort auf die Beherrschung der Weltwirtschaft durch den reichen Westen gefunden zu haben: Wirtschaftsentwicklung aus eigener Kraft unter Abkoppelung vom Weltmarkt" (Pohl 1994: 148).

Entscheidend für die weitere Eskalation in Korea war, daß beide koreanischen Führungseliten versuchten, gestützt auf das historische Erbe eines patrimonialen Staates und einer ihnen gemeinsamen kulturellen Identität, ihren jeweiligen Entwicklungsweg und ihr politisches System für Gesamtkorea durchzusetzen. Der mit beiderseitigen Propagandafeldzügen und Grenzscharmützel zwischen 1948 und 1950 eingeleitete Krieg endete aber im September 1953 mit der Wiederherstellung des Status quo *ante bellum* und hatte sogar noch eine Verfestigung der Teilung des Landes zur Folge.

Wie in Korea ist auch das Kriegsgeschehen in China entlang der ideellen Konfliktlinie zwischen sozialrevolutionär ausgerichteten, kommunistischen und bürgerlich-nationalistischen Akteuren zu analysieren. Es waren diese beiden Akteursgruppen, die sich im Chinesischen Bürgerkrieg zwischen 1946 und 1950 sowie in den drei nachfolgenden Kriegen zwischen der VR China und Taiwan – der Ersten (1954) und Zweiten (1958) Quemoy-Krise sowie dem Kampf um die Da Chen- und Nan Ji-Inseln im Januar 1955 – als Kriegsgegner gegenüberstanden. Entgegen dieser dem Modernisierungsprozeß direkt entspringenden sozialstrukturellen und ideologischen Konfliktlinie handelte es sich bei den Kriegen um Tibet (1950 und 1954-59) um einen traditionalen Territorialkonflikt, in dem die kommunistische Volksrepublik China schon aus dem chinesischen Kaiserreich stammende territoriale Ansprüche mit militärischer Gewalt durchsetzte. Im Mai 1951 erzwang Peking die tibetische Unterschrift zu einem Abkommen, in dem die chinesischen Forderungen von tibetischer Seite anerkannt wurden. Die darauf folgenden Unruhen eskalierten im August 1954 zum Krieg, der mit der Flucht des religiös-politischen Führers Tibets, des Dalai Lama, nach Indien endete.

Mit der gelungenen Revolution 1911 und der Abdankung des letzten chinesischen Kaisers 1912 hatte die chinesische Nationalbewegung einen wichtigen Schritt zu dem Ziel erreicht, wofür sie seit der Jahrhundertwende kämpfte: die Errichtung eines chinesischen Nationalstaats nach republikanischem Muster. An die Stelle einer republikanischen Entwicklung trat aber zuerst der staatliche Zerfall Chinas in regionale, von sogenannten "Warlords" kontrollierte Einheiten. Das Ende des patrimonialen Kaiserreiches mündete zunächst in einen innerstaatlichen Krieg, als dessen tatsächliches Ende erst die kommunistische Machtübernahme angesehen werden kann.

Die von Sun Yat-Sen angeführte, vornehmlich aus westlich gebildeten Studenten und Intellektuellen sowie Teilen der städtischen Bevölkerung bestehende

Nationalbewegung entwickelte sich unter dem Namen der Kuomintang zu einem Sammelbecken von sozialen Kräften, die sich einer nationalen Erneuerung Chinas verschrieben hatten. Den Kampf gegen den europäischen Imperialismus und regionale, traditionale Machthaber führten die Kuomintang und die 1921 gegründete Kommunistische Partei Chinas mit sowjetischer Hilfe bis zum Tode Sun Yat-Sens gemeinsam. In den darauf folgenden Richtungskämpfen setzte sich mit Chiang Kai-Shek der nationale Flügel in der Kuomintang durch, der den Einfluß der UdSSR zurückdrängen wollte und sich direkt gegen die KP wandte.

Der japanische Imperialismus zwang die Kontrahenten im innerchinesische Machtkampf zwischen der Kuomintang und der KP nochmals zusammen und diese formten mit Beginn des chinesisch-japanischen Krieges 1937 eine militärische Einheitsfront gegen Japan. Nach der Kapitulation Japans 1945 brach diese Einheitsfront aber schnell zusammen, und der bereits in den 1920er Jahren begonnene innerchinesische Konflikt setzte sich im Bürgerkrieg von 1946 fort. Die Zusammenarbeit der Kuomintang mit traditionalen Kräften (Land- und Warlords) und die Verhinderung einer Agrarreform konservierte die ungleichzeitige Entwicklung zwischen südostchinesischen Städten und peripheren Agrargebieten. Diese Aufrechterhaltung traditionaler Ausbeutungsverhältnisse durch die Kuomintang verstärkte die Bereitschaft seitens der Landbevölkerung, die Kommunisten im Bürgerkrieg zu unterstützen. Die bedeutende militärische Rolle, welche die KP im Krieg gegen die japanische Besatzung spielte, verbreiterte die kommunistische Machtbasis in den ländlichen Gebieten zusätzlich. Entscheidend für den Sieg der Kommunisten war auch, daß sie ihre Truppen in eine diszipliniert und effizient agierende Armee verwandeln konnten. Nach der Willkür der japanischen Besatzungsarmee und dem vorangegangenen Bürgerkrieg, in dem eine marodierende Soldateska die produktiven Bevölkerungsteile ausplünderte und terrorisierte, verstärkte diese Disziplinierung der Gewalt nicht unwesentlich den Rückhalt der kommunistischen Bewegung in der chinesischen Bevölkerung.

Nach wachsenden militärischen Erfolgen der Kommunisten trat die Nationalregierung unter Chiang Kai-Schek 1949 zurück und floh mit ihren Truppen auf die Insel Taiwan (Formosa). So entstanden zwei chinesische Staaten: die anfangs von der UdSSR unterstützte kommunistische VR China und die militärisch und ökonomisch von den USA geförderte Republik China auf Taiwan. Wie mit der Grenzziehung zwischen Nord- und Südkorea war der Konflikt zweier chinesischer Akteure somit territorialisiert. Beide Regierungen verstanden sich als einzig legitimer Vertreter Chinas, und der im Bürgerkrieg eskalierte Systemkonflikt setzte sich bis 1958 in drei, nun zwischenstaatlichen Kriegen zwischen der VR China und Taiwan fort.

4.2   Kriege in Südostasien

4.2.1   Indochina

Die Vorgeschichte des Kriegsgeschehens in Indochina wurde im wesentlichen von zwei Entwicklungen geprägt. Zum einen war dies die Bildung kommunistischer Parteien und Unabhängigkeitsbewegungen in den 1930er Jahren und der von ihnen gegen die japanische Besatzung (1941-45) geführte Guerillakrieg. Zum anderen der Versuch Frankreichs, nach der japanischen Kapitulation die kolonialen Herrschaftsstrukturen zu restaurieren. Gleichzeitig mit der bedingungslosen Kapitulation Japans proklamierte der Führer der vietnamesischen Unabhängigkeitsbewegung Vietminh, Ho Chi Min, im September 1945 in Hanoi die unabhängige Demokratische Republik Vietnam (DRV). Während so im Norden Vietnams die von der vietnamesischen KP dominierten Guerilla-Einheiten den abziehenden japanischen Truppen folgten, besetzte die französische Armee den Süden des Landes. Im Rahmen eines im März 1946 geschlossenen Abkommens versprach Frankreich der Regierung in Hanoi einen unabhängigen Status im Verbund der französischen Überseegebiete. Das tatsächliche Ziel der französischen Politik war aber vermutlich die Wiederherstellung der im Jahre 1940 an Japan verlorenen Herrschaft über Indochina. Die Bereitschaft Frankreichs, diese imperiale Politik mit Gewalt durchzusetzen, ließ die Konflikte mit der vietnamesischen aber auch den laotischen und kambodschanischen Unabhängigkeitsbewegungen recht schnell in den Ersten Indochinakrieg eskalieren (vgl. Shipway 1996).

Den im Guerillakrieg gegen Japan geübten Befreiungsbewegungen – Vietminh (Vietnam), Pathet Lao (Laos), Khmer Vietminh (Kambodscha) – gelang es mit Unterstützung der Landbevölkerung und durch Waffenlieferungen aus der VR China in einem achtjährigen Krieg, der vor allem auf dem Gebiet Nordvietnams ausgetragen wurde, die französischen Kolonialtruppen zu besiegen. Nach der französischen Niederlage bei Dien Bien Phu 1954 und einem darauf folgenden Waffenstillstand wurde die Genfer Indochinakonferenz einberufen. Gemäß der dort gefaßten Beschlüsse erlangten Laos, Kambodscha und Vietnam ihre staatliche Unabhängigkeit, wobei Vietnam durch eine als provisorisch bezeichnete Demarkationslinie entlang des 17. Breitengrades geteilt wurde. Die kommunistische Regierung in Hanoi und das vom Westen unterstützte autoritäre Regime in Saigon bekamen die Auflage, innerhalb von zwei Jahren gesamtvietnamesische Wahlen mit dem Ziel der Wiedervereinigung abzuhalten. Der innere Konflikt um die Konsolidierung postkolonialer Staatlichkeit fand somit im vietnamesischen Fall eine vorübergehende „Zwei-Staaten-Lösung". Wie schon im Falle Koreas hatte sich auch in Vietnam der Ost-West-Konflikt territorialisiert.

In Laos hingegen wurden der kommunistischen Bewegung, die die Hauptlast am militärischen Widerstand getragen hatte, nur zwei Provinzen als Einflußgebiet zugesprochen. Gemeinsam mit den royalistischen Kräften sollten sie eine Koalitionsregierung bilden und nach einer Übergangsphase freie Wahlen abhalten. In Kambodscha schließlich konnte die kommunistische Befreiungsbewegung, später dann unter dem Namen „Rote Khmer" bekannt, keine territorialen Zugeständnisse erreichen. Kambodscha erlangte durch das diplomatische Geschick von König Sihanouk noch während des Krieges 1953 seine Unabhängigkeit. Der Einfluß der Roten Khmer auf die Politik Kambodschas, dessen traditionale Sozial- und Herrschaftsstrukturen weitgehend stabil geblieben waren, blieb aber bis in die 1960er Jahre hinein gering. Erst im Verlauf des Vietnamkrieges zerbrach die innere Machtbalance Kambodschas und mündete in einen Zustand des fast permanenten Bürgerkriegs.

Der Zweite Indochinakrieg (Vietnamkrieg 1957-1975) zeigt, wie verheerend sich die Verknüpfung des Kalten Krieges mit lokalen Konflikten, die aus der Dekolonisation, aus gesellschaftlichen Wandlungsprozessen und der ihnen entspringenden sozialrevolutionären Ideen hervorgegangen waren, in der Region ausgewirkt hat. Nach der Absetzung des letzten vietnamesischen Kaisers und der Proklamation der Republik Vietnam weigerte sich das südvietnamesische Regime, gemeinsame Wahlen durchzuführen. Ähnlich wie in Korea verschrieb man sich einem strikten Antikommunismus, schaffte damit eine Interessengemeinschaft mit den USA und sicherte sich deren militärische und wirtschaftliche Hilfe im innervietnamesischen Machtkampf mit dem kommunistischen Norden. Dieser antwortete mit Infiltration und dem Aufbau kommunistischer Kader im südlichen Landesteil. Das Wirken dieser kommunistischen Kader führte zu einem wachsenden Kontrollverlust des südvietnamesischen Regimes vor allem über die ländliche Bevölkerung. Aus dem so eingeleiteten Eskalationsprozeß resultierte nach dem Kriegseintritt der USA zugunsten Südvietnams 1964 ein Krieg, der mit ca. zwei Millionen Toten, riesigen Flüchtlingsströmen sowie der Verwüstung und Verödung weiter Landstriche infolge von Großbombardements und Entlaubungsaktionen der US-Armee ein Ausmaß an Zerstörung angenommen hatte, wie es die Welt seit dem Zweiten Weltkrieg nicht mehr gesehen hatte.[12]

Neben diesen direkten Kriegsfolgen destabilisierte der Vietnamkrieg aber auch die Situation in Laos und Kambodscha und trug zum gewaltsamen Austrag der dortigen innerstaatlichen Konflikte bei. Wohl gelang nach dem Abzug der US-amerikanischen Streitkräfte 1973 und dem Ende des Vietnamkrieges 1975 in

---

12   Die internationalen Aspekte der Kriege in Indochina werden analysiert in: Buro (1988), Dommen (2000), Draguhn/Schier (1987), Duiker (1994) und Weggel (1987).

allen drei Staaten Indochinas den kommunistischen Gruppierungen, die Regierungsgewalt zu übernehmen. Ein Ende der kriegerischen Auseinandersetzungen in der Region ging aber damit nicht einher.

Auch die fünf Kriege in Laos gehen auf Konfliktkonstellationen zurück, die im Ersten Indochinakrieg ihren Ausgangspunkt haben. Im Ersten Laotischen Bürgerkrieg (1959-61) kämpfte die von Vietnam unterstützte kommunistische Pathet Lao gegen von den USA und Thailand unterstützte royalistische Einheiten. Wohl war es 1958 gelungen, eine Koalitionsregierung unter Beteiligung der Pathet Lao zu bilden, diese wurde aber noch im selben Jahr gestürzt. Die darauf folgenden Kämpfe zwischen den Einheiten der Pathet Lao und royalistischen Regierungstruppen konnten erst im Juni 1962 beendet werden. Erneut wurde eine Koalitionsregierung gebildet, der alle politische Gruppierungen angehörten.

Der Kampf um die Macht in Laos fand seine Fortsetzung im Zweiten Laotischen Bürgerkrieg (1963-73), der sich zu einem Nebenkriegsschauplatz des Vietnamkrieges entwickelte. So führten die Nachschublinien der Vietminh von Nord- nach Südvietnam durch laotisches Gebiet. Dies veranlaßte die USA zum direkten militärischen Eingreifen in den laotischen Bürgerkrieg und zum Aufbau einer gegen die Pathet Lao gerichteten Guerilla unter den Meo (Hmong), eine erst in der jüngsten Vergangenheit nach Laos eingewanderte, halbnomadische Ethnie. Standen sich in den Bürgerkriegen in Laos bis zur kommunistischen Machtübernahme 1975 die kommunistische Pathet Lao, deren Gefolgschaft zu 60 Prozent aus den Lao Thung, einer traditional armen und versklavten Bevölkerungsgruppe, stammte, und royalistische Regierungstruppen gegenüber, wurden die innerstaatlichen Konflikte von nun an unter einer ethnischen Differenz ausgefochten. Die im Zweiten Laotischen Bürgerkrieg unter den Meo rekrutierte Guerillaarmee kämpfte in bisher zwei Kriegen (1975-79 und 1990-92) gegen die laotische Regierung. Aufgrund interner Spaltungen sowie des Verlustes der thailändischen Unterstützung waren die Meo aber dem Druck der laotischen und vietnamesischen Streitkräfte nicht mehr länger gewachsen.

Der während der Kolonialzeit angelegte Gegensatz zwischen Stadt und Land, der die ungleichzeitige Modernisierung der Gesellschaft widerspiegelt, charakterisierte auch die innerstaatlichen Konflikte in Kambodscha. Blieben die sozialen und ökonomischen Machtstrukturen der ländlichen Gebiete im Interesse der französischen Kolonialherrschaft weitgehend erhalten, hatte sich in der Hauptstadt Phnom Penh und einigen Provinzstädten neben traditionalen Adligen und Großgrundbesitzern ein neue bürgerliche Elite herausgebildet, die gemeinsam die neuen staatlichen und wirtschaftlichen Ressourcen kontrollierten. Im Verlauf der postkolonialen Entwicklungen verschärfte sich dieser Stadt-Land-Gegensatz zunehmend, was sich in einer wachsenden Verschuldung der Bauern sowie der Konzentration des Grundbesitzes auf seiten der städtischen Eliten ausdrückte.

Trotz dieser Disparitäten in der kambodschanischen Gesellschaft gelang es der Regierung unter Prinz Sihanouk, bis Mitte der 1960er Jahre die innerstaatlichen Konflikte auszubalancieren. Die diplomatischen Erfolge während des Unabhängigkeitskampfes, der neutrale außenpolitische Kurs, das Austarieren der unterschiedlichen Interessen der städtischen Elite und ihre Anbindung an das Regime sowie die vor allem in der Landbevölkerung tief verwurzelte traditionale Legitimität des königlichen Herrschaftsanspruch erklären, wie es Sihanouk und seiner 1955 gegründeten Sangkum-Partei gelang, die unterschiedlichen politischen Strömungen des Landes unter Kontrolle zu halten. Erst Anfang der 1960er Jahre kam es mit dem Einzug kommunistischer Kräfte in die Regierung auch in Kambodscha zu einer Zuspitzung der gesellschaftlichen Konflikte zwischen sozialrevolutionären und bürgerlichen Gruppierungen. Unter dem Druck traditionaler und bürgerlicher Kräfte gingen immer mehr Kommunisten in den Untergrund und nahmen 1968 als Rote Khmer den Kampf gegen die Regierung in Phnom Penh auf.

Mit dem Putsch bürgerlich-konservativer, amerikafreundlicher Kreise um General Lon Nol scheiterte der Integrationskurs von König Sihanouk letztendlich. Das neue Regime intensivierte den innerstaatlichen Kampf gegen die Roten Khmer und unterstützte gleichzeitig die USA und Südvietnam im Vietnamkrieg. Die innerstaatlichen Konflikte in Kambodscha waren somit auch in das Koordinatensystem des Ost-West-Konflikts eingereiht. Der zwischen die Fronten geratene König verbündete sich 1970 in der Nationalen Einheitsfront Kambodschas mit den Roten Khmer. Die so mit der Aura des traditional legitimierten Königs ausgestattete kommunistische Guerilla fand nun auch den notwendigen Rückhalt in der Landbevölkerung und konnte so deren ökonomische Interessen gegen die städtischen Eliten artikulieren. Der Sturz der kambodschanischen Regierung im April 1975 beendete den ersten Krieg in Kambodscha, der aber nach der Machtübernahme der Roten Khmer noch im selben Jahr im Dritten Indochinakrieg eine Fortsetzung fand.

Mit den Roten Khmer war in Kambodscha eine maoistische orientierte, national-kommunistische Partei an die Macht gekommen, deren Führungskader sich aus Intellektuellen rekrutierte, die in Frankreich studiert hatten und nicht unter dem in der kambodschanischen KP dominanten vietnamesischen Einfluß standen. Ihre entschieden nationalistische und antivietnamesische Ideologie ließ sich mit dem Stadt-Land-Konflikt verbinden, da der vietnamesische Bevölkerungsanteil Kambodschas in den neuen städtischen Eliten eindeutig überrepräsentiert war, die Vietnamesen Teile des Handels, Handwerks und des Dienstleistungssektors dominierten. Durch die Errichtung eines Terrorregimes unter Pol Pot sicherten sich die Roten Khmer die alleinige Herrschaft gegen ihre vormaligen Bündnispartner und versuchten, ihre Vorstellung einer „urkommunistischen" Gesellschaft zu verwirklichen, die der ländlichen, auf Subsistenzwirtschaft ausgerichteten Struktur Kambodschas Rechnung tragen sollte.[13]

Das aus dem innergesellschaftlichen Konflikt hervorgegangene Terrorregime der Roten Khmer betrieb eine brutale „Umerziehung" und Vernichtung der städtischen Bevölkerung, die nur als am eigenen Volk bezeichnet werden kann. Erst der mit Hilfe Chinas geführte zwischenstaatliche Krieg der Roten Khmer gegen Vietnam im Januar 1979 führte schließlich zum Sturz der Pol Pot Regierung und zur Besetzung Kambodschas durch vietnamesische Truppen. Aber auch der von Vietnam eingesetzten Regierung unter Ministerpräsident Hun Sen gelang es nicht, den Krieg zu beenden. Im Gegenteil, trotz der vietnamesischen Unterstützung setzten die Roten Khmer sowie andere Milizen, deren Kämpfer sich aus der Anhängerschaft von König Sihanouk und der des ehemaligen Generals Lon Nol rekrutierten, den Krieg gegen die neue Regierung bis zum Abzug der vietnamesischen Truppen im September 1989 fort.

Der vor dem Hintergrund der chinesisch-sowjetischen Annäherung und dem Ende des Ost-West-Konflikts erfolgte Rückzug Vietnams konnte aber auch nicht in eine unmittelbare Beendigung des Krieges umgesetzt werden. Zu stark war die Eigendynamik, die der Krieg inzwischen entwickelt hatte und in deren Logik nicht nur der Austrag gesellschaftlicher Konflikte, sondern auch die Aneignung gesellschaftlicher Ressourcen mit Mitteln physischer Gewalt lag. In dreißig Jahren Krieg waren in Kambodscha nahezu sämtliche staatlichen Organisationsformen zerfallen. Vor diesem Hintergrund setzten sich die bewaffneten Auseinandersetzungen bis weit ins Jahr 1998 hinein fort. Erst mit der Entwaffnung der letzte Rebellengruppe im Dezember 1998, die aus dem Zerfallsprozeß der Roten Khmer hervorgegangen war, kann der Krieg in Kambodscha als beendet angesehen werden.

4.2.2 Indonesien

Als im Jahre 1942 die niederländische Armee von japanischen Truppen aus dem indonesischen Archipel vertrieben wurde, waren die Japaner zuerst als Befreier begrüßt worden. Recht schnell zeigte sich jedoch, daß mit Japan eine noch repres-

---

13 Zur Ideologie und Organisationsstruktur der Roten Khmer vgl. Kiernan (1996) und Raszelenberg (1995).

siver vorgehende neue Kolonialmacht eingetroffen war. Die erneute Besetzung wurde zum Auslöser des bewaffneten Unabhängigkeitskampfes unter Sukarno und Hatta. Ihnen versprach Japan angesichts der militärischen Niederlage gegen die Alliierten die Unabhängigkeit Indonesiens, welche Sukarno im August 1945 ausrief. Die Alliierten hatten sich aber zuvor darauf verständigt, in „Niederländisch Indien" den Status quo *ante bellum* wieder herzustellen. Wie Frankreich in Indochina versuchten auch die Niederlande, ihre koloniale Herrschaft in Indonesien mit Gewalt zu restaurieren. Im Juli 1947 marschierten niederländische Truppen auf breiter Front in Java und Sumatra ein. Durch diplomatischen Druck, insbesondere seitens der USA, kam es im Juli 1949 zu einem Waffenstillstand. Die Niederländer zogen bis auf West-Papua ihre Truppen aus Indonesien ab, das im Dezember 1949 erneut seine Unabhängigkeit proklamierte.

Während sich aber die nationalstaatliche Neugliederung Indochinas und Ostasiens im wesentlichen an den traditionalen, vorkolonialen politischen Einheiten orientierte, folgte im indonesischen Archipel dem holländischen und japanischen nun ein „javanisch-indonesischer" Kolonialismus. In ihren territorialen Ansprüchen bezog sich nämlich die javanisch dominierte indonesische Nationalbewegung auf die kolonialen Grenzziehungen. Dem neuen Nationalstaat Indonesien entsprach keine territoriale Einheit mit traditionalen Herrschaftsformen. Die mit der Unabhängigkeit beginnende Konsolidierung vorausgesetzter Staatlichkeit hatte somit eine erhebliche territoriale Komponente.

Doch nicht nur hinsichtlich der territorialen, sondern auch bezüglich der inneren Konsolidierung steht die gesellschaftliche Entwicklung Indonesiens in einer Kontinuität zur Kolonialzeit. So versuchte schon die niederländische Kolonialverwaltung zu Beginn des 20. Jahrhunderts, dem Bevölkerungsdruck auf Java und Bali durch staatlich organisierte Umsiedlungsmaßnahmen zu begegnen. Mit mehr als 200 Millionen Einwohnern rangiert Indonesien heute an vierter Stelle unter den bevölkerungsreichsten Staaten der Erde. Mehr als die Hälfte aller Indonesier lebt auf Java, wo die im Zuge kolonialer Veränderungen begonnene ökonomische Freisetzung der Landbevölkerung mit einem hohen Bevölkerungswachstum einherging und in die autonome oder staatlich gelenkte Migration mündete. Die Ansiedlung der javanischen Bauern auf den dünn besiedelten Außeninseln, die sogenannten Transmigrationsprogramme (vgl. Kebschull 1986 und Erbe/Fasbender 1989), der Modernisierungsvorsprung Javas sowie die staatlich gelenkte Reinvestition öffentlicher Ressourcen auf Java verstärkten die mit der territorialen Komponente verbundenen Konflikte im indonesischen Nationalstaat.

Die gewaltsame territoriale Konsolidierung Indonesiens fand nach dem Unabhängigkeitskrieg in den Kämpfen zwischen indonesischen und holländischen Truppen in West-Papua 1962 ihre Fortsetzung. Die Frage der staatlichen Zugehörigkeit West-Papuas war im Unabhängigkeitsvertrag von 1949 nicht endgültig geregelt worden, so daß dort weiterhin holländische Truppen stationiert waren. Von der Regierung Sukarno wurde das Gebiet aber als ein noch nicht befreiter Teil des indonesischen Nationalstaates angesehen. Nach mehreren Landungsversuchen der indonesischen Armee, die aber von der Bevölkerung West-Papuas keine Unterstützung erfuhren, wurde der Krieg unter Druck der USA und Vermittlung der UNO beendet. Bis Mai 1963 stand West-Papua unter UN-Verwaltung, dann erfolgte die völkerrechtswidrige Übernahme durch Indonesien. Über die weitere Zukunft des Landes sollte in einem Referendum 1969 entschieden werden. Doch schon 1965 begann eine kleine Befreiungsorganisation, die von den einheimischen Papuastämmen unterstützt wurde, mit dem bewaffneten Kampf gegen die indonesische Besatzung.

In der Anfangsphase des Krieges war die später unter dem Namen „Organisation für ein freies Papua" (OPM), auftretende Befreiungsbewegung nur indirekt an den Kämpfen beteiligt. Diese entzündeten sich an den Folgen der indonesischen Erschließungsmaßnahmen für das Transmigrationsprogramm, den damit verbundenen Ausbau der Infrastruktur und den Abbau von Bodenschätzen, welche die traditionalen Verfügungsrechte und Nutzungsformen von Grund und Boden zerstörten. Die Kombination von Inwertsetzung des Bodens und politischer Annexion, von militärisch abgesichertem Siedlerkolonialismus, kennzeichnet den über 30jährigen Krieg in West-Papua.[14] So beschränkten sich die Guerillaoperationen der waffentechnisch völlig unterlegen OPM und der mit ihr verbündeten Papuastämme in der Regel auf durch kleine Gruppen vorgetragene Angriffe gegen Militärstützpunkte, Siedlerlager sowie Industrie- und Bergbauanlagen. Im Widerstand gegen die mit militärischen Mitteln durchgesetzte „indonesische Modernisierung" West-Papuas vereinigten sich traditionale und moderne Akteure aus der autochthonen Bevölkerung. Während sich die Papuastämme gegen die direkte Zerstörung ihrer traditionalen Lebensgrundlagen wehrten, ging die OPM vermutlich aus der modernen Elite hervor, die sich unter der holländischen Kolonialverwaltung herausgebildet hatte.[15] Ein großer Teil von ihnen war mit dem Abzug der Holländer oder in den darauf folgenden Jahren ins Exil gegangen. Im holländischen Exil reorganisierten sie sich unter dem Banner einer Nationalbewegung und

---

14 Die Informationen über diesen Krieg flossen nicht zuletzt aufgrund der Nachrichtensperre, die von der indonesischen Regierung veranlaßt worden war, nur spärlich. Es handelt sich hierbei um einen der Grenzfälle, ob und wie lange die Kriegsdefinition tatsächlich als erfüllt angesehen werden kann.

15 So waren 1957 ca. 30 Prozent der unteren Ränge der Kolonialverwaltung mit Einheimischen besetzt (Osborne 1985: 19 ff.).

vertraten von nun an ihre Interessen mit der Forderung nach einem eigenen Nationalstaat (Bell *et al.* 1985 und Polley 1991).

In einer ähnlichen Konfliktformation wurzelt auch der Krieg in Ost-Timor
(1975-1994). Nach der portugiesischen Revolution von 1974 und dem damit verbundenen Rückzug der portugiesischen Kolonialtruppen besetzten 1975 indonesische Truppen die Insel, welche dann im Sommer 1976 als 26. Provinz dem indonesischen Staat einverleibt wurde. Der indonesischen Besetzung war ein kurzer
Krieg zwischen den neu gegründeten timoresischen Parteien, der „Revolutionären
Befreiungsfront Timors" (FRETELIN) und der „Demokratischen Union Timors"
(UDT) vorausgegangen. Während sich die Führungskader der sozialistisch orientierten FRETELIN aus Studenten, Intellektuellen und jüngeren Timoresen zu-
sammensetzen, die in der Kolonialverwaltung beschäftigt waren, stammten die
Gründungsmitglieder der UDT aus dem lokalen Besitzbürgertum oder waren hohe
Beamte der Kolonialverwaltung. Nach einer vorübergehenden Zusammenarbeit
führten gewaltsame Auseinandersetzungen, die sich zwischen Anhängern der beiden Parteien auf dem Land ereignet hatten, zu einem bewaffneten Putschversuch
der UDT gegen die FRETELIN. Vor allem der Unterstützung durch timoresische
Soldaten, die in der ehemaligen portugiesischen Kolonialarmee gedient hatten,
verdankte es die FRETELIN, daß sie aus dem Bürgerkrieg als Siegerin hervorging. Sie übernahm die Verwaltung des Landes und erklärte im November 1975
die Unabhängigkeit Ost-Timors.

Die Unabhängigkeitserklärung durch die FRETELIN nahm Indonesien als
unmittelbaren Anlaß zur militärischen Invasion in Ost-Timor. Nahezu drei Jahre
lang gelang es der FRETELIN, unterstützt von der verarmten Landbevölkerung,
einen breiten Widerstand gegen die indonesische Besetzung aufrechtzuerhalten.
Danach führte sie den Kampf als Guerillakrieg fort. Die tatsächlichen Beweg-
gründe für die Invasion und spätere Annexion Ost-Timors durch Indonesien bildeten vermutlich weniger materielle denn sicherheitspolitische Interessen. Als
ehemaliges portugiesisches Kolonialgebiet unterlag Ost-Timor nicht indonesischen Gebietsansprüchen. Das verarmte und wirtschaftlich völlig unterentwickelte
Land war zu diesem Zeitpunkt kaum von ökonomischem Interesse. Allerdings
hätte die Existenz eines unabhängigen Staates im Gebiet des indonesischen Archipels eine ständige Herausforderung für die innerstaatliche und territoriale Konsolidierung Indonesiens bedeutet. Ein selbständiges Ost-Timor wäre ein Präzedenzfall gewesen, an dem sich nicht nur die Befreiungsbewegung West-Papuas
hätte orientieren können, sondern auch andere auf Sezession von Indonesien
drängende Gruppierungen, deren Aktivitäten hinter drei weiteren innerstaatlichen
Kriegen in Indonesien stehen (vgl. Jolliffe 1978).

Im Jahre 1950 verhinderte die indonesische Armee die Sezession der Südmolukken, wo im April des Jahres auf der Insel Ambon eine unabhängige Republik ausgerufen worden war. Der Widerstand gegen die Einbeziehung in den neuen indonesischen Nationalstaat richtete sich vor allem gegen Befürchtungen, künftig politische und ökonomische Nachteile gegenüber dem Zentrum Java zu erfahren. Das Scheitern von UN-Vermittlungsversuchen und die militärische Eskalation des Konfliktes lag wahrscheinlich darin begründet, daß die „Republik der Südmolukken" über eigene Truppen verfügte, die sich aus repatriierten Soldaten der ehemaligen Kolonialarmee rekrutierten.

Im Bürgerkrieg von 1958 bis 1961 kämpften Rebellengruppen aus Sulawesi und Sumatra gegen die Zentralregierung. Gemeinsamer Nenner der Aufständischen war ihr Wunsch, die javanische Dominanz in Politik und Ökonomie zu durchbrechen. Hier mündete der Konflikt zwischen dem javanischen Zentrum und seiner peripheren Regionen nicht in einen Sezessionskrieg, sondern in den Versuch, die javanisch dominierte Regierung zu stürzen. Auslöser des Krieges war die Ausrufung der „Revolutionären Regierung der Republik Indonesien" im Februar 1958 durch die Guerillaverbände, in denen auch Soldaten der regulären indonesischen Armee kämpften. Die Rebellentruppen, welche anfangs wegen ihrer antikommunistischen Haltung von den USA, den Philippinen und Taiwan unterstützt wurden, waren spätesten nach dem Wegfall der ausländischen Hilfe den Regierungstruppen hoffnungslos unterlegen. Die Kämpfe beschränkten sich bis Kriegsende 1961 nur noch auf sporadische Guerillaaktionen. Verhandlungen und ein Amnestieangebot an sich ergebende Soldaten beendeten den Krieg.

Zwischen 1990 und 1993 kam es schließlich an der Nordspitze Sumatras, in der Provinz Aceh, zu bewaffneten Auseinandersetzungen zwischen Regierungstruppen und einer um Autonomie kämpfenden Guerilla (Morin 1996). Der Autonomieanspruch der Acehnesen wird entlang religiöser Identitätsmerkmale artikuliert, die der historisch frühen Islamisierung des Gebietes entspringen. Schon unter holländischer Kolonialherrschaft fand zwischen 1873 und 1903 in Aceh ein Krieg statt, in dem die Bevölkerung durch ihre religösen Oberhäupter zum Kampf gegen die koloniale Durchdringung ihres Landes aufgerufen worden war.

Auch nach der Unabhängigkeit Indonesiens blieb die Provinz, der die indonesische Regierung kulturelle und religiöse Autonomierechte eingeräumt hatte, politisch unruhig. Der Konflikt mit der Zentralregierung in Java entzündete sich dabei wie in anderen Landesteilen an der von der javanischen Elite betriebenen Inwertsetzung des Landes. Der Konflikt um die von staatlichen, javanischen Firmen kontrollierte Ausbeutung der Rohstoffe Acehs bei gleichzeitiger Zerstörung der traditionalen Reproduktionsgrundlagen der Bevölkerung spitzte sich Ende der 1980er Jahre zu und eskalierte im Mai 1990 zu einem Krieg zwischen der „Acehnesischen Befreiungsfront" und indonesischen Regierungstruppen. Durch massiven militärischen Druck gerade auch gegen die Zivilbevölkerung konnten die Regierungstruppen die Kämpfe zunächst beenden. Im Zuge der allgemeinen politischen und ökonomischen Krise in Indonesien eskalierte der Konflikt aber im Jahre 1999 aufs Neue.

4.2.3   Bougainville und Philippinen

Ähnliche Konfliktkonstellationen wie in Indonesien – Inwertsetzung durch zentralstaatliche Akteure und sie repräsentierende Bevölkerungsgruppen, Marginalisierung der autochthonen Bevölkerung und die Zerstörung ihrer traditionalen Ordnungen – unterliegen auch den Kriegen auf der zu Papua-Neuguinea gehörenden Insel Bougainville und auf den Philippinen.[16]

Der Krieg auf Bougainville (vgl. Böge 1998) ist aus den Konflikten um eine der weltgrößten Tagebau-Minen hervorgegangen. Die Panguna-Kupfermine, die von einem australischen Konzern betrieben wurde, bildete in der zweiten Hälfte des 20. Jahrhunderts das ökonomische Rückgrat Papua-Neuguineas. Während der Staat Papua-Neuguinea so auf die Ausbeutung der Kupfervorkommen angewiesen war, führte diese auf Bougainville selbst zu massiven ökologischen Problemen und zur Zerstörung der traditionalen Lebensgrundlagen der einheimischen Bevölkerung. Nachdem die Zentralregierung Kompensationsleistungen an die „Modernisierungsverlierer" auf Bougainville abgelehnt hatte, begannen diese im November 1988 mit Sabotageakten gegen die Mine. Im März 1989 antwortete die Regierung von Papua-Neuguinea mit der Entsendung von Streitkräften.

Die auf Bougainville gegen die Regierungstruppen kämpfende Widerstandsgruppe forderte den Abzug der Armee, die Stillegung der Mine und die politische Unabhängigkeit Bougainvilles. Forderungen, die von der Regierung kategorisch abgelehnt wurden. Der Verlauf des Krieges zeigte aber, daß die von der „Zentralregierung" behauptete Souveränität und territoriale Integrität des Staates von Papua-Neuguinea nicht der gesellschaftlichen Realität des Landes entsprach. Sowohl die Widerstandsbewegung als auch die Regierungstruppen zeigten Auflösungserscheinungen. Lokale Kommandos führten Raubzüge und bewaffnete Aktionen gegeneinander und gegen die Zivilbevölkerung durch. In vielen Fällen hatte sich das der papuanischen Stammesgesellschaft entsprechende *lex talionis*, die sogenannte Blutrache, zum handlungsbestimmenden Faktor entwickelt. Der Krieg auf Bou-

---

16   Zu den kriegerischen Auseinandersetzungen auf den Philippinen: Ahmad (1982), Hansen (1991), Kessler (1989), Molloy (1988) und Tan (1977).

gainville sowie die prekäre Sicherheitslage auf Papua-Neuguinea selbst zeigen, wie gering die staatliche Integration der Bevölkerung des Landes bisher fortgeschritten ist. Der akute Kriegszustand konnte nach Verhandlungen im neuseeländischen Christchurch und einem formellen Waffenstillstand im April 1998 beendet werden.

Als im September 1996 die „Moro National Liberation Front" (MNLF) einen Friedensvertrag mit der philippinischen Regierung schloß, sah es zunächst so aus, als könnte der mehr als zwanzig Jahre während Krieg auf Mindanao zu einem Ende kommen. Den konfliktiven Hintergrund des Krieges bildete die politische Integration und ökonomische Inwertsetzung der Insel Mindanao und des Sulu Archipels unter Marginalisierung der dort lebenden muslimischen Bevölkerung. Die durch nordphilippinische Eliten und multinationale Konzerne vorangetriebene Transformation der Region wurde noch von der staatlich geförderten Ansiedlung katholischer Kleinbauern aus den nördlichen Landesteilen begleitet. Eine Entwicklung, die während des Krieges durch Zwangsevakuierungen, die Zerstörung landwirtschaftlicher Ressourcen und daraus resultierender Versorgungsschwierigkeiten zur Flucht von mehr als 100.000 Muslimen in die benachbarte, auf der Insel Borneo liegende, malayische Provinz Sabah mündete.

Gegen diese gewaltgeladene Modernisierung der Süd-Philippinen, welche von der autochthone Bevölkerung als Ausschluß und Verdrängung erlebt wurde, widersetzte sich die 1969 gebildete MNLF mit dem Ziel, auf dem von ihr beanspruchten Territorium einen unabhängigen Staat zu errichten. In ihrem Guerillakrieg erhielt die MNLF materielle und ideelle Unterstützung durch Ägypten, Lybien, Malaysia, Saudi-Arabien sowie die Organisation der Islamischen Konferenz. Die philippinischen Regierungstruppen wurden hingegen massiv von den USA unterstützt. Der Widerstand der Autonomiebewegung wurde aber zusehends durch ideologisch und klientelistisch motivierte Spaltungstendenzen geschwächt. Anfang der 1990er Jahre kam es zur Bildung sich islamistisch artikulierender Gruppierungen sowie zur Autonomisierung lokaler Kommandos der MNLF, deren Aktivitäten sich zumeist auf kriminelle Raubzüge, Entführungen und Piraterie beschränkte. Mit dem Friedensvertrag von 1996 wurde in den südlichen Provinzen eine „Special Zone of Peace and Development" eingerichtet, ferner bemühte man sich um die Integration der Guerillatruppen in die philippinische Armee. Nuri Misuari, der frühere Guerillaführer der MNLF, wurde Vorsitzender des Rates für „Peace and Development" und neuer Gouverneur der muslimischen Südprovinzen (Bowcott 1997).

Daß der Friedensvertrag zwischen der MNLF und der Regierung unter Präsident Fidel Ramos den Krieg letztendlich doch nicht beenden konnte, hatte vor allem zwei Gründe. Zum einen war die Fragmentierung und Milizionarisierung des

Widerstandes auf Mindanao schon so weit fortgeschritten, daß ihn die MNLF allein nicht mehr repräsentieren konnte. Trotz einiger Verhandlungsversuche gelang es nicht, sich auch mit der Moro Islamic Liberation Front (MILF), die 1984 als eine Abspaltung der MNLF gegründet worden war, auf ein Abkommen zu einigen. Darüber hinaus haben weitere Splittergruppen, wie z.b. die Abu Sayyaf, welche durch die Entführung westlicher Touristen und den 2001 begonnenen „Anti-Terror-Krieg" in die Schlagzeilen der Weltpresse gelangte, ihre bewaffneten Aktionen fortgesetzt. Zum anderen nahm die Regierungen Ramos und Estrada dies zum Anlaß, den militärischen Druck auf Mindanao zu verstärken. Unter Vermittlung Malaysias haben sich die neue philippinische Regierung unter Gobria Macapagal-Arroyo und die MILF im März 2001 auf einen Waffenstillstand und die Fortsetzung von Verhandlungen geeinigt. Gegen die Abu Sayyaf geht die philippinische Armee zusammen mit US-amerikanischen Anti-Terror-Einheiten weiter militärisch vor.

Fast gleichzeitig mit dem Guerillakrieg im Süden begann die 1968 gegründete maoistisch orientierte Kommunistische Partei und ihr militärischer Arm, die „New Peoples Army" (NPA), den bewaffneten Kampf gegen die philippinische Regierung. Auch hier bildet der Ausschluß wesentlicher Bevölkerungsteile von den politischen und ökonomischen Machtquellen des postkolonialen Staates den Hintergrund des Krieges. Die Monopolisierung dieser Ressourcen in den Händen traditionaler, im Großgrundbesitz verankerter Familien und die Absicherung ihrer Macht- und Akkumulationschancen durch den Staat, verschärfte die innerstaatlichen Konflikte besonders unter dem gewaltsam abgesicherten Patronagesystem des Regimes von Präsident Ferdinand Marcos (1965-86). Rekrutierte sich die Führung der KP und der NPA aus modernen Akteuren, denen die Beteiligung am politischen und ökonomischen „Fortschritt" versagt blieb, stellte die marginalisierte, in traditionalen Abhängigkeitsverhältnissen gehaltene Landbevölkerung die soziale Basis der Rebellen.

Bis Ende der 1980er Jahre gelang es der NPA etwa ein Fünftel aller Dörfer, die in ihrem Operationsgebiet lagen, unter ihre Kontrolle zu bringen. Dieser Erfolg war nicht nur ihrer sozialistischen Befreiungsideologie zu verdanken, sondern kann vor allem auch auf die über erzwungene Pachtsenkungen und die Einrichtung von Gesundheitsdiensten erwirkte Verbesserung der Lebensverhältnisse von Kleinbauern, Pächtern und Landarbeitern zurückgeführt werden. Mit der MNLF in Mindanao kam es im Verlauf des Krieges zu keiner Kooperation. Das Verhältnis zwischen den beiden Widerstandsbewegungen war durch gegenseitige territoriale Respektierung bestimmt. Waren die strukturellen Bedingungen, welche die beiden Gruppierungen in den Krieg gegen die Regierung führten, dieselben, so unterschieden sie sich doch erheblich hinsichtlich der Ziele. Nicht die Sezession vom modernen philippinischen Staat, sondern der Sturz der Regierung und eine soziale Revolution waren die Ziele der NPA. Während diese Konfliktkonstellation in Mindanao den Charakter eines ethnischen Konflikts mit der Forderung nach Eigenstaatlichkeit angenommen hatte, wurde der Konflikt zwischen der NPA und dem philippinischen Staat in der für Asien häufigen Form eines durch das Prisma der Bipolarität internationalisierten „Bauernkrieges" geführt, in dem die Aufständischen auf eine Veränderung des politischen Systems innerhalb der vorgegebenen Staatsgrenzen abzielen.

Seit 1992 sind die NPA und die philippinische Regierung immer wieder in Verhandlungen zur friedlichen Beilegung des Konflikts eingetreten. Bisher ist aber die mit dem Sturz des Marcos-Regimes 1986 begonnene und von den darauf folgenden Präsidenten fortgesetzte Verhandlungsstrategie der Regierung nicht hinreichend erfolgreich gewesen. Durch eine sukzessive Verbesserung der Lebensverhältnisse auf dem Lande sowie vertrauensbildende Maßnahmen zwischen Landbevölkerung und Armee versucht sie einerseits, die Massenbasis der Guerilla zu schwächen. Andererseits wurden die KP und die NPA durch Verhandlungsangebote, die Entlassung politischer Häftlinge sowie die Legalisierung der KP als politische Partei (1992) schrittweise in das politische System integriert. Eine Strategie, die seit 1993 zu einer teilweise gewaltsam verlaufenden Spaltung der Widerstandsgruppen führte. Während die eine Seite ihre Ziele als systemimmanente Opposition mit der Forderung nach politischen und sozioökonomischen Reformen artikulieren wollen, hat der militante Flügel seine gewaltsamen Aktionen mit Anschlägen gegen Repräsentanten von Staat und Militär fortgesetzt.

4.3   Kriege in Südasien

4.3.1 Indien und Pakistan

Im Gegensatz zu den Kolonialmächten Frankreich und Holland in Südostasien zog sich Großbritannien nach dem Zweiten Weltkrieg relativ schnell und ohne militärische Auseinandersetzungen vom indischen Subkontinent zurück. Daß die Dekolonisation Indiens dennoch nicht unblutig verlief, war ein Ergebnis der gigantischen Migrationswelle, die der ethno-nationalistischen Kriterien folgenden administrativen Aufteilung des Subkontinents in die Staaten Indien und Pakistan folgte. Obwohl die im August 1947 auf der Grundlage der Zwei-Nationen-Theorie durchgeführte Teilung einem Kompromiß entsprach, der zwischen dem Indian National Congress, der Muslimliga und Großbritannien geschlossen worden war, fanden schon im Jahre 1946 kommunalistisch motivierte gewaltsame Auseinandersetzungen zwischen Muslimen und Hindus statt.

Der Teilungsbeschluß sah vor, daß die mehrheitlich muslimischen Provinzen, die der direkten britischen Kolonialverwaltung unterstanden hatten, Pakistan, die restlichen Indien zugesprochen werden. Die 554 unabhängigen Fürstentümer sollten über ihren Anschluß an Indien oder Pakistan selbst entscheiden. Die Umsetzung des Teilungsbeschlusses löste eine gewaltige Flüchtlingsbewegung aus, da sich plötzlich Hunderttausende auf „der falschen Seite" der Grenze wiederfanden. Die verschärfte kommunalistische Agitation mündete besonders in den Grenzregionen in gegenseitige Massaker und einen vorübergehenden Zusammenbruch staatlicher Herrschaft. Der Verlauf dieser Teilung, der ideologische Gegensatz zwischen den indischen und pakistanischen postkolonialen Eliten und die ungeklärte Territorialfrage hinsichtlich des im Nordwesten gelegenen Fürstentums Kaschmir bilden dann auch den Hintergrund für dreizehn Kriege, die nach 1947 auf dem indischen Subkontinent geführt wurden.[17]

Wie alle Fürstentümer war auch Kaschmir 1947 ein *de jure* unabhängiger Staat, der zu einem späteren Zeitpunkt über seinen Anschluß an Indien oder Pakistan entscheiden sollte. Der Versuch des hinduistischen Maharadschas, die Unabhängigkeit des mehrheitlich muslimischen Kaschmirs zu bewahren, scheiterte aber schon im Oktober 1947, als von Pakistan unterstützte paschtunische Kämpfer nach Kaschmir eindrangen, um den Anschluß an Pakistan mit Waffengewalt durchzusetzen.[18] Ein Hilfeersuchen des Maharadschas an die indische Unionsregierung wurde mit einem Anschluß Kaschmirs an Indien verbunden. Der Einsatz indischer Truppen führte zum Kriegseintritt Pakistans, und die Kämpfe konnten erst nach einem durch die UN vermittelten Waffenstillstand im Dezember 1948 beendet werden. Seitdem markiert die Waffenstillstandslinie vom 1. Januar 1949 die Teilung Kaschmirs, dessen Territorium heute zu zwei Dritteln als Bundesstaat „Jammu und Kaschmir" zu Indien gehört. Der Rest des ehemaligen Fürstentums ist unter pakistanischer Kontrolle. Während der nördliche Teil zu den pakistanischen Northern Areas gehört, wird das an der indischen Westgrenze gelegene, *de jure* unabhängige Azad-Kaschmir (freies Kaschmir) *de facto* von Pakistan ver-

---

17 Weiterführende Literatur zum Kriegsgeschehen in Indien und Pakistan: Ahmed (1996), Allen (1992), Amin (1988), Betz (1986), Bose (1997), Ganguly (1993), Heuze (1993), Rupesinghe (1996), Subramanian (1992) und Wirsing (1994).

18 Während der innere Konflikt um den staatlichen Anschluß des Fürstentums Kaschmir entlang des indisch-pakistanischen Gegensatzes zu einem zwischenstaatlichen Krieg und zur Teilung des Fürstentums führte, wurden die Autonomiebestrebungen des Fürstentums Hyderabad nach einem viertägigen Krieg im September 1948 durch den Anschluß an die indische Union gewaltsam beendet (vgl. Menon 1956).

waltet (vgl. Smith 1995). Ein von den UN gefordertes Referendum über die politische Zukunft Kaschmirs hat trotz indischer Zustimmung bis heute nicht stattgefunden.

Nachdem schon zwischen April und Juli 1965 Konflikte um den pakistanischindischen Grenzverlauf im Rann-von-Kutch kriegerisch ausgetragen wurden,[19] fand im August und September desselben Jahres die zweite offene militärische Auseinandersetzung um Kaschmir statt. Sie begann mit einem Guerillakrieg, den aus Pakistan eingedrungene Kämpfer im indischen Teil Kaschmirs gegen die dort stationierten indischen Truppen führten. Diese überschritten am 16. August 1965 die Waffenstillstandslinie und drangen in den pakistanischen Teil Kaschmirs ein. Bis Anfang September hatten sich die Kämpfe zu schweren Panzerschlachten entlang der gesamten indisch-pakistanischen Grenze ausgeweitet, die mindestens 20.000 Todesopfer forderten. Angesichts eines drohenden Kriegseintritts der VR China, die einen militärischen Beistandspakt mit Pakistan geschlossen hatte, gelang es den UN einen Waffenstillstand zu vermitteln, und der Status quo *ante bellum* wurde wiederhergestellt.

Von 1984 bis 1989 fand ein weiterer allerdings sehr begrenzter kriegerischer Konfliktaustrag zwischen Indien und Pakistan statt. Hierbei lieferten sich die Armeen der beiden Staaten im Norden Kaschmirs um den Grenzverlauf am Siachengletscher einen Stellungskrieg. In Jahre 1999 gingen schließlich indische Truppen gegen Milizen vor, die sich in den Bergen von Kargil verschanzt hatten. Von dort aus konnten sei einen etwa sechs Kilometer breiten Streifen auf der indischen Seite der Waffenstillstandslinie kontrollieren. Die Auseinandersetzungen am Siachengletscher und in Kargil lassen sich in die immer wieder aufflammenden begrenzten Schußwechsel und Artillerieduelle entlang der über 2000 km langen Grenze zwischen Indien und Pakistan einordnen. Das konfliktive Verhältnis zwischen Indien und Pakistan zeigt, daß weder die territorialen noch die ideologischen Konflikte, die sich während der Kolonialzeit auf dem indischen Subkontinent herausgebildet hatten, durch dessen Teilung in zwei unabhängige Staaten gelöst werden konnten. Im Gegenteil, die mit der staatlichen Unabhängigkeit Pakistans und Indiens einsetzende innere und äußere Konsolidierung vorausgesetzter Staatlichkeit wurde ideologisch immens aufgeladen und hatte einen nahezu dauerhaften Kriegszustand zwischen beiden Staaten zur Folge. Der innerstaatliche Konflikt zwischen dem Machtanspruch der muslimischen und der hinduistischen Modernisierungselite wurde so auf eine zwischenstaatliche Ebene transformiert und damit eines „der kompliziertesten bilateralen und regionalen Probleme in Asien seit dem Zweiten Weltkrieg" geschaffen (Weidemann 1996: 1090).

---

19 Der Rann ist ein Gebiet an der Grenze zwischen der südpakistanischen Provinz Sind und Indien.

Jedoch erwies sich die kulturnationalistische Staatsideologie auch für die innere Konsolidierung des pakistanischen Staatswesens als zu schwach. Spätestens mit der kriegerischen Sezession Bangladeschs kann die Zwei-Nationen-Theorie als gescheitert angesehen werden. Nach dem Wahlsieg der ostpakistanischen Awami-Liga, die eine sozialistisch inspirierte, föderalistisch bis sezessionistisch orientierte Politik verfolgte, eskalierte der Konflikt zwischen den östlichen und westlichen Landesteilen im März 1971. Während Guerillaeinheiten in Ostpakistan gegen die dort stationierten westpakistanischen Truppen kämpften, bildeten Politiker der Awami-Liga in Indien eine Exilregierung und proklamierten den unabhängigen Staat Bangladesch. Der stetig anschwellende Flüchtlingsstrom aus Ostpakistan und die grundsätzliche Gegnerschaft zu Pakistan veranlaßten Indien im Juni 1971, mit Grenztruppen zugunsten von Ostpakistan in den innerstaatlichen Krieg zu intervenieren. Bis Dezember 1971 hatten sich die Kämpfe zu einem zwischenstaatlichen Krieg ausgeweitet, in dessen Folge es auch an der indischen Westgrenze zu schweren Gefechten kam. Nachdem am 16. Dezember die westpakistanischen Truppen im östlichen Landesteil kapitulierten, wurde am 17. Dezember auch im Westen ein Waffenstillstand geschlossen.

Nur ein Jahr nach der blutigen Staatsgründung von Bangladesch brachen im März 1973 in der Provinz Belutschistan Kämpfe zwischen Guerillaeinheiten und pakistanischen Regierungstruppen aus. In der ökonomisch und politisch benachteiligten Provinz forderte die Volksbefreiungsfront Belutschistans, die von modernen Akteuren (Studenten, Intellektuelle) angeführt wurde, sich aber auf eine traditionale tribale Basis stützte, zunächst mehr Rechte im pakistanischen Staatsverband und mit zunehmender Kriegsdauer schließlich auch die Sezession von Pakistan. Der Krieg konnte von der pakistanischen Zentralregierung erst nach vier Jahren im Juli 1977 beendet werden.

Die Reihe von innerstaatlichen Kriegen findet in Pakistan mit dem von November 1986 bis Juni 1995 anhaltenden Krieg in der südlichen Provinz Sind ihre Fortsetzung. Die Hauptkonfliktlinien verlaufen hierbei zwischen den 1947 aus Indien eingewanderten Muhajirs, den autochthonen Sindhis sowie den in der Provinz stationierten Regierungstruppen. An diesem mit wechselnder Intensität geführten innerstaatlichen Krieg wird besonders deutlich, daß die Zwei-Nationen-Theorie und die mit ihr verbundene islamische Integrationsidee hinsichtlich der inneren Konsolidierung vorausgesetzter Staatlichkeit völlig versagt hat. Die Muhajirs sind die Nachfahren jener indischen Muslime, die nach 1947 nach Pakistan emigrierten und sich in der Provinz Sind mit ihrer Hauptstadt Karachi ansiedelten. Ein Großteil von ihnen war urban geprägt und repräsentierte die moderne muslimische Handelsschicht Indiens. In der von traditionaler Grundherrschaft geprägten Provinz Sind gelang es ihnen schnell, Führungspositionen in Industrie und

Handel zu übernehmen und damit die Nachfolge der nach Indien geflüchteten hinduistischen Mittelschicht zu übernehmen (vgl. Harrison 1987 und Kennedy 1991).

Ihre ökonomische Position und der Umstand, daß die urdusprachigen Muhajirs als Migranten der pakistanischen Staatsideologie mit ihrer „Nationalsprache" Urdu näher standen als die punjabisprachigen Sindhis, erlaubte es ihnen auch, stärker an den politischen Machtstrukturen zu partizipieren. Der latente Konflikt zwischen beiden Bevölkerungsgruppen wurde im Verlauf der postkolonialen Transformation Pakistans virulent. Heute steht der Konflikt in Sind stellvertretend für die fortschreitende Desintegration des pakistanischen Staates entlang von ethnischen, regionalen und sozialen Konfliktlinien. So reichen inzwischen die Forderungen militanter Muhajir-Gruppierungen von der Anerkennung als „fünfte Nationalität" – neben Punjabis, Paschtunen, Baluchis und Sindhis – bis zur Drohung mit einem „neuen 1971", also einer Sezession nach dem Vorbild Bangladeschs (Wilke 1996: 92).

Dem säkular verfaßten Vielvölkerstaat Indien schien die Integration seiner heterogenen Bevölkerung zunächst besser zu gelingen als dem sich als religiös-kulturell homogen verstehenden Pakistan. Fundament dieser innerstaatlichen Konsolidierung bildete der Interessenkompromiß, den die indische Kongreßpartei mit regionalen politischen Eliten und Vertretern der niedrigkastigen Landbevölkerung erzielte. Außer im Falle Kaschmirs und Hyderabads gelang so die gewaltlose Integration vormals autonomer traditionaler politischer Verbände in das moderne indische Staatswesen. Unter der konstitutionellen Oberfläche jedoch, die Indien als „größte Demokratie der Welt" erscheinen lassen, existieren weiterhin traditionale Herrschaftsverhältnisse und die ihnen eigene Einheit politischer und ökonomischer Macht. Gerade in den infrastrukturell und administrativ wenig erschlossenen Randgebieten Indiens konnte sich das staatliche Gewaltmonopol nur teilweise etablieren. Hier bilden lokale, familiale und tribale Vergesellschaftungsformen noch immer wesentliche Bezugspunkte politischer Loyalität, und die Anwendung „privatisierter physischer Gewalt" ist keine Seltenheit. Eine dieser Randregionen um den nordöstlich gelegene Bundesstaat Assam repräsentiert somit auch einen Schwerpunkt des innerstaatlichen Kriegsgeschehens in Indien.

Bei der Gründung der indischen Union 1947 fanden die Autonomieforderungen der Bevölkerungsgruppe der Nagas kein Gehör. Ihre Siedlungsgebiete verteilen sich auf die heutigen Staaten Indien und Birma, wobei die indischen Siedlungsgebiete in den Bundesstaat Assam eingegliedert wurden. Die Nagas, ein tribal strukturiertes christliches Bergvolk, siedelten in weitgehend selbstgenügsamen Dorfgemeinschaften im indisch-birmanischen Grenzgebiet und waren von der kolonialen Transformation Indiens ausgeschlossen. Dieser faktischen Autonomie entsprach aber nicht die völkerrechtliche Anerkennung als Protektorat, wie dies bei den indischen Fürstenstaaten der Fall war. Das Nagaland wurde hingegen wie die Gebiete behandelt, die der direkten britischen Kolonialverwaltung unterstanden. Dieser Widerspruch fand in zwei Kriegen (1954-64 und 1969-75) seinen gewaltsamen Ausdruck. Daß sich die kriegerischen Auseinandersetzungen trotz der Gründung des indischen Bundesstaates Nagaland 1963 fortsetzten, ist vor allem auf die ideologische und organisatorische Spaltung der Widerstandsgruppen und die fortgesetzte Repression durch indische Regierungstruppen zurückzuführen (Jacobs *et al.* 1990).

Dem Krieg der „Mizo National Front" (MNF) gegen die indische Regierung (1966-1980) lag eine ähnliche Konfliktkonstellation wie in Nagaland zugrunde. Auf ihre politische und soziale Marginalisierung im Bundesstaat Assam reagierten die christlichen Mizos mit der Forderung nach staatlicher Unabhängigkeit unter Einschluß ihrer in Birma und Bangladesch gelegenen Siedlungsgebiete. Nach der Staatsgründung Bangladeschs diente die dortige Region der Chittagong Hill Tracts der MNF als militärisches Rückzugsgebiet. Die Chittagong Hill Tracts boten ein geeignetes Rückzugsgebiet, weil diese periphere, im Südosten Bangladeschs gelegenen Provinz ebenfalls Kriegsgebiet war. Zwischen 1973 und 1993 kämpfte dort eine sich aus der buddhistischen Bergbevölkerung rekrutierende Guerillaarmee gegen die Ansiedlung muslimischer Bengalen in ihrer relativ dünn besiedelten Region. Zudem zerstörte der staatliche Zugriff auf die dortigen Erdölvorkommen sowie das Anlegen von Plantagen mit Teak- und Gummibäumen die traditionale Subsistenzökonomie der autochthonen Bevölkerung. Sowohl die Regierung von Bangladesch als auch die indische Regierung reagierten auf die beiden Aufstände mit massiven Repressionsmaßnahmen. In Indien aber, wie im Konflikt mit den Nagas, flankiert durch Zugeständnisse hinsichtlich der Gewährung einer föderalen Autonomie. Im Zuge der Reorganisation der unruhigen Nordostprovinzen wurde 1971 das Unionsterritorium Mizoram gegründet, das seit 1988 den Status eines indischen Bundesstaats besitzt.

Hatte der politische Anschluß der Nagas und Mizos an den Bundesstaat Assam zu kriegerischen Auseinandersetzungen geführt, so ist es in Assam die innere Struktur, die für den Krieg verantwortlich zeichnet, der dort von 1990 bis 1992 stattfand. Die extrem periphere Lage Assams und seine segmentierte, archaische Gesellschaftsstruktur hatten zur Folge, daß sich die britische Kolonialmacht nicht auf die dortigen illiteraten einheimischen Autoritäten stützen konnte. Statt dessen förderten die Briten die Einwanderung von Bengalen nach Assam, die dort schnell die Führungspositionen in der Verwaltung und im Handel einnahmen. Wie dem Konflikt zwischen Sindhis und Muhajirs in Pakistan liegt auch dem heutigen Konflikt in Assam diese „Modernisierung in ethnischem Gewande" zugrunde. Die

postkoloniale Transformation brachte unter den Assamesen eine moderne Intel-
lektuellen- und Mittelschicht hervor, die ihren Protest um mehr Beteiligung und
gegen die abhängige Entwicklung in der Provinz mit der Agitation gegen die ben-
galische Bevölkerung verband.

Die sozialen Konflikte verschärften sich Anfang der 1970er Jahre, als weitere
Bengalen aufgrund des Krieges um Bangladesch nach Assam einwanderten. Bereits in den 1980er Jahren kam es zu gewaltsamen Übergriffen gegen die bengali-
sche Bevölkerung, die schließlich 1990 die Kriegsschwelle überschritten. Die bewaffneten Auseinandersetzungen wurden von der Assamesischen Befreiungsfront
geführt, die aus der lokalen Studentenbewegung hervorgegangen war und nun einen unabhängigen Staat Assam forderte. Mit Kriegsausbruch wurde Assam 1990
der Direktverwaltung durch die indische Zentralregierung unterstellt. Nach einer
fünfmonatigen Offensive der indischen Armee bot die in die Defensive gedrängte
Befreiungsfront einen einseitigen Waffenstillstand an, und ihr moderater Flügel
nahm Verhandlungen mit der indischen Regierung auf. Zwar sank in der Folge
das Niveau der bewaffneten Auseinandersetzungen, so daß der Krieg seit 1992 als
beendet gelten kann, dennoch kommt es wie auch in Nagaland noch vereinzelt zu
Kampfhandlungen.

Neben dieser Häufung kriegerischer Konflikte im peripheren Nordosten Indiens wurde aber auch im Punjab (1982-93) und seit 1990 wieder in Kaschmir
Krieg geführt. Der Krieg zwischen militanten Gruppierungen, die sich aus Ange-
hörigen der Religionsgemeinschaft der Sikhs rekrutierten und einen unabhängigen
Staat Khalistan forderten, und indischen Polizei- und Streitkräften im Punjab,
steht exemplarisch für die unabgeschlossene innere Konsolidierung des indischen
Staates. Die Kommunalisierung der symbolischen Ordnung seit dem 19. Jahrhundert, die führende Rolle der Sikhs in der britischen Kolonialarmee und ihre daraus
resultierende Sonderstellung im miltärisch-administrativen Apparat sowie die
gemeinsame Sprache Punjabi trugen unter den Sikhs zur Transformation der religiösen in eine politische Identität bei. Die indisch-pakistanische Grenzziehung,
durch die der Punjab geteilt und eine massive Migration ausgelöst wurde, veränderte die demographische Lage im indischen Punjab. Der Anteil der Sikhs an der
Gesamtbevölkerung des Unionsstaates stieg auf über 30 Prozent an, nach einer
Reorganisation der Grenzen in den 1960er Jahren stellten sie erstmals die absolute
Bevölkerungsmehrheit. Diese politischen und demographischen Veränderungen
liefen parallel zur postkolonialen Transformation der Region, die in ökonomischer
Hinsicht vor allem durch die Kapitalisierung der Landwirtschaft gekennzeichnet
war. Die Zerstörung der traditionalen Reproduktionsformen brachte die durchaus
wohlhabenden Sikh-Bauern in eine wachsende Abhängigkeit zum Zentralstaat und
zu der den kapitalistischen Sektor dominierenden hinduistischen Mittelschicht.

Aufgrund dieser Entwicklungen und ihrer als ökonomische, politische und religiöse Diskriminierung empfundenen Auswirkungen auf die Sikhs begannen 1980 erste Unruhen, die 1982 in einen offenen Bürgerkrieg mündeten. Im Verlauf des Krieges gelang es den Sikh-Milizen zum Teil, die Grenzgebiete zu Pakistan ihrer Kontrolle zu unterwerfen. Sie trieben Steuern ein und erklärten Punjabi zur einzigen „Landessprache". Die teilweise von Pakistan unterstützten Milizen fanden in der Bevölkerung des Punjab allerdings keine Massenbasis für ihre separatistischen Ziele. Hierfür mag auch die bereits angesprochene prominente Rolle von Sikhs in staatlichen Organen, also ihre zumindest partielle Integration in den modernen indischen Staat, von Bedeutung gewesen sein. Dem massiven militärischen Druck der indischen Armee und regionaler Polizeitruppen, die sich aus Sikhs rekrutieren, waren die Aufständischen auf Dauer nicht gewachsen.

Im Laufe der postkolonialen Entwicklung veränderte sich auch die Konfliktlage in Kaschmir. War das dortige Kriegsgeschehen anfangs vom indisch-pakistanischen Gegensatz und den mit ihm verbundenen Territorial- und Grenzkonflikten geprägt, bestimmten in zunehmenden Masse auch innergesellschaftliche Bedingungen das Konfliktgeschehen. Diese innergesellschaftliche Konfliktgrundlage scheint auch für die Eskalation des Konfliktes in einen offenen Bürgerkrieg verantwortlich zu sein, von dem spätestens seit 1990 gesprochen werden muß. Der durch die indische Verfassung garantierte Sonderstatus Kaschmirs wurde durch die Integrations- und Assimilationspolitik der indischen Regierung Schritt für Schritt untergraben. Die Einsetzung „Delhi-treuer" Regierungen in Kaschmir und die Verstärkung zentralistischer Elemente in der indischen Innenpolitik verstärkten die Entfremdung der Bevölkerung Kaschmirs von der Zentralregierung zusätzlich.

Mit dieser politischen Zentralisierung ging die wachsende ökonomische Abhängigkeit Kaschmirs vom Zentrum einher. Die generelle Kapitalisierung der indischen Wirtschaft verstärkte die Abhängigkeit Kaschmirs vom gesamtindischen Markt, steigerte die Monetarisierung vormals traditionaler Austauschverhältnisse und die Industrialisierung der landwirtschaftlichen Produktion. Die Kombination aus einer Zerstörung traditionaler Reproduktionsbedingungen, wachsender Bildungschancen bei gleichzeitigem Arbeitsplatzmangel und der Einschränkung politischer Autonomierechte lieferte das explosive Gemisch, das vor dem Hintergrund der durch Krieg und Gewalt gekennzeichneten postkolonialen Geschichte Kaschmirs unmittelbar zum Bürgerkrieg führte.

Es ist somit auch verständlich, daß die auf über hundert geschätzten militanten Gruppierungen ihre Mitglieder vornehmlich aus der großen Zahl arbeitsloser, um ihre Zukunftschancen betrogener Jugendlicher und junger Intellektueller rekrutierten. Nach wie vor spielt auch Pakistan in diesem Krieg eine wichtige Rolle, indem es die Aufständischen unterstützt und ihnen als Rückzugsgebiet dient. Im Wandel der Konfliktstrukturen zeigt sich aber deutlich, daß jenseits äußerer Bedrohungsszenarien das indische Staatswesen vor allem durch die unabgeschlossene innerstaatliche Konsolidierung gefährdet ist. Es scheint so, als ob die fortschreitende gesellschaftliche Modernisierung die eingangs erwähnten Integrationsmechanismen des indischen Staates zerstöre. In dieser Hinsicht ist auch von Bedeutung, daß Indien mit der Machtübernahme der BJP im Jahre 1998 von einer politischen Partei regiert wird, deren hindu-nationalistische Ideologie den kulturellen Kompromiß des Indian National Kongreß zurückweist.

4.3.2 Sri Lanka und Birma

Was in Pakistan und Indien droht, ist in Sri Lanka und Birma zur traurigen Wirklichkeit geworden: der zumindest zeitweise Zusammenbruch staatlicher Strukturen in lang anhaltenden Bürgerkriegen. Auch die Wurzeln des seit 1983 in Sri Lanka zwischen der singhalesisch dominierten Regierung und der auch „Tamil Tigers" genannten LTTE geführten Krieges reichen in die britische Kolonialzeit zurück. Im Zuge der kolonial induzierten Modernisierung des Landes waren es die Sri Lanka Tamilen, die als „Modernisierungselite" in hohem Maße Funktionen im modernen Sektor – Verwaltung, Bildung, Rechtswesen – besetzten. Diese dominante Position der Tamilen im modernen Sektor wurde im Zuge der Einwanderung von tamilischen Plantagearbeitern aus Südindien verstärkt, indem mit diesen auch tamilische Händler und Geldverleiher in das Land kamen.[20] Die unterschiedlichen sozio-ökonomischen Interessen der Singhalesen und Tamilen fanden in den Jahren vor der Unabhängigkeit des Landes in der Gründung der singhalesischen „United National Party" (UNP) und des „Tamil Congress" dann auch ihren politischen Ausdruck.

Mit der Unabhängigkeit 1948 übernahm die singhalesische Mehrheit die Macht im Staate und leitete eine sukzessive Umkehrung der kolonialen Verhältnisse ein, unter denen die Tamilen einen privilegierten Zugang zu den Ressourcen des modernen ökonomischen und staatlichen Sektors hatten. Durch ein Sprachengesetz, daß das Singhalesische zur allgemeinen Amtssprache erhob, eine die Singhalesen bevorzugende Bildungspolitik, die Reservierung und Kontingentierung von Arbeitsplätze für Singhalesen im Rahmen der staatlich kontrollierten Indu-

---

20 Im Gegensatz zu den „Sri Lanka Tamilen", die schon seit Jahrhunderten im Norden und Osten der Insel leben, sind die „Indien Tamilen" Nachfahren der von den Briten aus Südindien nach Sri Lanka geholten Arbeitskräfte, die als Pflücker in den Teeplantagen eingesetzt wurden.

strialisierung des Landes, der gezielten Ansiedlung von Singhalesen im tamilischen Norden und Osten sowie einer Verfassungsänderung, die die Singhalesierung des von Ceylon in Sri Lanka umbenannten Staates weiter vorantrieb, wurden die Tamilen zunehmend vom Modernisierungsprozeß des Landes ausgeschlossen.[21]

Diese Entwicklung, moderne Staatsbildung bei gleichzeitiger ethnisch motivierter Exklusion eines Bevölkerungsteils von den Ressourcen moderner Staatlichkeit, wurde im Rahmen des von Großbritannien adaptierten Mehrheitswahlrecht und durch den inner-singhalesischen Parteienkampf noch forciert. Mit der Gründung der „Sri Lanka Freedom Party" (SLFP) begann 1951 ein politischer Zweikampf zwischen der SLFP und der UNP um die singhalesische Wählerschaft. Aufgrund ihrer regionalen Hochburgen konnten auch die Tamilen immer eine relativ konstante Zahl von Abgeordneten stellen, allerdings ohne tatsächlich Einfluß auf die Politik des Landes zu nehmen. Diese wurde immer stärker durch die sich ethnisch-politsch radikalisierende singhalesische Wählerschaft entschieden. Der Zweikampf zwischen SLFP und UNP verschärfte die Singhalesierung des Staates zusätzlich und hatte zur Folge, daß junge tamilische Intellektuelle Anfang der 1970er Jahre begannen, einen eigenen tamilischen Staat zu fordern.[22]

Nachdem es Mitte der 1970er Jahre schon zu gewaltsamen Auseinandersetzungen gekommen war, eskalierte der Konflikt mit einem Pogrom gegen die tamilische Bevölkerung. Dieses ereignete sich im Juli 1983 nach einem Terroranschlag gegen eine singhalesische Militäreinheit, für den tamilische Untergrundkämpfer verantwortlich gemacht wurden. Im Verlauf des Krieges fanden sowohl Kämpfe zwischen Regierungstruppen und tamilischen Milizen als auch zwischen den tamilischen Guerillaeinheiten statt. In den innertamilischen Kämpfen gelang es der 1976 gegründeten LTTE mit äußerster Brutalität, ihren Alleinvertretungsanspruch gegen andere tamilische Gruppen durchzusetzen. Die LTTE kämpft mit modernen militärischen Mitteln, aber auch mit dem Einsatz von „Kindersoldaten" und Selbstmordattentätern, für einen tamilischen Staat, der die Siedlungsgebiete der Sri Lanka Tamilen im Norden und Nordosten der Insel umfassen soll. Im Zuge dieses Sezessionskrieges übernahmen die Milizen der LTTE für mehrere Jahre die Kontrolle der im Norden Sri Lanka's gelegene Halbinsel Jaffna, welche erst 1998 durch eine Großoffensive der Armee zurückerobert werden konnte.

---

21 Hier wäre ein Vergleich der Entwicklungen in Sri Lanka und Ruanda interessant, wo die Tutsi unter kolonialer Herrschaft den modernen Sektor dominierten, im postkolonialen Staat dann aber systematisch von der politischen Macht ausgeschlossen wurden (vgl. Braumann 1995: 45 f. und 57 f.).
22 Zur nachkolonialen politischen Entwicklung in Sri Lanka: Wilson (1974 und 1988).

Neben diesem Krieg zwischen LTTE und der srilankischen Regierung kam es Ende der achtziger Jahre im Süden des Landes auch zu einer „Neuauflage" des JVP-Aufstandes von 1971 (vgl. Goonetileke 1975 und Rösel 1994). Wie schon 1971 bildeten ökonomisch marginalisierte singhalesische Jugendliche das Rückgrat der JVP. Waren ihre Erwartungen 1972 trotz der „singhalesischen Umverteilungspolitik" aufgrund eines stagnierenden Wirtschaftswachstums enttäuscht worden, hatte nun der anhaltende Kriegszustand dazu geführt, daß die ökonomischen und politischen Aspirationen dieser Bevölkerungsgruppe in weite Ferne gerückt waren. Nach der Intervention indischer „Friedenstruppen" und dem Abschluß eines „indo-srilankischen Friedensvertrags" überzog die JVP staatliche Institutionen mit einem skrupellosen Terrorkrieg, der von Regierungseite mit dem Einsatz nicht minder brutaler Todesschwadrone beantwortet wurde. Die Rolle der indischen Interventionstruppen als Auslösefaktor dieses innersinghalesischen Krieges, der mehr als 30.000 Todesopfer gefordert hat, wird daran verständlich, daß die Niederschlagung des Aufstandes von 1971 wesentlich dem Einsatz der indischen Luftwaffe zu verdanken war. Die erneute Intervention indischer Truppen fand im März 1990 ihr Ende. Ohne zu einer Befriedung des Konfliktes beitragen zu können, zogen die indischen Einheiten ab, nachdem sie selbst immer wieder zur Zielscheibe der Kämpfe geworden waren.

Nach einem im Dezember 2001 von den LTTE verkündeten Waffenstillstand wurden unter norwegischer Vermittlung neue Friedensverhandlungen eingeleitet. Beiden Seiten scheint wohl klar zu sein, daß der Konflikt militärisch nicht zu beenden ist. Es bleibt allerdings abzuwarten, ob die erneuten Verhandlungen zu einem Ergebnis führen werden, oder ob es sich wie in mehreren Fällen zuvor wieder nur um ein taktisches Manöver der Kriegsparteien handelt.[23]

Daß der Krieg in Birma (seit 1989 Myanmar) nach 40 Jahren ins Rampenlicht der Weltöffentlichkeit trat, war wesentlich der Studenten- und Demokratiebewegung des Landes zu verdanken.[24] Die blutige Niederschlagung der Demokratiebewegung und der darauf folgende Militärputsch im September 1988, die Aufrechterhaltung des Militärregimes trotz des Wahlerfolges der Nationalen Liga für Demokratie und ihrer Anführerin Aung San Suu Kyi im Mai 1990 sowie die Verleihung des Friedensnobelpreises an Aung San Suu Kyi erzielten ein Medienecho, welches der seit 1948 andauernde Kriegszustand in Birma nie erreichte. Im Verlauf des Krieges, der im April 1948 mit einem kommunistischen Aufstand begon-

---

23 Für eingehendere Studien zum Bürgerkrieg in Sri Lanka vgl. Bose (1994), Manor (1984), O'Ballance (1989), Roberts (1994), Rösel (1997), Rotberg (1999) und Spencer (1990).
24 Zum Krieg in Burma vgl. auch: Boucaud (1988), Fredholm (1993), Linter (1989) und Marks (1989).

nen hatte, kämpften ca. zwanzig Rebellengruppen in wechselnden Bündnisforma-
tionen gegen die Zentralregierung in Rangun.

Neben dieser mit der kommunistischen Partei verbundenen ideologischen
Motivation, war der Krieg auch von Anfang an durch die Sezessionsabsichten
unterschiedlicher Bevölkerungsgruppen gekennzeichnet. So wurde der kommunistische Aufstand 1948 durch die Rebellion der ethnischen Minderheit der Karen
und der arkanesischen Mujahid-Rebellen begleitet. Während der Wunsch der Karen nach Eigenstaatlichkeit, den eine Delegation 1946 der britischen Kolonialmacht in London unterbreitet hatte, im Unabhängigkeitsprozeß kein Gehör fand,
verlangten die Arkanesen einen Anschluß ihrer Gebiete an das neu gegründete
Ost-Pakistan. In gewisser Hinsicht stand der bewaffnete Austrag dieser beiden
Konflikte in einer Kontinutität zum Zweiten Weltkrieg. In diesem hatten die Alliierten unter den Karen und Arkanesen Guerillaverbände aufgestellt, die hinter den
Linien gegen die japanischen Truppen kämpften und sich nun mit militärischen
Mitteln gegen das Regime in Rangun wendeten.

Das staatliche Gewaltmonopol, das, wenn überhaupt vorhanden, auf das Zentrum des Landes beschränkt war, wurde zusätzlich durch die Infiltration von
Truppenteilen der chinesischen Kuomintang untergraben. Diese hatten sich auf
der Flucht vor den kommunistischen Truppen Chinas in den Norden und Nordosten Birmas abgesetzt. Die Rolle, welche die versprengten Kuomintangtruppen
beim Aufbau des Handels und Schmuggels von Opium spielte, weist auf eine
dritte Dimension der Krieges in Birma hin: militärisch abgesicherte ökonomische
Profite bewaffneter Gruppierungen, die innerhalb des birmanischen Staatsgebietes
operieren. Warlord-Strukturen und die mit ihnen einhergehenden Kriegsökonomi-
en entwickelten sich zu einer wesentlichen Dimension des Krieges, die den kommunistisch inspirierten Antiregime-Krieg und die ethnisch mobilisierten Kämpfe
um Autonomie oder Sezession häufig überlagerte.

Wohl gelang der Regierung zunächst eine Eindämmung der Guerillaaktionen,
ohne aber deren Operationsbasen auszuschalten, die von den Aufständischen in
grenznahe Gebiete verlagert wurden. Die Erklärung des Buddhismus zur Staats-
religion und der Militärputsch von General Ne Win im März 1962 verstärkten die
separatistischen Strömungen unter den Minderheiten Birmas weiter. Hinzu kam
die ökonomische Schwächung des Landes infolge der sozialistisch inspirierten
Verstaatlichungspolitik des neuen Militärregimes. Die Besetzung führender Posten in Verwaltung und Wirtschaft durch Militärs und Vertraute Ne Wins zeigt
aber, daß weniger eine Sozialisierung denn eine gewaltsam abgestützte Privatisierung der ökonomischen Ressourcen des Landes stattfand. Dieser Versuch einer
Monopolisierung ökonomischer Profite auf seiten des Militärs verstärkte die Dynamik der Ausbildung einer Kriegsökonomie. Sowohl Regierung als auch Rebel-

len erzwangen Steuern und Zölle mit militärischer Gewalt, kontrollierten den Schmuggel von Waren und sicherten den Handel mit landwirtschaftlichen Produkten, Jade, Rubinen und Teakholz sowie die Produktion von Opium und seine Raffinierung zu Heroin. In wenigen Jahren war aus dem ehemals reichen Reisexport- ein Reisimportland geworden, das sich 1988 schließlich gezwungen sah, den Status eines „*Least Developed Country*" zu beantragen.

Während die Dynamik des Krieges mit den Entwicklungen seit der Unabhängigkeit Birmas zu erklären ist, wurden seine strukturellen Bedingungen schon zur Kolonialzeit angelegt. Nach der Niederlage des birmanischen Königreiches 1885 und dem Sieg über die Schan und Karen 1888 teilte die britische Kolonialmacht das Land in *Inner-* und *Outer-Burma* auf und folgte damit der traditionalen politischen Strukturierung des Landes. Während die früher dem Königreich Birma tributpflichtigen, Fürstentümer Outer-Burma bildeten, dessen politische und sozialen Strukturen weitgehend unangetastet blieben, wurde Inner-Burma der direkten Kolonialverwaltung unterworfen. Das königliche Herrschaftssystem wurde abgeschafft und das britische Rechts- und Schulsystem eingeführt. Die Konservierung einer politischen Struktur, die den Prinzipien traditionaler, patrimonialer Herrschaft entsprachen, wurde noch durch die geringe koloniale Durchdringung verstärkt, die sowohl Inner- als auch Outer-Burma kennzeichnete. So wurden die modernen administrativen und ökonomischen Bereiche in Inner-Burma fast ausschließlich von Nichtbirmanen besetzt. Von der Monetarisierung der ökonomischen Austauschbeziehungen profitierten vor allem indische Geldverleiher, wohingegen die Birmanen mit der Loslösung aus traditionalen Reproduktionsbedingungen konfrontiert waren, ohne daß eine Einbindung in moderne Strukturen erfolgt wäre. Als die Briten das Land verließen, nahmen sie die nichtbirmanischen „Agenten" anstaltsstaatlicher Strukturen und kapitalistischer Ökonomie mit und hinterließen einen Staat, dessen „Konsolidierung" sich von Beginn an als kriegerischer Zerfall entlang traditionaler Herrschafts- und Identitätsbeziehungen vollzog (vgl. Weidemann 1991).

5. Kriege in Asien: strukturelle Bedingungen und ursächliche Prozesse

Der Versuch, regionalspezifische Besonderheiten im Kriegsgeschehen seit 1945 herauszuarbeiten, bedarf als erstes einer allgemeinen Vergleichsgrundlage, von der aus das Besondere vom Allgemeinen geschieden werden kann. Dies betrifft zum einen die strukturellen gesellschaftlichen Bedingungen, in denen das konfliktive Geschehen wurzelt. Zum anderen betrifft es die historischen Prozesse, in denen strukturelle Widersprüche durch soziale Akteure wahrgenommen und in konfliktives – in den hier geschilderten Fällen kriegerisches – Handeln umgesetzt werden. Der im ersten Kapitel dieses Buches vorgestellte Hamburger Ansatz liefert diesen allgemeinen Vergleichsrahmen, indem er die Entstehung struktureller Widersprüche aus der fundamentalen gesellschaftlichen Transformation erklärt, die sich im Einzelfall in historisch unterschiedliche Verläufe der Modernisierung umsetzt. Die vorausgegangene analytisch angeleitete Deskription der Kriege in Asien erfolgte vor diesem theoretischen Hintergrund und wird jetzt im abschließenden Teil hinsichtlich generalisierbarer Beobachtungen und regionaler Spezifika verdichtet.

Bezogen auf die drei allgemeinen, strukturellen Konfliktlinien, die sich aus dem globalen Transformationsprozeß ergeben, endet mit der Dekolonisation der Dritten Welt ein spezifisches Muster von Modernisierung. An die Stelle der kolonialen Einheit von Politik und Ökonomie, der von außen induzierten, mit gewaltsamen Mitteln durchgesetzten Einbindung traditionaler Gesellschaften in den Weltmarkt, tritt nun in globalem Maßstab die ungleichzeitige Trennung der politischen und ökonomischen Sphären in Staatenwelt und Weltmarkt. Die Konflikte des Modernisierungsprozesses, die aus dem Gegensatz traditionaler und moderner Vergesellschaftung hervorgehen, verlagern sich in das Innere der nun formal unabhängigen Staaten der Dritten Welt. Während sich die Asymmetrie von Zentrum und Peripherie auf globaler zwischenstaatlicher Ebene wegen der formalen Staatengleichheit, der Etablierung „negativer Souveränität", einem rein ökonomischen Verhältnis annähert, behält sie innerstaatlich das „koloniale" Gesicht der gewaltsam abgestützten Akkumulation von Ressourcen bei. Zwischen Weltmarktabhängigkeit und formal garantierter staatlicher Souveränität nimmt die politische und ökonomische Transformation der Entwicklungsgesellschaften die Form der inneren Konsolidierung vorausgesetzter Staatlichkeit an.

Diese Verlagerung des Verhältnisses von Zentrum und Peripherie in das Innere des postkolonialen Staates, ein durch den strukturellen Wandel in den internationalen Beziehungen hervorgerufenes Phänomen, wird in der wissenschaftlichen und politischen Diskussion gelegentlich auch mit dem Begriff des „internen Kolonialismus" umschrieben (vgl. Blauner 1969, Hechter 1985 oder Wolpe 1975). Mit Recht weist Scheffler darauf hin, daß eine derartige Ausweitung des Kolonialismusbegriffs „nahezu allen ethno-regionalen und kulturellen Minderheiten der Welt die Handhabe bieten würde, sich als Opfer illegitimer Kolonialherrschaft darzustellen, die notfalls auch gewaltsam zu bekämpfen sei" (Scheffler 1995: 19). Die politische Brisanz des Begriffes des „internen Kolonialismus" wird angesichts des Rechtsgrundsatzes der „Selbstbestimmung der Völker" noch deutlicher. Entsprechend der Rechtspraxis der Vereinten Nationen bezog sich dieser auf die Erlangung der staatlichen Unabhängigkeit einer territorial klar umgrenzten kolonialen Einheit (Hampson 1997: 63). Setzt man nun Kolonialismus und „internen Kolonialismus" in der politischen Auseinandersetzung synonym, könnte letzterer als Rechtfertigung zur staatlichen Sezession interpretiert werden. Angesichts der definitorischen Unschärfe, die den Begriffen Ethnie und Nation gemein ist, wären somit einer uferlosen Ausweitung des Selbstbestimmungsrechtes und damit des Anspruches auf Erlangung von Eigenstaatlichkeit keine Grenzen mehr zu setzen. Dieser Zusammenhang zwischen Völkerrecht und dem territorialen Erbe kolonialer Herrschaft erklärt auch, warum im Falle Ost-Timors, das eine territorial klar umgrenzte koloniale Einheit war, letztendlich die staatliche Unabhängigkeit von Indonesien international anerkannt wurde.

Für die Analyse kriegsursächlicher Prozesse ist von großer Bedeutung, daß die Einbettung des Gegensatzes von Zentrum und Peripherie in einen modernen territorialstaatlichen Rahmen das gesellschaftliche Bedingungsgefüge darstellt, dem mehr als die Hälfte aller seit 1945 in Asien geführten Kriege entwuchsen. Vor allem in Indien (Assam, Bodos, Mizos, Nagas, Naxaliten, Punjab und Tripura), in Pakistan (Bangladesch, Belutschistan und Sind), in Bangladesch (Chittagong), in Indonesien (Aceh, Bürgerkrieg 1958, Südmolukken, West-Irian), auf den Philippinen (Mindanao) sowie auf den Salomonen Inseln und auf Bougainville ist dieses Strukturmuster hinter den kriegerischen Auseinandersetzungen peripherer Regionen mit der Zentralregierung deutlich zu erkennen. Als besonders kriegsträchtig erwiesen sich diese meist in der Kolonialzeit angelegten strukturellen Widersprüche dann, wenn die Monopolisierung der ökonomischen und politischen Machtquellen durch das Zentrum und die von ihm vorangetriebene Transformation der Gesellschaft zusätzlich ein ethnisch oder religiös distinktes Gesicht trägt. Insbesondere die Kriege auf den Philippinen liefern ein Beispiel dafür, wie diese unterschiedlichen Strukturbedingungen sich auch auf die Zielperspektive der kriegsbeteiligten Akteure auswirken. Während in „kulturell homogenen" Milieus der Zentrum-Peripherie Konflikt im Falle einer kriegerischen Eskalation mit der Forderung nach einem Wandel im politischen System einher geht, also zum Typ des Antiregime-Krieges führt, wird die gewaltsame Reaktion auf Prozesse ethnisch-religiös distinkter Modernisierung häufig mit dem Ruf nach staatlicher Sezession verbunden.

Diese „ethnische Modernisierung" hängt dabei häufig mit einem Spezifikum zusammen, das sich theoretisch aus Grundbedingungen der kapitalistischen Transformation traditionaler Reproduktionsverhältnisse erklärt. Wie in Europa kommt es auch unter kolonialer Herrschaft und in den nachkolonialen Staaten der Dritten Welt im Prozeß der primären Akkumulation, also der gewaltsam abgestützten Akkumulation von Kapital, zum Phänomen der Migration.[25] Aus traditionalen Verhältnissen freigesetzte Bevölkerungsgruppen können nicht in moderne Sektoren eingebunden werden und sehen sich zur Migration gezwungen. Hierbei wird die mit dem Begriff „Landflucht" erfaßte Migration in die entstehenden urbanen Zentren meist auch von einer Gegenbewegung begleitet, der Migration proletarisierter Teile der Bevölkerung aus den neu gebildeten Zentren in periphere Gebiete. Durch „Siedlerkolonialismus" versuchen die Migranten dort, die verlorengegangene Ressource Land aufs neue zu erschließen.

Staatlich gesteuerte Migration wie in Bangladesch, Indonesien, auf den Philippinen oder in Tibet, kolonial induzierte Modernisierung in ethnischem Gewand wie in Assam, Sri Lanka oder Malaysia sowie die politisch bedingte Migration der Muhajirs nach Sind bieten Beispiele dafür, wie der Gegensatz von Zentrum und Peripherie, von Moderne und Tradition, hinsichtlich der in dieses konfliktive Verhältnis verwickelten Akteure ein askriptives Gesicht annehmen kann. Da kapitalistische Modernisierung immer zuerst als Zerstörung traditionaler Lebensweisen auftritt und somit notwendigerweise den Widerstand der davon betroffenen Menschen herausfordert, ist diese Modernisierung in kulturell distinktem Gewande bei kriegsursächlichen Prozessen von großer Bedeutung. Für die strukturell hervorgerufene Zerstörung der traditionalen Lebensverhältnisse kann in diesen Fällen ein durch ethnische oder religiöse Merkmale bestimmter Akteur verantwortlich gemacht werden.

Betrachtet man die strukturelle Konfliktlinie, die sich aus traditionalen, vorkolonialen Gegensätzen ergibt, so fällt auf, daß diese im asiatischen Kriegsgeschehen seit 1945 von einem wesentlich geringeren Erklärungswert ist als die Konfliktlinie, die sich aus dem globalen Transformationsprozeß selbst ergibt. Traditionale Konfliktstrukturen sind ein Bestandteil von Territorialkonflikten um die Einbeziehung traditionaler politischer Verbände in die neuen postkolonialen Staaten. Die Aneignung von Territorien und die Monopolisierung der Gewaltmittel seitens der neuen Staaten bilden hierbei den konfliktiven Zusammenhang. Momente dieser traditionalen Gegensätze lassen sich in der Annexion Tibets durch die Volksrepublik China, im Krieg zwischen Indien und Hyderabad, bei der Entstehung des Kaschmirkonfliktes, im Krieg in Birma, im Grenzkonflikt zwischen Thailand und Laos sowie in der anti-vietnamesischen Komponente des Krieges in Kambodscha erkennen. Gerade die Ideologie der Roten Khmer zeigt aber recht deutlich, daß diese Konfliktlinie sich mit anderen verschränkt. So war deren anti-vietnamesische Stoßrichtung zugleich auch eine anti-moderne, da ein

---

25 Zum Zusammenhang von Migration und gesellschaftlichem Strukturwandel: Marks/Richardson
    (1984).

nicht geringer Teil moderner sozialer Akteure in der kambodschanischen Hauptstadt Phnom Penh vietnamesischer Abstammung war.

Die dritte strukturelle Konfliktlinie wird im Hamburger Ansatz auf den Widerspruch zwischen Arbeit und Kapital zurückgeführt, welcher der modernen kapitalistischen Gesellschaft immanent ist. Die Dominanz dieses spezifisch modernen Widerspruchs tritt besonders im Kriegsgeschehen Ostasiens hervor. Vor allem anhand der kriegsbeteiligten Akteure, ihrer strukturellen Verwurzelung und ihrer handlungsleitenden Ideen lassen sich im Chinesischen Bürgerkrieg und den folgenden Kriegen zwischen der VR China und Taiwan sowie im Koreakrieg Momente dieser Konfliktlinie zeigen. Aber auch die Kriege in Indochina, der New Peoples Army auf den Philippinen oder der JVP-Aufstand und der seit 1983 anhaltende Krieg auf Sri Lanka sind durch spezifisch moderne Elemente charakterisiert. Insbesondere die Rekrutierung von Kombattanten und die Mobilisierung der Bevölkerung unter den im Zuge der Modernisierung Marginalisierten ist hier von großer Bedeutung. Schließlich ist die Territorialisierung dieser der Moderne inhärenten Konfliktlinie, die sich in den Kriegen Ostasiens und Indochinas erkennen läßt, sowie ihre Überlagerung und militärische Aufladung durch den Ost-West-Konflikt eine regionale Besonderheit.

Die historische Entwicklung Ostasiens unterscheidet sich vom restlichen Kontinent dadurch, daß die Entmachtung traditionaler Eliten im wesentlichen mit dem Zweiten Weltkrieg abgeschlossen war. Im Gegensatz zum Indischen Subkontinent und Teilen Südostasiens, wo traditionale Eliten ihre Machtpositionen als intermediäre Kräfte der kolonialen Verwaltungspraxis bewahren oder gar ausbauen konnten, bestimmten in Ostasien moderne soziale Akteure die politische Entwicklung nach 1945. Es war der Kampf dieser Akteure um die politische und ökonomische Macht in Staaten, deren territoriale Konsolidierung und politisch-kulturelle Integration unter patrimonialer Herrschaft schon weit gediehen war. Im Zentrum des Kriegsgeschehens in Ostasien stand daher nicht die territoriale Konsolidierung und die als legitim angesehene Etablierung eines staatlichen Gewaltmonopols, wie dies in und zwischen Indien und Pakistan, in Birma oder in Indonesien der Fall war. Auch nicht ein in Autonomie- und Sezessionskriegen eskalierender Gegensatz von Zentrum und Peripherie, sondern der ideologisch legitimierte Kampf um das politische System in Staaten, deren Konsolidierung schon weit fortgeschritten war, prägte das Kriegsgeschehen in Ostasien.

Dabei ist die Legitimation dieses Kampfes entlang des modernen ideologischen Gegensatzes sozialrevolutionärer und bürgerlicher Ideen in einem engen Zusammenhang mit der Mobilisierung materieller Ressourcen für diesen Kampf zu sehen.[26] Genau an diesem Punkt hat auch der Ost-West-Konflikt für das Kriegsgeschehen in Ostasien und Indochina eine erhebliche Bedeutung.

„The bipolarity and the scope of the Cold War conflict opened the door for third world rebels to exploit the international great power system for their own purposes" (Westad 1993: 178). Das Zitat weist auf die relative Autonomie der regionalen Akteure hin. Zwar bestimmte die globale ideologische Differenz die Grenze zwischen den konfliktbeteiligten Akteuren, gekämpft wurde aber aufgrund von innergesellschaftlichen Widersprüchen. Die regionalen Akteure waren nicht die Marionetten der bipolaren Mächte, wie es das Gerede um sogenannte „Stellvertreterkriege" suggeriert, sondern der internationale Systemgegensatz bot ihnen eine ideelle und materielle Ressource zur Erlangung militärischer Konfliktfähigkeit.[27]

Die Überlagerung zweier akteursbezogener Gegensätze, Landbevölkerung gegen traditionale Eliten und kommunistische gegen bürgerliche Akteure, konstituierte in Ostasien und Indochina schon vor dem Zweiten Weltkrieg eine regionale Konfliktkonstellation, in der sich die Landbevölkerung angeführt von kommunistisch orientierten Intellektuellen und ein Interessenbündnis aus traditionalen Eliten und modernen bürgerlichen Schichten gegenüberstanden.[28] Die Privatisierung von Grund und Boden und die Monetarisierung agrarischer Austauschverhältnisse zu Beginn des 20. Jahrhunderts sowie die Erosion staatlicher Herrschaft und traditionaler Formen der Gewaltkontrolle nach dem Sturz der Monarchie markieren den Zusammenbruch der traditionalen Gesellschaft in China. „Bauern gaben ihre Heimat auf, verließen ihr Dorf und wurden Banditen. Später traten sie in die Armeen der Kriegsherren ein" (Moore 1974: 254). Die eher traditionalen Wertstrukturen verhaftete Rebellion entwurzelter Bauern gegen ländliche Notable verband sich mit dem modernen Konflikt zwischen Kommunisten und Kuomintang, welche letzten Endes den Gang der weiteren Entwicklungen bestimmte.

Im Zuge der sich seit der Oktoberrevolution 1917 herausbildenden Bipolarität des internationalen Systems, ideologisch entlang der modernen Konfliktlinie zwischen Arbeit und Kapital artikuliert, entwickelte sich der globale Gegensatz auch

---

26 Diese Verbindung von handlungslegitimierenden und vergemeinschaftenden Ideen mit der Herstellung rein materieller Konfliktfähigkeit wird im Rahmen des vom Hamburger Ansatz vorgeschlagenen Analyseschemas im Untersuchungsschritt „Konflikt" analysiert. Vgl. Jung (1995: 235 ff.).

27 Zu dem Zusammenhang von internationalem System und regionalen Klientelstrukturen, siehe auch den strukturgeschichtlichen Hintergrund zu den Kriegen im Nahen und Mittleren Osten sowie die Ausführungen zum Palästinakonflikt.

28 Wie sich hierbei in China der Polarisierungsprozeß zwischen den Kommunisten und der Kuomintang, die anfangs selbst über einen linken Flügel verfügte, in den zwanziger und dreißiger Jahren des 20. Jahrhunderts vollzog, beschreibt So (1991).

zur dominanten Binnendifferenzierung der Konflikte in Ostasien und Indochina. Angesichts der Bürgerkriegssituation in China seit der Revolution 1911, des Widerstandes gegen die japanische Besatzung, des Zweiten Weltkrieges und des darauf folgenden Dekolonisationskrieges in Indochina ist es wenig verwunderlich, daß die Konflikte der Region auch nach 1945 militärisch ausgetragen wurden. Weder die ideelle Legitimierung noch die materielle Mobilisierung für den militärischen Konfliktaustrag waren im herrschenden Klima der Gewalt ein Problem.

Bestimmte der internationale Diskurs, Sozialismus versus Kapitalismus, die ideelle Mobilisierung und Legitimation zum Krieg, so waren es die politischen Strukturveränderungen des internationalen Systems und der durch die Dekolonisation formal zu einem Ende gekommene Staatenbildungsprozeß, die den Kriegen in Ostasien und dem Vietnamkrieg ihre Form gaben. Mit massiver Unterstützung durch die UdSSR und die USA formierten sich die antagonistischen Akteure als Staaten mit unterschiedlichen politischen Systemen. Die zunächst innerstaatlichen Konflikte um politische Herrschaft nahmen nun die Form zwischenstaatlicher Kriege an. Zur Mobilisierung von Ressourcen auf internationaler Ebene war es in der „Euphorie staatlicher Unabhängigkeit" notwendig geworden, daß die regionalen Akteure im internationalen Rahmen selbst als staatliche Akteure auftraten.

Die Veränderung der militärstrategischen Situation durch die nukleare Aufrüstung, die Zunahme vertraglich geregelter staatlicher Interdependenzen, die Herausbildung einer *„international society of states"* und letztlich das Ende der Ost-West-Konfrontation hinterließen dann auch ihre Spuren im regionalen Kriegsgeschehen. Nachdem Ostasien schon seit den 1960er Jahren kriegsfrei ist, scheint mit dem Ende des Vietnamkrieges und der Integration der in ihn verwickelten Staaten in das regionale Staatenbündnis ASEAN auch in Indochina die kriegerische Konkurrenz der Mächte der Konkurrenz der Ökonomien zu weichen.

Während so im Kriegsgeschehen in Ostasien und Indochina der Ost-West-Konflikt eine bedeutende Rolle spielte und die ihm eigene moderne Konfliktdimension auch Konflikte überlagerte, die dem Modernisierungsprozeß selbst und damit der sukzessiven Zerstörung traditionaler Lebensverhältnisse entsprangen, sind die Kriege in Indonesien und auf dem indischen Subkontinent wesentlich durch die bereits angesprochene Veränderung des Verhältnisses von Zentrum und Peripherie gekennzeichnet. Dabei ist die Entwicklung in Indonesien ein Musterbeispiel dessen, was mit dem Schlagwort „interner Kolonialismus" gebrandmarkt wird.

Fast nahtlos wurde von der javanischen Elite des nachkolonialen Staates die koloniale Form der Modernisierung fortgesetzt. Bildeten im Chinesischen Bürgerkrieg und in Indochina traditionale Oberschicht und Bourgeoisie eine Interessengemeinschaft zur Erhaltung ihrer sozialen Machtpositionen, zwang in Indonesien die staatliche Exklusion moderner Akteure, die sich während oder nach der holländischen Kolonialzeit in den peripheren Regionen formiert hatten, zu Bündnissen mit traditionalen Kräften in den Peripherien und verhinderte dadurch einen „nationalen Konsens" der modernen sozialen Gruppierungen. Mit separatistischen Zielvorstellungen und über ethnische oder religiöse Symboliken vermittelt, trugen diese peripheren Bündnisse traditionaler mit modernen Akteuren ihre strukturell unterschiedlichen Konflikte mit dem javanischen Zentrum aus. Eine Besonderheit der nachkolonialen Entwicklung in Indonesien ist, daß es den Regimen unter Sukarno und Suharto gelang, im ideologischen „Windschatten" der Blockfreiheit auf internationaler Ebene für die Rechte der Kolonisierten einzutreten und gleichzeitig eine Politik der gewaltsamen inneren Kolonialisierung zu betreiben. Wohl konnte der bewaffnete Austrag der Konflikte um die innerstaatliche Konsolidierung Indonesiens nicht verhindert werden, aber eine Aufladung durch den Ost-West-Konflikt und ihre massive Militarisierung wie in Indochina fand nicht statt. Ein Hauptgrund dafür, daß sie eher zu den „vergessenen Kriegen" im Kriegsgeschehen seit 1945 gehören.

Die regionalen Besonderheiten des Kriegsgeschehens auf dem indischen Subkontinent sind schließlich auch in ihrer ideologischen Dimension zu finden. Auch hier fand eine Territorialisierung idealer Gegensätze statt. Ideelle Gegensätze jedoch, deren Ursprung nicht im modernen Konflikt zwischen Arbeit und Kapital zu suchen ist, sondern im Phänomen des Kommunalismus, einem Ergebnis der ökonomischen und administrativen Veränderungen während der britischen Kolonialzeit. Moderne soziale Akteure begannen die Wahrnehmung ihrer Interessen mit überregionalen, an religiösen Symbolen orientierten Ideen zu verknüpfen. Die muslimischen, hinduistischen und singhalesischen Erweckungsbewegungen des 19. Jahrhunderts demonstrieren, wie sich Tradition und Moderne in sogenannten „*imagined communities*" (B. Anderson) verbinden. Dabei greifen moderne Akteure auf traditionale Symbolbestände zurück und schmieden diese in neue nationalreligiöse Ideologien um. Führen die Eliten mittels dieser Ideologien ihren Kampf um die mit dem modernen Staat verbundenen ökonomischen und politischen Ressourcen, so sorgt der Rückgriff auf traditional verankerte Symboliken für die notwendige Massenbasis in einer Bevölkerung, die ihrerseits Modernisierung zunächst nur krisenhaft, als Zerstörung verbürgter Lebensverhältnisse erfährt.

Die Kriege zwischen Indien und Pakistan, in Kaschmir und dem Punjab sowie in Sri Lanka sind nachhaltig durch das Phänomen des Kommunalismus geprägt. Die indisch-pakistanischen Kriege, die gewaltsame Abspaltung Bangladeschs oder das Kriegsgeschehen in der pakistanischen Provinz Sind unterstreichen ferner, daß eine Staatsbildung, die religiösen bzw. ethno-nationalistischen Ideen folgt, keinen „Königsweg" für eine friedliche Konsolidierung moderner Staatlichkeit weist. Die Verlagerung innergesellschaftlicher Konflikte in eine zwischenstaatliche Sphäre hat zumindest auf dem indischen Subkontinent dazu geführt, daß die Zwei-Staaten-Lösung in Zusammenhang mit internationalen geostrategischen Interessen von einem gewaltigen Bedrohungsszenario und einem Rüstungswettlauf begleitet worden ist, in dem Indien und Pakistan die Nuklearschwelle überschritten haben. Eine Militarisierung der Region, die auch zur gewaltsamen Aufladung der innerstaatlichen Konflikte Indiens, Pakistans und indirekt auch Afghanistans beitrug.

Die bisherigen Ausführung dieses Kapitels haben allgemeine Strukturbedingungen des Kriegsgeschehens in Asien und ihre historisch bedingten, regionalspezifischen Erscheinungsformen thematisiert. Dabei wurden auch erste Hinweise gegeben, an welchen Ideenhorizonten sich die Akteure in ihrem konfliktiven Handeln orientierten und inwiefern diese mit dem globalen Transformationsprozeß traditionaler Gesellschaften zusammenhängen. Die Analyse der Verknüpfung ursächlicher Faktoren muß von dieser makrosoziologischen Dimension ihren Ausgang nehmen, da sie den sozialen und historischen Kontext bildet, in den das Handeln der kriegsbeteiligten Akteure eingebettet ist. Dennoch, die fundamentale Transformation politischer, ökonomischer und ideeller Strukturen führt nicht zwangsläufig zu Kriegen. Aber die Auflösung traditionaler Vergesellschaftungsformen und die Monopolisierung physischer Gewaltsamkeit auf seiten des Staates sind Prozesse, die gewaltförmige Konflikte wahrscheinlich machen. Über Form und Austrag der Konflikte, die den globalen Modernisierungsprozeß begleiten, entscheiden dabei letzten Endes gesellschaftliche Akteure. Deren Handeln ist aber nicht strukturell determiniert, sondern historisch kontingent.

Dieses Kontingenzproblem kann auch im asiatischen Kriegsgeschehen beobachtet werden. Wenn Ostasien seit dem Ende der 1950er Jahre als kriegsfrei bezeichnet werden kann, so ist es deswegen keinesfalls konfliktfrei. Im Gegenteil, dieselben Konflikte, die in den 1950er Jahren kriegerisch ausgefochten wurden, bestehen heute noch fort. Nicht die Konflikte zwischen der VR China und Taiwan bzw. zwischen Nord- und Südkorea, sondern ihr kriegerischer Austrag wurden beendet. Auch hat in Thailand oder Malaysia die beschleunigte Inwertsetzung peripherer Regionen nicht zu Kriegen geführt, während in Indonesien und Indien dies teilweise der Fall war. Ferner zeigen die föderalen Verhandlungslösungen in den Kriegen zwischen der indischen Zentralregierung und den Mizos und Nagas sowie die von der philippinischen Regierung verfolgte Strategie der politischen Integration oppositioneller Eliten und die Entschärfung sozialer und ökonomischer Krisen, daß die konfliktbeteiligten Akteure über Handlungsalternativen zum bewaffneten Konfliktaustrag verfügen. Strukturelle Widersprüche, die sich aus dem globalen Transformationsprozeß ergeben, haben also nicht zwangsläufig den bewaffneten Konfliktaustrag zur Folge. Wohl stehen Modernisierung und Krieg in einem gemeinsamen Erklärungszusammenhang, beide determinieren sich aber nicht.

Diesem Problem der Indeterminiertheit sozialen Handelns und historischer Prozesse hat sich die Kriegsursachenforschung zu stellen, ohne den Anspruch auf kausale Erklärungen zu verabschieden. Der Hamburger Ansatz versucht dieser methodischen Problematik durch eine Verbindung intentionaler und nicht intendierter Aspekte in der kausalen Erklärung und durch sein Analyseschema gerecht zu werden.[29] In der Einzelfallstudie muß die Komplexität kriegsursächlicher Prozesse analytisch strukturiert werden. Die historisch angeleitete strukturelle Analyse hat zur Aufgabe, die Veränderungen der ökonomischen, politischen und idellen Strukturen und damit der gesellschaftlichen Machtverhältnisse herauszuarbeiten. Die akteursbezogene Analyse muß dann zeigen, welche Akteure sich auf der gesellschaftlichen Grundlage dieser Strukturveränderungen formieren und mit welchen materiellen und ideellen Mitteln sie ihre Konfliktfähigkeit herstellen. Im Konfliktverhalten selbst sind es aber die sinnhaften Bezüge der Akteure, ihr intentionales Handeln, das zur Erklärung herangezogen werden muß.

Das für die Kriegsursachenforschung entscheidende Moment hinsichtlich des sinnhaften Handelns der Akteure ist der Übergang zum gewaltsamen Konfliktaustrag. Neben der materiell gegebenen Möglichkeit gilt es vor allem zu erklären, wie der Konflikt von den beteiligten Akteuren subjektiv wahrgenommen und mit welchen Ideen der Griff zur Gewalt legitimiert wird. In der hier vertretenen zivilisationstheoretischen Perspektive ist physische Gewalt kein einfaches Mittel des Konfliktaustrags. Der Übergang von Konflikt zu Krieg ist nicht Teil eines linear verlaufenden Prozesses, sondern ein Dammbruch, ein qualitativer Sprung, der die Überwindung von Zivilisationsschranken zur Bedingung hat, die der Kontrolle physischer Gewaltsamkeit im gesellschaftlichen Verkehr dienen. Gefordert ist demzufolge, die Binnenperspektive der Akteure, ihre Wahrnehmung der strukturell induzierten Konflikte, in den Mittelpunkt der Erklärung gewaltsamen Handelns zu rücken.

Die 35jährige Konfliktgeschichte, die dem Ausbruch des Bürgerkriegs zwischen Sri Lanka Tamilen und Singhalesen seit der Unabhängigkeit des Landes vorausging, unterstreicht nachdrücklich, wie lange Konflikte unterhalb der Gewaltschwelle prozessieren können. Nicht die ethnische Differenz der beiden Bevölkerungsgruppen an sich, sondern die schrittweise Eliminierung konfliktiver Hand-

---

29   Zum Kausalitätsbegriff des Hamburger Ansatzes, siehe Jung (1995: 203 ff.) und Schlichte (1996a: 46 ff.); das Analyseschema wird im ersten Kapitel dieses Bandes kurz und in Jung (1995: 208 ff.) sowie Siegelberg (1994: 179 ff.) ausführlicher dargestellt.

lungsalternativen und die Entstehung neuer sozialer Gruppierungen führten in die politische Sackgasse, an deren Ende ein bestimmter Teil der tamilischen Bevölkerung auf die Machtressource physische Gewalt zurückgriff. Offensichtlich hatte sich in den 1970er Jahren ein fundamentaler Wandel in der Wahrnehmung des Konfliktes vollzogen, an dessen Ende der gewaltsame Konfliktaustrag legitim erschien. Eine entscheidende Funktion hatten in diesem Wandlungsprozeß offensichtlich junge Arbeitslose und Intellektuelle. Ihre völlige Herauslösung aus traditionalen Reproduktionsverhältnissen korrespondiert mit einer Marginalisierung im modernen Sektor. Neben ihrer Bildung, die sie zur Organisation als konfliktfähige Akteure befähigt,[30] bleibt ihnen zur Verfolgung ihres gesellschaftlichen Interesses als einzige Machtressource der Einsatz physischer Gewalt. Die Fälle Sri Lanka, Assam oder Kaschmir zeigen, daß dieser besonders dann wahrscheinlich wird, wenn die staatliche Seite als zunehmend repressiv agierender Akteur erfahren wird.

Was aus der Binnenperspektive den gewaltsamen Konfliktaustrag erst rechtfertigt, ist eine Bedrohungsperzeption, welche die subjektiv wahrgenommene Überlebenseinheit, die identitätsstiftende Wir-Gruppe, als Ganze gefährdet erscheinen läßt. Diese Bedrohungswahrnehmung und die legitimatorischen Ideen, welche die Grenze von Binnen- und Außenmoral, von Freund und Feind markieren, erklären erst den Schritt zum gewaltsamen Konfliktaustrag. Die alle gesellschaftliche Differenzierungen negierende Freund-Feind-Dichothomie, von Carl Schmitt als zentrales Definitionskriterium des Politischen eingeführt (Schmitt 1927), ist tatsächlich ein Phänomen „eskalierender Gewaltprozesse" (Scheffler 1995). Mit Recht weist daher die Kritik am Politikbegriff von Schmitt darauf hin, daß hier das Politische nicht vom „Normalzustand" interagierender, pluralistischer bürgerlicher Gesellschaften aus gedacht wird, sondern vom „Ausnahmezustand", letztendlich vom Kriegszustand. „Die Privatheit bürgerlicher Verkehrsverhältnisse und ihrer Institutionen wird zugunsten einer am Ausnahmezustand orientierten Staatsgewalt und Volksgemeinschaft als anachronistisch kritisiert" (Lenk 1991: 973).

Der homogene Identitätsbegriff, auf dem die Freund-Feind-Dichothomie basiert, ignoriert aber völlig die Tatsache, „daß Menschen multiple Identitäten besitzen" (Scheffler 1995: 26). Erst die Reduktion menschlicher Handlungsalternativen auf den Einsatz physischer Gewalt hat auch eine Fokussierung in der Wahrnehmung von Konflikten zur Folge, in deren Verlauf multiple Identitäten auf eine, nun essentialistisch erscheinende Identität reduziert werden. Genauso wenig wie

---

30 Zur Theorie strategischer und konfliktfähiger Gruppen, vgl. Evers/Schiel (1988) und Schubert et al. (1994).

in China das gemeinsame kommunistische Bewußtsein der proletarisierten Landbevölkerung und der intellektuellen Elite der KP am Anfang des Bürgerkrieges stand, führten die heterogenen kriegsbeteiligten Akteure in West-Papua oder Ost-Timor ihre Kriege gegen den indonesischen Staat aufgrund der ihnen ureigenen Identität, Papua oder Timorese zu sein. Mittels der ethnischen bzw. ideologischen Bezüge aber gelang es, unterschiedliche Akteure mit unterschiedlich gelagerten Konfliktgegenständen zu bündeln und dadurch einen konfliktfähigen Akteur zu schaffen. Der gemeinsame, vergemeinschaftende Sinnhorizont erfuhr dann in der bewaffneten Eskalation der Konflikte seine alltägliche Verifizierung als ausschließliche Gruppenidentität.

Kriege sind somit keine notwendigen Produkte unvereinbarer Identitäten, sondern der Übergang vom Konflikt zum Krieg und die Reduktion multipler zu dichothomischen Identitäten bilden einen kriegsursächlichen Gesamtzusammenhang. Wie sich hier struktureller Wandel, Bewußtseinsprozesse und soziales Handeln im historischen Geschehen in einem komplexen Prozeß verknüpfen, dies erklärend zu beschreiben, ist die Aufgabe der Kriegsursachenforschung. Dieser Gesamtzusammenhang kann aber nur in intensiven, theoretisch und methodisch einheitlich angeleiteten Fallstudien analytisch aufgeschlüsselt werden. Der Hamburger Ansatz hat sich zur Aufgabe gemacht, hierfür die theoretische und methodische Grundlage zu stellen.

Da im Rahmen der vorliegenden Arbeit eine intensive Bearbeitung aller 61 Kriege, die seit 1945 in Asien stattfanden, unmöglich ist, können an dieser Stelle für das Kriegsgeschehen in Asien auch nur einige vorläufige, hypothetische und notwendigerweise unvollständige Ausführungen bezüglich der Kriegsursachen gemacht werden. Deutlich zeigt sich aber, daß einer großen Zahl der Kriege in Asien die Konfliktstruktur der „Gleichzeitigkeit des Ungleichzeitigen" zugrunde liegt (vgl. Bloch 1985 und Dietschy 1988). Diese Signatur des Modernisierungsprozesses, daß unterschiedliche Regionen und Bevölkerungsgruppen zu verschiedenen Zeiten und in unterschiedlicher Intensität von der globalen Transformation erfaßt werden, macht sich im Kriegsgeschehen als ethnische, religiöse oder regionale Dimension bemerkbar. Gehen Ungleichzeitigkeiten, die sich aus dem Modernisierungsprozeß ergeben, mit religiösen, ethnischen oder ideologischen Differenzen einher, ist es wahrscheinlich, daß Interessengegensätze ihr konfliktives Potential über Differenzen entwickeln, die sich an vermeintlich primordialen Gemeinschaftsvorstellungen orientieren. Konflikte, die strukturell entlang der Konfliktlinie zwischen Tradition und Moderne (z.B. Grundherrschaft gegen Bourgeoisie) oder der modernen Konfliktlinie zwischen Arbeit und Kapital (z.B. freigesetzte, proletarisierte Landbevölkerung gegen städtische Kaufmannsschicht) zu analysieren sind, nehmen dann die Erscheinungsform ethnischer oder religiöser Konflikte an.

Erhalten Interessen- und Ressourcenkonflikte, die sich aus dem Modernisierungsprozeß ergeben, eine ideelle Dimension, die die Konfliktwahrnehmung als fundamentale Bedrohung der über traditionale Symbolgehalte integrierten „Wir-Gruppen" erscheinen läßt, wird ein kontraktualistisch vermittelter Konfliktaustrag zunehmend unwahrscheinlich. Auf der Wahrnehmungsebene ist somit die Bedingung gegeben, den Konfliktaustrag entlang der Freund-Feind-Dichotomie zu ermöglichen. Diese Wahrnehmung wird zusätzlich verstärkt, wenn das Konfliktgeschehen in ein „Klima der Gewalt" eingebettet ist und die konfliktbeteiligten Akteure traditional, usurpiert oder durch die Erosion bzw. mangelhafte Konsolidierung von Staatlichkeit auch materiell über Mittel physischer Gewalt verfügen. Theoretisch besteht das Paradoxon gesellschaftlicher Entwicklung in der Dritten Welt darin, daß die Konflikte, die sich aus ungleichzeitigen Modernisierungsprozessen ergeben, eines staatlichen Gewaltmonopols bedürfen, um gewaltfrei ausgetragen zu werden. Die Durchsetzung der Bedingung für die gewaltfreie Bewältigung sozialer Konflikte, die gesellschaftliche Organisationsform des modernen Staates, ist somit gleichzeitig ein Teil des konfliktgenerierenden Prozesses.

In einem Zustand, in dem traditionale Formen der Gewaltkontrolle nicht mehr und moderne noch nicht die Sicherheit der Reproduktion menschlichen Lebens garantieren, ist die Reduktion des Politischen auf die Freund-Feind-Dichotomie wahrscheinlich. Daß diese Reduktion auch durchaus dem vermeintlich rationalen Kalkül politischer Eliten geschuldet sein kann, zeigt das Phänomen der Heckenschützen in Bürgerkriegen unserer Zeit. Doch als „Katalysatoren" kriegerischen Konfliktaustrags weisen die Heckenschützen, deren Aufgabe die Zerstörung gewaltkontrollierender Zivilisationsschranken ist, auch darauf hin, daß die Ziele und Zwecke ihrer Auftraggeber der nihilierenden Kraft der Gewalt nicht widerstehen können, sofern sich diese soziale Differenzierungen und rationale Berechenbarkeiten negierende Kraft der Gewalt im Krieg erst einmal Bahn gebrochen hat. Wie somit der Krieg selbst zur „Ursache" gewaltsamen Konfliktaustrags wird, zeigen in Asien die Fälle Birma, Kambodscha, Philippinen oder Sri Lanka.

In allen vier Ländern hat sich zumindest teilweise die Aneignung gesellschaftlicher Ressourcen durch physische Gewalt derart verselbständigt, daß der Kriegszustand zu einem System sozialer Reproduktion mutierte, dessen Profiteure kaum ein Interesse an der Kriegsbeendigung haben. Diese Entwicklung teilen die drei asiatischen Beispiele mit anderen Staaten wie Afghanistan, Angola, Kolumbien, Libanon, Liberia, Sierra Leone oder Somalia. In all diesen Staaten kann oder konnte ein Prozeß der ökonomischen und politischen Individualisierung von Milizen festgestellt werden. Bei lang andauernden Kriegszuständen wird die Gewalt, ihrer traditionalen bzw. modernen legitimatorischen Ideen beraubt, zum dominanten Herrschaftsinstrument. Gewalt wird so selbst zur Ursache von Gewalt. Sie wird zur einzigen Machtquelle, die über die Verteilung gesellschaftlicher Ressourcen entscheidet, und somit zum zentralen Hindernis für Friedensprozesse.

Die Kriege in Birma, Kambodscha, auf den Philippinen und Sri Lanka verweisen auf eine allgemeine Entwicklung im aktuellen Kriegsgeschehen. Nach der Erosion staatlicher Strukturen erfolgt ein Übergang zu sogenannten Kriegsökonomien (vgl. Berdal/Malon 2000; Jean/Rufin 1996; Jung 2003). Die Grenzen zwischen Politik, Unternehmertum und Kriminalität verblassen. „Der Warlord, der militärische und politische Führer, wird zum Unternehmer, dessen wirtschaftliche Aktivitäten nur im Schatten der Gewalt gedeihen" (Schlichte 1996b: 142). Dabei können sich Warlords und Milizführer auf die Kooperation mit Nachbarstaaten und international operierender Unternehmungen verlassen, die den Anschluß der Kriegsökonomien an den Weltmarkt sicherstellen.

Der Krieg in Kambodscha z.B. war begleitet von der extensiven Ausbeutung nationaler Ressourcen wie Tropenhölzer, Edelsteine und Bodenschätze oder Antiquitäten. Die Zahl thailändischer Unternehmen, die in der nordwestlichen Grenzregion Kambodschas einen intensiven Holzhandel mit den Roten Khmer betrieben, wird auf ungefähr fünfzehn geschätzt. Grenzüberschreitende Transportwege verknüpften die thailändische Ökonomie eng mit der Kriegsökonomie der Roten Khmer, die neben ihren politischen und militärischen auch über zentral gelenkte ökonomische Organisationsformen verfügten (Lechervy 1996).

Auch die natürlichen Ressourcen Birmas wurden von den Kriegsparteien intensiv genützt. Darüber hinaus galt das Land als größter Opium- und Heroinproduzent der Welt, dessen Produktion von Rohopium sich zwischen 1982 und 1988 von 400 auf 800 Tonnen jährlich gesteigert hat, und die gewaltsame Sicherung von Ressourcen aus dem Drogenhandel spielt im dortigen Kriegsgeschehen eine wichtige Rolle.[31] Als „Drogenkönig" bekannt wurde Khun Sa, der mit seiner auf 15.000 Mann geschätzten „Mong-Thai-Armee" den Nordosten des Landes kontrollierte und dort im Dezember 1993 einen unabhängigen „Shanstaat"[32] ausgerufen hatte. Gleichzeitig gab es aber Quellen, denen zufolge Khun Sa nur ca. 40

---

31 Diese unrühmliche Führungsrolle in Weltdrogenhandel hat dann in den 1990er Jahren Afghanistan übernommen.

32 Während Khun Sa chinesischer Abstammung ist, rekrutiert sich seine Miliz hauptsächlich aus der Ethnie der Shan, die das gleichnamige Shan-Plateau im Norden und Nordosten des Landes besiedeln und zwischen dem siebten und siebzehnten Jahrhundert über einen eigenständigen traditionalen politischen Verband verfügten, der dann aber unter Druck der chinesischen und birmanischen Reiche zerbrach. Nach der Unabhängigkeit Birmas wurde den Shan ein Recht auf Sezession zugesichert, 1958 aber dann von der Regierung U Nu verweigert (Weidemann 1991: 406).

Prozent des Drogenhandels kontrollierte und daß damals schon mehr als 60 Prozent der birmanischen Anbaugebiete für Rohopium in Gebieten lag, die unter der Kontrolle von Regierungstruppen standen (Boucaud 1994). Im Januar 1996 gelang es den Regierungstruppen schließlich, das Hauptquartier von Khun Sa einzunehmen und die Herrschaft Ranguns auch wieder im Gebiet der Shan zu etablieren. Es wird vermutet, daß es hierbei zu geheimen Absprachen zwischen den birmanischen Generälen und Khun Sa kam, gegen den ein Auslieferungsgesuch der US-Regierung in Rangun vorlag, und daß das birmanische Militärregime entgegen offizieller Verlautbarungen immer stärker vom Drogengeschäft profitierte.[33]

Eine weitere wichtige Rolle für die Aufrechterhaltung von Kriegszuständen spielen Diasporen. Dieses Merkmal teilt der Krieg in Sri Lanka mit den Kriegen in Kurdistan, im Libanon, in Nordirland oder im ehemaligen Jugoslawien. Vor allem die tamilische Diaspora in Westeuropa und den USA ist zugleich Folge und Bestandsgarantie des Krieges in Sri Lanka. So haben zwischen 1983 und 1992 annähernd 40 Prozent der tamilischen Bevölkerung der Halbinsel Jaffna, die den regionalen Schwerpunkt des Krieges bildet, ihre Heimat verlassen. Von ihnen leben ca. 300.000 in Westeuropa und bilden sowohl materiell als auch ideell den entscheidenden Rückhalt für die Kriegsführung der „Tamil Tigers" (LTTE). Über das „World Tamil Coordinating Committee" organisiert, erheben diese monatlich bzw. jährlich zu zahlende Kriegssteuern unter den Migranten (Angoustures/Pascal 1996: 501 ff.).

Neben landwirtschaftlichen Rohstoffen, Bodenschätzen, Drogen oder Kriegssteuern ist es nicht zuletzt auch die humanitäre Hilfe, die sich zu einer wichtigen materiellen Größe im Kriegsgeschehen nicht nur in Asien entwickelt hat. Sie zeichnet sich besonders dadurch aus, daß hier Ressourcen aus dem internationalen System direkt in das Konfliktgeschehen vor Ort importiert werden.[34] Es muß daher bedenklich stimmen, wenn man in bezug auf den Zusammenhang von Kriegsgeschehen und humanitärer Hilfsleistungen zu dem Ergebnis kommt, daß die Aneignung internationale Hilfsleistungen mittlerweile eine zentrale Rolle in den politischen und ökonomischen Strategien der kriegsbeteiligten Akteure spielt (vgl. Jean 1996: 567).

---

33 Zum Zusammenhang von Drogen und Krieg vgl. Avital (1994), Boucaut (1988), Mayer (1990) und McCoy 1972.
34 Für eine aufschlußreiche Studie zu diesem Thema vgl. den Aufsatz von Gundel (2003) zu Somalia.

6. Ausblick

Wenn zum Abschluß ein Ausblick auf die zukünftigen Entwicklungen im Kriegsgeschehen in Asien gewagt wird, so geschieht dies mit einem Rückverweis auf das
zuvor erörterte Kausalitätsverständnis des Hamburger Ansatzes. Es handelt sich
bei diesem Ausblick also nicht um eine Prognose, sondern um den Versuch einer
vorsichtigen Einschätzung. Wie bereits erwähnt, folgt auch die Kriegsentwicklung
in Asien dem allgemeinen Trend eines Rückganges in der Zahl der jährlich geführten Kriege. Und es ist vor allem die Region Südostasien, die sich derzeit der
ostasiatischen Entwicklung anzuschließen scheint. Allerdings kann angesichts des
kurzen Zeitraums, in dem sich ein Rückgang der Kriege verzeichnen läßt, noch
nicht von einer allgemeinen bzw. regionalspezifischen Trendwende gesprochen
werden.

In bezug auf die Konfliktlage gilt auch für Südostasien, daß die erfolgte oder
erwartete Beendigung der Kriege auf den Philippinen, in West-Irian, in Ost-Timor
oder in Kambodscha in der Regel nicht mit einer Lösung der ihnen zugrundelie-
genden Konflikte einhergeht. Einzig im Falle Ost-Timors hat die staatliche Unabhängigkeit von Indonesien eine völlige Veränderung der Koordinaten ergeben.
Für den Rückgang der Kriegshäufigkeit muß auch in Südostasien die Form der
Austragung weiter schwelender Konflikte verantwortlich gemacht werden. Ferner
ist die Beendigung kriegerischer Handlungen keineswegs gleichzusetzten mit einem Ende politisch motivierter Gewalt. Die Handlungsspielräume der südostasiatischen Regime haben sich aufgrund steiler ökonomischer Wachstumszahlen erweitert. Gleichzeitig hat aber die Asienkrise, insbesondere ihre Auswirkungen auf
Indonesien, gezeigt, daß eine Eskalation kriegerischer Gewalt unter veränderten
sozioökonomischen Bedingungen sehr schnell einsetzen kann. Ob daher die eingeschlagenen Wege der Kooptation und/oder Repression den innerstaatlichen bewaffneten Konfliktaustrag in Zukunft verhindern können, bleibt fraglich. Nach
wie vor sind die regionalen und sozialen Ungleichzeitigkeiten in bezug auf die gesellschaftliche Entwicklung innerhalb und zwischen einzelnen Staaten enorm.
Darüber hinaus zeigt das hohe Ausmaß an Korruption in China und Südkorea, daß
gesellschaftliche Transformation und ökonomisches Wachstum nicht parallel
verlaufen.[35]

Doch nicht nur innerstaatliche, sondern auch eine ganze Reihe zwischenstaatlicher Konflikte charakterisieren die politische Landschaft Ost- und Südostasiens.

---

35 Wie traditionale Strukturen in der „Dreierkonstellation Militär, Bürokratie, Unternehmen" in
    Südkorea auch nach dem Zweiten Weltkrieg ihre Fortsetzung fanden und das hohe Ausmaß an
    Korruption mitbedingen, dazu: van Ess (1996).

So führte im Juli 1996 der chinesisch-japanische Streit um die unbewohnten Diaoyu-Inseln (jap. Senkaku) zu nationalistisch motivierten Aktionen auf beiden Seiten.[36] Stehen in diesem Konflikt die VR China und Taiwan Seite an Seite gegen japanische Ansprüche, provozierte die VR China im März 1996 die taiwanesische Regierung durch Manöver und Raketenübungen im Seegebiet vor Taiwan. Um die Spratly-Inseln im südchinesischen Meer streiten sich gleich sechs Staaten der Region. China, Taiwan, Vietnam, Malaysia, Brunei und die Philippinen reklamieren die ca. 100 bis 400 Inseln, Atolle und Riffe, die von strategischer Bedeutung seien und wo große Öl- und Gasvorkommen vermutet werden, vollständig oder teilweise als ihr Hoheitsgebiet. Nachdem es 1988 zu einem Scharmützel zwischen chinesischen und vietnamesischen Truppen gekommen war, einigten sich aber 1992 alle sechs konfliktbeteiligten Staaten in einer „Deklaration über das Südchinesische Meer", den Konflikt friedlich beizulegen (Hansen 1996: 32).

Eine kriegerische Eskalation dieser zwischenstaatlichen Konflikte erscheint im Kontext der wachsenden ökonomischen und politischen Integration der Staaten Ost- und Südostasiens sowie der herrschenden pax americana wenig wahrscheinlich. Die militärische Überlegenheit der USA und ihrer Verbündeten, Südkorea, Japan und Taiwan, wird an einem Vergleich der Verteidigungsetats deutlich. So betrugen im Jahre 1995 Rüstungsausgaben der Volksrepublik China etwas mehr als die Hälfte der Summe, die Südkorea für die Verteidigung aufwendete. Der Rüstungsetat der USA überstieg den Chinas um das Siebenundreißigfache (Feske 1996: 11).

Weitaus kriegsträchtiger scheint die Situation in Südasien zu sein, wo es in Verbindung mit Kaschmir im Frühsommer 2002 wieder zu einer gefährlichen Eskalation zwischen Indien und Pakistan gekommen ist. Darüber hinaus war Indien in den letzten Jahren verstärkt Schauplatz gewaltsamer kommunalistischer Ausschreitungen zwischen Hindus und Muslimen, die Tausende von Todesopfern forderten. Angesichts der fortgesetzten Bedrohungssituation zwischen Indien und Pakistan sowie den Kriegen und bewaffneten Konflikten innerhalb der beiden Staaten und in Birma und Sri Lanka war es Mitte der 1990er Jahre wohl etwas verfrüht, Südasien zusammen mit Südostasien als „Friedensregion" zu bezeichnen (Rohloff 1996: 23). Auch wenn die Entwicklungen in Birma und Sri Lanka zumindest Hoffnungen auf eine Beilegung der dort ausgetragenen kriegerischen Konflikte bergen, ist der Kontinent auch noch am Beginn des 21. Jahrhunderts mit insgesamt 17 Kriegen und bewaffneten Konflikten (vgl. Schreiber 2002: 123-187) alles andere als ein Hort des Friedens.

---

36   Far Eastern Economic Review, 19. Sept. 1996, S. 14/15.

Zurückhaltung ist auch hinsichtlich definitiver Aussagen über regionalspezifische Kriegsursachen angebracht. Die festgestellten regionalen Besonderheiten im Kriegsgeschehen Asiens sind samt und sonders historischer Natur. Eine allgemeine Typologisierung von Kriegsursachen erscheint beim derzeitigen Stand der Forschung noch nicht möglich. Wohl konnte die vorliegende Arbeit bestätigen, daß die Erklärung kriegsursächlicher Prozesse aus dem Gesamtzusammenhang der globalen Transformation heraus erfolgen muß. Auch konnten einige allgemeine Momente dieser Prozesse bestimmt und aufgezeigt werden. Die Überlagerung der drei strukturellen Konfliktlinien und ihre Verschränkung mit handlungsmotivierenden Bewußtseinsprozessen bei den konfliktbeteiligten Akteuren kann aber nur über intensive Einzelfallstudien zu eventuell verallgemeinerungsfähigen Ergebnissen führen. Vor der vorschnellen Bestimmung einzelner, durch die analytische Trennung gewonnener Aspekte des komplexen Geschehens zur „Kriegsursache" schlechthin ist daher genauso zu warnen wie vor einer Verwechslung der deskriptiven mit der erklärenden Perspektive. Letzteres, die Beschreibung der Wissenschaft oder die Selbstbeschreibung der Akteure als Ursache zu bestätigen, ist auch der Vorwurf, den der Hamburger Ansatz gewissen Vertretern des Konzeptes „ethnischer Konflikte" macht (Schlichte 1994).

Literatur

Abuza, Zachary 1994: The Future of the Khmer Rouge: Internal and external Variables, in: Contemporary Southeast Asia, Vol. 15, Nr. 4, S. 433-450

Ahmad, A. 1982: 400 Years War – Moro Struggle in the Philippines, in: Southeast Asia Chronicle, Februar 1982, S. 2-22

Ahmed, Ishtiaq 1996: State, Nation and Ethnicity in contemporary South Asia, London

Allen, Douglas (Hrsg.) 1992: Religion and Political Conflict in South Asia: India, Pakistan and Sri Lanka, Westport, Conn. u.a.

Amin, Tahir 1988: Ethno-National Movements of Pakistan. Domestic and International Factors, Islamabad

Anand, Vijay Kumar 1980: Conflict in Nagaland. A Story of Insurgency and Counter-Insurgency, Delhi

Angoustures, Aline / Pascal Valérie 1996: Diasporas et financement des conflits, in: Jean/Rufin (Hrsg.): Economies des guerres civiles, S. 495-542

Avital, Ranell 1994: Drogenkriege, Frankfurt/Main

Banuazizi, Ali / Weiner, Myron (Hrsg.) 1987: The State, Religion, and Ethnic Politics. Pakistan, Iran and Afghanistan, Lahore u.a.

Barlas, Asma 1995: Democracy, Nationalism, and Communalism: The Colonial Legacy in South Asia, Boulder

Bell, Ian / Feith, Herb / Hatley, Ron 1985: The West Papuan Challenge to Indonesian Authority in Irian Jaya, in: Asian Survey, Vol. 25, Nr. 11, S. 539-556

Berdal, Mats / Malone, David M. (eds) 2000: Greed and Grievance: Economic Agendas in Civil Wars, Boulder

Bertocci, P. 1984: Bangla Desh: Resource Development and Ethnic Conflict – The Case of Chittagong Hill Tracts, in: Asian Thought and Society, Vol. 9, Nr. 26/27,

Betz, Joachim 1986: Krisenherd Südasien. Der indisch-pakistanische Konflikt, in: Hamann, Rudolph (Hrsg.): Die "Süddimension des Ost-West-Konfliktes. Das Engagement der Supermächte in Krisen und Kriegen der Dritten Welt, Baden-Baden, S. 173-193

Blauner, Robert 1969: Internal Colonialism and Ghetto Revolt, in: Social Problems, 16/4, S. 393-408

Bloch, Ernst 1985: Erbschaft dieser Zeit, Werkausgabe Bd. 4, Frankfurt a. Main

Böge, Volker 1998: Bergbau – Umweltzerstörung – Gewalt: Der Krieg auf Bougainville im Kontext der Geschichte ökologisch induzierter Modernisierungskonflikte, München und Hamburg

Bose, Sumantra 1994: States, Nations, Sovereignty: Sri Lanka, India and the Tamil Eelam Movement, New Delhi

Bose, Sumantra 1997: The Challenge in Kashmir. Democracy, Self-Determination and a Just Peace, London

Boucaud, André / Boucaud, Louis 1988: Burma's Golden Triangle: The Opium Warlords, Hong Kong

Boucaud, André / Boucaud, Louis 1996: Burma: Verließ mit goldenem Boden, in: der Überblick, 3/96, S. 35-38

Bowcott, Owen 1997: Mindanao: Frieden auf Widerruf. Religiöse und ethnische Spannungen auf der Philippinen-Insel schwelen weiter, in: der Überblick, 1/97, S. 106-109

Braumann, Rony 1995: Hilfe als Spektakel: das Beispiel Ruanda, Hamburg

Brown, David 1994: The State and Ethnic Politics in Southeast Asia, London/New York

Buro, Andreas 1988: Der dreißigjährige Krieg in Vietnam. Ursachen und Perspektiven, in: Gantzel, Klaus Jürgen (Hrsg.), S. 459-489

Busch, Gerit 1997: Fundamentalismus in Sri Lanka, in: der Überblick, 33. Jg., 1/97, S. 84

Dietschy, Beat 1988: Gebrochene Gegenwart. Ernst Bloch, Ungleichzeitigkeit und das Geschichtsbild der Moderne, Frankfurt a. Main

Dirks, Nicholas B. 2001: Castes of Mind: Colonialism and the Making of Modern India, Princeton

Dommen, Arthur J. 2000: The Indochinese Experience of the French and the Americans: Nationalism and Communism in Cambodia, Laos and Vietnam, Bloomington

Draguhn, Werner / Schier, Peter (Hrsg.) 1987: Indochina – Der permanente Konflikt?, Hamburg

Duiker, William J. 1994: US Containment Policy and the Conflict in Indochina, Stanford

Elias, Norbert 1989: Über den Prozeß der Zivilisation, Bd. 2, Wandlungen der Gesellschaft, Entwurf zu einer Theorie der Zivilisation, 14. Auflg., Frankfurt a. Main

Erbe, Susanne / Fasbender, Karl 1989: Transmigration in Indonesien. Volumen, Struktur, Wirkungen: Das Beispiel Ost-Kalimatan, Bielefeld/Hamburg

Ess, Hans van 1996: Konfuzianismus – Ein Motor des wirtschaftlichen Wachstums in Südkorea?, in: Opitz, Peter J. (Hrsg.): Entwicklungspolitische Strategien der "kleinen Tiger": Fallbeispiele Taiwan, Südkorea, Singapur, München, S. 2-22

Evans, Peter et al. (Hrsg.) 1985: Bringing the State Back in, Cambridge

Evers, Hans-Dieter / Schiel, Tilmann (Hrsg.) 1988: Strategische Gruppen. Vergleichende Studien zu Staat, Bürokratie und Klassenbildung in der Dritten Welt, Frankfurt/Main

Evers, Hans-Dieter 1989: Trade and State: Social and Political Consequences of Market Integration in Southeast Asia, Stuttgart

Feske, Susanne 1996: Was die können, können wir auch. Der Rüstungswettlauf in Asien scheint gefährlicher, als er ist, in: der Überblick, 3/97, S. 8-11

Fredholm, Michael 1993: Burma: Ethnicity and Insurgency, Wetsport, Conn.

Ganguly, Sumit 1990: Avoiding War in Kashmir, in: Foreign Affairs, Winter 1990/91, S. 57-73

Ganguly, Sumit 1993: The Origins of War in South Asia. Indo-Pakistani Conflicts since 1947, Boulder

Gantzel, Klaus Jürgen (Hrsg.) 1988: Krieg in der Dritten Welt. Theoretische und methodische Probleme der Kriegsursachenforschung – Fallstudien, Schriftenreihe der Arbeitsgemeinschaft für Friedens- und Konfliktforschung (AFK), Bd. XII, Baden-Baden

Gantzel, K.J. / Schwinghammer, T. 1995: Die Kriege nach dem Zweiten Weltkrieg 1945-1992. Daten und Tendenzen, Münster/Hamburg

Gantzel, K.J. / Schwinghammer, T. 2000: Warefare Since the Second World War,New Brunswick:

Gill, Sucha Singh / Singhal, K.C. 1984: The Punjab Problem: Its Historical Roots, in: Economic and Political Weekly, Vol. 19, Nr. 14, S. 603-608

Godement, Francois 1997: The New Asian Renaisance: From Colonisation to the post-Cold War, London

Goldmann, Robert B. (Hrsg.) 1984: From Independence to Statehood: Managing Ethnic Conflict in 5 African and Asian states, London

Goonetileke, H.A.J. 1975: The April 1971 Insurrection in Ceylon. A Bibliographical Commentary, Leuven

Gundel, Joakim K. 2003: Assisting Structures of Violence? Humanitarian Assistance in the Somali Conflict, in Jung, Dietrich (Hrsg.): Shadow Globalization, Ethnic Conflicts, and New Wars

Hampson, Francoise J. 1997: Staatsbürgerschaft, Ethnizität, nationalität: Haben Nationen ein Recht auf Staatenbildung?, in: Heintze, Hans-Joachim (Hrsg.): Selbstbestimmungsrecht der Völker – herausforderungen der Staatenwelt. Zerfällt die internationale Gemeinschaft in Hunderte von Staaten? EINE WELT Text der Stiftung Entwicklung und Frieden, Bd. 2, Bonn, S. 60-72

Hansen, Sven 1991: Philippinen. Guerilla and Revolution. Ursprünge, Entwicklungen und Krise der NDF, Münster

Hansen, Sven 1996: Steine des Anstoßes. Der Konflikt um die Spratly-Inseln destabilisiert Südostasien, in: der Überblick, 3/96, S. 32-34

Harrison, Selig S. 1987: Ethnicity and the Political Stalemate in Pakistan, in: Banuazizi, Ali / Weiner, Meyron (Hrsg.): The State, Religion, and Ethnic Politics. Pakistan, Iran und Afghanistan, Lahore/Islamabad/Karachi, S. 267-298

Hechter, Michael 1985: Internal Colonialism Revisited, in: Tiryakian, E.A./ Rogowski, R. (Hrsg.): New Nationalisms of the Developed West: Towards Explanation, Bosten u.a., S. 17-26.

Heuze, Gerard 1993: Ou va l'Inde moderne? L'aggravation des crises politiques et sociales, Paris

Hood, Steven J. / Armonk, N.Y. 1992: Dragons entangled: Indochina and the China-Vietnam War, New York

Jacobs, Julian et al. 1990: The Nagas. Society, Culture and the Colonial Encounter, London

Jean, Francois / Rufin, Jean-Christophe (Hrsg.) 1996: Economie des guerres civiles, Paris

Jean, Francois 1996: Aide humanitaire et économie de guerre, in: Jean/Rufin (Hrsg.): Economie des guerres civiles, S. 543-589

Jolliffe, Jill 1978: East-Timor. Nationalism and Colonialism, St. Lucia (Queensland)

Jung, Dietrich 1995: Tradition-Moderne-Krieg. Grundlegung einer Methode zur Erforschung kriegsursächlicher Prozesse, Münster/Hamburg

Jung, Dietrich 2003: Shadow Globalization, Ethnic Conflicts, and New Wars. A Political Economy of Intra-State War, London and New York

Kebschull, Dietrich 1986: Transmigration in Indonesia. An Empirical Analysis of Motivation, Expectations and Experiences, Hamburg

Kennedy, Charles H. 1991: The Politics of Ethnicity in Sindh, in: Asian Survey, Vol. 31, Nr. 10, S. 938-955

Kennedy, Charles H. (Hrsg.) 1995: Pakistan, Boulder

Kessler, Richard J. 1989: Rebellion und Repression in the Philippines, New Haven/London

Kiernan, Ben 1996: The Pol Pot Regime. Race, Power, and Genocide in Cambodia under the Khmer Rouge, 1975-79, New Haven and London

Koh, Tommy (1999) L'ASEAN a-t-elle encore un rôle?, in Politique Étrangère, 1 (1999), 127-132

Kratoska, Paul H. 2001: South East Asia: Colonial History, London and New York

Kulke, H. / Rothermund, Dietmar 1982: Geschichte Indiens, Stuttgart

Kumar, D.P. 1992: Kashmir: Pakistan's proxy War, New Delhi

Lagerberg, Kees 1979: West Irian and Jakarta Imperialism, London

Laitin, David D. 1985: Hegemony and Religious Conflict: British Imperial Control and Political Cleavages in Yorubaland, in Evans et al.: Bringing the State Back in, 285-316

Lamb, Alastair 1991: Kashmir: A Diputed Legacy 1846-1990, Hertingfordbury/Herts

Lary, Diana 1985: Warlord Soldiers. Chinese Common Soldiers, 1911-1937, Cambridge

Lechervy, Christian 1996: L'économie des guerres cambodgiennes: accumulation et dispersion, in: Jean/Rufin (Hrsg.): Economie des guerres civiles, S. 189-232

Leckie, Robert 1962: Conflict. The History of the Korean War 1950-53, New York

Lenk, Kurt 1991: Probleme der Demokratie, in: Lieber, Hans J. (Hrsg.): Politische Theorien von der Antike bis zur Gegenwart, München, S. 933-990

Linter, Bertil 1989: Outrage – Burmas Struggle for Democracy, Hongkong

Lowe, Peter 1986: The Origins of the Korean War, London and New York

Manor, James (Hrsg.) 1984: Sri Lanka in Change and Crisis, London

Marks, S. / Richardson, P. (Hrsg.) 1984: International Labour Migration: Historical Perspectives, Hounslow

Marks, Thomas A. 1989: The Karen Revolt in Burma, in: Issues and Studies, Nr. 14, S. 48-84

Marx, Karl 1853: Die künftigen Ergebnisse der britischen Herrschaft in Indien, in: MEW, Bd. 9, Berlin 1970, S. 220-226

Mayer, Heinz 1990: Kolumbien, der schmutzige Krieg: zwischen Kaffeebaronen und Drogenmafia. Ein Land im Ausnahmezustand, Hamburg

McCord, Edward 1993: The Power of the Gun. The Emergence of Modern Chinese Warlordism, Berkely/London

McCoy, Alfred W. 1972: The Politics of Heroin in Southeast Asia, New York

Menon, Vapal Pangunni 1956: The Story of the Integration of the Indian States, London/New York

Menzel, Ulrich 1994: Nachholende Modernisierung in Ostasien aus entwicklungstheoretischer Perspektive, in: Nohlen/Nuscheler (Hrsg.), S. 14-61

Messner, Dirk 1994: Republik Korea (Südkorea), in: Nohlen/Nuscheler (Hrsg.), S. 168-211

Mey, Wolfgang 1986: Sie verbrennen jetzt ein Dorf nach dem anderen – Bengalischer Landraub und Völkermord in den Chittagong Hill Tracts, in: Nebelung, M. (Hrsg.): Bangla Desh im Schatten der Gewalt, Aachen

Molloy, I. 1988: The Decline of the Moro National Liberation Front in the Southern Philippines, in: Journal of Contemporary Asia, Vol. 18, Nr. 1, S. 59-76

Moore, Barrington 1974: Soziale Ursprünge von Diktatur und Demokratie: Die Rolle der Grundbesitzer und Bauern bei der Entstehung der modernen Welt, Frankfurt a. Main

Morin, Stephen R. 1996: Politics and Property in Aceh Provinz, in: Indigenous Affairs, No. 2, April/Mai 1996, S. 54-57

Murphy, Rhoads 1997: East Asia: A New History, New York

Nohlen, Dieter / Nuscheler, Franz (Hrsg.) 1994: Handbuch der Dritten Welt, Bd. 8, Ostasien und Ozeanien, Bonn

O'Ballance, Edgar 1989: The Cyanide War. The Tamil Insurrection in Sri Lanka, London

Osborne, Robin 1985: Indonesia's Secret War. The Guerilla Struggle in Irian Jaya, Sydney

Pasricha, P.M. 1985: The Siachen Glacier. An Orographic Offensive by Pakistan, in: Strategic Analysis, Vol. 11, Nr. 9, S. 851-860

Pfennig, Werner (Hrsg.) 1988: Südostasien: Minderheiten, Migration, Flüchtlinge, Berlin

Pohl, Manfred 1994: Koreanische Volksdemokratische Republik (Nordkorea), in: Nohlen/Nuscheler (Hrsg.): Handbuch der Dritten Welt, Bd. 8, Ostasien und Ozeanien, Bonn, S. 139-167

Polley, Uwe 1991: Indonesien. Der Kampf um ein freies Papua, in: Siegelberg, Jens (Red.): Die Kriege 1985-1990. Analysen ihrer Ursachen, Hamburg

Ponnambalam, S. 1983: Sri Lanka – The National Question and the Tamil Liberation Struggle, London

Pratt, Keith 1996: Korea: A Cultural and Historical Dictionary, Richmond: Curzon

Raszelenberg, Patrick 1995: Die Roten Khmer und der Dritte Indochina-Krieg, Hamburg

Raszelenberg, Patrick / Schier, Peter 1995: The Cambodia Conflict: Search for a Settlement, 1979-1991: An Analytical Chronology, Hamburg

Reid, Anthony (Hrsg.) 1993: Southeast Asia in the Early Modern Era: Trade, Power and Belief, Ithaca

Ridgway, Matthew B. 1967: The Korean War, New York

Roberts, Michael 1994: Exploring confrontation. Sri Lanka: Politics, Culture and History, Chur u.a.

Rösel, Jakob 1994: Genese eines Bürgerkrieges – Ethnischer Bürgerkrieg, Jugendaufstand und Niedergang des Rechtsstaates in Sri Lanka, in: Blätter des iz3w, 195, S. 45-50

Rösel, Jakob 1997: Der Bürgerkrieg auf Sri Lanka, Baden-Baden

Rohloff, Christoph 1996: Frieden sichtbar machen! Konzepte und empirische Befunde zu Friedenserhaltung und Friedenssicherung, in: Stiftung Entwicklung und Frieden (Hrsg.): Frieden statt Krieg. gelungene Aktionen der Friedenserhaltung und der Friedenssicherung 1945 bis 1995. Konzeptionelle Überlegungen und empirische Befunde, Interdependenz Heft Nr. 21, S. 18-32

Rotberg, Robert I. (Hrsg.) 1999: Creating Peace in Sri Lanka. Civil War and Reconciliation, Washington D.C.

Rupesinghe, Kumar (Hrsg.) 1996: Internal Conflicts in South Asia, London

Scheffler, Thomas 1995: Ethnoradikalismus: Zum Verhältnis von Ethnopolitik und Gewalt, in: Seewann, Gerhard (Hrsg.): Minderheiten als Konfliktpotential in Ostmittel- und Südosteuropa, Südosteuropa-Gesellschaft, München, S. 9-47

Schlichte, Klaus 1994: Is Ethnicity a Cause of War? in: Peace Review, Vol.6, No. 1, S. 59-65.

Schlichte, Klaus 1996a: Krieg und Vergesellschaftung in Afrika. Ein Beitrag zur Theorie des Krieges, Münster/Hamburg

Schlichte, Klaus 1996b: Das Chaos der Gewalt und die Regeln des Marktes: Zur Behinderung von Friedensprozessen durch Kriegsökonomien, in: Jahrbuch Frieden 1997, S. 140-148, München

Schmitt, Carl 1927: Der Begriff des Politischen, Tübingen

Schreiber, Wolfgang (Hrsg.) 2002: Das Kriegsgeschehen 2001. Daten und Tendenzen der Kriege und bewaffneten Konflikte, Opladen

Schubert, Gunter / Tetzlaff, Rainer / Vennewald, Werner (Hrsg) 1994: Demokratisierung und politischer Wandel. Theorie und Anwendung des Konzeptes der strategischen und konfliktfähigen Gruppen (SKOG), Münster/Hamburg

Shipway, Martin 1996: The Road to War: France and Vietnam 1944-1947, Providence

Siegelberg, Jens (Red.) 1991: Die Kriege 1985 bis 1990. Analyse ihrer Ursachen, Münster/Hamburg

Siegelberg, Jens 1994: Kapitalismus und Krieg. Eine Theorie des Krieges in der Weltgesellschaft, Münster/Hamburg

Smith, John 1995: Die "Northern Areas" von Pakistan. Politische Diskriminierung im Schatten des Kaschmir-Konfliktes, in: Südasien 3/95, S. 68-71

So, Wai-Chor 1991: The Kuomintang in the National Revolution 1924-1931, Oxford/New York

Spencer, Jonathan (Hrsg.) 1990: Sri-Lanka. History and the Roots of the Conflict, London/New York

Strassner, Renate 1991: Der Kambodscha-Konflikt von 1986-1990: Unter besonderer Berücksichtigung der Rolle Vietnams, Münster/Hamburg

Subramanian, K.S. 1992: Political Violence, Social Movements and the State in India, Brighton

Tsuzuki, Chushichi 2000: The Pursuit of Power in Modern Japan 1825-1995, Oxford

Tan, Samuel K. 1977: The Filipino Muslim Armed Struggle 1900-1972, Filipinas

Wallensteen, Peter / Sollenberg, Margareta 1995: After the Cold War: Emerging Patterns of Armed Conflict 1989-94, in: Journal of Peace Research, vol. 32, no. 3, S. 345-360

Weber, Max 1972: Wirtschaft und Gesellschaft. Grundriß der Verstehenden Soziologie, Studienausgabe, 5. Aufl., Tübingen

Weggel, Oskar 1987: Indochina – Vietnam, Kambodscha, Laos, München

Weidemann, Diethelm 1996; Kaschmir – Knotenpunkt indisch-pakistanischer Konfliktlinien, in: Blätter für Deutsche und Internationale Politik, 9/97, S. 1090-1101

Weidemann, Heiko 1991: Birma: Krieg im Dschungel, in: Siegelberg, Jens (Red.): Die Kriege 1985-1990. Analyse ihrer Ursachen, Münster/Hamburg, S. 397-410

Westad, Odd Arne 1993: Cold War and Revolution. Soviet-American Rivalry and the Origins of the Chinese Civil War, 1944-1946, New York/Oxford

Wilke, Boris 1996: Strukturgeschichtliche Ursachen des Kriegsgeschehens auf dem indischen Subkontinent seit 1947, unveröff. Diplomarbeit, Institut für Politische Wissenschaft, Universität Hamburg

Wilson, J. A. 1974: Politics in Sri Lanka 1947-1973, London

Wilson, J. A. 1988: The Break-up of Sri Lanka. The Singhalese-Tamil Conflict, London

Wirsing, Robert G. 1994: India, Pakistan and the Kashmir Dispute: On Regional Conflict and its Resolution, Basingstoke u.a.

Wolpe, Harold 1975: The Theory of Internal Colonialism: the South African Case, in: Oxaal, I. u.a. (Hrsg.): Beyond the Sociology of Development, London, S. 229-252

Wyatt, David K. 1984: Thailand. A Short History, New Haven

Kriege im Nahen und Mittleren Osten

1. Einleitung: „Pulverfaß" oder Region der Weltgesellschaft?

Aus europäischem Blickwinkel wird die politische Lage im Nahen und Mittleren Osten gerne mit der Metapher vom „Pulverfaß" umschrieben. Eine Umschreibung, die angesichts von 48 Kriegen, die seit dem Ende des Zweiten Weltkrieges in der Region geführt wurden, durchaus gerechtfertigt erscheint. Gemessen an Fläche und Bevölkerungszahl hat die Region überdurchschnittlich häufig eine kriegerische Eskalation ihrer Konflikte zu verzeichnen. Nach den statistischen Untersuchungen der AKUF waren im Jahre 2001 sechs Kriege im Nahen und Mittleren Osten zu registrieren und besonders der von den USA angeführte „Anti-Terror-Krieg" hat den Mittleren Osten wieder ins Zentrum internationaler Bedrohungsszenarien gerückt.[1] Es ist daher nicht weiter verwunderlich, daß viele Beobachter den gewaltsamen Austrag von Konflikten in der Region für endemisch halten. Sie neigen dazu, daß Bild einer Region zu zeichnen, in der Auseinandersetzungen um knappe Ressourcen geradezu zwangsläufig zu Kriegen führen, in denen die Bevölkerung mit irrationalen Motiven zum gewaltsamen Konfliktaustrag bewegt werden (vgl. Mandelbaum 1999).

Allerdings verbergen sich hinter dem Image der Kriegsregion Nahen und Mittlerer Osten Konfliktlagen, deren Strukturen durchaus mit denen des kriegerischen Staatenbildungsprozesses in Europa zu vergleichen sind. Darüber hinaus ist das Kriegsgeschehen in der Region untrennbar mit globalen Strukturen verflochten. Die Verflechtung regionaler politischer Entwicklungen mit denen Europas und der USA wird an verschiedenen Punkten deutlich. Zum einen wäre hierbei die Rolle imperialer Interessen im regionalen Staatenbildungsprozeß zu erwähnen, die vor allem hinsichtlich der territorialen Gliederung des nahöstlichen Staatensystems von entscheidender Bedeutung waren. Ferner sind die Garantie der Existenzberechtigung des israelischen Staates sowie die Sicherung der Rohölquellen bis heute wirkungsmächtige Größen. Zum anderen hat die Migration aus dem Nahen und Mittleren Osten nach Europa die regionalen politischen Konflikte auch zu einem Gegenstand der europäischen politischen Auseinandersetzungen gemacht. Besonders die Kriege in Kurdistan und die in der Region weit verbreiteten islami-

---

1   Entgegen der offiziellen AKUF-Statistik werden hier nur die Kriege und bewaffneten Konflikte in Ägypten zur Region des Nahen und Mittleren Ostens gerechnet. Die restlichen nordafrikanischen Staaten tauchen im Konfliktgeschehen in Afrika auf.

stischen Bestrebungen finden somit in der Innenpolitik europäischer Staaten ihren Widerhall. Das nach dem 11. September 2001 aufgedeckte terroristische Netzwerk um Osama bin-Laden ist dabei nur ein Indikator, wie wenig realistisch das dichothomische Bild eines internationalen Systems ist, das sich in scheinbar voneinander getrennte Zonen des Friedens und des Krieges aufteilt.

Bedenkt man die prominente Stellung, die der Palästinakonflikt seit jeher in westlichen Medien spielt, überrascht es nicht, daß aus europäischer Sicht mit der 1993 zwischen Israel und der Palästinensischen Befreiungsorganisation (PLO) geschlossenen Autonomievereinbarung große Hoffnungen verbunden wurden. Die Anerkennung der PLO als Verhandlungspartner und damit zumindest teilweise auch der legitimen Ansprüche der Palästinenser ebnete der israelischen Regierung auch den Weg zu einem weiteren Friedensabkommen mit Jordanien 1994. Mit dem Ausbruch der *Al-Aqsa Intifada* im September 2000 aber scheint der auf den Osloer Verträgen basierende Friedensprozeß nun endgültig gestorben zu sein.[2] An seine Stelle ist eine Spirale der Gewalt getreten, die sich nahtlos in die Geschichte eines Konfliktes einreiht, der immer wieder in gewaltsamen Formen von Volksaufständen über Terroraktionen bis zu zwischenstaatlichen Kriegen ausgetragen wurde. Es ist nicht zuletzt dieses gewaltsame Bild des Palästinakonflikts, welches sich als Image einer ganzen Region in den Köpfen der Weltöffentlichkeit festgesetzt hat.

Dennoch, die Konzentration der Weltöffentlichkeit auf den Palästinakonflikt darf nicht darüber hinwegtäuschen, daß dieser nur einen der Konfliktherde im Nahen und Mittleren Osten darstellt. Ein differenzierteres Verständnis des regionalen Konfliktgeschehens ist auch deswegen wichtig, weil die Zukunft des Friedensprozesses zwischen Israel, der PLO und der arabischen Staatenwelt nicht allein durch die Strukturen des Palästinakonflikts bestimmt wird, sondern in vielfältiger Weise mit der Gemengelage an regionalen Konflikten in Verbindung steht. Die folgenden Ausführungen sollen zeigen, wie komplex und gewaltträchtig die Konfliktstrukturen in der Region tatsächlich sind. Darüber hinaus unterstreichen sie, daß das Kriegsgeschehen im Nahen und Mittleren Osten aufs Engste mit den Strukturen internationaler Politik und damit auch mit dem globalen Modernisierungsprozeß verknüpft sind. Sie zeichnen das Bild eines regionalen Pulverfasses, das zugleich untrennbarer Teil einer sich formierenden Weltgesellschaft ist.

Das vorliegende Kapitel hat sich zum Ziel gesetzt, einen Überblick über das gesamte Kriegsgeschehen im Nahen und Mittleren Osten seit 1945 zu geben und dabei auch die Frage nach regionalspezifischen Entwicklungen und Besonderhei-

---

2 Für eine politikwissenschaftliche Analyse des Friedensprozesses in deutscher Sprache vgl. Beck (2002), in Englisch vgl. Makovsky (1996) und Savir (1998).

ten zu stellen. Im Hauptteil folgt nach einer kurzen statistischen Übersicht zum Kriegsgeschehen im Nahen und Mittleren Osten eine skizzenhafte Beschreibung des historisch-strukturellen Hintergrundes, vor dem das regionale Kriegsgeschehen nach dem Zweiten Weltkrieg zu analysieren ist. Die im ersten Kapitel dieses Bandes vorgestellten konzeptionellen Elemente des Hamburger Ansatzes bilden dabei den theoretischen Rahmen, in den diese Skizze eingepaßt ist. Der dritte und längste Abschnitt des Hauptteiles besteht aus Kurzanalysen der fünf Schwerpunkte des Kriegsgeschehens – Jemen, Kurden, Palästina, Golfregion und die regionalen Nachfolgestaaten der ehemaligen Sowjetunion – sowie der Kriege im Libanon, in Afghanistan und in Tadschikistan. Am Ende des Kapitels werden die regionalspezifischen Befunde im Lichte der allgemeinen Entwicklungen des Weltkriegsgeschehens und der theoretischen Annahmen des Hamburger Ansatzes kurz diskutiert.

Um die Lesbarkeit des Textes nicht unnötig zu beeinträchtigen, wurde auf eine intensive Zitierweise verzichtet. Die im folgenden verwendeten Daten zu den einzelnen Kriegen entstammen im wesentlichen der Kriegedatenbank, die die AKUF in den vergangenen Jahren aufgebaut hat.[3] Daher wird nur bei externem Datenmaterial oder Zitaten aus der verwendeten Sekundärliteratur auf die entsprechende Quelle verwiesen. Weitere Literaturhinweise zum Kriegsgeschehen im Nahen und Mittleren Osten können der Literaturliste im Anhang entnommen werden, die aber keineswegs den Anspruch einer vollständigen Bibliographie erhebt.

2. Das regionale Kriegsgeschehen in Zahlen

Geographisch umfaßt die hier als Naher und Mittlerer Osten geführte Region die Arabische Halbinsel und den sich nördlich an sie anschließenden „Fruchtbaren Halbmond" mit den Staaten Irak, Syrien, Libanon, Jordanien, Israel und Palästina, weiter den Iran und Afghanistan im Osten, Ägypten im Westen und die Türkei im Norden.[4] Ferner werden diesem Gebiet seit dem Zerfall der UdSSR noch die Länder im Kaukasus einschließlich Aserbaidschan und Georgien sowie die zentral-

---

3   Für die Kriege von 1945 bis 1992 sind diese Daten in Gantzel / Schwinghammer (1995; 2000) publiziert, weiteres Datenmaterial der AKUF kann der von Siegelberg (1991) herausgegebenen Monographie, der AKUF homepage (www.akuf.de) und den jährlich erscheinenden Dokumentationen zum Kriegsgeschehen entnommen werden (z.B. Schreiber 2002).

4   Im Gegensatz zu der Regionaleinteilung in Gantzel/Schwinghammer (1995) wird in der vorliegenden Arbeit Ägypten der Region Vorderer und Mittlerer Orient bzw. Naher und Mittlerer Osten zugerechnet.

asiatischen Staaten Kasachstan, Kirgistan, Tadschikistan, Turkmenistan und Usbekistan zugerechnet.

Im Jahr 2001 herrschte in sechs Staaten der Region Krieg; darüber hinaus wurden fünf bewaffnete Konflikte geführt.[5] Die Gesamtzahl der seit 1945 im Nahen und Mittleren Osten geführten Kriege beläuft sich auf 48, was einem Anteil von ca. 23 Prozent am Weltkriegsgeschehen entspricht. Die Region erweist sich somit als besonders kriegsanfällig und stellt mit dem Irak und Syrien zwei von sieben Staaten, die zusammen mehr als zwanzig Prozent der seit 1945 weltweit erfaßten Kriegsbeteiligungen auf sich vereinen.

Die Kriegsentwicklung in der Region schließt sich dem allgemeinen Trend des Weltkriegsgeschehens an, der seit Beendigung des Zweiten Weltkriegs bis zum Beginn der 1990er Jahre einen kontinuierlichen Anstieg in der Zahl der jährlich geführten Kriege aufweist. Höhepunkte der regionalen Kriegshäufigkeit markieren die sechziger, achtziger und neunziger Jahre des letzten Jahrhunderts. Auch hinsichtlich der Mengenverhältnisse bei den Kriegstypen liegt der Nahe und Mittlere Osten im allgemeinen Trend: Bei 33 der 48 geführten Kriege handelt es sich um innerstaatliche Kriege. Dennoch sind zwischenstaatliche Auseinandersetzungen von höherem Gewicht als in anderen Regionen. Ein Phänomen, das sich anhand der spezifischen Rolle des Palästinakonflikts sowie der Verflechtung regionaler Konflikte mit internationalen Interessen erklären läßt. Die Untergliederung des Kriegsgeschehens in regionale Konfliktschwerpunkte zeigt, daß sich 36 der 48 Kriege auf nur fünf Konfliktherde verteilen, von denen drei schon seit 1945 im Mittelpunkt des Kriegsgeschehens stehen: der konfliktive Bildungsprozeß des jemenitischen Staates, die Kriege in Kurdistan und der Palästinakonflikt.

Ein besonders explosiver Konfliktherd, der seit 1945 zehn Kriege zu verzeichnen hat, befindet sich am südwestlichen Rand der Arabischen Halbinsel im Gebiet der heutigen Jemenitischen Arabischen Republik, die 1990 aus der Vereinigung der Arabischen Republik Nordjemen und der Volksrepublik Südjemen hervorging. Im Nordjemen war das Kriegsgeschehen von innerstaatlichen Auseinandersetzungen vor dem Hintergrund des dortigen tribalen Milieus gekennzeichnet. Im von 1962 bis 1969 dauernden Bürgerkrieg standen sich von Ägypten unterstützte „republikanische Truppen" und von Saudi-Arabien unterstützte traditio

---

5 Kriege: Afghanistan, „Anti-Terror-Krieg", Irak (Kurdistan, USA und GB), Israel (Palästina), Russische Föderation (Tschetschenien), Türkei (Kurdistan). Der Krieg in Algerien findet Eingang in die Afrika Statistik dieses Bandes. Bewaffnete Konflikte: Georgien (Abchasien), Iran (Volksmujahedin), Libanon (Shebaa-Farm), Tadschikistan, Usbekistan und Kirgistan (Fergana Tal).

nal orientierte, für den Erhalt des Imamats[6] kämpfende Truppen gegenüber. Im Südjemen fanden 1956-58 und 1965-67 kriegerische Auseinandersetzungen im Zuge der Dekolonisierung unter Beteiligung britischer Truppen statt. Nach der Gründung der Sozialistischen Volksrepublik Südjemen 1967 kam es zu vier weiteren Kriegen, die sowohl innerstaatliche als auch zwischenstaatliche Komponenten aufwiesen. Neben den beiden jemenitischen Staaten war auch Saudi-Arabien in diese Kriege verwickelt. Mit dem nunmehr zehnten Krieg im Jemen 1994 wurde deutlich, daß auch die Vereinigung der beiden Staaten die Konflikte der jemenitischen Gesellschaft nur in einen neuen staatlichen Rahmen faßte und zumindest vorläufig nicht in der Lage zu sein scheint, deren kriegerische Eskalation auf Dauer zu verhindern.

Auch der Kurdenkonflikt blickt auf eine fast 50jährige Kriegsgeschichte zurück. Im Zuge der Ausdifferenzierung der regionalen Staatenwelt wurde die kurdische Bevölkerung auf mehrere Territorialstaaten verteilt, wobei die Türkei, der Irak und der Iran den größten kurdischen Bevölkerungsanteil aufweisen. Es sind auch die Regierungstruppen dieser drei Staaten, die seit 1945 sieben Kriege gegen die Kurden führten. Am häufigsten eskalierte der Konflikt zwischen der kurdischen Bevölkerung und dem nachkolonialen Staat im Irak. Hier kam es seit 1945 zu vier Kriegen.

Zentrale Schnittstelle regionaler und internationaler Konfliktlinien ist der Palästinakonflikt, der seit der Gründung des israelischen Staates 1948 zu sieben Kriegen zwischen Israel und seinen arabischen Nachbarn führte. Ferner stehen der Krieg in Jordanien 1970/71 („Schwarzer September") zwischen der PLO und jordanischen Regierungstruppen sowie der Krieg im Libanon (1975-90) in engem Zusammenhang mit der Palästinafrage.

Während in den drei bisher aufgeführten Konfliktgebieten seit 1945 immer wieder kriegerische Auseinandersetzungen stattfanden, kamen mit dem Ersten Golfkrieg zwischen Irak und Iran (1980-88), dem Überfall Iraks auf Kuwait 1990 und dem darauf folgenden Zweiten Golfkrieg 1991 sowie dem Zerfall der UdSSR zwei weitere Schwerpunkte im regionalen Kriegsgeschehen hinzu. Vor allem die staatliche Neuordnung des Südrandes der ehemaligen UdSSR hat mit neun Kriegen entscheidenden Anteil an der Steigerung der regionalen Kriegshäufigkeit in den 1990er Jahren. Bezeichnend ist hierbei, daß die Kriege in Georgien, Nordossetien, Tadschikistan, Tschetschenien und um Nagornyj-Karabach (Armenien / Aserbaidschan) sich alle im innerstaatlichen Rahmen abgespielt haben.

---

6   Nach einem Abkommen mit den Jungtürken war der Jemen seit 1911 de facto eine unabhängige Monarchie unter der religös-politischen Führung von Imam Yahya.

Generell ist die Konfliktlage im Nahen und Mittleren Osten durch zwei Ursa-
chenkomplexe charakterisiert. Der erste ist ein eklatanter Legitimationsmangel
staatlicher Herrschaft in der Region. Die meisten Staaten weisen eine tribal, ethnisch und religiös fragmentierte Bevölkerung auf, deren politische Loyalitäten
bisher keinen ausreichenden gemeinsamen Nenner im vorgegebenen territorialstaatlichen Rahmen fanden. Der Mangel an staatlicher politischer Legitimität belastet den Versuch der nachholenden Konsolidierung vorausgesetzter Staatlichkeit
im Nahen und Mittleren Osten besonders stark. Kriege wie die gegen die Kurden,
der seit 1978 andauernde Krieg in Afghanistan, die beiden Bürgerkriege im Libanon 1958 und 1975-90, der islamistische Aufstand von Hama 1982 gegen das Regime von Hafiz al-Asad in Syrien[7] oder die Kriege in Georgien und Tadschikistan
machen deutlich, welches Konfliktpotential diesem politischen Legitimationsdefi-
zit entwächst.

Auch die in der gesamten Region erstarkten islamistischen Bewegungen, der
sogenannte islamische Fundamentalismus, sind einerseits ein Ausdruck des politischen Protestes gegen eine als illegitim empfundene staatliche Herrschaft. Die
Politisierung des Islams ist aber andererseits auch die Folge einer tiefen sozialen
Krise, die als zweiter Ursachenkomplex das Konfliktgeschehen in der Region in
zunehmendem Maße bestimmt. Diese mit Begriffen wie Landflucht, Verstädterung, soziale Marginalisierung und Zerstörung traditionaler kultureller Werte nur
mühsam umschriebene Krise ist aber zugleich Resultat und Erscheinungsbild der
globalen Transformation traditionaler Gesellschaften. In ihrem Verlauf werden
die bisherigen vergesellschaftenden Potenzen sukzessive entwertet, ohne daß moderne Vergesellschaftungsformen – Marktwirtschaft, Demokratie und Anstalts-
staat – sogleich an ihre Stelle treten. Dieser nicht linear verlaufende, globale Prozeß, welcher mittels der systematischen Leitdifferenz zwischen Tradition und
Moderne erfaßt werden kann, steht als treibende Kraft auch hinter dem Kriegsgeschehen im Nahen und Mittleren Osten.

3. Strukturgeschichtlicher Rahmen[8]

Die beschleunigte Modernisierung der Region und ihre Einbeziehung in den globalen Transformationsprozeß fand in Laufe des 19. Jahrhundert statt. Die Moder-

7   Zu einer eingehende Analyse dieses innerstaatlichen Krieges und seiner Bezeichnung als islami-
    stisch motiviert vgl. Lobmeyer (1995).
8   Allgemeine Übersichten der historischen Entwicklungen, welche den sozialen Wandel der Regi-
    on in den vergangenen 200 Jahren prägten, siehe: Büttner/Scholz (1993), Hourani (1992), Mej-
    cher (1987), Schölch (1987), Schulze (1994).

nisierung der Gesellschaften des Nahen und Mittleren Ostens ging dabei mit der Desintegration des Osmanischen Reiches einher. Der Zerfall des osmanischen Imperiums war im Innern durch einen „Prozeß der Feudalisierung"[9] bei gleichzeitiger Einbeziehung in die Machtkonkurrenz der europäischen Staaten charakterisiert. Der europäischen Staatenkonkurrenz war das Osmanische Reich aufgrund seiner gesellschaftlichen Struktur nicht mehr gewachsen. Die Reproduktion der militär-bürokratischen Staatselite erfolgte durch die Aneignung von Grundrenten, deren zentrale Ressource, Land, im Rahmen territorialer Expansion erschlossen wurde. Die wachsende politische und ökonomische Konkurrenz beschleunigte den Desintegrationsprozeß des patrimonialen osmanischen Staates. Steigende Staatsverschuldung und die ökonomische Abhängigkeit von Europa waren ihre Folge.[10]

Die Schwächung osmanischer Herrschaft war aber nicht nur ein Ergebnis der patrimonialen Reproduktionsform des Reiches und der mit ihr verbundenen Neigung der Machtbalance zugunsten der europäischen Nationalstaaten. Schon frühzeitig bot gerade die religiös legitimierte, innere politische Struktur des Reiches eine Möglichkeit für die europäische Penetration. In der traditionalen Ordnung des Osmanischen Reiches genossen die nicht-muslimischen religiösen Minderheiten kraft islamischen Rechts eine weitgehende Autonomie hinsichtlich ihrer inneren Verwaltung, religiöser Angelegenheiten und ihrer Rechtsprechung im Bereich des Personenstandsrechts. Juden, orthodoxe Christen, Maroniten und Kopten, um nur die wichtigsten zu nennen, bildeten jeweils ein *millet*, eine religiös bestimmte, autonome Gemeinschaft unter der Führung ihres Patriarchen. Im Namen religiös definierter Beziehungen und gestützt durch das „islamische Rechtsinstitut" der sogenannten Kapitulationen bildeten die religiösen Minderheiten eine Eintrittspforte europäischer Staaten in die inneren Angelegenheiten des Osmanischen Reiches.[11]

In politischer Hinsicht war es die Organisationsform des modernen territorialen Anstaltsstaats, die für die regionalen Akteure zur formalen Beteiligungsbedingung an der aufkeimenden Weltgesellschaft avancierte. Im Zuge der internen Reformprozesse des 19. Jahrhunderts, wie z.B. die Tanzimat des Osmanischen Reiches, oder durch die Errichtung kolonialer Herrschaftssysteme, wurden Elemente

---

9   Die Auflösung patrimonialer Großreiche und der diesen politischen Verbänden eigenen Verwaltungsstrukturen erfaßte Norbert Elias mit dem Begriff „Mechanismus der Feudalisierung" (1989: 14 ff.), Max Weber diskutierte diese Prozesse unter den Stichwörtern „Verselbständigung des Verwaltungsstabes" bzw. „Appropriation von Ämtern" (1972: 542 und 604 ff.).

10 Zur Geschichte des Osmanischen Reiches: Inalcik (1978), Inalcik/Quataert (1994), Kellner-Heinkele (1987), Lewis (1961) und Zürcher (1993). Eine kurze Analyse des osmanischen Modernisierungsprozesses liefert das dritte Kapitel in Jung/Piccoli (2001: 28-58).

11 Zur Frage religiöser Minderheiten im Islam: Noth (1989); die Rolle der Kapitulationen beschreibt Krämer (1989).

dieser modernen Staatlichkeit und die mit ihr verbundenen Problemlagen in den Mittleren Osten „importiert" (Badie 1992). Die wesentlichen politisch-administrativen Strukturmomente, welche sowohl die osmanischen Tanzimat als auch die internen Modernisierungsprozesse Ägyptens, Tunesiens und des Iran kennzeichneten, können in sechs Punkten zusammengefaßt werden: 1.) Die Abschaffung der patrimonial strukturierten Tribut- und Abgabensysteme zugunsten eines monetarisierten und formalisierten Steuersystems, das sich am europäischen Modell orientierte. 2.) Eine wachsende Formalisierung, Standardisierung und Säkularisierung des Erziehungswesens und des Rechtssystems.3.) Den Aufbau eines funktional gegliederten Regierungssystems. 4.) Die Einführung von Elementen moderner Gewaltenteilung sowie parlamentarischer und konstitutioneller Strukturen. 5.) Die Monopolisierung der physischen Gewaltmittel durch den Staat und ihre Ausdifferenzierung hinsichtlich zweier Sphären der externen und internen Sicherheit. 6.) Die Einführung moderner Provinzialverwaltungen, die sich an zentralstaatlichen europäischen Modellen orientierten.

Die endgültige Aufgliederung der Region in ein System von modernen „Nationalstaaten", die durch die Prinzipien der Territorialität und fester Grenzziehungen gekennzeichnet sind,[12] sowie die Festigung der politisch-administrativen Strukturen fanden dann unter britischer und französischer Mandatsherrschaft nach dem Ersten Weltkrieg statt. Währen dieser Periode bildeten sich auch wirkungsmächtige regionale Konfliktmuster heraus, die die zwischenstaatlichen Beziehungen in der Region bis heute bestimmen (vgl. Podeh 1998). Hinsichtlich der von außen garantierten „negativen Souveränität" und territorialen Integrität moderner Staatlichkeit fand der mittelöstliche Staatenbildungsprozeß in seiner Phase der Dekolonisation nach dem Zweiten Weltkrieg seinen vorläufigen Abschluß. Wichtig für das regionale Kriegsgeschehen war dabei, daß das Handeln der nun formal unabhängigen Staaten des Mittleren Ostens sich von Beginn an in das Koordinatensystem des Kalten Krieges einpassen mußte. Schnell entwickelte sich eine klientelistische Struktur, in der die regionalen Staaten einerseits in der Lage waren politisch motivierte Renten über das internationale System zu beziehen, andererseits aber auch ihren relativ unabhängigen regionalen Interessen folgten. Innerhalb dieser klientelistischen Struktur kam es um den Dreh- und Angelpunkt Palästina zu einer Überlagerung von regionalen und internationalen Konflikten, welche zu einer extremen Militarisierung der Region führte (Jung 2000). Damit wurden nicht nur regionale Konflikte massiv gewaltsam aufgeladen, sondern auch autoritäre

---

12   Zu diesem Unterscheidungsmerkmal zwischen traditionalen politischen Verbänden und modernen Staaten vgl. Giddens (1992: 51 ff.).

Regime mit einem Sicherheitsapparat ausgestattet, der ihnen bis heute zur Unterdrückung ihrer innenpolitischen Gegner dient (vgl. Crystal 1994).

Betrachtet man daher die heutige politische Landkarte der Region, so ist es eine grobe Vereinfachung, die gewaltsamen politischen Konflikte im Mittleren Osten nur der sogenannten künstlichen Grenzziehung durch die Kolonialmächte anzulasten. Zum einen waren es weniger die territorialen Grenzen als solche denn das generelle Vordringen moderner Staatlichkeit, insbesondere ihre juridischen und administrativen Aspekte, gegen welche sich die nichtstaatlichen Gemeinschaften der Region auch und gerade schon unter dem Eindruck der internen Modernisierungsbemühungen während des 19. Jahrhunderts wehrten. Zum andern ist es hauptsächlich die Region des Fruchtbaren Halbmondes, dessen heutige politische Landkarte nicht auf vorkoloniale territoriale und historische Kontinuitäten verweist. In Ägypten, Afghanistan, Iran, Jemen, Saudi-Arabien und der Türkei ist die Herausbildung moderner Staatlichkeit durchaus mit Formen vormoderner politischer Verbände verbunden.

Die nur lose politische Einheit Afghanistans kann aber nicht als Resultat eines politischen Integrationsprozesses verstanden werden, sondern ist im wesentlichen als eine Reaktion auf äußere Bedrohungen durch die schiitische Monarchie Iran, die Kolonialmacht Großbritannien und das zaristische Rußland zu interpretieren. Das einigende Band des seit Mitte des 18. Jahrhunderts in einer Art Stammeskonföderation verbundenen Afghanistan bildete der sunnitische Islam. Dem gemeinsamen sunnitischen Glauben war es zu verdanken, daß die tribal strukturierten, aus Paschtunen, Tadschiken, Usbeken, Turkmenen und Belutschen bestehenden afghanischen Gemeinschaften äußere Aggressionen als eine kollektive Bedrohung wahrnehmen konnten. Ähnliche konföderative Strukturen stehen auch hinter den Staatenbildungsprozessen im Jemen und Saudi-Arabien. Im Gegensatz zur internen Modernisierung und Herausbildung nationalstaatlicher Muster in Ägypten und in der Türkei handelte es sich in allen drei Fällen um vormoderne politische Strukturen, die bis heute nicht wirklich einen nationalstaatlichen Charakter angenommen haben.

Auf eine wesentlich ältere, zunächst patrimoniale, ab dem späten 19. Jahrhundert dann nationale politische Integrationsgeschichte kann der Iran zurückblicken. Sie beginnt mit der Herrschaftskonsolidierung der turkstämmigen Safawiden-Dynastie zu Beginn des 16. Jahrhunderts, welche sowohl die territoriale Grenzziehung als auch die schiitische Identität des modernen Iran vorwegnahm. Dieser Keim nationalstaatlicher Identität wurde unter der ebenfalls turkstämmigen Dynastie der Katscharen (1796-1925) fortgesetzt und in den machtpolitischen Auseinandersetzungen mit Rußland und Großbritannien weiter ausgeprägt. Die besondere Rolle, welche der schiitische Islam als Mehrheitsreligion im Iran spielt, hat dazu geführt, daß der schiitische Glaube sich als ein wesentlicher Bestandteil des iranischen Nationalismus manifestierte. Seine gelehrten Repräsentanten, die *ulama*, übernahmen Führungsrollen in der iranischen Nationalbewegung (Algar 1969: 24-5). Der schiitische Klerus, zusammen mit national gesinnten Liberalen und Vertretern des Basarmilieus, mobilisierten die Aufstandsbewegungen des späten 19. und frühen 20. Jahrhunderts. Im Zuge dieser Proteste, die sich gegen die despotische Herrschaft der Katscharen und den wachsenden Einfluß imperialistischer Großmächte richteten, hatte sich eine konstitutionelle Bewegung formiert. Ihr gelang im Jahre 1906 schließlich die Durchsetzung einer iranischen Verfassung, die auch den Rechtsgelehrten ein „Wächteramt" garantierte (Vakili-Zad 1996).

Für die heutigen Staaten des Fruchtbaren Halbmondes, im Kaukasus und in Südost-Europa begann der regionale Staatenbildungsprozeß unter osmanischer Oberhoheit und wurde mit zusehender Schwächung des Reiches von den imperialen Mächten Europas dominiert. Bis zum Ende des 19. Jahrhunderts hatten bis auf wenige Provinzen (Makedonien, Bulgarien, Albanien) die europäischen Gebiete des Osmanischen Reiches ihre staatliche Unabhängigkeit erlangt; die kaukasischen und mittelasiatischen Provinzen befanden sich unter russischer Herrschaft. Ihre heutige staatliche Untergliederung folgt den inneren administrativen Grenzen der Sowjetunion in einzelne Republiken. Die territorialstaatliche Ausgestaltung des Fruchtbaren Halbmondes erfolgte schließlich nach dem Ersten Weltkrieg und läßt eindeutig die Interessen der Mandatsmächte Großbritannien und Frankreich sowie ihrer regionalen Klienten erkennen.

Unter kulturellem Aspekt wurde der Staatenbildungsprozeß durch den Import und die Neuinterpretation moderner, europäischer Diskurse begleitet. Albert Hourani hat diesen Prozeß der Übernahme, Auseinandersetzung und Zurückweisung modernen Denkens in verschiedene Phasen unterteilt (Hourani 1983). Nachdem zunächst zwischen 1830 und 1870 nur einige Intellektuelle und Spitzen der osmanischen Verwaltung sich der fundamentalen Veränderungen in Europa bewußt geworden waren, war Europa in einer zweiten Phase, von 1870-1900, imperialistischer Gegner und Modell gleichermaßen. Hierfür stehen der Konstitutionalismus und die mit ihm verbundenen nationalistischen Ideen in ihrer osmanischen, iranischen, ägyptischen oder panarabischen Spielart, aber auch die aus der Konfrontation mit der kolonialen Expansion geborene „islamische Rückbesinnung". Ihr Anfang markiert eine dritte Phase und ist ausgangs des 19. Jahrhunderts mit Namen wie Muhammad Abduh oder Jamal ad-Din al-Afghani verbunden. Gespalten in eine säkularistische und eine islamistische Richtung ist sie seitdem ein fester Bestandteil des politischen Diskurses in der Region.

Ähnlich dem intellektuellen Milieu des 19. Jahrhunderts, sehen zeitgenössische Islamisten die islamische Geschichte als einen Prozeß des Niedergangs und der Entfremdung, welcher in der Unterdrückung durch die Kolonialmächte mündete. Die Suche nach einer authentischen islamischen Ordnung läßt sich somit in den Kontext von Kolonialismus, Imperialismus und Dekolonisation einordnen. Die „Rückkehr zum Islam" ist aber keinesfalls nur eine Reaktion auf die politische, ökonomische und kulturelle Dominanz des Westens. Von Anfang an wendeten sich islamistische Bewegungen gerade auch gegen das eigene traditionale religiöse Establishment und die postkolonialen staatlichen Eliten. Insbesondere für militante Islamisten, die sich auf die Ideologien von Abu al-Ala Maududi und Sayyid Qutb stützen, steht die Bedrohung des Islam durch „verwestlichte" muslimische Eliten im Vordergrund ihres Kampfes (Sivan 1989: 2). Es ist gerade dieser Kampf gegen die einheimischen Eliten, der in einigen islamistisch motivierten innerstaatlichen Kriegen der Region zum Ausdruck kommt.

Wie diese unterschiedlichen politischen Ideen selbst waren auch ihre Trägergruppen – Intellektuelle, Militärs, neuer Mittelstand, Bürgertum – Produkt und Erscheinungsbild der Moderne, die sich ökonomisch in der Anbindung des Nahen und Mittleren Ostens an die Geld- und Warenströme des sich ausformenden Weltmarkts zeigte. Die traditionale Differenzierung der materiellen Reproduktion in pastorales Nomadentum, Bewässerungslandwirtschaft und urbane Händler und Handwerker wurde durch die europäische Intervention sukzessive in eine Rohstoffexportökonomie transformiert, ohne aber dabei die traditionale, auf Aneignung von Renten beruhende Abschöpfung gesellschaftlichen Mehrwerts in gleichem Maße zu verändern. Ferner lagen weite Gebiete zunächst abseits der Hauptströme des internationalen Handels, wohingegen die Mittelmeeranrainer und das britisch besetzte Aden frühzeitig in die europäischen Handelsstrukturen eingebunden wurden.

Die enorme Ungleichzeitigkeit der Modernisierungsprozesse im Nahen und Mittleren Osten wird augenfällig, wenn man z.B. Ägypten, das schon unter Muhammad Ali (1804-48) eine machtpolitisch motivierte Modernisierung seiner Gesellschaft erfuhr, mit dem jemenitischen Bergland vergleicht. Erhielt Ägypten durch die Monopolisierung des Handels und den Aufbau einer importsubstituierenden Industrie schon zu Beginn des 19. Jahrhunderts einen mächtigen Modernisierungsschub, blieben die traditionalen Lebensverhältnisse im Jemen bis in die zweite Hälfte des 20. Jahrhunderts hinein nahezu unangetastet. Ab den 1930er Jahren spielte dann der Export von Erdöl bei der Inwertsetzung der Arabischen Halbinsel die entscheidende Rolle. Binnen weniger Jahrzehnte wurde damit eine Region in die globalen Austauschbeziehungen integriert, die über Jahrhunderte hinweg an der Peripherie patrimonialer Großreiche lag. Die unter sowjetischer

Herrschaft stehenden Gebiete schließlich erfuhren eine staatlich gelenkte Modernisierung, welche eine einseitige Ausrichtung ihrer Produktion und die politische und ökonomische Abhängigkeit von der Moskauer Zentrale zur Folge hatten.

Vor dem Hintergrund der hier nur grob skizzierten historischen und strukturellen Bedingungen erfolgte das Übergreifen moderner Vergesellschaftungsmuster auf den Nahen und Mittleren Osten nur schrittweise und selektiv und war durch große kulturelle, politische und ökonomische Ungleichzeitigkeiten gekennzeichnet. Diese Ungleichzeitigkeiten sind heute als regionale, ethnische oder religiöse Unterschiede in die politische Landkarte des Mittleren Ostens eingezeichnet. Die nun folgenden Kurzanalysen werden zeigen, daß sie sich auch im Konfliktgeschehen der Region bemerkbar machen.

4. Kurzanalysen des Kriegsgeschehens

4.1 Jemen

Das Gebiet des heutigen jemenitischen Einheitsstaates, der Jemenitischen Arabischen Republik, gehörte in vorkolonialer Zeit formal zum Osmanischen Reich, welches das Land aber nur einer ständig prekär bleibenden Form von indirekter Herrschaft unterstellen konnte. Während das nördliche Bergland eine Stammeskonföderation unter dem zaiditischen Imam bildete, bestand die politische Struktur Adens und seines Hinterlandes bis zur britischen Kolonisierung aus relativ autonomen Stammesfürstentümern. Im Jahre 1839 besetzten die Briten Aden und das Protektorat wurde 1935 zur britischen Kronkolonie erklärt. Aus dem nordjemenitischen Imamat ging dann die Arabische Republik Nordjemen, aus den ehemaligen britischen Kolonialgebieten die sozialistische Volksrepublik Südjemen hervor.

Unterzieht man das Kriegsgeschehen im Jemen einer näheren Analyse, so wird deutlich, daß sich dieses um die territoriale und innere Konsolidierung des Staates dreht. Die territoriale Komponente des jemenitischen Konfliktherdes beinhaltet sowohl die Loslösung des Südjemen von der Kolonialmacht Großbritannien als auch Fragen der Grenzziehung mit Saudi-Arabien. Im Südjemenitischen Unabhängigkeitskrieg erstritten zwischen 1963 und 1969 Befreiungsorganisationen, die aus der Gewerkschaftsbewegung und nasseristisch orientierten Arabischen Nationalisten hervorgegangen waren, die staatliche Unabhängigkeit der Demokratischen Volksrepublik Südjemen von Großbritannien. Zuvor mündete der Territorialkonflikt mit Großbritannien bereits zwischen 1955 und 1958 in kriegerische Auseinandersetzungen zwischen dem Nordjemen und Großbritannien. Anlaß hierfür waren die Bestrebungen Großbritanniens, durch den Aufbau einer Stammesföderation auch das Hinterland der Kronkolonie Aden stärker der kolonialen Kontrolle zu unterstellen. Durch die von Großbritannien forcierte Bildung einer Südarabischen Föderation sah aber der Nordjemen seine eigenen territorialen Ansprüche auf die britischen Kolonialgebiete gefährdet.[13] Die hierbei konfliktive Frage der Grenzziehung zwischen der Kronkolonie Aden und dem Nordjemen setzte sich nach der Unabhängigkeit Südjemens fort und fand erst mit der Vereinigung beider Landesteile 1990 ihr Ende.

Die Grenzkonflikte mit Saudi-Arabien stehen zum einen in Zusammenhang mit dem traditionellen Konflikt um die nördlich des Jemen gelegene Provinz Asir, die sich Saudi-Arabien nach der Niederlage des jemenitischen Imamats im Krieg von 1934 aneignete. Zum anderen eskalierten konfliktive Ansprüche hinsichtlich des nicht genau festgelegten Grenzverlaufes zwischen Saudi-Arabien und dem Südjemen. Neben seinen Gebietsansprüchen war Saudi-Arabien aber auch an einer Destabilisierung des Südjemen interessiert, weil die dortigen republikanischen Kräfte eine Herausforderung für die politische Legitimität des Königreiches darstellten. So unterstützte Saudi Arabien die südjemenitische Opposition im Krieg 1968 und war 1969 selbst in kriegerische Auseinandersetzungen mit der Demokratischen Volksrepublik Südjemen verwickelt. Im Jemenitischen Bürgerkrieg stand es schließlich hinter den militärischen Verbänden, die für den Bestand der traditionalen Ordnung des jemenitischen Imamats kämpften.

Nachhaltiger als diese territoriale Komponente prägen allerdings innerstaatliche Auseinandersetzungen das Kriegsgeschehen im Jemen. Die zentrale Konfliktlinie verläuft hierbei zwischen dem traditionalen Herrschaftsanspruch der Stämme und des zaiditischen Imamats einerseits und den Aspirationen moderner sozialer Akteure (Militärs, Bildungselite, Gewerkschafter) andererseits. Seit der Mitte des 20. Jahrhunderts beanspruchten diese modernen sozialen Kräfte, durch republikanische Ideen legitimiert, die Herrschaft im jemenitischen Staat zu übernehmen. Auf der Folie dieser zentralen Konfliktlinie kann der Bürgerkrieg im Nordjemen (1962-69) als eine Fortsetzung des Krieges von 1948 interpretiert werden. Nach der Ermordung von Imam Yahya gelang es im Februar 1948 einem heterogenen Oppositionsbündnis unter Führung von Abdallah al-Wazir zunächst, die Herrschaft im Imamat zu übernehmen. Die fragmentierte, sich im wesentlichen auf die Stadtbevölkerung und Exiljemeniten stützende Regierung al-Wazirs war aber dem militärischen Druck der von Kronprinz Ahmad mobilisierten Stammeskrieger nicht

---

13 In den Kontext der Dekolonisierung der Arabischen Halbinsel fallen auch der Imam-Sultan-Konflikt (1957-59) und der Krieg im Dhofar (1965-75). Die sich in beiden Kriegen ausdrückenden inneren Herrschaftskonflikte wurden von britischer Seite für die eigenen Interessen – vor allem Sicherung der Ölproduktion – instrumentalisiert.

gewachsen. Diese nahmen im März 1948 die Hauptstadt Sanaa ein, und Ahmad übernahm am 15. März die Nachfolge seines Vaters als Imam.

War 1948 die Restauration des traditionalen Imamats noch einmal gelungen, setzten sich im 1962 begonnen Bürgerkrieg die republikanischen Kräfte durch. Zu ihren Gunsten intervenierte die ägyptische Armee zwischen 1962 und 1967 massiv. Nach der Aufgabe der imamitischen Truppen wurde auf einer Versöhnungskonferenz 1969 die Beibehaltung des republikanischen politischen Systems festgeschrieben. Doch die Entwicklungen nach dem Sieg der republikanischen Kräfte demonstrierten, daß sich die systematische Differenz zwischen Tradition und Moderne empirisch häufig als eine prekäre Einheit zeigt. So sahen sich auch die republikanisch gesinnten Sieger des Bürgerkrieges dazu gezwungen, sich zur Stabilisierung ihrer Macht mit den traditionalen Stammeskräften zu arrangieren. Ein Kompromiß, der die Spaltung des republikanischen Lagers zur Folge hatte.

Mit dem Ziel, einen starken Zentralstaat zu schaffen und den traditionalen Einfluß der Stämme zurückzudrängen, gründete sich im März 1976 die Nationale Demokratische Front (NDF). Als Sammelbecken oppositoneller Gruppen fand die NDF ihren Rückhalt vor allem in den südlichen, an die Volksrepublik Jemen grenzenden Landesteilen. Mit Unterstützung aus dem Südjemen begann dort im Frühsommer 1978 ein bewaffneter Aufstand gegen die Regierung in Sanaa, in dessen Verlauf auch die Konflikte zwischen den beiden jemenitischen Staaten eskalierten. Aufgrund beiderseitiger Truppenmobilisierungen und dem offenen Eingreifen der südjemenitischen Armee auf seiten der NDF kam es im Februar und März 1979 auch zu Grenzgefechten zwischen den beiden Staaten. Unter Vermittlung der Arabischen Liga konnte der Krieg im Sommer 1982 schließlich beendet werden.

Die Analyse der innerstaatlichen Kriege im Südjemen 1968 und 1986, die aus dem Machtanspruch konfligierender Kräfte innerhalb der Nationalen Befreiungsfront (NLF), später dann der Jemenitischen Sozialistischen Partei (JSP) hervorgingen, zeigt ebenfalls, daß die Macht im Staate ohne die Unterstützung der traditionalen Stammeskräfte nicht zu behaupten war. Wie groß der Einfluß und die Macht der Stämme nach wie vor ist, unterstreicht auch, daß der zehnte Krieg 1994 endete wie der erste 1948: mit der Freigabe der Hauptstadt des unterlegenen Kriegsgegners zur Plünderung durch Stammeskrieger.

Am 27. April 1994 griffen Einheiten der nordjemenitischen Streitkräfte Kontingente der südjemenitischen Armee an, die gemäß eines am 20. Februar 1993 geschlossenen Abkommens in der Nähe von Amran (ca. 40 km nördlich der Hauptstadt Sanaa) und Dhamar (ca. 100 km südlich von Sanaa) stationiert worden waren. Der darauf folgende Krieg dauerte bis zum 7. Juli 1994, an dem die Truppen des Nordens die frühere Hauptstadt des Südjemens, Aden, nach einer über einen Monat währenden Belagerung einnahmen. Mit der Einnahme und Plünderung Adens durch nordjemenitische Truppen, Milizen der islamistischen Islah-Partei und Stammeskriegern endete die im Mai 1994 proklamierte Unabhängigkeit des südlichen Landesteils, und die seit 1990 bestehende formale staatliche Einheit des Jemen wurde wieder hergestellt.

Der Kriegsausbruch im April 1994 markierte den Endpunkt eines Eskalationsprozesses, der schon kurz nach der Vereinigung begann und sich, durch Bekenntnisse zur Einheit und zu demokratischen Reformen nur mühsam verschleiert, im Jahre 1993 schon gefährlich zuspitzte. Trotz der von internationalen Wahlbeobachtern als fair beurteilten Parlamentswahlen vom 27. April kam es 1993 wiederholt zu gewalttätigen Auseinandersetzungen. Im Vorfeld der Wahlen wurden mehreren Mordanschläge auf Mitglieder der südjemenitischen sozialistischen Partei (YSP) sowie ein Anschlag auf die britische Botschaft in Sanaa verübt. Neben gewalttätigen Auseinandersetzungen zwischen einzelnen Stämmen, die mehrere Todesopfer forderten, kam es während des ganzen Jahres zu Entführungen im Jemen beschäftigter westlicher Experten. Diese sollten den Stämmen in ihren Auseinandersetzungen mit der Zentralregierung in Sanaa als Druckmittel dienen.

Im Sommer 1993 hatten sich dann Vizepräsident Ali Salim al-Baid und weitere Regierungsmitglieder der YSP aus der Allparteienregierung unter Präsident Salih in Sanaa in ihre im Süden des Landes gelegene Hochburg Aden zurückgezogen. Von Aden aus forderten die Politiker der YSP Reformen, deren Kern eine Föderalisierung der staatlichen Struktur und damit mehr Selbständigkeit für den südlichen Landesteil bildete. Ferner verlangten sie eine Aufklärung der seit Mitte 1991 immer wieder verübten Attentate gegen Partei- und Regierungsmitglieder aus ihren Reihen. Diese politisch explosive Situation wurde noch zusätzlich verschärft, weil nach der Vereinigung der beiden Landesteile auf eine Vereinigung der Streitkräfte vorläufig verzichtet wurde. So verfügten die beiden Kontrahenten Salih und al-Baid über ihnen ergebene Truppen, die sich dann in der militärischen Konfrontation ab April 1994 gegenüberstanden.

Bis heute ist die Konsolidierung vorausgesetzter Staatlichkeit im Jemen nicht abgeschlossen. Die Integration der Bevölkerung im staatlichen Rahmen konkurriert mit den traditionalen Vergesellschaftungsformen der erweiterten Familie und des Stammes. Weder ist ein faktisches Monopol physischer Gewaltsamkeit auf seiten des Staates vorhanden, geschweige denn wird ein staatlicher Anspruch auf dieses Monopol als legitim erachtet. Mehr als 75 Prozent der Bevölkerung leben auf dem Lande und sind in die dort noch dominanten traditionalen Vergesellschaftungsformen eingebunden. Viele dieser Gegenden sind von der staatlichen Verwaltung bisher kaum durchdrungen. Auch die Monetarisierung der materiellen Reproduktion hat bisher eher traditionale Strukturen gestärkt als moderne gefördert. Sie ist im wesentlichen auf die Einkünfte zurückzuführen, die jemenitische Arbeitsmigranten in den Golfstaaten und Saudi-Arabien verdienten und die am Staat vorbei in den Jemen flossen. Als wesentliche, über die Beherrschung des Staatsapparats abzuschöpfende Ressource gewinnt aber das Erdöl an Bedeutung. Die Verfügung über den Staatsapparat wird dadurch auch zu einer ökonomischen Größe, die im Krieg 1994 eine wichtige Rolle spielte.[14]

4.2 Kurden

Auch im Kurdenkonflikt stehen Fragen der territorialen und innerstaatlichen Konsolidierung im Mittelpunkt des Kriegsgeschehens. Es konfligieren hier die Interessen der Staaten Türkei, Irak und Iran mit kurdischen Autonomieansprüchen. In allen drei Fällen wird somit die Integration im territorialstaatlichen Rahmen von etwaigen Sezessionsabsichten wesentlicher Bevölkerungsteile bedroht. Darüber hinaus spielt die Unterstützung von kurdischen Rebellen im Nachbarstaat auch eine wichtig Rolle als Instrument in zwischenstaatlichen Auseinandersetzungen. Als besonders kriegsträchtig erweist sich diese Konfliktlage im Irak, wo vier der sieben Kurdenkriege stattfanden.[15]

Unmittelbar nach dem Zweiten Weltkrieg kam es zwischen August und Oktober 1945 in irakisch Kurdistan zu einem ersten kriegerischen Konfliktaustrag. Dort hatten sich schon seit den 1930er Jahren kurdische Stämme, die sich um die Familie Barzani scharten, gegen ihre Einbeziehung in das irakische Staatsgebiet widersetzt. Jetzt gelang es der irakischen Regierung, unterstützt durch Großbritannien und kurdische Stämme, die mit den Barzanis verfeindet waren, deren Widerstand zu brechen. Mit ihren Stammeskriegern flohen die Barzanis im Oktober 1945 in den Iran, wo sie den militärischen Rückhalt für die dort im Januar 1946 ausgerufene „Republik Mahabat" bildeten. In der um die kurdische Hochburg Mahabat gelegenen neutralen Zone zwischen britischen und sowjetischen Truppen, die im Zweiten Weltkrieg den Iran besetzt hatten, war es iranischen Kurden gelungen, ihre Autonomieansprüche kurzzeitig umzusetzen. Nach dem Rückzug

---

14 Allgemein zur Entwicklung im Jemen: Dresch (1989), Halliday (1974; 1990; 1994), Koszinowski (1994) und Schmitz (1995). Informationen über die politischen und ökonomischen Entwicklungen im Jemen seit 1994 können der französischen Zeitschrift *Monde arabe Maghreb Mashrek* entnommen werden, die sich in ihrer Nr. 155, Januar-März 1997, intensiv mit dem Jemen beschäftigt.

15 Zur Geschichte des Konflikts und seinem Erscheinungsbild in den 1990er Jahren vgl. Barkey/Fuller (1998), Bozkurt (1994), Bruinessen (1989), MacDowall (1996), O'Ballance (1996) und Olson (1996).

der alliierten Truppen marschierten im Dezember 1946 iranische Regierungstruppen in das kurdische Autonomiegebiet ein und lösten die „Republik Mahabat" im März 1947 auf. Die irakischen Kurden um Barzani zogen sich in den Nordirak zurück.

Die staatliche Integration der irakischen Bevölkerung blieb im Vergleich zu den beiden Nachbarstaaten Iran und Türkei bis heute gering, ein nationalstaatlicher Konsens der religiös und ethnisch fraktionierten Bevölkerung ist nicht vorhanden. Gewaltsame Repression und klientelistische Netzwerke ersetzten die mangelnde Legitimität des jeweils herrschenden Regimes seit dem Ende der Mandatsherrschaft. Für die Aufrechterhaltung von Repressionsapparat und Klientelnetz ist die Ausbeutung der Ölvorkommen unter staatlicher Kontrolle die entscheidende Ressource. Da sich die Siedlungsgebiete der Kurden in einer Region mit großen Ölvorkommen befinden, bilden deren Autonomiebestrebungen eine ständige politische und ökonomische Herausforderung für das herrschende Regime. So ist es auch nicht weiter erstaunlich, daß alle irakischen Regierungen seit 1945 – ob die Monarchie vor 1958, das Regime unter al-Qasim (al-Kassem) oder aber die Baath-Diktatur – Krieg gegen die Kurden führten. Wichtig für die Aufrechterhaltung staatlicher Macht war hierbei, daß sie die innerkurdischen Differenzen für sich zu nutzen wußten.

Wie schon bei den kurdischen Revolten, die den regionalen Staatenbildungsprozeß in den zwanziger und dreißiger Jahren des 20. Jahrhunderts begleiteten, verhinderten innere Widersprüche auch später eine Bündelung der nationalen kurdischen Aspirationen. Standen sich aber in der ersten Hälfte des 20. Jahrhunderts traditionale Stammesfürsten und ihre Partikularinteressen gegenüber, gewann nach 1945 zusehends die Konfliktlinie zwischen traditionalen und modernen Akteuren unter den Kurden an Bedeutung. In allen drei Staaten haben die zunehmende Weltmarktintegration und die Ausweitung von staatlicher Bürokratie und Erziehungswesen moderne soziale Akteure auf den Plan gerufen, die es nun eigentlich erst gestatten, von einer spezifisch kurdischen Nationalbewegung zu sprechen.

Bis in die 1970er Jahre hinein gelang es im Iran und in der Türkei wesentlich besser, diese modernen gesellschaftlichen Kräfte in den staatlichen Rahmen einzubinden, sie an den politischen und ökonomischen Ressourcen zu beteiligen, oder aber extreme Kräfte mittels staatlicher Repression auszuschalten. Im Irak hingegen wurden sie immer wieder in eine Koalition gegen die Staatsmacht mit traditionalen Akteuren gezwungen, die im wesentlichen durch die Familien Barzani und Talabani repräsentiert werden.[16] Das hohe Repressions- und Gewaltpotential auf Regierungsseite sowie die traditional gegebene und legitimierte Verfügungsgewalt der kurdischen Stämme im Irak über Mittel physischer Gewalt erklären, warum dort die Konflikte so häufig kriegerisch ausgetragen wurden. Hierbei kam es während der Kriege zwischen 1961 und 1970 auch immer wieder zu bewaffneten Auseinandersetzungen zwischen traditionalen und modernen Akteuren auf kurdischer Seite.

Durch die Einrichtung einer UN-Schutzzone nördlich des 36. Breitengrades wird seit dem Zweiten Golfkrieg eine relative Autonomie der Kurden im Nordirak garantiert. Der Aufbau funktionierender Verwaltungsstrukturen scheiterte aber am innerkurdischen Konflikt zwischen der Kurdisch Demokratischen Partei (KDP) unter Führung von Barzani und Talabanis Patriotischen Union Kurdistans (PUK). Nach dem Zweiten Golfkrieg übernahmen die sechs irakisch-kurdischen Parteien die Verwaltung eines schwer zerstörten Landes, dessen Land- und Viehwirtschaft am Boden lag. Aus den im Mai 1992 durchgeführten Parlamentswahlen ging die KDP mit 51 Sitzen als knapper Sieger vor der PUK mit 49 Sitzen hervor, die sechs anderen Parteien scheiterten an der Fünf-Prozent-Hürde (Kendal 1996). Die Beibehaltung der jeweiligen Parteimilizen, die Ressourcenknappheit in irakisch Kurdistan sowie die gezielte Einflußnahme der Nachbarstaaten Iran und Türkei, denen an einem funktionierenden kurdischen Autonomiegebiet im Irak nichts gelegen ist, ließen das demokratische Experiment aber schnell scheitern. Seit Mai 1994 kam es innerhalb der UN-Schutzzone immer wieder zu bewaffneten Auseinandersetzungen zwischen KDP und PUK, so daß auch das Kriegsgeschehen in den 1990er Jahren von innerkurdischen Kampfhandlungen gekennzeichnet war. Einen Höhepunkt fanden diese Auseinandersetzungen im September 1996, als die KDP Barzanis zusammen mit irakischen Regierungtruppen gegen die von Iran unterstützte PUK Talabanis vorging (Gunter 1996).

Der iranisch-kurdische (1979-88) und der türkisch-kurdische Krieg (1984-99) beendeten die relative Ruhe der Konflikte um die Ansprüche der kurdischen Minderheit in beiden Ländern. Die sich in den 1970er Jahren in einer verstärkten Industrialisierung und Modernisierung ausdrückende, beschleunigte Inwertsetzung der Gesellschaft beider Staaten verschärfte das innerstaatliche Konfliktpotential. Aufgrund der relativen Unterentwicklung der kurdischen Siedlungsgebiete erhielt der Konflikt zwischen Gewinnern und Verlieren des Modernisierungsprozesses auch einen regionalen und ethnischen Aspekt. Im Iran wurden aber die Hoffnun-

---

16   Waren beide Familien bis 1975 noch unter dem Dach der 1946 gegründeten Kurdisch Demokratischen Partei (KDP) vereint, führt Talabani seither die Patriotische Union Kurdistans (PUK) an. In ihrem innerkurdischen Konflikt waren Barzani und Talabani auch bereit, sich wechselseitig mit dem irakischen Regime oder einem der Nachbarstaaten zu verbünden.

gen auf mehr Beteiligung an den staatlichen und ökonomischen Ressourcen nach der Islamischen Revolution 1979 enttäuscht. Nach dem Sturz des Schahregimes, an dem neben vielen anderen auch kurdische Oppositionskräfte beteiligt waren, führte die nun von islamistischen Kräften usurpierte Staatsgewalt die Unterdrük-kungspolitik gegen die Kurden fort. An die Stelle der versprochenen „begrenzten Autonomie" trat die militärische Konfrontation.

Auch in der Türkei spitzte sich Ende der 1970er Jahre die politische und ökonomische Krisensituation zu. Bewaffnete Auseinandersetzung zwischen linken und rechten Organisationen sowie mit dem Staatsapparat forderten fast täglich Todesopfer. In diesem Klima der Gewalt radikalisierte sich auch der kurdische Widerstand, und 1978 gründete Abdullah Öcalan die sich als marxistisch-leninistische verstehende Arbeiterpartei Kurdistans (PKK). Sie vereinte sozialre-volutionäre und nationalistische Strömungen und propagierte den bewaffneten Kampf gegen den türkischen Staat, an dessen Ende die Gründung eines sozialisti-schen gesamtkurdischen Staatswesens stehen sollte. Nach dem Militärputsch von 1980 gelang der PKK als einzig relevanter kurdischer Gruppierung die Reorgani-sation. Seit 1984 führte sie im Südosten der Türkei einen Guerillakrieg, auf den die türkische Regierung mit massiver militärischer Repression reagierte. Als Rückzugsgebiete der PKK dienten dabei die Nachbarstaaten Syrien, Libanon und der Irak. Insbesondere der Nordirak wurde so zum militärischen Operationsgebiet der türkischen Armee, die in den Jahren 1984 bis 1997 nicht weniger als 57 Mal im Norden des Iraks militärisch intervenierte (Gunter 1998: 40). Die Kampf-handlungen im Südosten der Türkei sollen mehr als 34.000 Menschen das Leben gekostet haben, zwischen 350.000 und zwei Millionen Menschen wurden aus den umkämpften Gebieten zwangsevakuiert.[17] Nach der Verhaftung von Abdullah Öcalan im Februar 1999 hat die PKK einen Strategiewechsel vollzogen und die Kampfhandlungen können als nahezu beendet bezeichnet werden. Eine überwälti-gende Mehrheit der PKK-Mitglieder unterstützt nun Forderungen nach einer kul-turellen Autonomie der Kurden innerhalb einer demokratisch reformierten Türkei.

Die Entwicklung in allen drei Staaten zeigt, daß die Integration der kurdi-schen Bevölkerung in dem vorgegebenen modernen staatlichen Rahmen bisher gescheitert ist. Konfligierten anfangs die Verteilungskämpfe um die neu entstan-denen staatlichen und ökonomischen Ressourcen entlang der traditionalen Stam-mesloyalitäten, wurden diese zusehends durch abstraktere, nun national artiku-lierte Loyalitätsbezüge ersetzt. Traditional legitimierte Verfügungsmöglichkeiten

---

17 Die Zahlen sind dem Länderbericht „Turkey Country Report on Human Rights Practices for 1998" der US Department of State entnommen, der vom Bureau of Democracy, Human Rights, and Labor herausgegeben wird.

über Mittel physischer Gewalt sowie das hohe Maß an gewaltsamer staatlicher Repression führten schließlich zur kriegerischen Eskalation der Konflikte. Die innerkurdischen Rivalitäten und die sozialrevolutionären Bündnisse über ethnische und religiöse Grenzen hinweg signalisieren aber, daß nicht unüberwindbare kulturelle Gegensätze zwischen Kurden und anderen Bevölkerungsteilen die staatliche Integration verhinderten. Die Forderung nach einem eigenen kurdischen Nationalstaat war somit nicht die logische Konsequenz kultureller Eigenständigkeit, sondern eine Folge der verpaßten Integration moderner sozialer Akteure in den existierenden Staat. Diese modernen Akteure begann nun ihrerseits, die entgangene Beteiligung über die Gründung eines eigenen kurdischen Staates zu erreichen.[18]

4.3 Palästina

Während sich im Jemen und in Kurdistan das Kriegsgeschehen infolge einer nachholenden Konsolidierung vorausgesetzter Staatlichkeit im innerstaatlichen Rahmen abspielte, mündete der Palästinakonflikt zunächst in zwischenstaatliche Kriege. Der Export eines modernen Nationalstaats und seine gewaltsame Etablierung im nahöstlichen Umfeld steht im Zentrum der vier arabisch-israelischen Kriege.[19] Unmittelbar nach der Staatsproklamation griffen am 15. Mai 1948 Truppen Ägyptens, Transjordaniens, Syriens, Libanons und des Irak mit politischer Unterstützung der Arabischen Liga Israel an. Das Ziel des arabischen Angriffs war die gewaltsame Aufhebung des UN-Teilungsbeschlusses vom November 1947, demzufolge auf dem Territorium des ehemaligen britischen Mandatsgebiets Palästina ein jüdischer und ein arabischer Staat entstehen sollten, und damit die Zerstörung des unmittelbar zuvor gegründeten israelischen Staates.

Die territorialen Folgen dieses im Januar 1949 beendeten ersten arabisch-israelischen Krieges waren die Erweiterung des israelischen Staatsgebietes in Galiläa, dem Negev sowie um Teile des Westjordanlandes mit dem Westteil von Jerusalem. Ostjerusalem und der Rest des Westjordanlandes waren von transjordanischen Truppen besetzt und wurden 1950 von dem inzwischen in „Haschemitisches Königreich" umbenannten Jordanien annektiert. Der Gazastreifen kam unter ägyptische Militärverwaltung. Mehr als 700.000 palästinensische Araber hatten, teilweise vertrieben oder aus Furcht vor Massakern, ihre Heimat verlassen und leben seitdem in Flüchtlingslagern.

---

18   In dieser „Modernisierung" und Nationalisierung des Kurdenkonflikts hat insbesondere die Kurdische Diaspora in Europa eine entscheidende Rolle gespielt (vgl. Jung/Piccoli 2001: 122-127).
19   Zu diesen zwischenstaatlichen Kriegen: Aker (1985), Allen (1982), Brecher (1980), Fraser (1995), Herzog (1984) und Tibi (1989).

Die Niederlage von 1948/49 rief in den beteiligten arabischen Staaten eine schwere politische Legitimitätskrise hervor. Die Ablösung der arabischen Monarchien durch sozialrevolutionäre, von modernen Akteuren getragene, arabischnationalistische Regime nahm hier ihren Anfang. Mit dem Putsch der „Freien Offiziere" unter der Führung von Gamal Abd al-Nasir (Nasser) kam in Ägypten 1952 ein sich panarabisch artikulierendes Regime an die Macht. Von nun an wurde die palästinensische Frage – in Ägypten durch die Nasseristen und später dann in Syrien und im Irak durch die Baath-Partei – in ihrem gesamtarabischen Kontext artikuliert. Vor dem Hintergrund der herrschenden panarabischen Euphorie und der mit ihr verbundenen Dekolonisation des Nahen Ostens fand auch der zweite arabisch-israelische Krieg, der Suez-Krieg von 1956, statt. Die von Nasser im Juli verkündete Verstaatlichung des Suez-Kanals nahmen im Oktober Israel, Großbritannien und Frankreich zum Anlaß, Ägypten anzugreifen. Die Beendigung des Suez-Krieges auf Druck der USA und der UdSSR leitete ein neues Kapitel nahöstlicher Politik ein. Die imperiale Macht Großbritanniens und Frankreichs war endgültig zu Ende, und die Region wurde nun von den beiden Supermächten penetriert. Mit Israel als regionalem Klienten der USA und Ägypten, Syrien sowie später dem Irak als Klienten der UdSSR wurde der Palästinakonflikt nun endgültig mit dem Ost-West-Konflikt verknüpft.

Der am 5. Juni 1967 von Israel begonnene dritte arabisch-israelische Krieg, der Sechs-Tage-Krieg, bildete dann den Schlußpunkt eines seit Mitte der 1960er Jahre andauernden Eskalationsprozesses. Mit der Besetzung des Westjordanlandes, des Gazastreifens, der Sinai-Halbinsel und Teilen der Golanhöhen hatte Israel völlig neue Tatsachen geschaffen, die für den Palästinakonflikt eine Art Wendepunkt bedeuteten. Im Gegensatz zu 1948/49 hatten die kriegsbeteiligten arabisch Staaten Ägypten, Jordanien und Syrien selbst Gebietsverluste hinzunehmen. Die Rückgewinnung dieser Gebiete sowie die „Beseitigung der Schmach der Niederlage" standen von nun an im Mittelpunkt ihrer Politik. Der ägyptische Präsident Nasser versuchte, durch den sogenannten Abnutzungskrieg vom März 1969 bis August 1970 verlorengegangenes Vertrauen wiederzuerlangen. Der Krieg, in dem sich ägyptische und israelische Truppen Gefechte und Luftangriffe in der Kanalzone lieferten, wurde auf Initiative der USA und unter UN-Vermittlung ergebnislos beendet. Mit Nassers Tod im September 1970 endete auch die vom Panarabismus geprägte Epoche im Nahen Osten.

Während die politische Lage zu Beginn der 1970er Jahre durch Stagnation gekennzeichnet war, wurden die Klienten der beiden Supermächte mit modernsten Waffen aufgerüstet. Zu Beginn des vierten arabisch-israelischen Krieges, am 6. Oktober 1973, war die Region vollkommen von den Supermächten penetriert. Die sich daraus ergebende Verwicklung der USA und der UdSSR in das Kriegsge-

schehen war eine logische Konsequenz. Es wäre aber falsch, den „Oktober-Krieg"
(auch Jom-Kippur- oder Ramadan-Krieg) ursächlich auf den Ost-West-Konflikt
zurückzuführen. Der neue ägyptische Präsident, Anwar as-Sadat, war sich der politischen Stagnation bewußt. Wenn die arabischen Staaten durch eine militärische
Aktion ihren Selbstrespekt wiedergewinnen und Israels „Theorie der Sicherheit"
erschüttern könnten, dann wäre der Weg für Verhandlungen zwischen gleichbe-
rechtigten Partnern frei (Sadat 1977: 297).

Daß der vierte arabisch-israelische Krieg dennoch gefährlich eskalierte und
zu einer Konfrontation zwischen den Supermächten zu werden drohte, lag an der
inneren Logik der Klientel-Beziehungen der beiden Supermächte, die durch eine
relative Autonomie der regionalen Klienten gekennzeichnet waren. Nachdem die
ägyptischen Truppen erfolgreich den Suez-Kanal überschritten und Syrien den
Norden Israels angegriffen hatten, beschloß der UN-Sicherheitsrat am 22. Oktober einen Waffenstillstand. Trotz der signalisierten Zustimmung wurde dieser
Waffenstillstand durch Israel aber nicht befolgt. Daraufhin drohte die UdSSR mit
einer militärischen Intervention zugunsten Ägyptens, die USA antworteten damit,
daß sie ihre strategischen Streitkräfte in Alarmbereitschaft versetzten. Die Nicht-
befolgung des Waffenstillstands durch Israel, das dadurch gegen den Willen der
USA seine eigenen, regionalen Interessen verfolgte, führte zu einer Eskalation
und Einbeziehung der Dimension des Ost-West-Konflikts, was beide Supermächte
an den Rand eines Krieges brachte. Erst durch die Zustimmung Israels zu einem
weiteren Waffenstillstand am 26. Oktober konnte der Krieg beendet werden.

Die in den vier genannten Kriegen, dem Abnutzungskrieg zwischen Israel und
Ägypten (1969-1970) sowie den direkten militärischen Konfrontationen zwischen
Israel und der Palästinensischen Befreiungsorganisation relevanten Konfliktdimensionen lassen sich in vier analytische Ebenen untergliedern: eine israelisch-
palästinensische, eine israelisch-arabische, eine jüdisch-islamische und eine west-
lich-arabische Konfliktebene.

Die israelisch-palästinensische Ebene spiegelt das Verhältnis zwischen dem
Staat Israel und der palästinensischen Bevölkerung wider, die entweder in Israel
selbst, in den seit 1967 besetzten Gebieten oder aber in Flüchtlingslagern außerhalb Palästinas lebt. Der Grundwiderspruch auf dieser Konfliktebene beinhaltet
auf israelischer Seite die Aufrechterhaltung der jüdischen Staatlichkeit und ist insofern auch demographischer Natur. Auf palästinensischer Seite steht den israelischen Ansprüchen das Recht auf Heimat und der damit verbundene Wunsch nach
Rückkehr sowie die Forderung nach einem palästinensischen Staat gegenüber.

Die israelisch-arabische Ebene charakterisiert das Verhältnis zwischen Israel
und den arabischen Staaten. Sie umfaßt den Konflikt zwischen Israel und den sogenannten Konfrontationsstaaten Ägypten, Jordanien, Syrien und Libanon. Dieser

ist durch Fragen der Grenzziehung und -sicherung sowie seit 1967 und 1982 auch durch das Problem der von Israel besetzten Gebiete geprägt. Ferner hat diese Konfliktebene auch eine ideologische Dimension: die gesamtarabischen Ansprüche auf Palästina. Sie erfaßt alle arabischen Staaten. Die wenn auch meist nur verbale Wahrnehmung palästinensischer Interessen erfüllt eine zentrale Funktion zur Legitimation sowohl für den Führungsanspruch innerhalb der arabischen Staatenwelt als auch des internen Herrschaftsanspruchs der arabischen Regime.

Die jüdisch-islamische Ebene repräsentiert die Beziehungen zwischen Israel und der islamischen Welt. Das Staatsgebiet Israels ist ein integraler Bestandteil des *dar al-islam* [20] und Jerusalem rangiert in der religiösen Hierarchie heiliger Städte direkt hinter Mekka und Medina. Die Existenz eines spezifisch jüdischen Staates im zentralen Geltungsbereich des Islam bedeutet eine ständige Herausforderung an dessen „Suprematieanspruch". Dieser Konflikt – jüdische Herrschaft auf islamischem Boden – macht somit die palästinensische Frage auch zu einer islamischen.

Eine vierte Konfliktebene ergibt sich aus der westlichen Hilfe, die zur Gründung des Staates Israel beitrug, sowie seiner modernen Gesellschaftsstruktur und dem mit ihr verbundenen Entwicklungsvorsprung gegenüber anderen Staaten der Region. Die mit dem Kalten Krieg beginnende, ab den sechziger Jahren dann nahezu bedingungslose Unterstützung Israels durch die USA verstärkte auf arabischer Seite die Wahrnehmung Israels als „Relikt und Werkzeug des Imperialismus".

Nach den palästinensischen Aufständen während der Mandatszeit spielte sich das Kriegsgeschehen nach 1945 im wesentlichen zuerst auf der israelisch-arabischen Ebene ab. Beginnend mit der verheerenden Niederlage der arabischen Staaten im Juni-Krieg 1967 übernahm aber die 1964 gegründete Palästinensische Befreiungsorganisation (PLO) die Initiative und wurde zum Kulminationspunkt einer palästinensischen Nationalbewegung. Der Konfliktaustrag ging nun zusehends von der israelisch-arabischen auf die israelisch-palästinensische Konfliktebene über. Im März 1978 und vor allem im Juni 1982 kam es auf libanesischem Territorium zu massiven militärischen Auseinandersetzungen zwischen israelischen Truppen und der PLO, die mit der Evakuierung der PLO-Führung nach Tunis endeten. Mit Beginn der Intifada im Dezember 1987, dem Aufstand der Palästinenser in den besetzten Gebieten, verlagerte sich das Kriegsgeschehen schließlich in den innerstaatlichen Raum.

Diese Verlagerung des Kriegsgeschehens ließ den schon seit der israelischen Intervention im Libanon prekären innerisraelischen Konsens brechen. Erst die

---

20 Dar al-islam kann als „ureigenes Territorium des Islam" übersetzt werden.

alltägliche innerstaatliche Konfrontation mit der Gewalt und deren Bedrohung für die israelische Gesellschaft setzten einen Prozeß in Gang, an dessen Ende sowohl die israelische Regierung als auch die PLO sich gezwungen sahen, die Ergebnisse des historischen Staatenbildungsprozesses in der Region zu akzeptieren: die Existenz des Staates Israel und die einer spezifisch palästinensischen Nationalstaatsbewegung. Die Asymmetrie der beiden Konfliktpartner verweist dabei auf die Ungleichzeitigkeiten der historisch-gesellschaftlichen Entwicklungen im Nahen Osten. Die mit dem 1993 zwischen der PLO und Israel geschlossenen Autonomieabkommen intendierte Befriedung des Konfliktaustrags auf der israelisch-palästinensischen Ebene wird aber nur erreicht werden, wenn der regionale Staatenbildungsprozeß mit der Integration der Palästinenser in staatlichem Rahmen seinen Abschluß finden kann.

Die israelischen Friedensabkommen mit Ägypten 1979 und Jordanien 1994 sowie die Aufnahme offizieller Kontakte zu Tunesien, Marokko und einigen Golfstaaten signalisierten, daß der friedliche Konfliktaustrag auch auf der israelisch-arabischen Ebene möglich ist. Zwischenstaatliche Kriege nach dem bisherigen Muster schienen daher der Vergangenheit anzugehören. Gleichwohl, der analytischen Trennung der vier Konfliktebenen steht eine enge Verknüpfung dieser Ebenen in der gelebten Wirklichkeit gegenüber. Im Handeln der regionalen Akteure sind die unterschiedlichen Konfliktdimensionen eng miteinander verflochten. Dieser Verflechtungszusammenhang und seine Einbettung in die regionalen Vergesellschaftungsformen und deren Herrschafts- und Legitimitätsmuster wurde auch mit dem Scheitern des in Oslo begonnenen Friedensprozesses wieder deutlich. Seit dem Beginn der *Al-Aqsa Intifada* im September 2000 gelingt es den arabischen Regimen nur mit Mühe, Forderungen nach militärischer Solidarität mit den Palästinensern zu unterdrücken.

Die unterschiedlichen Ebenen des Palästinakonflikts verweisen auf die permanente Möglichkeit einer Verknüpfung der Palästinafrage mit anderen inner- oder zwischenstaatlichen Konflikten der Region.[21] Der Palästinakonflikt beeinflußt insofern auch die konfliktive Ausgestaltung moderner Staatlichkeit innerhalb einzelner Staaten der Region. Daß diese bei weitem nicht abgeschlossen ist, zeigen nicht nur die bisher behandelten Kriegsherde, sondern auch der bewaffnete Konflikt zwischen Staat und militanten Islamisten in Ägypten (vgl. Endres/Jung 1998), der islamistische Aufstand im syrischen Hama (1982), die sogenannten „Brotunruhen" in Jordanien oder die Zuspitzung politischer und sozialer Krisenphänomene in Saudi-Arabien und Bahrain. Gelang es den ölproduzierenden Staaten der Arabischen Halbinsel bislang, die dem globalen Transformationsprozeß

---

21   Besonders interessant ist in dieser Hinsicht das jordanische Beispiel. Vgl. Abu-Odeh (1999).

entspringenden Konflikte und sozialen Verwerfungen durch verteilungspolitische Maßnahmen abzufedern, scheinen auch hier die Entwicklungen des kapitalistischen Weltmarkts und die Aspirationen neuer sozialer Akteure das Ende der bisher im Rentierstaat perpetuierten traditionalen Einheit von Politik und Ökonomie einzuläuten (vgl. Yamani 2000; Stark 1996).

4.4 Golfregion

Wie leicht sich die auf der israelisch-arabischen, der jüdisch-islamischen und der westlich-orientalischen Konfliktebene ergebenden „Ideenkonflikte" mit anderen Konfliktlagen der Region verknüpfen lassen, zeigten auch der Überfall Iraks auf Kuwait 1990 und der darauf folgende Zweite Golfkrieg 1991. Das Ziel, mittels des Kristallisationspunktes Palästina die gesamte Region für die eigenen Machtinteressen in einen Krieg zu verwickeln, hatte Saddam Hussein verfehlt; die Palästinafrage im Kontext der Besetzung von Kuwait wieder ins Zentrum des Interesses der Weltöffentlichkeit zu rücken, ist ihm dennoch gelungen. Zumindest kann der Auftakt des nahöstlichen Friedensprozesses im Oktober 1991 in Madrid so interpretiert werden.

Dem Palästinakonflikt und den Konflikten in der Golfregion ist gemein, daß sie in hohem Maße in die Koordinaten des internationalen Systems eingebunden sind. Veränderungen in der internationalen Politik sind somit ein wichtiger Bestandteil des Bedingungsgefüges, welches erklärt, warum die Golfregion mit Beginn der 1980er Jahre zu einem weiteren Schwerpunkt des Kriegsgeschehens im Nahen und Mittleren Osten avancierte. Der Erste Golfkrieg (1980-88) zwischen Irak und Iran wie auch die darauf folgenden Kriege, die irakische Besetzung Kuwaits, der Zweite Golfkrieg und die anhaltenden Konfrontationen zwischen den „Schutzmächten" USA und Großbritannien, die die Flugverbotszone überwachen, und dem Irak sind hierbei durchaus in einem inneren Zusammenhang zu sehen.[22]

Mit dem Ersten Golfkrieg eskalierte ein Territorialkonflikt, der schon seit dem osmanisch-persischen Vertrag von Zahab 1639 schwelte und die Grenzziehung am Schatt al-Arab sowie die Kontrolle über den Persischen Golf zum Inhalt hatte. Trotz einer Serie von Verträgen zwischen dem Osmanischen Reich, seit 1921 dann dem Irak und dem Iran drohte dieser Konflikt immer wieder in kriegerische Auseinandersetzungen zu münden. Bis zum Beginn der 1970er Jahre hatte jedoch die Kolonialmacht Großbritannien über mehr als 150 Jahre die Golfregion

---

22 Überblicke zu Kriegen und Konflikten in der Golfregion liefern: Fürtig/Müller-Syring (1993), Ismael (1994), Möller (1994) und Møller (2001).

kontrolliert. Diese Funktion übernahmen nach dem Zweiten Weltkrieg, unter den Stichwörtern Containment-Politik und Sicherung der Ölzufuhr für die industrialisierte Welt, schrittweise der neue Hegemon des kapitalistischen Weltsystems, die USA, und ihr regionaler Klient der Iran. Ein bewaffneter Austrag des traditionellen Territorialkonflikts war unter diesen Bedingungen nicht möglich. Erst nach der Islamischen Revolution von 1979 entstand ein machtpolitische Situation, in der die regionalen Konfliktparteien relativ unabhängig über die Art des Konfliktaustrags bestimmen konnten.

Soweit in dem schwelenden Konflikt zwischen Iran und Irak vor 1980 geschossen wurde, geschah dies in Zusammenhang mit dem Kurdenkonflikt. Die iranische Unterstützung Barzanis im irakisch-kurdischen Krieg war mit ein Grund dafür, daß der damalige irakische Vizepräsident Saddam Hussain sich 1975 gezwungen sah, den Vertrag von Algier zu unterzeichnen. Bezüglich der Grenzziehung am Schatt al-Arab setzten sich in diesem die iranischen Interessen durch.[23] Nur sechs Tage vor Kriegsbeginn, am 16. September 1980, kündigte Saddam Hussain, inzwischen Staatspräsident des Irak, diesen Vertrag auf. Vor dem Hintergrund der revolutionären Situation im Iran, dem Sturz des Schahs, der Geiselnahme in der US-Botschaft in Teheran sowie dem desolaten Zustand der iranischen Armee sah das irakische Regime wohl die Zeit für gekommen, die Konflikte um den Schatt al-Arab und die Hegemonie in der Golfregion mit militärischen Mitteln zu lösen.

Bevor die irakischen Truppen am 22. September 1980 den Iran angriffen, war es schon seit April 1980 zu kleineren Grenzgefechten gekommen. Nach anfänglichen Geländegewinnen der irakischen Armee gelang es dem Iran im Mai 1982, die südliche Provinz Khusistan zurückzuerobern. Die Kämpfe mündeten nun in einen anhaltenden Abnutzungskrieg, in dessen weiterem Verlauf die irakische Seite mehrere Waffenstillstandsangebote machte und ihr Kriegsziel auf die Anerkennung des Abkommens von Algier reduzierte. Der Iran hingegen weitete seine Forderungen aus. Neben der bedingungslosen Kapitulation verlangte die iranische Seite den Sturz des irakischen Regimes, hohe Reparationszahlungen sowie die internationale Verurteilung des Irak als Aggressor. Unter hohen materiellen und menschlichen Verlusten fand der Krieg aber bis zu einem Waffenstillstand im August 1988 seine Fortsetzung.

Jenseits der vielschichtigen Einflußgrößen, die beim Kriegsausbruch eine Rolle gespielt haben, ist die entscheidende Variable wohl in der Handlungsratio-

---

23 Über den Inhalt des Vertrags, der auf der OPEC-Gipfelkonferenz zwischen dem damaligen irakischen Vizepräsidenten Saddam Husain und dem iranischen Schah ratifiziert wurde, und den historisch-politischen Kontext seines Zustandekommens informiert kurz: Ferdowsi (1991: 306 ff).

nalität des irakischen Regimes zu suchen. Ob in innerstaatlichen Konflikten mit Teilen der kurdischen und schiitischen Bevölkerung oder in den zwischenstaatlichen Territorial- und Ressourcenkonflikten mit Iran und Kuwait, immer handelten die staatlichen Akteure im Irak nach demselben Muster. Verhandlungen mit dem Konfliktgegner werden nur geführt, wenn die eigene Position als schwach eingeschätzt wird. Der Einsatz militärischer Gewalt ist immer dann opportun, wenn ihm eine subjektiv wahrgenommene Erfolgschance gegeben wird (vgl. Gause III: 2002). Sowohl in der Besetzung als auch Ausübung staatlicher Macht bildet die faktische Verfügung über Mittel physischer Gewalt die zentrale Ressource des irakischen Regimes. Ein Umstand, der bis in die politische Sozialisation seiner Vertreter hinein zu verfolgen ist und der erklärt, daß das Regime nicht immer bereit ist, nach dem Prinzip *pacta sunt servanda* zu handeln.

In besonders augenscheinlicher Weise zeigen der Erste und der Zweite Golfkrieg, wie in kriegsursächlichen Prozessen mikro- und makrosoziale Ebenen verknüpft sind. Im Kontext weltpolitischer Umbrüche sind es einerseits die subjektive Wahrnehmung dieser Umbrüche durch die politischen Akteure, die über den kriegerischen Austrag von Konflikten entscheiden. Andererseits sind diese Handlungsstrategien nur zu verstehen, wenn ihre legitimatorische Verankerung in gesellschaftlichen Strukturen mit gedacht wird. Die Kriegsursachenanalyse muß daher struktur- und handlungstheoretische Elemente enthalten, da nur diese Verknüpfung von Struktur und Handlung erklärt, wie es zum bewaffneten Konfliktaustrag kommt. Besonders im Zweiten Golfkrieg mußte das irakische Regime aber erkennen, daß subjektive Handlungsrationalität und objektive Richtigkeitsrationalität nicht immer übereinstimmen. Entsprach erstere eher der klassischen Vorstellungswelt „vorislamischer Razzien", wurde die zweite von den Hegemonen des kapitalistischen Weltsystems vorgegeben. Diese jedoch sprechen militärischer Gewalt als Mittel zur Aneignung ökonomischer Ressourcen im zwischenstaatlichen Verkehr inzwischen jegliche Legitimität ab.

4.5 Ehemalige Sowjetunion

Das Ende des Ost-West-Konflikts hatte die Phalanx gegen den Irak 1991 erst möglich gemacht. Die Hoffnung aber, das Ende des Systemgegensatzes gewähre der Welt eine Friedensdividende, wurde bitter enttäuscht. Mit insgesamt neun Kriegen auf dem Territorium der ehemaligen UdSSR entwickelte sich dort seit 1990 ein neuer Schwerpunkt des regionalen Kriegsgeschehens. Jenseits der wichtigen Rolle, welche russische Machtinteressen in den Konflikten der Nachfolgestaaten der UdSSR spielen, lassen sich in diesen Kriegen dieselben Konfliktmu-

278   Kriege im Nahen und Mittleren Osten

ster erkennen, die den regionalen Staatenbildungsprozeß bereits seit der Phase der Dekolonisation begleiten. Es sind zuerst Konflikte um die territoriale Konsolidierung der neuen Staaten, gefolgt von Konflikten um die innere Konsolidierung der erworbenen Staatlichkeit.[24]

Ein Blick auf die drei Kriege, die seit 1990 in Georgien stattfanden, zeigt, wie sich die genannten Konfliktmuster verschränken. Parallel zu den Unabhängigkeitsbestrebungen der Sowjetrepublik Georgien erklärte sich auch die auf georgischem Territorium liegende autonome Region Südossetien für unabhängig. Während Südossetien die Vereinigung mit der zur Russischen Föderation gehörenden autonomen Republik Nordossetien anstrebte, war Georgien um die Integrität seines Staatsgebietes bemüht und hob im Dezember 1990 den autonomen Status Südossetiens auf. Die daraufhin ausgebrochenen bewaffneten Kämpfe konnten erst im Juli 1992 durch die Stationierung einer russisch-georgisch-ossetischen Friedenstruppe beendet werden.

Eine ähnliche Konfliktstruktur – territorialstaatliche Integrität der vormaligen Sowjetrepublik Georgien versus Eigenstaatlichkeit eines ihrer Teilgebiete – läßt sich auch im Krieg um die Abspaltung von Abchasien (1992-94) feststellen. Wie in Südossetien war die Beendigung der Kämpfe nur durch die Hilfe russischer Truppen möglich, die 1994 in einer zwölf Kilometer breiten Pufferzone zwischen den Kampffronten stationiert wurden. Parallel zu diesen Territorialkonflikten eskalierte in der Hauptstadt Tiflis aber auch der Konflikt um die neuen staatlichen Machtressourcen zwischen der Regierung unter Gamsachurdia und der Opposition. Im innerstaatlichen Machtkampf (1991-93) wurde die Regierung schließlich gewaltsam gestürzt und der ehemalige sowjetische Außenminister Schewardnadse zum Vorsitzenden des Staatsrats ernannt.

Der Verteilungskampf um Territorien und knappe Ressourcen sowie die mit dem Zerfall der UdSSR einher gegangene Diffusion und Privatisierung von Mitteln physischer Gewaltsamkeit bilden auch den ursächlichen Zusammenhang in den Kriegen in Aserbaidschan (1990-94), Tadschikistan (1992-98) sowie innerhalb der Russischen Föderation in Nordossetien (1992-94) und in Tschetschenien (1994-96 und seit 1999). Daß in diesen Kriegen russische Interessen eine gewichtige Rolle spielen ist evident. Fragwürdig aber ist, ob diese noch einheitlich zu definieren sind. Gerade die Kriege in Tschetschenien haben gezeigt, wie konkurrierende russische Interessen eine Beendigung des gewaltsamen Konfliktaustrags behinderten. Die Kaukasuspolitik Rußlands scheint daher auch weniger der Aus-

---

24 Zu den Kriegen und Konflikten im Kaukasus und in Zentral Asien vgl. Coppieters (1996), Hunter (1996), Leitzinger (1997), Menashri (1998), Menon *et al.* (1999) und Wright *et al.* (1996).

druck eines wiederkehrenden imperialen Machtanspruchs zu sein, sondern weist auf die zumindest zeitweilige Erosion des staatlichen Gewaltmonopols und seiner Kontrolle durch die russische Regierung hin (Sapir 1996: 93).

Mit dem Rückzug der russischen Truppen im Januar 1997 erfuhr Tschetschenien eine kurze Ruhephase, nachdem Aslan Maschadow die noch im selben Monat abgehaltenen Parlamentswahlen gewonnen hatte. Allerdings war Maschadow nicht in der Lage, die fragmentierte Struktur der tschetschenischen Rebellenorganisationen zu überwinden und alle Milizführer und Clanchefs an seine Regierung zu binden. Offensichtlich fehlten ihm auch die materiellen Mittel, die teilweise von Moskau in Aussicht gestellt worden waren, um die einzelnen Profiteure des Kriegszustandes zu kooptieren. So kam es fortgesetzt zu Überfällen und Entführungen sowie Gefechten an den Grenzen. Die Besetzung mehrerer Dörfer im Grenzgebiet zu Dagestan durch tschetschenische Separatisten sowie die nach wie vor nicht aufgeklärten Bombenattentate auf Wohnblocks in Moskau gaben dann der russischen Regierung im August 1999 eine Rechtfertigung, ihre militärischen Aktionen in Tschetschenien wieder aufzunehmen. Im Oktober 1999 rückten russische Streitkräfte in einer Großoffensive gegen die tschetschenische Hauptstadt Grosny vor. Seit der Wiederbesetzung Tschetscheniens sind russische Truppen und Guerillaeinheiten in einen Abnutzungskrieg verstrickt, dessen Straßen- und Häuserkämpfe auch auf russischer Seite zahlreiche Opfer fordern. Im „Windschatten" des „Anti-Terror-Krieges" scheint nun die russische Regierung nahezu freie Hand für ihr Vorgehen in Tschetschenien zu haben. Ein militärischer Sieg über die mobilen Guerillaeinheiten scheint damit aber nicht gesichert zu sein, viel eher wird es weiterhin vor allem die Zivilbevölkerung sein, die den Preis für die Fortsetzung des Konfliktes mit militärischen Mitteln zu bezahlen hat (vgl. Dunlop 1998 und Smith 1998).

Auch das Kriegsgeschehen auf dem Boden der ehemaligen Sowjetunion weist Verlaufsformen auf, die zu unterschiedlichen Zeiten und in verschiedenen Regionen der Welt zu beobachten sind: ist die territorialstaatliche Integrität neu gebildeter Staaten erst einmal erreicht und durch das internationale System garantiert, verlagern sich die Konflikte ins Innere der Staaten. Es ist dann die im Theorieteil dieses Bandes definierte „nachholende Konsolidierung vorausgesetzter Staatlichkeit", um die sich das Kriegsgeschehen gruppiert. Daß dabei an die Stelle der innerstaatlichen Konsolidierung auch der Staatszerfall treten kann, dokumentieren die Kriege im Libanon, in Afghanistan und Tadschikistan.

4.6 Vom Bürgerkrieg zum Staatszerfall: Libanon, Afghanistan und Tadschikistan

Repräsentierte der Libanon vor 30 Jahren noch eine Art Modellstaat, „die Schweiz des Nahen Ostens", symbolisiert heute der Begriff der Libanisierung die völlige Desintegration eines Staates. Ein Widerspruch, der sich anhand der Frage von Form und Inhalt moderner Staatlichkeit erklären läßt. Die formal-demokratischen parlamentarischen Institutionen, regelmäßige Wahlen, Pressefreiheit und eine liberale Wirtschaftspolitik ließen das äußere Bild des Libanon mit dem westlicher Demokratien als durchaus vergleichbar erscheinen. Der Inhalt dieser formalen Staatlichkeit, die gesellschaftlichen Strukturen der „libanesischen Demokratie", unterschied sich aber fundamental von dem europäischer Staaten.

Die libanesische Gesellschaft war durch Formen familialer und religiöser Vergesellschaftung geprägt. Die Integration der Bevölkerung in den neuen staatlichen Rahmen verlief in den diesen Vergesellschaftungsformen eigenen, traditionalen Bahnen. Der Staat stellte nur eine Art äußeren Handlungsrahmen, war aber keinesfalls Bezugspunkt personaler Identität und politischer Loyalität. Die Quellen politischer und ökonomischer Macht waren unter Kontrolle der traditionell führenden Familien, die ausgeprägte Patron-Klientel-Beziehungen zur regionalen Bevölkerung unterhielten. Durch das konfessionelle Proporzsystem wurden Verteilungskämpfe um gesellschaftliche Ressourcen auf die familiale Ebene innerhalb der Religionsgemeinschaften verlagert. Auch waren die libanesischen Parlamentswahlen kein Verfahren, durch das in freier, gleicher und geheimer Wahl politische Repräsentanten für ein Amt auf Zeit bestellt wurden, sondern ein mit allen Mitteln – auch physischer Gewalt – ausgetragener Konkurrenzkampf um die Machtchancen des politischen Systems. In diesem Sinne repräsentierten Parlamentssitze keinen Wählerauftrag, sondern wurde als Eigentum der traditional führenden Familien des Landes angesehen.

Das entscheidende Merkmal des innerlibanesischen Kräftegleichgewichts war, daß die libanesischen Akteure – ähnlich wie die Staaten im internationalen Systems – über gesellschaftlich legitime Mittel physischer Gewaltsamkeit verfügten. Die als legitim betrachtete Monopolisierung physischer Gewaltsamkeit durch den modernen Staat, ein Wesensmerkmal bürgerlich-kapitalistischer Demokratien, hatte im Libanon noch gar nicht stattgefunden. Und die „liberale Demokratie" des Libanon beruhte eher auf einem „Gleichgewicht des Schreckens", denn auf einem gelungenen staatlichen Integrationsprozeß (vgl Hudson 1985). Dem Zusammenbruch dieser libanesischen „balance of power" folgte zwischen 1975 und 1990 der

Krieg aller gegen alle, der erst durch äußere Intervention beendet werden konnte.[25]

Mit dem Libanon vergleichbare formal-demokratische Institutionen hat es in Afghanistan nie gegeben. Bis zum Militärputsch von 1973 war das Land eine Monarchie, danach ernannte sich der Putschistenführer, General Daud, zum Staatsoberhaupt und rief die Republik aus. Im April 1978 putschten Teile der Armee unter der ideologischen Führung der „marxistisch-leninistisch" orientierten Demokratischen Volkspartei Afghanistans (DVPA) erneut. Der Versuch einer sozialistischen Umgestaltung des Landes scheiterte schnell am Widerstand der außerhalb der Hauptstadt Kabul dominanten traditionalen Gesellschaftsgruppen. Zudem war die Partei intern zerstritten, was zu gewaltsamen Auseinandersetzungen und blutigen Machtwechseln führte. Nachdem die militanten, sich islamisch artikulierenden Oppositionsgruppen immer mehr an Boden gewannen, marschierte im Dezember 1979 die sowjetische Armee in Afghanistan ein. Doch nicht die intendierte Stabilisierung des von einem befreundeten kommunistischen Regime regierten Afghanistan, das an der für die Südflanke der UdSSR strategisch so wichtigen Schnittstelle zwischen der VR China, Pakistan und der islamischen Republik Iran liegt, sondern der kriegerische Zerfall des afghanischen Staates sowie die Niederlage der sowjetischen Truppen waren die Folgen dieser Invasion.

Nach einem zehnjährigen, teilweise mit brutalster Gewalt geführten Krieg, in dem die heterogenen, islamistischen Widerstandsgruppen (Mujaheddin) massive Unterstützung aus den USA, Pakistan und Saudi-Arabien erfahren haben, zogen sich die sowjetischen Truppen 1989 aus Afghanistan zurück. Im April 1992 gelang es den Mujaheddin schließlich, Kabul einzunehmen und die kommunistische Regierung unter Präsident Nadschibullah zu stürzen. Trotz Vermittlungsversuchen der UNO, der Islamischen Weltkonferenz und verschiedener Nachbarstaaten gingen aber die Kämpfe – nun zwischen unterschiedlichen Widerstandsgruppen – mit unverminderter Härte weiter. Die Wahrnehmung des Afghanistankrieges als ein Stellvertreterkrieg des Ost-West-Konfliktes stellte sich im nachhinein genauso als falsch heraus wie die Einheit des Widerstandes unter dem Banner des Islam. Wie schon in den Jahrhunderten zuvor, zerfiel das einende Band des Islam mit dem Wegfall der äußeren Bedrohung und der segmentierte Charakter der afghanischen Gesellschaft trat hervor.

Weder als Monarchie noch als Republik bildete Afghanistan einen Staat, der eine übergeordnete Orientierungseinheit für die politische Identität und Integrati-

---

25 Eine ausführliche Studie zum Libanonkrieg bietet Hanf (1990). Jung (1992) liefert eine Analyse aus der Perspektive des Hamburger Ansatzes, und Endres (2003) konzentriert sich auf die ökonomischen Aspekte, denen die lange Dauer des Krieges geschuldet war. Darüber hinaus siehe auch: Qubain (1961), Rabinovich (1985) und Salibi (1976).

on der Bevölkerung repräsentierte. Die zentralen gesellschaftlichen Organisationsformen sind personalistisch strukturierte, regional integrierte, traditionale politische Verbände, die bis heute auch die materielle Reproduktion bestimmen und über Mittel physischer Gewaltsamkeit verfügen. Hinter den Militärputschen von 1973 und 1978 stand nur ein geringer Teil der städtischen Bevölkerung, in der sich eine dünne militärische und bürokratische Mittelschicht sowie Teile der neuen Bildungselite als moderner Akteur konstituiert hatten. Erst deren Versuch, die staatliche Durchdringung des Landes zu forcieren und die traditionalen Besitzverhältnisse zu revolutionieren, rief den Widerstand gegen die Zentralregierung in Kabul hervor. Das Gewaltpotential dieses Widerstandes erfuhr durch die sowjetische Invasion und die materielle Unterstützung aus dem Westen eine enorme Aufladung, und der Kriegszustand fand nach dem Abzug der UdSSR seine Fortsetzung entlang von Konfliktlinien, die dem segmentären Charakter der traditionalen afghanischen Gesellschaft entsprachen. Auch die im September 1996 erfolgte Einnahme Kabuls durch die mehrheitlich aus Paschtunen bestehenden Talibanmiliz, die sich mit amerikanischer und saudischer Unterstützung in Pakistan formiert und sich einer archaisch-islamistischen Ideologie verschrieben hatte, konnte die Restauration des afghanischen Staates nicht einleiten.[26] Wohl gelang es den Taliban mit pakistanischer Hilfe mehr als 90 Prozent des Landes und alle größeren Städte militärisch zu kontrollieren, der Aufbau moderner staatlicher Strukturen fand aber nicht statt. Im Gegenteil, die islamistisch verbrämte Gewaltherrschaft konnte die interne Fragmentierung und das personalistische Herrschaftsprinzip der Taliban nur mühsam kaschieren. Darüber hinaus machten sie sich in wachsendem Masse von den Strukturen des transnationalen islamistischen Terrors abhängig, wie sie Osama bin-Laden personifiziert. Die Herrschaft der Taliban endete dann auch unter den US-amerikanischen Bombardements, die nach den Terroranschlägen vom 11. September 2001 den sogenannten globalen „Anti-Terror-Krieg" einleiteten.

Angesichts der enormen Zersplitterung des Landes und seines eklatanten Mangels an staatlichen Strukturen steht die internationale Gemeinschaft mit dem Wiederaufbau Afghanistans vor einer gewaltigen Aufgabe. Der Krieg gegen die Taliban konnte deren Herrschaft zerstören, nicht aber ein staatliches Gewaltmonopol an deren Stelle setzen. Auch die internationalen Truppen, die im Bereich der Hauptstadt Kabul die Sicherheit der Bevölkerung gewährleisten, können den

---

26 Zu den Taliban, der „quasistaatlichen" Autonomisierung afghanischer Milizen und ihrer matriellen Reproduktion im Rahmen der afghanischen „Kriegsökonomie" vgl. Allix (1997), Dorronsoro (1995, 1996), Roy (1986, 1991 und 1996) und Rubin (1995).

notwendigen Monopolisierungsprozeß physischer Gewaltsamkeit nicht ersetzen.[27] Mit dem Abkommen vom Bonner Petersberg wurde ein Staatsbildungsprozeß in Afghanistan eingeleitet, dessen erfolgreiches Ende nicht vorhergesagt werden kann. Die Konsolidierung vorausgesetzter Staatlichkeit beginnt hier nahe am Nullpunkt. Sicher ist nur, daß sich auf afghanischer Seite eine neue, moderne Elite formieren muß, deren politische und ökonomische Interessen im Aufbau substantieller staatlicher Strukturen verankert sind. In dieser Hinsicht kommt dem zielgerichteten und fortgesetzten Einsatz internationaler Ressourcen eine entscheidende Bedeutung zu. Die Hoffnungen, daß dabei die Motivation nicht nachläßt, liegt aber weniger in moralischen Argumenten als der Tatsache begründet, daß der Aufbau stabiler staatlicher Strukturen in Afghanistan im Zentrum einer geopolitischen Neuordnung Zentralasiens liegt.

Auch Tadschikistan, das im September 1991 nach dem Zerfall der Sowjetunion seine staatliche Unabhängigkeit proklamiert hatte, beschritt zunächst den „afghanischen Weg" (vgl. Duran 1994). Nur ein Jahr nach der Staatsgründung begann ein Krieg, der in kurzer Zeit zur Auflösung der aus sowjetischer Zeit übertragenen staatlichen Strukturen führte. Den Ausgangspunkt hierfür bildeten gewalttätige Zusammenstöße zwischen regierungstreuen und oppositionellen Demonstranten in der Hauptstadt Duschanbe im Mai 1992. Seit den Wahlen vom November 1991 wurde Tadschikistan, das ärmste Mitglied der Gemeinschaft Unabhängiger Staaten (GUS), durch den kommunistischen Präsidenten Nabijew regiert. Vor dem Hintergrund einer sich weiter verschärfenden Wirtschaftskrise und seit Juli 1992 anhaltender bewaffneter Auseinandersetzungen im Süden des Landes, zwang die Opposition Nabijew im September 1992 schließlich zum Rücktritt. Aber auch die aus dem fragilen Oppositionsbündnis nationalliberaler und islamistischer Gruppierungen, die auch entlang regionaler Gegensätze gespalten waren, hervorgegangene Regierung Iskanderow mußte bereits im November 1992 zurücktreten. Vor der auf Duschanbe vorrückenden prokommunistischen „Volksfront" setzte sich der nationalliberale Flügel nach Moskau ab, die Islamisten flüchteten sich nach Afghanistan, wo ihnen das von dem afghanischen Milizenführer Schah Ahmed Massoud kontrollierte Territorium als Rückzugsgebiet für den Kampf gegen Duschanbe diente. Mit Unterstützung der Volksfront übernahm der Altkommunist Rachmanov nun die Regierungsgeschäfte.

Nach vier Jahren Kriegszustand hatte sich der Krieg in Tadschikistan für die kriegführenden Parteien zum Selbstzweck entwickelt. Offensichtlich profitierten

---

27 Die „International Security Assistance Force (ISAF) wurde nach einem Beschluß der Vereinten Nationen vom 20. Dezember 2001 nach Afghanistan entsandt. Sie setzt sich aus Einheiten 13 verschiedener Nationen zusammen und ist mit einem „robusten Mandat" ausgestattet, daß den Einsatz militärischer Mittel erlaubt.

die einzelnen Kriegsparteien davon, daß eine zentrale Kontrolle des Staatsgebietes nicht mehr möglich war. Wie in Afghanistan wurden wirtschaftliche und „kriminelle" Interessen (Drogen- und Waffenhandel) mit Mitteln militärischer Gewalt durchgesetzt, und die Privatisierung physischer Gewalt hatte ein hohes Ausmaß angenommen. In den sich ethnisch, regional oder ideologisch rekrutierenden Milizen hatte sich die traditionale Einheit von Politik und Ökonomie auf neue Weise wieder hergestellt. Präsident Rachmanov selbst kontrollierte 1996 nur noch die Region unmittelbar um die Hauptstadt Duschanbe und seine Heimatprovinz. Die äußeren Staatsgrenzen wurden von russischen Truppen, der Rest des Staatsgebiets von verschiedenen Kommandeuren und ihren Milizen kontrolliert, die aus der heterogenen Opposition hervorgegangen waren. Der seit Juli 1997 rechtskräftige, in Moskau unterzeichnete Friedensvertrag hat den Krieg vorläufig eindämmen können. Allerdings ist es auch seither immer wieder zu bewaffneten Auseinandersetzungen gekommen, die jedoch unter der Kriegsschwelle blieben. Ob und wann eine Reorganisation der zerfallenen staatlichen Ordnung möglich ist, wird wesentlich davon abhängen, wie sich die politische Situation in der Region unter dem US geführten „Anti-Terror-Krieg" generell entwickelt. Innerhalb des neuen geopolitischen Rahmens scheint das Schicksal Tadschikistans aufs engste mit dem von Afghanistan verbunden zu sein.

Der hybride Charakter des libanesischen Staates und die Kriege in Afghanistan und Tadschikistan versinnbildlichen den allgemeinen Stand staatlicher Entwicklung im Nahen und Mittleren Osten. Es sind weniger die unter kolonialem Einfluß gezogenen und deswegen fälschlicherweise als künstlich apostrophierten Grenzen der modernen Territorialstaaten, denn ihr gesellschaftlicher Inhalt, der sich hinter dem regionalen Kriegsgeschehen verbirgt. Fred Halliday machte dies mit dem vielleicht „politisch weniger korrekten" Hinweis deutlich, daß entgegen der regionalen Binnenperspektive die kolonialen Veränderungen im Nahen und Mittleren Osten weniger dramatisch waren als gemeinhin angenommen und ein wesentliches politisches Problem der Region darin bestünde, daß viele Staaten mit noch intakten archaischen Strukturen in die Unabhängigkeit entlassen wurden (Halliday 1995:38).

5. Kriege im Nahen und Mittleren Osten: strukturelle Bedingungen und ursächliche Prozesse

Im Verlauf der vorausgegangenen Kurzanalysen wurden schon erste Ergebnisse hinsichtlich der strukturellen Bedingungen und regionale Besonderheiten des Kriegsgeschehens im Nahen und Mittleren Osten präsentiert. Auch über die kriegsursächliche Verknüpfung von strukturell induzierten Konflikten mit handlungsleitenden Sinnbezügen seitens der kriegsbeteiligten Akteure wurde bereits gesprochen. Auf den folgenden Seiten sollen nun diese drei Aspekte – Strukturbedingungen, regionale Spezifika und ursächliche Prozesse – zusammenfassend dargestellt werden. Auch hier sei darauf hingewiesen, daß es sich bei diesen Ergebnissen um vorläufige Resultate eines weiter laufenden Forschungsprozesses handelt.

Wie in anderen Regionen der Dritten Welt endete auch im Nahen und Mittleren Osten mit der Dekolonisation die klassische koloniale Form der Modernisierung. Mit der Ausbildung einer territorial und national ausdifferenzierten Staatenwelt einerseits und einem in seiner globalen Interdependenz die Staatenwelt überschreitenden Weltmarkt andererseits etablierten sich die zwei distinkten Sphären von Politik und Ökonomie. Die koloniale Einheit von Politik und Ökonomie, die in der gewaltsamen Expansion der europäischen Mächte ihren historischen Ausdruck fand, verlagerte sich in das Innere der nun unabhängigen postkolonialen Staaten. Mit der Dekolonisierung etablierte sich diese einheitliche Verfügungsgewalt über politische und ökonomische Ressourcen im Nahen und Mittleren Osten in der für die Region typischen Form des Rentierstaats.[28]

Die strukturelle Konfliktlinie zwischen traditionalen und modernen Formen der Vergesellschaftung, welche theoretisch gesehen die Bruchstellen des kapitalistischen Modernisierungsprozesses markiert, ist in vielen Kriegen der Region als strukturelle Bedingung auszumachen. In den Kriegen im Jemen und in Kurdistan tritt diese strukturelle Konfliktlinie zwischen Tradition und Moderne als dominante Bedingung hervor. Der zur Aufrechterhaltung der politischen Herrschaft im jemenitischen Staat bis heute notwendige Kompromiß moderner mit traditionalen Akteuren hat immer wieder zu einer Spaltung der spezifisch modernen Kräfte geführt. Wohl wurde mit dem zweiten Bürgerkrieg 1969 das traditionale Imamat beendet, die traditionalen auf lokale und tribale Partikularitäten beruhende Machtbalance der jemenitischen Gesellschaft blieb aber in wesentlichen Zügen erhalten. Daher war auch der republikanische Staat im Jemen von Beginn an gezwungen, sich mit den Stämmen zu arrangieren. Im Widerspruch zur Definition moderner Staatlichkeit, konnte der jemenitische Staat nur überleben, wenn er bereit war, seine eigenen Monopolansprüche durch ein hohes Maß an Autonomie für die Stämme zu kompromitieren (vgl. Mermier 1997). In dieser Hinsicht war es für das Konfliktgeschehen im Lande ausschlaggebend, daß es dem jemenitischen Staat bis heute nicht gelang, die Stämme hinsichtlich ihrer Verfügungsmöglichkeiten

---

28 Zu dem Konzept des „Rentierstaats" vgl. Beblawi/Luciani (1987), Luciani (1990), Pawelka (1991 und 1993), Schmid (1991).

286   Kriege im Nahen und Mittleren Osten

über die Mittel physischer Gewaltsamkeit zu enteignen.[29] Die strukturelle Konfliktlinie zwischen Tradition und Moderne zieht sich somit mitten durch den jemenitischen Staat hindurch. Diese Ungleichzeitigkeit der jemenitischen Gesellschaftsstruktur und ihrer staatlichen Verfaßtheit wird auch in Zukunft die konfliktive innere Konsolidierung des jemenitischen Staatswesens bestimmen.

Auch in Kurdistan nahm diese Konfliktlinie als Strukturbedingung einen prägenden Einfluß auf das Kriegsgeschehen seit 1945. Waren die Akteure der innerkurdischen Konflikte vor dem Zweiten Weltkrieg noch durch traditionale familiale und tribale Vergemeinschaftungsformen bestimmt, hat der fortlaufende Modernisierungsprozeß neue soziale Akteure hervorgebracht und damit die vormals
traditionalen Konfliktlinien überlagert. Die politischen Ereignisse der vergangenen Jahrzehnte wurden im wesentlichen von zwei Faktoren bestimmt: zum einen
vom bewußten Ausschluß oder der nur mangelhaft erfolgten Integration moderner
kurdischer Akteure in die Politik und Ökonomie der Staaten Türkei, Iran und Irak.
Zum anderen verhinderte die Segmentierung und Fragmentierung der Kurden einen politischen Konsens, der in eine gemeinsame Strategie gegenüber diesen
Staaten hätte münden können. Auch diese Spaltung der Kurden kann im wesentlichen auf der strukturellen Grundlage der Konfliktlinie zwischen traditionalen und
modernen gesellschaftlichen Formationen erklärt werden.

Im Gegensatz zu Jemen und Kurdistan, wo die Konfliktlinie zwischen traditionalen und modernen Strukturen im wesentlichen zu innerstaatlichen Kriegen
führte, ist der Konflikt um Palästina durch eine extreme Form der Modernisierung
mit ethnisch-religiös distinktem Gesicht gekennzeichnet. Hier hat die Implantie-
rung einer modernen, staatlich organisierten Gesellschaft zu einer Reihe von zwischenstaatlichen Kriegen geführt. In Palästina ging die Zerstörung traditionaler
Lebensverhältnisse mit dem faktischen Verlust der Heimat einher. Darüber hinaus
verkörpert der israelische Staat in der regionalen Wahrnehmung die koloniale
Konfrontation auch über die Phase der Dekolonisation hinaus.

Auf einen im Kern traditionalen Gegensatz kann der Territorialkonflikt zwischen Irak und Iran verweisen. Auch die territorialen Konflikte zwischen dem Jemen und Saudi-Arabien sind vorkolonialen Ursprungs und können der strukturellen Konfliktlinie zugeordnet werden, die sich aus traditionalen, vorkolonialen
Verhältnissen ergibt. Ferner lassen sich derartige traditionale Gegensätze im
Kriegsgeschehen der Region immer wieder bezüglich der Konstitution der kriegsbeteiligten Akteure ausmachen. Wenn sich in Afghanistan paschtunische, usbeki-
sche oder schiitische Milizen gegenüberstanden oder im libanesischen Bürger-

---

29 Was hier bezüglich der Monopolisierung physischer Gewaltsamkeit für den Jemen angesprochen
    wird, gilt in gewisser Weise auch für kurdische Gebiete sowie für Afghanistan und Libanon.

krieg traditional verfeindete notable Familien sich gegenseitig bekämpften, verweist in diesen Fällen die Formation der kriegsbeteiligten Akteure eindeutig auf vorkoloniale bzw. traditionale Wurzeln.

Die spezifisch moderne Konfliktlinie zwischen Arbeit und Kapital spielt dagegen auf den ersten Blick eine eher untergeordnete Rolle im regionalen Kriegsgeschehen. Wohl zeigen Einzelfallstudien, daß die Freisetzung und Marginalisierung von Lohnabhängigen auch im Nahen und Mittleren Osten massiv fortschreitet und dieser Prozeß wesentlich zum Aufbau des konfliktiven Potentials der Kriege beigetragen hat. So rekrutierten z.b. die libanesischen Milizen ihre Kämpfer hauptsächlich aus dieser durch die gesellschaftliche Transformation entstandene Bevölkerungsschicht. Beim kriegerischen Austrag der Konflikte selbst wurde diese strukturelle Konfliktlinie jedoch häufig von den beiden anderen überlagert und damit im Erscheinungsbild der Kriege verdeckt.

Ein wesentlicher Faktor für die genannte Überlagerung der strukturellen Konfliktlinien ist die ungleichzeitige Anbindung regionaler, religiöser oder ethnischer Bevölkerungsgruppen an den Prozeß globaler Vergesellschaftung. Besonders transparent wird dieser Aspekt am gesellschaftlichen „Mikrokosmos" des Libanon. Während Maroniten (*Falange*) und Sunniten (*Najjada*) schon in den 1930er Jahren moderne politische Organisationsformen ausbildeten, die ihre Interessenlage mit einer spezifischen Nationalstaatsidee verbanden, fand dieser Prozeß unter der schiitischen Bevölkerung erst ca. 40 Jahre später statt. Bei den Drusen hingegen trafen sich „Tradition und Moderne" in einer Person. War doch das in einer 200jährigen Tradition stehende Oberhaupt ihrer Gemeinschaft, Kamal Jumblat, gleichzeitig traditionaler Clan-Führer und Gründer der „Progressiven Sozialistischen Partei".[30]

Wie im Libanon konstituierten sich die gesellschaftlichen Organisationsformen der formal unabhängigen Nationalstaaten in der Region generell als eine widersprüchliche Einheit von modernen und traditionalen Elementen. Nach wie vor stellen erweiterte Verwandtschaftsbeziehungen und deren Verflechtung in Stadtviertel oder Dorf die sozialen Grundstrukturen der im staatlichen Rahmen verfaßten Gesellschaften. Familie, Clan und Dorfgemeinschaft als soziale Organisationsformen garantierten vielfach noch die materielle und symbolische Reproduktion der in ihnen vergesellschafteten Menschen. Ihnen und nicht dem Staat zollt man politische Loyalität. Nur über sie vermittelt war eine Integration der Bevölkerung im neuen Staat überhaupt möglich. Daß bis heute patriarchale Herrschafts- und reziproke Tauschformen mit den politischen und ökonomischen Strukturfor-

---

30 Für eine genaue Differenzierung der libanesischen Gruppierungen und ihre Rolle im Krieg vgl. Jung (1992).

men der Moderne relativ erfolgreich konkurrieren können, ist eine regionale Besonderheit. Ein Spezifikum, das nicht zuletzt mit der vergleichsweise geringen
und spät erfolgten kolonialen Transformation der traditionalen Reproduktionsformen zusammenhängt. Diesen Zusammenhang hatte wohl auch Fred Halliday
bei seiner bereits zitierten Feststellung vor Augen, daß die vorkolonialen „archaischen" Gesellschaftstrukturen in den postkolonialen Staaten nahezu erhalten geblieben seien.

Vor diesem Hintergrund ist es verständlich, daß der Ost-West-Konflikt nur
eine modifizierende Rolle im regionalen Kriegsgeschehen spielte. Als eine vom
internationalen System vorgegeben Rahmenbedingung hatte er bei der kriegerischen Eskalation regionaler Konflikte sowohl eine steigernde als auch eine hem-
mende Wirkung entfaltet. Eskalationshemmend bzw. kriegsbeendend wirkte er
sich zumeist in den zwischenstaatlichen Kriegen, im Palästinakonflikt sowie im
Konfliktgeschehen am Persischen Golf bis 1980 aus. Andererseits schaffte die
Aufrüstung der regionalen Klienten der USA und UdSSR ein militärisches Potential, das zumindest die Dauer und Zerstörungskraft regionaler Kriege steigerte.
Der Erste und Zweite Golfkrieg sowie der Krieg in Afghanistan sind hierfür Beispiele.

Ein historisches Spezifikum, welches großen Einfluß auf die Konfliktstrukturen der Region nahm, ist mit Sicherheit der Palästinakonflikt. Viel stärker als die
Ideologien, welche die Bipolarität des internationalen Systems begründeten, be-
einflußte die Stellung der internationalen Mächte zur Palästinafrage das Handeln
der regionalen Akteure. Des weiteren ist die Palästinafrage nie eine rein außenpolitische, sondern muß immer in Zusammenhang mit innerstaatlichen Konflikten
gesehen werden, die aus dem regionalen Staatenbildungsprozeß resultieren.

Besonders die innerstaatlichen Konflikte der sogenannten Konfrontationsstaaten – Libanon, Syrien, Jordanien und Ägypten – waren aufs engste mit dem
Palästinakonflikt verbunden. Die israelisch-arabische, die westlich-orientalische
wie auch die jüdisch-islamische Konfliktebene bieten hierbei immer die Möglichkeit, bei internen Krisen einen Konsens anhand der Differenz zum israelischen
Staat zu schaffen. Auf der anderen Seite bieten diese Konfliktebenen aber auch
der innerstaatlichen Opposition eine Chance, ihren politischen Kampf im Kontext
der Palästinafrage zu artikulieren. Die Lösung des Palästinakonflikts ist insofern
untrennbar mit der sozialen, politischen und ökonomischen Transformation der
traditionalen arabischen Gesellschaften verknüpft. Historisch gesehen, wurde die
Gründung des Staates Israel zu einer schweren Hypothek, die die Ausbildung moderner Staatlichkeit in der Region beeinflußt.

Bereits an anderer Stelle wurde erwähnt, daß die Auflösung traditionaler Vergesellschaftungsformen und die Monopolisierung physischer Gewaltsamkeit

durch den modernen Staat konfliktive Prozesse sind, die das Entstehen von Kriegen wahrscheinlich machen, gleichwohl aber diese gesellschaftlichen Strukturveränderungen nicht notwendigerweise zum Krieg führen müssen. Grundsätzlich muß angenommen werden, daß die konfliktbeteiligten Akteure über die Form des Konfliktaustrages entscheiden. Erst die Verknüpfung strukturell induzierter Konflikte mit der sinnhaften Wahrnehmung sozialer Akteure verdichtet sich zur Ursache kriegerischen Konfliktaustrags.[31] Welche strukturellen Bedingungen und handlungsmotivierenden Ideen stehen nun hinter dem Kriegsgeschehens im Nahen und Mittleren Osten?

Ein Grund für den relativ häufigen Griff zur Gewalt ist auf die nur unvollständigen Ausbildung moderner Staatlichkeit in der Region zurückzuführen. Die zentrale funktionale Prämisse moderner Staatlichkeit, die als legitim angesehene Monopolisierung physischer Gewaltsamkeit, ist in den meisten Staaten des Nahen und Mittleren Ostens nicht erfüllt. Die Kriege im Jemen, Irak, Libanon oder Afghanistan zeigen beispielsweise, daß dort der Enteignungsprozeß physischer Gewaltsamkeit, auf dem die moderne Staatsbildung fußt, bisher keineswegs abgeschlossen ist. Die inneren politischen Strukturen dieser Staaten erinnern eher an vormoderne politische Verbände, in denen die Kontrolle physischer Gewaltsamkeit auf unterschiedlichen, oft auch konkurrierenden Ebenen sozialer Organisation und Integration stattfand. Entgegen des formalen Anspruches existieren in diesen Staaten lokal und personal gebundene Formen der Gewaltkontrolle weiter, so daß auf dem staatlichen Territorium kein einheitlicher, permanent pazifizierter Raum entstehen konnte. Wenn überhaupt, so ist hier von einer „rivalisierenden Gewaltkontrolle" zu sprechen, die im Höchstfall einen „zerbrechlichen Frieden" garantiert, der auf dem traditionalen Recht zur gewaltsamen Selbsthilfe beruht (vgl. Trotha 1986).

Im Gegensatz hierzu sind die Nachfolgestaaten der ehemaligen UdSSR in einem hohen Maße von der Privatisierung physischer Gewalt gekennzeichnet. Der Zerfall des vormaligen sozialistischen Staatsgebildes hat hier zur Freisetzung einmal staatlich gebundener Gewaltsamkeit geführt, um deren Wiederaneignung nichtstaatliche oder vorstaatliche Akteure konkurrieren. Zeitlich gedrängt findet in diesen Staaten ein Prozeß statt, den Charles Tilly hinsichtlich der europäischen Staatenbildung untersucht hat und dabei Staatenbildungsprozeß und „organisiertes Verbrechen" in ein analoges Verhältnis setzte (Tilly 1985).

Staaten wie Ägypten, Syrien, Jordanien, Saudi-Arabien oder die Golfstaaten, in denen die Durchsetzung eines Gewaltmonopols formal gelungen zu sein scheint, leiden unter der mangelnden Legitimität desselben. Ein Legitimations-

---

31 Diese theoretischen Annahmen werden im ersten Kapitel dieses Bandes näher ausgeführt.

mangel, der seinen Ursprung darin hat, daß das faktisch vorhandene Gewaltmonopol nicht vergesellschaftet wurde, sondern in der Hand von ethnisch, tribal und klientelistisch strukturierten Staatsklassen liegt. Die Verfügung über das Gewaltmonopol wird nicht durch Verfahren geregelt. Das staatliche Gewaltmonopol avanciert somit zur direkten Ressource für die Aneignung von gesellschaftlichem Reichtum, ein wesentliches Strukturelement in sogenannten Rentierstaaten.

Diese strukturellen Bedingungen finden, wie durch den Begriff der Legitimität schon angedeutet, ihre ideelle Ergänzung. Nicht nur die traditionale Verfügung über Gewaltmittel, sondern auch das Bewußtsein ihrer legitimen Verwendung im gesellschaftlichen Konfliktaustrag ist in vielen Staaten der Region bis heute gegeben. Wie sich diese faktische Verfügung und das sie legitimierende Bewußtsein hierbei verbinden, soll zum Abschluß stellvertretend nochmals am libanesischen Beispiel dargestellt werden.

Ein wichtige Institution im politischen Apparat der traditionalen politischen Führer des Libanon waren die sogenannten Qabadayat (Sing. Qabaday). Ihre Aufgabe war es, die Interessen ihres Patrons mit Gewalt durchzusetzen. Sie schützten ihn vor Angriffen, kontrollierten Wahllokale, organisierten Streiks und sorgten für Aufruhr in seinem Interesse. Sie werden als eine Art Söldner beschrieben, die aus der lokalen Bevölkerung rekrutiert ständig im Stadtteil oder Dorf präsent waren (Gubser 1973: 179). Alle dauerhaft erfolgreichen Politiker bedienten sich dieser Qabadayat, deren typischer Vertreter als ein Krimineller bezeichnet wurde, der in Schutzgelderpressungen sowie Waffen- und Drogenschmuggel verwickelt war. Im Austausch für seine Dienste und politische Loyalität gewährte ihm sein Patron Schutz vor polizeilicher und gerichtlicher Verfolgung (Johnson 1977: 211).

Während die Rolle des Patron durch das hohe soziale Prestige seiner Familie legitimiert war, rechtfertigte sich die Stellung der Qabadayat durch traditionale Wertvorstellungen.

Als „Männer der Ehre par excellence übten sie unverzügliche und gewaltsame Rache aus für jeglichen Angriff auf ihre Person, Familie oder Gemeinschaft. Sie würden lieber bei dem Versuch sterben, einen Anschlag auf ihre Ehre zu rächen, als mit der Schande, ihn zu ignorieren, konfrontiert zu sein. Mutig in Fehden mit Rivalen und in der Konfrontation mit dem Staat, geringschätzen sie jegliche Autorität und waren offen bereit zu töten" (Johnson 1986: 107).

Fuad Khury machte deutlich, daß diese Wertvorstellungen von einer breiten Öffentlichkeit geteilt wurden und sogar im Justizwesen ihren Niederschlag fanden. Er spricht davon, daß „Verbrechen einschließlich Mord auf allgemeine Sympathie stießen" und die Verteidigung der Familienehre oder private Rache, den gültigen Strafgesetzen folgende, mildernde Umstände darstellten (Khoury 1969: 41).

Was hier das libanesische Beispiel zeigt, den über traditionale Wertvorstellungen legitimierten Griff zur Gewalt,[32] machte sich hinsichtlich der Handlungsrationalität der irakischen Regime auch in den Konflikten um Kurdistan und am Persisch-Arabischen Golf bemerkbar. Darüber hinausgehend verweist das irakische Beispiel auch auf einen ursächlichen Faktor im Kriegsgeschehen, den der Nahe und Mittlere Osten mit anderen Regionen teil: Durch den massiven Einsatz staatlicher Gewalt in innerstaatlichen Konflikten wird häufig erst eine Bedrohungssituation geschaffen, die ihrerseits den bewaffneten Konfliktaustrag nichtstaatlicher Akteure legitimiert.

Die Kriege um Kurdistan, der Aufstand von Hama, der bewaffnete Konflikt in Ägypten sowie der jemenitische Bruderkrieg 1994 lassen alle Momente eines Eskalationsprozesses erkennen, in dessen Verlauf die physische Gewalt selbst zunehmend zur Ursache des anhaltenden bewaffneten Konfliktaustrags wird. In allen diesen Fällen kommt es auch zu der anderen Orts schon beschriebenen Reduktion von Identitätsstrukturen auf die Freund-Feind-Dichotomie (vgl. Scheffler 1995). Genauso wenig wie in anderen Weltregionen sind aber die Kriege im Nahen und Mittleren Osten notwendige Produkte dieser scheinbar sich ausschließenden Identitätsvorstellungen, die in eskalierenden Gewaltprozessen auf ihren essentialistischen Gehalt reduziert wurden. Die religiös-kulturelle Vielfalt der Region selbst ist noch lange kein hinreichender Grund dafür, daß ihre Konflikte seit 1945 in 48 Fällen kriegerisch ausgetragen wurden.

6. Ausblick

Angesichts der mangelnden Differenzierung hinsichtlich der Verfügung über politische und ökonomische Machtressourcen im Mittleren Osten, scheint es äußerst fraglich, ob die regionalen Konflikte in Zukunft friedlicher gelöst werden als bisher. Die im Zuge der Globalisierung zunehmende Weltmarktintegration und die mit ihr einhergehende Freisetzung der Menschen aus traditionalen Reproduktionsmechanismen werden strukturell induzierte Konflikte schaffen, zu deren Bewältigung die derzeitigen politischen Systeme nicht in der Lage zu sein scheinen. Es steht zu befürchten, daß sich ihre Stützung und militärische Aufrüstung durch westliche Industriestaaten als Prämie für die Unterstützung des Friedensprozesses und der geopolitischen Interessen der USA als alter Wein in neuen Schläuchen

---

32 Über den Zusammenhang von physischer Gewalt, traditionalen Herrschaftsformen und ihrer symbolischen Verankerung in der libanesischen Gesellschaft vgl. Gilsenan (1996).

erweisen wird.[33] Wie der Krieg in Afghanistan, die Islamische Revolution im Iran, der Zweite Golfkrieg oder aber der „Anti-Terror-Krieg" zeigen, ist eine Politik, die sich ausschließlich an relativ kurzsichtigen geostrategischen Erwägungen orientiert, langfristig gesehen nicht nur für die Stabilität und den Frieden in der Region, sondern auch darüber hinaus kontraproduktiv.

Kein Zweifel kann auch darüber bestehen, daß im zukünftigen Konfliktgeschehen des Nahen und Mittleren Ostens weiterhin politische Bewegungen eine prominente Rolle spielen werden, die die Konflikte der Region islamistisch artikulieren. Die Kriege und bewaffneten Konflikte in Afghanistan, Libanon, Syrien, Palästina, Ägypten und am Persischen Golf haben und hatten bereits eine mehr oder weniger starke islamistische Komponente.

Dabei handelt es sich bei dem Phänomen des sogenannten islamischen Fundamentalismus keineswegs um einen politischen Atavismus, sondern um eine spezifische Konnotation der Moderne. Wie im „strukturgeschichtlichen Rahmen" bereits angedeutet, ist der islamistische Diskurs und die Politisierung des Islam ein Phänomen, das die Modernisierung der arabisch-islamischen Welt von Anfang an begleitet. Darüber hinaus machen die Bildung fundamentalistischer politischer Parteien, die Form ihrer organisatorischen Binnendifferenzierung sowie ihre Übernahme von modernen Staatsfunktionen in den Bereichen Erziehung, Gesundheit und Sozialfürsorge klar, daß es sich bei diesen fundamentalistischen Bewegungen um spezifisch moderne Formen sozialer Organisation und politischreligiöser Mobilisierung handelt. Und weder der Aufruf „Schluß mit der Fundamentalismus-Debatte" (Senghaas 1995), noch der Versuch, fundamentalistische Bewegungen zu einer Fiktion zu erklären (Perthes 1993), wird das Phänomen als solches aus der Welt schaffen.

Neu ist nicht, daß die Konflikte, die der Modernisierungsprozeß in der arabisch-islamischen Welt auslöst, im Rahmen islamischer Symbole artikuliert und damit teilweise auch ihr gewaltsamer Austrag legitimiert werden. Dieser Diskurs muß als inhärenter Bestandteil und Ausdruck der „islamischen Moderne" begriffen werden. Neu hingegen ist die Resonanz, auf die der islamistische Diskurs in der breiteren Bevölkerung stößt und das sich daraus ergebenden Potential zum Aufbau einer Massenbasis für politische Bewegungen, die sich islamischer Symbolik bedienen.

Waren es zuerst nur wenige Intellektuelle, dann kleine Teile der Mittelschichten, die ihre politischen Ziele islamistisch artikulierten, finden islamistische Ideen heute unter Studenten, Arbeitern, Angestellten und Kleingewerbetreibenden einen wachsenden Rückhalt. Es sind nicht traditionale Bevölkerungsschichten, auf

---

33   Hierbei ist im Besonderen an Ägypten, Jordanien, Saudi Arabien und die Golfstaaten zu denken.

die sich die Islamisten stützen, sondern die wachsende Zahl sozialer Gruppen, die als „Modernisierungsverlierer" doch gleichzeitig Produkt der Moderne sind. Insofern ist die „Islamisierung" des regionalen Konfliktgeschehens ein Ausdruck dafür, wie weit die Zersetzung traditionaler gesellschaftlicher Strukturen inzwischen fortgeschritten ist. Nicht die heilsgeschichtlichen Hoffnungen eines fundamentalistischen Islams, sondern die nicht eingelösten Versprechungen der Moderne sind es, welche hinter dem Phänomen des Islamismus stehen. Es ist der Protest sozialer Akteure, die aus traditionalen Reproduktionsformen freigesetzt, ihre Einbindung und Beteiligung an Politik und Ökonomie ihrer Gesellschaften fordern.

Wenn auch vor diesem Hintergrund dem Appell von Dieter Senghaas, die einseitige Fixierung der christlich-muslimischen Debatte auf den islamischen Fundamentalismus zu beenden (Senghaas 1995: 183), zuzustimmen ist, so muß die Debatte über fundamentalistische Ideologien und ihre politischen Folgen dennoch geführt werden. Zum einen, weil die Zuordnung des islamischen Fundamentalismus zu anderen, den globalen Transformationsprozeß begleitenden Fundamentalismen das kulturessentialistische Vorurteil einer unvergleichbaren Eigengesetzlichkeit der muslimischen Gedanken- und Lebenswelt relativieren kann. Zum anderen weil der islamische Fundamentalismus für einen „Islam in der Krise" steht, die durch den Modernisierungsprozeß ausgelöst wurde (Al-Azm 1993: 137).

Dabei muss vor einer Banalisierung dieser Krise gewarnt werden. Eine vorschnelle Gleichsetzung von Islamismus und Konservatismus verharmlost die integrierende und Gewalt legitimierende Kraft fundamentalistischer Ideologeme. Der politische Islam hat ganz unterschiedliche Gesichter. Er kann wie z.B. in der Türkei im Gewandte von zumindest formal demokratischen Parteien auftreten, die sich an konservativ interpretierten islamischen Werten orientieren. Er kann aber auch den Einsatz terroristischer Gewalt rechtfertigen (vgl. Endres/Jung 1998). Die nationalistisch islamistische Hamas in Palästina oder die mit dem Namen Osama bin-Ladens verbundenen transnationalen terroristischen Netzwerke sind zwei unterschiedliche Beispiele für dieses Gewaltpotential, das der fundamentalistische Islam entfalten kann. Die Analyse der islamistischen ideologischen Konstruktion, wie sie z.B. in dem Manifest der palästinensischen Hamas dokumentiert ist,[34] zeigt, daß es dieser fundamentalistischen Ideologie gelingt, ganz unterschiedliche gesellschaftliche Widersprüche zu bündeln und den sich aus ihnen ergebenden Handlungsdruck gegen einen zentralen Feind zu lenken (Jung 1995: 228 ff.). Die Asservatenkammer der politischen Bewältigung des Modernisierungsprozesses in

---

34 Vg. Azzam (1990: 113 ff.); Auszüge des Manifests in deutscher Übersetzung: Meier (1994: 384 ff.).

Europa hält nicht nur den reflektierten demokratischen Konservatismus bereit, sondern mit Faschismus und Stalinismus auch totalitäre Ideologien, deren Strukturprinzipien sich im Denken und Handeln einiger islamistischer Bewegungen durchaus wiederfinden lassen.

Diese Reminiszenzen an den europäischen Totalitarismus sind auch hinsichtlich von Staaten angebracht, in denen wie im Iran oder im Sudan islamistische Ideologien die Macht übernommen haben. Diese islamistischen Regime zeigen, daß sie das „gesellschaftliche Vehikel" des modernen Staates eher als Instrument einer totalitären Machtausübung mißbrauchen, denn zum Aufbau einer islamisch inspirierten, wertkonservativen und gerechten Gesellschaft, die nach fundamentalistischen Idealen dann konfliktfrei wäre. Wie in diesen Staaten das islamische Strafrecht zu einem Instrument der Staatsräson wird, hat Rudolph Peters eindrucksvoll belegt (Peters 1994). Aber auch diese den Islam instrumentalisierende Regime werden die globalen Prozesse nicht stoppen können, deren Strukturveränderungen auch weiterhin das Konfliktgeschehen in der Region bestimmen werden.

Die friedenspolitische Lehre aus der Analyse von über 50 Jahren regionaler Kriegsgeschichte wäre insofern, alles Mögliche zu versuchen, die auftretenden Konflikte in institutionelle Bahnen zu lenken, die es erlauben, sie gesellschaftlich prozessieren zu lassen. Die Wirklichkeit sieht leider anders aus. Gefangen im Schematismus der eigenen Projektionen setzt man wie schon zu Zeiten des Ost-West-Konflikts anstelle von Integration auf Repression. Daß sich hierbei nicht nur Medien und Politik, sondern häufig auch die Wissenschaft an der kulturalistischen Kostümierung dieses falschen Weges beteiligt, läßt für die Zukunft des Friedens im Nahen und Mittleren Osten leider nichts Gutes erhoffen.

Literatur

Abraham, A.J. 1996: The Lebanon War, Westport, Conn.:

Abu-Odeh Adnan 1999: Jordanians, Palestinians and the hashemite Kingdom in the Middle East Peace Process, Washington D.C.

Agwani, M.S. 1965: The Lebanese Crisis, 1958 – A Documentary Study, London/New Delhi

Aker, F. 1985: October 1973. The Arab-Israeli War, Hamden

Al-Azm, Sadik 1993: Unbehagen in der Moderne. Aufklärung im Islam, Frankfurt/Main

Algar, Hamid 1969: Religion and State in Iran (1785-1906). The Role of the Ulama in the Qajar Period, Berkely and Los Angeles

Allen, P. 1982: The Yom Kippur War, New York

Allix, Stephane 1997: De la resistance à la prise de Kaboul, l'histoire secrète des talibans, in: Le Monde Diplomatique, Janvier 1997

Azzam, Abdallah 1990: Hama. Al-judur at-tarikhiya wa al-mithaq (Hamas. Die historischen Wurzeln und das Manifest) Amman

Badie, Bertrand 1992: Le État importé. L'occidentalisation de l'ordre politique, Paris

Barker, A.J. 1981: Der Sechs-Tage-Krieg, Rastatt

Barkey, H.J. / Fuller G.E. (1998) Turkey's Kurdish Question, Lanham

Beblawi, Hazem / Luciani, Giacomo (Hrsg.) 1987: The Rentier State, London u.a.

Beck, Martin 2002: Friedensprozeß im Nahen Osten: Rationalität, Kooperation und politische Rente im Vorderen Orient, Wiesbaden

Betz, Joachim / Brüne, Stefan (Hrsg.) 1994: Jahrbuch Dritte Welt, München

Bidwell, Robin 1983: The Two Yemens, London

Borcke, Astrid von 1995: Der tadschikische Bürgerkrieg: Lokale Tragödie oder geopolitische Herausforderung, Bundesinstitut für Ostwissenschaftliche und Internationale Studien, Köln

Bozkurt, Askim 1994: Das Kurdenproblem in der Türkei. Die Manifestation und Konsolidierung des ethnischen Konfliktes und die Frage seiner Lösung, Frankfurt a. Main

Brecher, M. 1980: Decisions in Crisis. Israel 1967 and 1973, Berkely

Bruinessen, Martin van 1989: Agha, Scheich und Staat. Die soziale und politische Organisation Kurdistans, Berlin

Büttner, Friedemann / Scholz, Fred 1993: Islamisch-orientalische Welt: Kulturtradition und Unterentwicklung, in: Nohlen/Nuscheler: Handbuch der Dritten Welt, Bd. 6, S. 16-66

Buschkow, Walentin 1995: Politische Entwicklung im nachsowjetischen Mittelasien. Der Machtkampf in Tadschikistan 1989-1994, Bundesinstitut für Ostwissenschaftliche und Internationale Studien, Köln

Colarusso, John 1995: Chechnya: The War Without Winners, in: Current History, Vol. 94, S. 329-336

Coppieters, Bruno (Hrsg.) 1996: Contested Borders in the Caucasus, Brussels

Crystal, Jill 1994: Authoritarianism and its Adversaries in the Arab World, in World Politics, 46 (2), 262-89

Dresch, Paul 1989: Tribes, Governments and History in Yemen, Oxford

Dorronsoro, Gilles 1995: Afghanistan's Civil War, in: Current History, Vol. 94, S. 37-40

Dorronsoro, Gilles 1996: Afghanistan: des réseaux de solidarité aux espaces régionaux, in: Jean/Rufin: Economie des guerres civiles, S. 147-188

Dunbar, Charles 1992: The Unification of Yemen: Process, Politics and Prospects, in: The Middle East Journal, Vol. 46, Nr. 3, S. 456-476

Dunlop, John B. 1998: Russia Confronts Chechnya. Roots of a separatist conflict, Cambridge

Durán, Khalid 1994: Tragödie Tadjikistan. Die Fortsetzung des Afghanistan-Krieges mit variabler Geometrie, in: Blätter für deutsche und internationale Politik, 1 (1994), 84-93

Elias, Norbert 1989: Über den Prozeß der Zivilisation, Bd. 2, Wandlungen der Gesellschaft, Entwurf zu einer Theorie der Zivilisation, 14. Aufl., Frankfurt a. Main

Ende, Werner / Steinbach, Udo (Hrsg.) 1989: Der Islam in der Gegenwart, 2. Aufl., München

Endres, Jürgen / Jung, Dietrich 1998: Was legitimiert den Griff zur Gewalt? Unterschiede im Konfliktverhalten islamistischer Organisationen in Ägypten, in: Politische Vierteljahresschrift, 39 (1), 91-108

Endres, Jürgen 2003: Profiting from War: Economic Rationality and War in Lebanon, in: Jung, Dietrich (Hrsg.): Shadow Globalization, Ethnic Conflicts, and New Wars

Evans, Peter u.a. (Hrsg.) 1985:Bringing the State Back in, Cambridge

Farhan, Faroug 1989: Probleme des iranisch-irakischen Konflikts von 1968-1984, Frankfurt a. Main

Ferdowsi, Mir 1991: Determinanten des iranisch-irakischen Krieges, in: Siegelberg (Red.): Die Kriege 1985 bis 1990, S. 298-310

Flores, Alexander 1989: Intifada: Aufstand der Palästinenser, Berlin

Fraser, T.G. 1995: The Arab-Israeli- Conflict, Basingstoke, Hampshire u.a.

Freitag-Wirminghaus, Rainer 1990: Aserbaidschan und die Türkei: Die internationale Dimension des Nationalitätenkonflikts im Transkaukasus, in: Orient, Nr. 31, S. 525-556

Freitag-Wirminghaus, Rainer 1993: Aserbaidschan: Die nationalen und internationalen Auswirkungen des Krieges um Berg Karabach, in: Orient, Nr. 34, S. 245-257

Fürtig, Henner / Müller-Syring, Rolf (Hrsg.) 1993: Ursachen gewaltförmiger Konflikte in der Golfregion. Internationale und zwischenstaatliche Faktoren, Frankfurt a. Main

Gantzel, Klaus Jürgen (Hrsg.) 1988: Krieg in der Dritten Welt. Theoretische und methodische Probleme der Kriegsursachenforschung - Fallstudien, Schriftenreihe der Arbeitsgemeinschaft für Friedens- und Konfliktforschung (AFK), Bd. XII

Gantzel, K.J. / Schwinghammer, T. 1995: Die Kriege nach dem Zweiten Weltkrieg 1945-1992. Daten und Tendenzen, Münster/Hamburg

Gantzel, K.J. / Schwinghammer, T. 2000: Warefare Since the Second World War,New Brunswick: Transaction Publishers

Gause III, Gregory F. 2002: Iraq's Decision to Got to War, 1980 and 1990, in: Middle East Journal, 56 (1), 47-70

Giddens, Anthony 1992: The Nation-State and Violence, Cambridge

Gilsenan, Michael 1996: Lords of the Lebanese Marches. Violence & Narrative in an Arab Society, London/New York

Gubser, Peter 1973: The Zuama of Zahlah: the Current Situation in a Lebanese Town, in: Middle Eastern Journal, Vol. 27, Spring 1973, S. 173-189

Gunter, Michael M. 1996: Civil War in Iraqi Kurdistan: The KDP - PUK Conflict, in: The Middle East Journal, Vol. 50, No. 2, S. 225-242

Gunter, Michael M. 1998: Turkey and Iran face off in Kurdistan, in: Middle East Quarterly, 5 (1), 33-40

Haarmann, Ulrich (Hrsg.) 1987: Geschichte der arabischen Welt, München

Halliday, Fred 1974: Arabia without Sultans, Middleessex u.a.

Halliday, Fred 1988: Die Kriege Afghanistans, in: Gantzel (Hrsg.), S. 433-457

Halliday, Fred 1990: Revolution and Foreign Policy: The Case of South Yemen 1967-1987, Cambridge

Halliday, Fred 1994: Spaltung und Vereinigung auf Jemenitisch, in: Blätter für deutsche und internationale Politik, 39 (12), 1493-1502

Halliday, Fred 1995: Islam and the Myth of Confrontation. Religion and Politics in the Middle East, London

Hanf, Theodor 1990: Koexistenz im Krieg: Staatszerfall und Enstehen einer Nation im Libanon, Baden-Baden: Nomos

Herzog, C. 1984: Kriege um Israel 1948-1984, Frankfurt a. Main

Hottinger, Arnold 1986: Der Bürgerkrieg in Südjemen. Machtkämpfe in einer Stammesgesellschaft, in: Europa-Archiv, 41. Jg., Heft 11, S. 311-318

Hourani, Albert 1983: Arabic Thought in the Liberal Age 1798-1939, Cambridge, zuerst: Oxford 1962

Hourani, Albert 1992: Die Geschichte der Arabischen Völker, Frankfurt a.M.: Fischer

Hudson, Michael C. 1985: The Precarious Republic. Political Modernization in Lebanon, Boulder/London

Hunter, Shireen T. 1996: Central Asia Since Independence, The Washington Papers/168, Westport, Conn.

Inalcik, Halil 1978: The Ottoman Empire: Conquest, Organization and Economy, London

Inalcik, Halil / Quataert, Donald (Hrsg.) 1994: An Economy and Social History of the Ottoman Empire, 1300-1914, Cambridge u.a.

Ismael, Tareq Y. 1994: The Gulf War and the New World Order: International Relations of the Middle East, Gainesville u.a.

Jean, Francois / Rufin, Jean Christophe (Hrsg.) 1996: Economie des guerres civiles, Paris

Johnson, Michael 1977: Political Bosses and their Gangs: Zuama and Qabadayat in the Sunni Muslim Quarters of Beirut, in: Gellner, Ernest / Waterbury, John (Hrsg.): Patrons and Clients in Mediterranean Societies, London, S. 207-224

Johnson, Michael 1986: Class and Client in Beirut. The Sunni Muslim Community and the Lebanese State 1840-1985, London.

Jung, Dietrich 1992: Der Krieg im Libanon. Exemplarischer Versuch einer gesellschaftstheoretisch fundierten Kriegsursachenanalyse, Arbeitspapiere Nr. 61 der Forschungsstelle Kriege, Rüstung und Entwicklung, Universität Hamburg

Jung, Dietrich 1995: Tradition-Moderne-Krieg. Grundlegung einer Methode zur Erforschung kriegsursächlicher Prozesse, Münster/Hamburg

Jung, Dietrich 2000: State Formation and War: The Case of Palestine, EUI Working Papers, RSC No. 2000/45

Jung, Dietrich (Hrsg.) 2003: Shadow Globalization, Ethnic Conflicts, and New Wars. A Political Economy of Intra-State Wars, London and New York

Jung, Dietrich/Piccoli, Wolfango 2001: Turkey at the Crossroads: Ottoman Legacies and a Greater Middle East, London

Kellner-Heinkele, Barbara 1987: Der arabische Osten unter osmanischer Herrschaft 1517-1800, in: Haarmann: Die Geschichte der arabischen Welt, S. 323-364

Kendal, Nezan 1996: Le malheur kurde, in: Le Monde Dipolmatique, Octobre 1996

Khoury, Fuad I. 1969: The Changing class Structure in Lebanon, in: The Middle Eastern Journal, 23 (1), 29-45

Koszinowski, Thomas 1994: Der Bürgerkrieg im Jemen, in: Betz/Brüne (Hrsg.), S. 94-99

Krämer, Gudrun 1989: Macht und Allmacht: Die Konfliktlage im Nahen Osten, in: Senghaas, Dieter: Regionalkonflikte in der Dritten Welt, S. 149-166

Leitzinger, Antero (Hrsg.) 1997: Caucasus and an Unholy Alliance, Vantaa

Lewis, Bernard 1961: The Emergence of Modern Turkey, Oxford: Oxford University Press

Lobmeyer, Hans Günter 1995: Opposition und Widerstand in Syrien, Schriften des Deutschen Orient-Instituts, Hamburg

Luciani, Giacomo (Hrsg.) 1990: The Arab State, London

MacDowall, D. (1996) A Modern History of the Kurds, London

Mandelbaum, Michael 1999: Is Major War Obsolete?, Survival, 40 (4), 20-38

Makovsky, David 1996: Making Peace with the PLO: The Rabin Government's Road to the Oslo Accord, Boulder

Meier, Andreas 1994: Der politische Auftrag des Islam. Programme und Kritik zwischen Fundamentalismus und Reformen. Originalstimmen aus der islamischen Welt, Wuppertal

Mejcher, Helmut 1987: Der arabische Osten im zwanzigsten Jahrhundert 1914-1985, in: Haarmann: Die Geschichte der arabischen Welt, S. 432-501

Menashri, David (Hrsg.) 1998: Central Asia Meets the Middle East, London

Menon, Rajan / Fedorov, Juri / Nodia, Ghia (Hrsg.) 1999: Russia, the Caucasus, and Central Asia. The 21st Century Security Environment, Armonk, N.Y.

Mermier, Franck 1997: Yémen: l'Etat face à la démocratie, in: Monde arabe Maghreb Machrek, Nr. 155, janv.-mars 1997, S. 3-5.

Möller, Harald 1994: Der Krieg Irak-Iran, 1980-1988, Berlin

Møller, Bjørn (Hrsg.) 2001: Oil & Water. Cooperative Security in the Persian Gulf, London: I.B. Tauris

Nohlen, Dieter / Nuscheler, Franz (Hrsg.) 1993: Handbuch der Dritten Welt, Bd. 6, Nordafrika und Naher Osten, 3. Aufl. Bonn

Noth, Albrecht 1989: Der Islam und die nicht-islamischen Minderheiten, in: Ende/Steinbach: Der Islam in der Gegenwart, S. 527-550

O'Ballance, Edgar 1996: The Kurdish Struggle, 1920-1994, London

Olson, R. (Hrsg.) 1996: Kurdish Nationalist Movement in the 1990s. It's Impact on Turkey and the Middle East, Lexington

Pawelka, Peter 1991: Der Irak als "Rentierstaat", in: Der Bürger im Staat, 41 Jg., Heft 1, Landeszentrale für Politische Bildung Baden-Württemberg, S. 39-50

Pawelka, Peter 1993: Der Vordere Orient und die internationale Politik, Stuttgart u.a.

Peters, Rudolph 1994: The Islamization of Criminal Law: A Comparative Analysis, in: Die Welt des Islams, 34: 246-273

Perthes, Volker 1993: Die Fiktion des Fundamentalismus. Von der Normalität islamistischer Bewegungen, in: Blätter für deutsche und internationale Politik, 2/93, S. 188-200

Perthes, *Volker* 2000: Vom Krieg zur Konkurrenz. Regionale Politik und die Suche nach einer neuen arabisch-nahöstlichen Ordnung, Baden-Baden

Podeh, Elie 1998: The Eregence of the Arab State System Reconsidered, in: Diplomacy and Statecraft, 9 (3), 50-82

Qubain, Fahim I. 1961: Crisis in Lebanon, Washington D.C.

Rabinovich, Itamar 1985: The War for Lebanon 1970-1985, London

Reich, Bernard (Hrsg.) 1996: An Historical Encyclopedia of the Arab-Israeli Conflict, Westport, Conn.

Reissner, Johannes 1987: Iran-Irak. Kriegsziele und Kriegsideologien, Stiftung Wissenschaft und Politik, Ebenhausen

Roy Olivier 1986: Islam and Resistance in Afghanistan, Cambridge u.a.

Roy, Olivier 1991: The lessons of the Soviet-Afghan War, London

Roy, Olivier 1996: Avec les talibans. La charia plus le gazoduc, in: Le Monde Diplomatique, Novembre 1996

Rubin, Barnett R. 1995: The Fragmentation of Afghanistan: State Formation and Collapse in the International System, New Haven, Conn.

Sadat, Anwar al 1977/78: Unterwegs zur Gerechtigkeit, Wien

Salibi, Kamal S. 1976: Cross Roads to Civil War, Lebanon 1958-1976, London

Sapir, Jacques 1996: La prise de décision en matière de sécurité en Russie: enseignements de la guerre en Tchétchénie, in: Memento GRIP 1995-1996: L'Europe et la sécurité internationale, Brüssel

Savir, Uri 1998: The Process: 1,100 Days that Changed the Middle East, New York

Scheffler, Thomas 1995: Ethnoradikalismus: Zum Verhältnis von Ethnopolitik und Gewalt, in: Seewann, Gerhard (Hrsg.): Minderheiten als KOnfliktpotential in Ostmittel- und Südosteuropa, Südosteuropa-Gesellschaft, München, S. 9-47

Schmid, Claudia 1991: Das Konzept des Rentier-Staates: ein sozialwissenschaftliches Paradigma zur Analyse von Entwicklungsgesellschaften und seine Bedeutung für den Vorderen Orient, Münster/Hamburg

Schmitz, Chuck 1995: Civil War in Yemen: The Price of Unity?, in: Current History, Vol. 94, Nr. 588, S. 33-36

Schölch, Alexander 1987: Der arabische Osten im neunzehnten Jahrhundert 1800-1914, in: Haarmann: Die Geschichte der arabischen Welt, S. 365-431

Schreiber, Wolfgang (Hrsg.) 2002: Das Kriegsgeschehen 2001. Daten und Tendenzen der Kriege und
bewaffneten Konflikte, Opladen

Schulze, Reinhard 1994: Geschichte der islamischen Welt im 20. Jahrhundert, München

Senghaas, Dieter (Hrsg.) 1989: Regionalkonflikte in der Dritten Welt: Autonomie und Fremdbe-
stimmung, Baden-Baden

Senghaas, Dieter 1995: Schluß mit der Fundamentalismus-Debatte! Plädoyer für eine Reorientierung
des interkulturellen Dialogs, in: Blätter für deutsche und internationale Politik, 2/95, S. 180-191

Siegelberg, Jens (Red.) 1991: Die Kriege 1985 bis 1990. Analyse ihrer Ursachen, Kriege und militante Konflikte Bd. 2, Hamburg/Münster

Sivan, Emmanuel 1989: Sunni Radicalism in the Middle East and the Iranian Revolution, in: International Journal of Middle East Studies 21 (1989), 1-30

Smith, Sebastian 1998: Allah's Mountains. Politics and war in the Russian Caucasus, London

Stark, Joe 1996: Bahrein en lutte pour la démocratie, in: Le Monde Diplomatique, Juillet 1996

Tibi, Bassam 1989: Konfliktregion Naher Osten, München

Tilly, Charles 1985: War Making and State Making as Organized Crime, in: Evans, Peter u.a.
(Hrsg.): Bringing the State Back in, S. 169-191

Trotha, Trutz von 1986: Distanz und Nähe. Über Politik, Recht und Gesellschaft zwischen Selbsthilfe
und Gewaltmonopol, Tübingen

Vakili-Zad, Cyrus 1996: Collision of Consciousness: Modernization and Development in Iran, in:
Middle Eastern Studies, 32 (3), 139-160

Weber, Max 1972: Wirtschaft und Gesellschaft, Grundriß der Verstehenden Soziologie, Tübingen:
Mohr

Wright, John F.R. / Goldenberg, Suzan / Schofield, Richard (Hrsg.) 1996: Transcaucasian Bounda-
ries, London

Yamani, Mai 2000: Changed Identities. The Challenge of the New Generation in Saudi Arabia, London: The Royal Institute of International Affairs

Zürcher, Erik J. 1993: Turkey: A Modern History, London

Anhang

Liste der Kriege 1945 – 2002

Kriege in Europa 1945 – 2002

Krieg	Kriegstyp	Beginn	Ende
Griechischer Bürgerkrieg (1. Phase)	A-1	03.12.44	12.02.45
Spanien	A-2	01.07.45	30.06.50
Griechischer Bürgerkrieg (2. Phase)	A-1	15.06.46	09.10.49
Zypern I	D-2	15.06.46	24.02.59
Ungarn-Aufstand	A-1	24.10.56	10.11.56
Zypern II	B-1	21.12.63	11.08.64
Spanien (Baskenland)	B-2	07.06.68	30.06.79
Nordirland	B-2	14.08.69	30.06.94
Zypern III	C-1	20.07.74	16.08.74
Rumänien	A-2	17.12.89	28.12.89
Slowenien	B-2	26.06.91	03.07.91
Kroatien / Serbien	BC-2	15.07.91	21.11.95
Moldawien (Dnjester-Republik)	B-1	15.03.92	15.08.92
Bosnien-Herzegowina	B-1	06.04.92	21.11.95
Jugoslawien (Kosovo)	B-2/BC-2	15.03.98	09.06.99
Mazedonien	B-2	01.01.01	13.08.01

Kriege in Lateinamerika 1945 – 2002

Bolivianische Revolution	A-2	01.07.46	15.04.52
Paraguay	A-2	15.03.47	12.08.47
Costa Rica	A-2	12.03.48	24.12.48
Kolumbien (Violenca)	A-2	21.05.49	10.05.57
Guatemala (Operation Success)	A-1	18.06.54	30.06.54
Costa Rica (2. Umsturzversuch)	A-1	11.01.55	21.01.55
Kubanische Revolution	A-2	15.12.56	15.01.59
Kuba (Schweinebuchtinvasion)	A-2	17.04.61	20.04.61
Guatemala	A-2	01.07.62	30.06.68

Krieg	Kriegstyp	Beginn	Ende
Venezuela	A-2	15.02.63	30.06.67
Kolumbien (FARC)	A-2	27.05.64	→
Kolumbien (ELN)	A-2	07.01.65	→
Dominikanische Republik	A-1	25.04.65	03.09.65
Peru (MIR und ELN)	A-2	15.06.65	15.01.66
Argentinien	A-2	01.07.68	30.06.77
El Salvador / Honduras (Fußballkrieg)	C-2	14.07.69	18.07.69
Kolumbien (M-19)	A-2	15.01.74	08.03.90
Nicaraguanische Revolution	A-1	15.10.77	19.07.79
Peru (Sendero Luminoso)	A-2	17.05.80	15.10.97
Guatemala II	A-2	01.07.80	15.12.96
El Salvador	A-2	10.01.81	01.02.92
Peru / Ecuador	C-2	28.01.81	02.02.81
Nicaragua (Contra-Krieg)	A-1	15.04.81	30.06.90
Argentinien / GB (Falkand-Krieg)	C-2	25.04.82	15.06.82
Grenada-Invasion (Oper.Urgent Fury)	C-2	24.10.83	01.11.83
Surinam (Dschungelkrieg)	B-2	21.06.86	07.06.89
Peru (MRTA)	A-2	15.11.87	30.06.94
USA / Panama	C-2	20.12.89	24.12.89
Mexiko (Zapatisten)	AB-2	01.01.94	15.03.95
Ecuador / Peru	C-2	15.01.95	15.03.95

Kriege in Afrika 1945 – 2002

Madagaskar (Dekolonisationskrieg)	D-2	20.09.47	30.06.48
Kenia (Mau-Mau-aufstand)	D-2	15.10.52	15.11.56
Kamerun (Dekolonisation)	D-2/A-2	15.05.55	30.06.63
Sudan (1. Sudanesicher Bürgerkrieg)	B-2	18.08.55	15.02.72
Kongo-Kinshasa (Sezessionskrieg)	B-1	11.07.60	14.01.63
Kongo-Kinshasa (Antiregimekrieg I)	A-2	15.09.60	15.09.61
Angola (Dekoloniastion)	D-2	04.02.61	11.11.75
Äthiopien (Eritrea-Konflikt)	B-2	01.07.62	25.04.74
Guinea-Bissau	D-2	15.01.63	25.04.74
Äthiopien (Ogaden-Aufstand)	B-2	15.08.63	15.12.64

Krieg	Kriegstyp	Beginn	Ende
Kenia (Shifta-Krieg)	B-2	15.11.63	15.10.67
Ruanda (Tutsi-Invasion aus Burundi)	A-2	20.12.63	30.06.66
Zaire (Mulelisten u. Lumumbisten)	A-1	15.01.64	30.06.66
Nigeria (Tiv-Aufstand)	BE-2	15.08.64	15.12.64
Mosambik (Unabhängigkeitskrieg)	D-1	25.09.64	07.09.74
Rhodesien (Chimurenga II)	A-1	28.04.66	21.12.79
Tschad (Bürgerkrieg)	A-1/AC-1/A-1	15.06.66	15.03.96
Zaire (Katanga-Gendarmen)	A-2	24.07.66	24.09.66
Namibia	B-2	26.08.66	22.12.88
Zaire (Söldnerrebellion)	A-2	05.07.67	06.11.67
Nigeria (Biafra-Krieg)	B-2	06.07.67	15.01.70
Uganda / Tansania (I)	C-2/CA-2	15.08.71	07.10.72
Burundi	A-2	29.04.72	15.06.73
Äthiopien (Tigray-Konflikt)	B-2/BA-2	01.07.75	15.05.91
Mosambik (Desatabilisierungsfeldzug)	AC-2/A-1	01.07.75	01.10.92
Äthiopien (2. Ogaden-Krieg)	B-2/BC-1/B-1	01.07.75	30.06.84
Angola (Unita)	AB-1/A-1	12.11.75	→
Sambia (Mushala-Aufstand)	A-2	14.01.76	20.11.82
Äthiopien (Oromo-Konflikt)	BA-2	01.07.76	30.06.93
Südafrika (Anti-Apartheid-Krieg)	A-2/AB-2	01.07.76	30.04.94
Zaire (Shaba)	A-1	08.03.77	30.05.78
Uganda / Tansania (II)	C-1/CA-1	15.10.78	02.06.79
Nigeria (Maitatsine-Aufstand)	A-2	18.12.80	29.12.80
Uganda	A-2	15.02.81	15.05.92
Zimbabwe (Matabeleland-Konflikt)	A-2	15.01.83	15.05.88
Sudan (2. Sudanesischer Bürgerkrieg).	B-2/BA-2	15.09.83	→
Mali / Burkina Faso (Grenzkrieg)	C-2	21.12.85	31.12.85
Somalia (Bürgerkrieg)	A-2/ABE-1/E-2	15.05.88	→
Liberia	A-1	24.12.89	15.08.96
Senegal (Basse-Casamance-Konflikt)	B-2	15.04.90	→
Mali	B-2	07.05.90	15.04.96
Niger (Tuareg)	B-2	15.07.90	15.10.94
Ruanda (Rebelleninvasion aus Uganda)	A-1	01.10.90	15.07.94
Angola (Cabinda)	B-2	15.02.91	20.11.94
Sierra Leone	A-1	15.03.91	→

Krieg	Kriegstyp	Beginn	Ende
Djibuti	A-2	15.10.91	26.12.94
Burundi II	A-2	21.10.93	→
Uganda	A-2	15.04.95	→
Nigeria / Kamerun	C-2	15.02.96	15.04.96
Zaire (Antiregime II)	A-1	11.10.96	17.05.97
Kongo-Brazzaville	A-1	10.06.97	01.07.99
Ruanda (Rebelleninvasion aus Kongo)	A-2	01.07.97	→
Äthiopien / Eritrea	C-2	06.05.98	18.06.00
Guinea-Bissau	A-1	07.06.98	08.05.99
Kongo-Kinshasa (Afr. Regionalkrieg)	AC-1	02.08.98	→
Nigeria	BE-2	15.01.99	17.01.00
Liberia	A-2	01.07.00	→
Guinea	A-2	01.09.00	→

Kriege in Asien 1945 – 2002

Krieg	Kriegstyp	Beginn	Ende
Indonesien	D-2	29.09.45	27.07.49
Indochina (1. Indochinakrieg)	D-2	09.03.46	01.06.54
China (Chinesischer Bürgerkrieg)	A-2	15.03.46	21.04.50
Philippinen (Insel Luzon)	A-2	01.07.46	30.06.54
Pakistan / Indien (1. Kaschmirkrieg)	A2/AC-2	22.10.47	01.01.49
Malaiischer Bund	D-2/A-1	01.07.48	15.02.60
Myanmar (Anti-Regime)	A-2	01.07.48	15.04.89
Myanmar (Sezession)	B-2	01.07.48	15.03.98
Indien / Hyderabad	C-2	13.09.48	17.09.48
Korea-Krieg	C-1	25.06.50	27.07.53
Indonesien (Südmolukken)	B-2	15.07.50	15.12.50
VR China / Tibet	C-2	07.10.50	22.10.50
Nepal 1950	A-2	11.11.50	15.01.51
Indien (Nagas I)	B-2	01.07.54	15.08.64
Tibet / VR China	B-2	15.08.54	22.03.59
VR China / Taiwan	C-1	03.09.54	22.01.55
Vietnam (2. Indochinakrieg)	A-1/AC-1	01.07.57	29.04.75
Indonesien (Bürgerkrieg)	AB-1	15.03.58	15.07.61

Krieg	Kriegstyp	Beginn	Ende
VR China / Taiwan (2. Quemoy-Krise)	C-2	23.08.58	25.10.58
Laos (1. laotischer Bürgerkrieg)	A-1	01.07.59	16.06.61
Indonesien (West-Papua)	C-2	14.01.62	18.08.62
Nepal	A-2	15.01.62	15.02.62
VR China / Indien	C-2	20.10.62	20.11.62
Brunei	A-1	15.12.62	15.12.62
Laos (2. laotischer Bürgerkrieg)	A-1	31.03.63	15.04.73
Indonesien / Malaysia	C-1	12.09.63	11.08.66
Vietnam (FULRO)	B-2	20.09.64	15.10.92
Indien / Pakistan (Rann-von-Kutch)	C-2	09.04.65	01.07.65
Indonesien (West-Irian)	B-2	01.07.65	30.06.93
Pakistan / Indien (2. Kaschmir-Krieg)	B-2/BC-2	05.08.65	23.09.65
Thailand	A-2	07.08.65	01.07.80
Indien (Mizos)	B-2	01.03.66	31.07.80
Kambodscha	A-1/AC-1	17.01.68	17.04.75
Indien (Nagas II)	B-2	01.07.69	06.11.75
Philippinen (Mindanao)	B-2	01.07.70	→
Philippinen (NPA)	A-2	01.07.70	→
Bangladesch-Krieg	B-1/BC-2	25.03.71	17.12.71
Ceylon (JVP-Aufstand)	A-1	05.04.71	05.06.71
Pakistan (Belutschistan)	B-2	15.03.73	15.07.77
Bangladesh (Chittagong Hill-Tracts)	B-2	01.07.73	30.06.93
Laos (1. Guerillakrieg der Meo)	B-1	01.07.75	30.06.79
Indonesien (Ost-Timor)	E-2/B-2	11.08.75	30.06.94
Kambodscha (3. Indochinakrieg)	C-2/A-1	01.12.75	05.12.98
VR China / Vietnam	C-2	17.02.79	30.06.88
Indien (Punjab)	B-2	15.07.82	30.06.93
Sri Lanka (Tamilen-Konflikt)	B-2/AB-1/B-1	15.07.83	→
Pakistan / Indien (Siachengletscher)	C-2	15.04.84	30.06.89
Pakistan (Provinz Sind)	B-2	15.11.86	30.06.95
Thailand / Laos	C-2	03.11.87	19.02.88
Papua-Neuguinea (Insel Bougainville)	B-2	15.02.89	30.04.98
Indien (Kaschmir)	B-2	15.01.90	→
Laos (Guerilla-Krieg der Meo)	B-1	15.01.90	15.07.92
Indonesien (Aceh)	B-2	15.05.90	30.06.93

Krieg	Kriegstyp	Beginn	Ende
Indien (Assam)	B-2	01.07.90	→
Indien (Bodos)	B-2	01.07.97	→
Indien (Naxaliten)	A-2	01.07.97	→
Indien / Pakistan (LOC, Kargil)	C-2	01.07.98	15.07.99
Indonesien (Aceh II)	B-2	01.07.99	→
Nepal	A-2	01.07.99	→
Salomonen	B-2	01.07.99	15.10.00
Indien (Tripura)	B-2	15.09.99	→

Kriege im Nahen und Mittleren Osten 1945 – 2002

Irak (Barzanis)	B-1	15.08.45	15.10.45
Iran (Mahabad)	B-2	14.03.47	13.04.47
Nordjemen 1948	A-2	15.02.48	14.03.48
Arabisch-Israelischer Krieg	C-2	15.05.48	07.01.49
Marokko	D-2	07.12.52	02.03.56
Algerien	D-2	01.11.54	19.03.62
Protektorat Aden / Nordjemen	C-2	01.07.55	30.06.58
Arabisch-Israelischer Krieg (Suez)	C-2	29.10.56	06.11.56
Muskat u. Oman (Imam-Sultan-Konflikt)	B-1	15.07.57	30.06.59
Spanisch-Marokko (Ifni)	D-2	15.10.57	15.04.58
Libanesischer Bürgerkrieg	AB-2	09.05.58	14.10.58
Tunesien (Bizerta-Krise)	C-2	19.07.61	22.07.61
Irak (Kurden 1, 2 und 3)	B-1	16.09.61	21.06.66
Jemenitischer Bürgerkrieg	A-1	15.10.62	30.06.69
Protektorat Aden (Unab. Südjemen)	D-2	14.10.63	30.11.67
Marokko / Algerien (Tindouf-Krieg)	C-2	15.10.63	15.02.64
Muskat u. Oman (Aufstand in Dhofar)	AB-1/A-1	09.06.65	15.11.75
Arabisch-Israelischer Krieg	C-2	05.06.67	10.06.67
Volksrepublik Jemen	A-2	15.06.68	15.11.68
Israel, Palästina (PLO, Hamas)	B-2	01.07.68	15.09.93
Irakisch-Kurdischer Krieg (Kurden 4)	B-2	03.01.69	11.03.70
Ägypten / Israel (Abnutzungskrieg)	C-1	06.03.69	07.08.70
DVR Jemen / Saudi Arabien	C-2	26.11.69	15.12.69

Krieg	Kriegstyp	Beginn	Ende
Jordanien (Schwarzer September)	AE-1	16.09.70	19.07.71
AR Jemen / DVR Jemen	C-2	26.09.72	13.10.72
Vierter Arabisch-Israelischer Krieg	C-2	06.10.73	26.10.73
Irak (Kurden 5 und 6)	B-2/BA-1/B-2/E-2	14.03.74	15.09.98
Libanon (Bürgerkrieg)	ABC-2	13.04.75	30.06.90
Westsahara	D-1/B-1	18.11.75	06.09.91
AR Jemen	A-1	01.07.78	30.06.82
Afghanistan	A-1	15.10.78	→
Iran (Kurdistan)	B-2	15.07.79	30.06.88
Irak / Iran (1. Golfkrieg)	C-2	22.09.80	20.08.88
Syrien 1982	A-2	02.02.82	15.02.82
Türkei (Kurden)	B-2	15.08.84	→
Südjemen 1986	A-2	13.01.86	29.01.86
UdSSR (Aserbaidschan, Armenien u.a.)	E-2/B2	20.01.90	15.05.94
Libanon (Südlibanon)	C-2	01.07.90	31.12.00
Irak / Kuwait	C-2	02.08.90	04.08.90
Georgien (Südossetien)	B-2	15.12.90	05.07.92
Anti-Irak-Koalition / Irak (2.Golfkrieg)	C-2	17.01.91	27.02.91
Irak (Schiiten)	A-2	02.03.91	15.03.95
Georgien (Antiregime-Krieg)	A-2	15.09.91	30.06.93
Algerien	A-2	15.01.92	→
Georgien (Abchasien)	B-2	14.08.92	30.06.94
Tadschikistan	A-2	15.08.92	09.11.98
Russische Föderation (Inguschien)	B-2	30.10.92	30.06.94
Jemen (Vereinigungskrieg)	AB-2	27.04.94	07.07.94
Russische Föderation (Tschetschenien)	B-2	11.12.94	23.08.96
USA u. GB / Irak	C-2	16.12.98	→
Rußland (Dagestan, Tschetschenien)	B-2	03.07.99	→
Usbekistan, Kirgistan (Ferganatal)	AE-1	15.08.99	01.07.00
Iran (Volksmudschaheddin)	A-2	15.01.00	01.07.00
Israel (Palästina)	B-2	15.09.00	→
USA u.a. /Afghanistan (Antiterror-Krieg)	C-2	07.10.01	→

Quelle: AKUF-Kriegedatenbank

Erläuterungen zur Tabelle:
Abweichend von der Darstellung in den Texten sind die Kriege in Marokko, Algerien, Tunesien und der Westsahara hier der Region „Naher und Mittlerer Osten" zugerechnet. Beginn/Ende: Liegen keine genauen Angaben zu Tag bzw. Monat des Beginn- o. Endedatums vor, werden als Mittelwert jeweils der 15. des Monats bzw. der 1.7. angegeben.
Kriegstyp "/": Es handelt sich um einen Sukzessivtyp
"→": Der Krieg dauert an

AKUF-Kriegstypen

Die AKUF unterscheidet fünf Kriegstypen:
A =   Antiregime-Kriege, in denen um den Sturz der Regierenden oder um die Veränderung oder den Erhalt des politischen Systems oder gar der Gesellschaftsordnung gekämpft wird.
B =   Autonomie- und Sezessionskriege, in denen um größere regionale Autonomie innerhalb des Staatsverbandes oder Sezession vom Staatsverband gekämpft wird.
C =   Zwischenstaatliche Kriege.
D =   Dekolonisationskriege, in denen um die Befreiung von Kolonialherrschaft gekämpft wird.
E =   Sonstige innerstaatliche Kriege.
Zusätzlich unterscheidet die AKUF, inwieweit eine dritte Macht direkt und unmittelbar an den Kämpfen teilnimmt. Bloße Waffenlieferungen, finanzielle Hilfen, Militärberatung, logistische Unterstützung und dergleichen werden jedoch nicht als Fremdbeteiligung gewertet:
1 =   Es handelt sich um einen Krieg mit Fremdbeteiligung.
2 =   Es handelt sich um einen Krieg ohne Fremdbeteiligung.

AKUF-Kriegsdefinition

Krieg definiert die AKUF in Anlehnung an den ungarischen Friedensforscher István Kende (1917-1988) als einen „gewaltsamen Massenkonflikt, der alle folgenden Merkmale ausweist: (a) an den Kämpfen sind zwei oder mehr bewaffnete Streitkräfte beteiligt, bei denen es sich mindestens auf einer Seite um reguläre Streitkräfte (Militär, paramilitärische Verbände, Polizeieinheiten) der Regierung handelt; (b) auf beiden Seiten muß ein Mindestmaß an zentralgelenkter Organisation der Kriegführenden und des Kampfes gegeben sein, selbst wenn dies nicht mehr bedeutet als organisierte bewaffnete Verteidigung oder planmäßige Überfälle (Guerillaoperationen, Partisanenkrieg usw.); (c) die bewaffneten Operationen ereignen sich mit einer gewissen Kontinuität und nicht nur als gelegentliche, spontane Zusammenstöße, d.h. beide Seiten operieren nach einer planmäßigen Strategie, gleichgültig ob die Kämpfe auf dem Gebiet eines oder mehrerer Gesellschaften stattfinden und wie lange sie dauern." Kriege gelten als beendet, soweit Kampfhandlungen dauerhaft, d.h. für mindestens ein Jahr, eingestellt bzw. nur unterhalb der AKUF-Kriegsdefinition fortgesetzt werden. Bei einem 'bewaffneten Konflikt' handelt es sich um gewaltsame Auseinandersetzungen, bei denen die Kriterien der Kriegsdefinition nicht in vollem Umfang gegeben sind. (eine ausführliche Diskussion der Definitions- und Erfassungskriterien der AKUF findet sich bei Gantzel/Schwinghammer 1995: 31-48)